空灵的存在

——海德格尔、萨特存在哲学述评

李 焱 著

九州出版社
JIUZHOUPRESS

图书在版编目（CIP）数据

空灵的存在：海德格尔、萨特存在哲学述评 / 李焱
著. -- 北京：九州出版社，2018.12
ISBN 978-7-5108-7873-2

Ⅰ．①空… Ⅱ．①李… Ⅲ．①海德格尔（Heidegger,
Martin 1889-1976）－存在主义－哲学思想－研究②萨特
（Sartre, Jean Paul 1905-1980）－存在主义－哲学思想－
研究 Ⅳ．①B086②B516.54③B565.53

中国版本图书馆CIP数据核字（2019）第007071号

空灵的存在：海德格尔、萨特存在哲学述评

作　　者	李　焱　著
出版发行	九州出版社
地　　址	北京市西城区阜外大街甲 35 号（100037）
发行电话	(010) 68992190/3/5/6
网　　址	www. jiuzhoupress.com
电子信箱	jiuzhou@jiuzhoupress.com
印　　刷	三河市九洲财鑫印刷有限公司
开　　本	787 毫米 ×1092 毫米　16 开
印　　张	21
字　　数	370 千字
版　　次	2019 年 5 月第 1 版
印　　次	2019 年 5 月第 1 次印刷
书　　号	ISBN 978-7-5108-7873-2
定　　价	58.00 元

一个自我封闭的孤独灵魂

（代序）

我知道西方现代哲学中有个存在主义流派大约是在 20 世纪 80 年代初，那时中国的理论界正在批判萨特的"马克思主义存在主义"，据说这种思潮在当时的欧洲曾产生过广泛的影响。由于"文革"结束不久，以往理论界那种"左"的风气尚存，心中总不免对当下的批判存有疑问。什么是存在主义？它与马克思主义究竟有没有关系？它为什么会在当时的欧洲社会鼓动起一阵激情和狂热？我不禁产生一种通过阅读原著来了解事情真相的想法。然而，那时候对于我们这些身在基层的求知者来说，这并非是一件易事，首先就是难觅资料。几年后，我的一位在大学教书的同学送了我一本刚由三联书店出版的海德格尔的《存在与时间》，我不禁喜出望外。可是当我读起这本书的时候，那晦涩的语言和不同于传统哲学的思维方式却使我无法介入其中。1998 年，我又购到了安徽文艺出版社刚出版的一批萨特的著作，然而，当我兴致勃勃地打开他的存在主义的代表作《存在与虚无》时，同样是艰涩难懂，一头雾水。于是，当初那种想了解和研究存在主义的热情便冷却下来。

跨越新千年后，我也知天命了，这时突然想起清人张潮的一句名言："能闲世人之所忙者，方能忙世人之所闲。"由此产生了一种挑战自我的想法：决心远离俗务，在做好本职工作的情况下，抽暇把海德格尔和萨特的书攻下来。于是从2001 年秋起，我采取细读、勤录、深思、随记的方法，在反复阅读中，划下每一章节的重点句段，抄到笔记本上，然后再字斟句酌，凝神苦思，写下对每一句段的理解和心得。如此坚持六个寒暑，到 2007 年秋，于忙里偷闲中读完了《存在与时间》《存在与虚无》和《萨特哲学论文集》，写了 40 多万字的读书笔记。2008 年，我退休后即着手整理笔记、拟写提纲，并凭着个人的一些粗浅理解开始写作关于存在哲学的述评。可是，由于当时我对存在主义的理论来源了解甚少，对它的理论实质的把握也不准确（没有脱离传统哲学的眼界），因而在写作中常常产生一些理论和逻辑上的错乱，难以自圆其说。在这种情况下，我不得不停下手中的笔，先集中精力来解决一些外围的问题。这样，经过反复多次的折腾和修改，一部 30 多万字的书稿竟历时六个春秋才理出一些头绪。

要准确理解存在主义的哲学立场，把握它的理论实质，首先必须要搞清它的理论来源。海德格尔所创立的存在主义主要有两个理论来源：一个是以往的存在论；另一个是胡塞尔的现象学。

从存在论方面来说，海德格尔主要是借鉴了亚里士多德的存在论和 19—20 世纪出现于欧洲的基督教存在主义。他从亚里士多德的存在论中汲取了两个观点：一、存在是存在者的存在，不能把存在与存在者分离开来。亚里士多德认为，物质（质料）和形式是构成事物的元质，但形式不在物质之外，二者永远共存，不可分割。形式实现于事物中，它使物质运动，形式和质料是永恒的，因而运动也是永恒的。二、存在是最普遍的普遍性，是不可定义、不可把握的超越（者）。亚里士多德说，存在不是种或类的存在，存在是一切存在者的存在，存在的普遍性超乎一切种的普遍性。但是，亚里士多德的存在论谈的是外在事物的存在，它没有涉及人的存在，关于人的存在直到近代的基督教存在主义才开始探索。19世纪中叶，丹麦哲学家克尔凯郭尔提出，孤独的个人才是真正的人，人的存在本质上是个人的存在。但是，克尔凯郭尔却没有从人与外在事物的关系上对个别化的人的存在进行具体的描述和分析。对此，之后的德国哲学家雅斯贝斯则做了较为深入和系统的阐发。雅斯贝斯认为，要对人的存在做出正确的解释，就必须与传统的主客分立的二元论决裂。他提出一种新的存在一元论观点：存在是超乎主客分立之外的存在，它包含二者又超越二者之上，是无所不包的大全。可是他又认为大全有两种形式：作为存在本身的大全和作为人自己所是的大全。前者不以人的存在为转移，它表现为世界和超越存在两种形态；后者则表现为此在、一般意识、精神、生存四种形态，但能揭示人的真正存在的只是生存。所谓生存，就是寻向自己的可能性，并在这种可能性的光照下领悟生存，这就是"生存照明"。于是人便通过寻向世界和对象的存在以实现自己的可能性，可见生存与超越存在是联系在一起的，它因超越而获得其存在。雅斯贝斯认为，超越存在就是上帝，而上帝就是我们自身，它只通过我们的自由——在世界中存在——向我们说话。显然，雅斯贝斯实际上并没有解决主客分立的二元论问题：他说的人的超越存在与客观的超越存在完全不是一回事，因为人的超越存在是上帝，是精神性的，它不可能同一于客观的超越存在。不过，雅斯贝斯提出的存在一元论却给了海德格尔很大的启发，使他决定把存在主义与胡塞尔的现象学结合起来，建立一种以人的存在为本体的现象学的存在论——现象一元论。他认为，唯此才能最终解决主客分立的二元论问题。

所以，存在主义的另一个理论来源是胡塞尔的现象学。海德格尔曾说：存在论只有作为现象学才是可能的。为什么这样说呢？因为胡塞尔现象学是一种以人的存在为本体的哲学，它把事物从本质上融入人的存在中，其核心内容是现象学还原，它包括现象还原（本质还原）和先验还原。关于现象还原，胡塞尔认为，不能把作为经验事实的心理学现象等同于被经验到的外在事物本身，对意识而言它属于一种间接的对象，即它只作为一种主观的经验物——感觉的复合或综合。而哲学作为一门最严格的科学应该将起点建立在绝对的确定性上，就是说作为意识的对象，需是在直接经验中对意识呈现的非经验性的纯粹被直观的东西。因此，必须把被意识事物（心理学现象）的客观存在悬搁起来，将它还原到现象本质，使人的存在成为纯粹的自我（意识）与纯粹的现象（现象本质）的直接关系。这就是他所谓的"走向事情本身"。当然，"走向事情本身"还包括先验还原，那就是把纯粹的自我还原到先验的自我，把纯粹现象还原到人的先天的构成性机能。这样，"走向事情本身"最终就是走向人本身，把一切都归结为人在本质上的先天具有，外部世界和事物不过是对人本质上固有的东西的证明。

海德格尔声称，他要把胡塞尔的"走向事情本身"当作自己的座右铭，但是，他所谓"走向事情本身"其实与胡塞尔的现象学还原并不是一回事。在他看来，胡塞尔现象学存在着这样三个缺陷：一、它的以人的存在为本体的本体论是不彻底的，因为作为向本质还原的现象，事实上并没有摆脱与外界客观事物的联系，它不过是人对外在事物的感觉或印象（表象）的综合。二、现象还原（本质还原）其实是把现象与现象本质分离开来了，这样，现象便成了无本质的现象，而现象本质则成了抽象而空洞的现象显现的原则。三、正因为上述原因，现象本质不可能成为意识直观的对象。因此，所谓纯粹的自我（意识）与纯粹的现象（现象本质）的直观关系，实际上是一个不能成立的虚假命题。出于以上的看法，他认为，作为意识的对象的现象，应该是一种与其本质相统一的实在的东西。这样，他所理解的现象就既不是作为经验事实的心理学现象，也不是纯粹的现象本质，而是现象与其本质相统一的事物原型，是一种永恒的自在的存在。

现象是自在的存在，这意味着现象不是包含在意识中的东西，或者说它不是主体的构成因素。但是，现象也不能是独立于意识之外的东西，他认为现象与意识的关系是一种本体论的存在关系，就是说二者统一于人的存在。由此可见，我们不能把以人的存在为本体同以意识或精神为本体混为一谈，存在的本体论实质上是一个准二元论，它强调现象只相对于一个主体而显现，现象可以还原为一系列显露它的显象，"让人从显现的东西本身那里，如它从其本身所显现的那样来看它"。不过，他又认为，现象是存在物，即存在的方式，现象显现而现象的存在不显现，人能够走近现象本身，解答存在的意义，却不能认识现象的存在。海德格尔把现象与意识的这种被揭示 – 揭示的本体论关系，称为现象一元论。他认为，这样一来存在哲学就超越了哲学史上唯物与唯心、主观与客观的对立和争论，从而也就超越了一切哲学流派。萨特十分赞赏海德格尔对胡塞尔"还原"理论的这种修正，称它不仅"是一个很大的进步"，而且消除了"使哲学家们陷入困境的二元论，并且用现象的一元论来取代它们"。然而，不难看出，存在主义的这种现象一元论在唯心主义道路上走得比胡塞尔更远：它彻底关闭了人与外部世界的沟通之门，人永远被封闭在自我构建的主观境界里，成了一种孤独的灵魂。

以人的存在为出发点或以人的存在为本体，就是把人的存在看成是意识与现象的关系，看成是意识的超现象存在，它统一于人生存论 – 存在论地存在。所谓生存论 – 存在论地存在，即人总是为它自身的存在而存在，也就是说人总是向着一定的目标并在这目标的光照下按照一定的存在方式去存在。由一个目标所照亮的一种存在方式或存在结构便是世界，所以海德格尔说人本质上是"存在于世界之中"。可见他所谓的世界，既非我们通常所理解的作为包罗万有的客观事物的总体，也非客观事物之间的必然联系，而是指人为了制作他所需要的东西而用现成在手的工具加工上到手头的特殊存在物的一种行为方式。因此，从工具与被加工物之间的关联来看，世界就是一种工具性整体，而这种工具性整体则是由人所选择的目的规定的，世界不过是人的生存活动中的一种指引关联。从这个意义上讲，世界作为人的存在方式实质上就是人"在世界之中存在"的组建环节：人在世界之中而存在者不在世界之外。

海德格尔说，人的存在本质上是生存，人向来是他自己的种种可能性，他从这些可能性出发来领会自身并把自己筹划到这些可能性上去，这就是所谓此在的被抛状态：选择了一个目的，便必然被抛向一个世界。因此，此在本质上就具有一种存在方式，它在这种存在方式中被带到它自己面前来，并在其被抛状态中向它自身展开。这种一个目的必然昭示着一种存在方式的情况，其实就是雅斯贝斯所谓的"生存照明"。海德格尔则把它归结为人的先验的存在结构：先行于自身的——已经在一个世界中的——寓于世内存在者的存在。他把这种先验的存在结构称为烦。

此在本质上是"在世界之中存在"，但此在首先并且通常不是存在于自己的世界中，而是作为他人中的一员首先并且通常存在于常人的世界中。其原因就是人首先必须存在，然后通过存在的虚无化才谈得上选择和谋划本已的存在。所谓常人的世界，就是共同世界，人们按照一种平均领会的共同的存在方式去存在，便是杂然共在。海德格尔认为，作为日常的杂然共在，此在处于他人的号令范围中，因此他不是自己存在——他人从他身上把存在拿去了。杂然共在是由闲谈、好奇、两可来引导的。所谓闲谈，是说人们通过言谈所传达出来的世界的可领会状态并不是他自己的原始领会，而是以一种平均的可领会性传达出来，使之成为除了根的领悟的存在样式。好奇，是只从外观看世界，其特点是不逗留在烦忙所及的周围世界之中和涣散在新的可能性之中，从而使之处于丧失去留之所的状态。两可，即不寻求领会的真实性，人云亦云，不置可否。鉴于杂然共在所呈现出来的这些存在样式，海德格尔把混迹于杂然共在这种现象称为沉沦。可见沉沦在这里并不表示任何消极的评价，它仅仅意味着此在烦忙于其中的共同世界遮蔽了人真实领会的世界，从而使此在的存在成为一种非本真的存在。

　　萨特完全接受了海德格尔的本体论的现象一元论，他也认为人并不是一开始就谋划自己去存在，而是直接存在于共同的处境中。不过在他看来，所谓共同世界或常人世界，其实就是作为规范人们行为的其中包含各种要求和期待的价值世界。通常情况下，每个人都不由自主地介入到价值世界中，"价值就像禁止践踏草坪的告示之类一样，化成成千上万实在的细小要求布满了我面前的道路"，我只有践行的义务。这里需要注意的是，无论是海德格尔所谓的常人世界还是萨特所说的价值世界，都是指一种共同的存在方式，因此，存在于常人世界中或介入到价值世界中也都是指以一种共同的存在方式为前提的本体论存在，而不能将其理解为人们都共同存在于一个客观的世界中。所以，作为本体论的在共同世界中存在或在价值世界中存在，并不等于本体论的我与他人共同存在，因为任何一个人都不可能走进另一个人的精神世界。但是，这却为与他人共同存在提供了基础和前提，那就是海德格尔所说的在共同世界中共同此在或萨特所说的对共同处境中的为他的存在（他人的对象性）的经验。这种情况就是在共同世界中我与他人面对面地存在，即我与他人同是主体又互为对象。不过，在共同存在这个问题上，存在主义始终未能摆脱游走于本体论与客观现实之间的尴尬状态，因为尽管你可以把整个外部世界并连同作为肉体的你的身体都悬搁起来，但是你却不可以把存在着的他人也悬搁起来，无论你如何看待他人，他人其实都是外在于你的一种客观存在。然而，封闭在孤独的主观世界中的本体论存在如何才能外化为他人能够经验的对象呢？为了从这种进退维谷的处境中解脱出来，萨特不得不重新抬出被悬搁起来的作为肉体的人的身体，把它作为显现自为的身体（本体论的在世的存在）的基础。因此，所谓同为主体又互为对象的共同存在实际上是把人又拽回到客观现实中。

在存在主义看来，人的最本真的存在是个别化的本己的存在。海德格尔说，人具有一种反对平均领会的被解释状态并对本真的自己存在有所领会的良知，良知作为言谈的一种样式是呼唤，它召唤沉沦中的此在选择本真的自己存在并向着最本己的能在存在。而此在要从常人中收回自己——由常人的生存方式转变为本己的生存方式——就必须补做选择，它意味着对这一补做的选择进行选择，从而使本真的自己存在成为可能。此在脱离沉沦、选择本真的自己存在后，作为其最本己能在的自由的现身状态便是畏，因为此时的此在丧失了沉沦着从常人世界方面来领会自身的可能性，处于无家可归状态中的它只能把自己作为个别的此在以个别化的方式来存在。因此，畏公开出此在最本己的能在，就等于"公开出了选择与掌握自己本身的自由而需的自由的存在"。在这里，海德格尔把作为最本己的能在的自由分为三个层次：一是选择自己本身的自由，即脱离沉沦、选择本真的自己存在。二是掌握自己本身的自由，即通过自我抉择把自己构建为存在整体，使人在本质上把握自己的全部生存可能性。三是展开和实现其全部可能性所需的自由的存在，这就是从整体出发的自我选择（提出目的）、自我谋划（在目的光照下设定一个世界）、自我造就（实现谋划，在处境中向目的存在）。

对于人的个别化存在的理解，萨特与海德格尔并无原则性的分歧，这从他早先提出的"人的存在先于其本质"这一命题中就已经显现出来：人首先必须存在并且只能存在于属于他人的共同世界中，人在存在中发现自身，然后通过存在的虚无化重新进行自我抉择和自我构建，使自己在本质上成为一种个别化的存在的整体。与海德格尔有所不同的是，萨特认为自由的现身情态是焦虑（焦虑与畏意思相近，也许是翻译上的不同），而尤其是他们对自由的现身情态的原因有着不同的理解：海德格尔认为，畏之所畏在于世界之无，在于无家可归；而萨特则认为焦虑是因为自由是价值的基础，而自由本身却没有基础，以致人在追求价值的理想性时会陷入一种"选择—推翻—再选择—再推翻"的恶性循环中。为了能够理性地处理这个问题，他提出一种不同于能动的自由的严肃精神：从世界出发来把握价值，从世界内的对象出发来把握自我。这实际上就是把价值同一于自我。把价值同一于自我，这意味着人是从整体出发来存在，就是说人的终极的价值追求与人的最后的完整的可能性是同一的。因此，它以人的自我抉择和自我构建为前提，这就是萨特所谓要通过原始的在世现象——在整个的世界中进行整个的自我选择——把自己设置为种种可能性。在存在主义看来，作为本真的自己存在，人通过自我抉择把自己构成整体性的存在，便是一个人的命运。人的自由，从终极的意义上讲，就是自己决定自己的命运。

为了把存在主义打造成一个完整的哲学体系，海德格尔和萨特还以人的存在为本体对空间、时间和真理等问题进行了阐述。毫无疑义，他们所谓的空间和时间不过是人的内在的主观体验，而所谓真理本质上就是人的自我构建和自我认同。

关于空间。海德格尔认为，人本质上具有空间性，它体现为人能够通过自我筹划设置空间：根据意蕴的因缘联络，规定可能的存在者的位置的整体性。因此，此在"在空间之中存在"基于"在世界之中存在"，就是说，他所理解的空间是人的生存空间、活动空间，即人寓于世内存在者而存在的世界空间。因此，空间的存在以此在的在世为前提，而世内存在者的空间性只有在此在所设置的位置整体中才得以显现。萨特则否认人本质上具有空间性，他说对空间的理解应从揭示存在的空间性入手，就是说须通过对存在的反思——自为在是它所不是的某个"超越的自在"（对某物的意识）时否定自身是广延——而领悟到广延是一种超越的规定性。因此，他认为空间是自为对自在的外在否定，是作为自在的"位置"的纯粹外在性。但是，由于这种外在否定并非是静止的，而是自为与世界内诸自在的一种运动关系，因此空间的基础实际上是交互外在性——将诸自在彼此隔离开来的乌有。所以说到底，空间不存在，它不过是自为在对自身反思时所体现出来的那种自己与自己的关系。可以看出，尽管萨特与海德格尔对空间的表述不尽相同，但本质上他们都把空间理解为人的主观性或内在性。

关于时间。海德格尔说，"烦"的结构的原始统一性就在于人的时间性，时间性揭示了人的存在的整体性，它绽露为本真的"烦"的意义——曾在着的将来的当前化。当前化，意味着此在处于解释着自己的自我造就（烦忙在世）活动中，它就是作为"现在"而流逝着的时间。此在跟随流逝着的"现在"，计数着时间来到自身（达于目的），这就是时间性到时，它表明时间出于时间性。与海德格尔的看法有所不同，萨特认为时间是人的内在体验而非在世的存在，是自为通过对作为它的过去的自在的存在的反思，从自为的自我虚无化中领悟到时间的流逝，领悟到现在、过去和将来同时把自为的存在分散于三维之中。这表明自为本身就是一种整体性的存在，就是时间性。因此时间性不是独立于人的存在之外并强加于人的一种存在结构或规律，它是构成自为虚无化的存在的内部结构。而时间作为时间性的次级结构，它体现为自为出离自身的前后次序。在萨特看来，海德格尔所谓时间性体现为存在的整体性，即体现为烦的意义，是一个不准确的说法。实际上处于超越存在中的自为是一个未完成的整体，而只要将来还在存在之外，就不能构成时间性整体。其实，海德格尔是从人的目的性来理解人的时间性，而萨特则是从人的自身性来理解时间性的。从人的目的性来理解时间性，其存在每时每刻都包含着过去、现在和将来；而从自身性来理解时间性，人作为是他自己的过去、现在和将来的整体则永远被分割在过去、现在和将来中。海德格尔和萨特从本体论的人的存在来领会时间，必然要把时间性理解为整体性，时间在这里成了一种主观时间。在我们看来，时间应该是运动着的客观事物在空间中的持续性，空间的无限性决定了时间的无限性，因此时间性的三维（过去、现在、将来）统一于时间的一维（一去不复返），时间无始无终。

关于真理。海德格尔认为个别化的本己的存在才是最本真的存在，因此他所谓的真理当然只能是个人的真理。基于这一立场，他批判了传统的"符合论"——真理的本质在于人的主观判断与它的对象的符合。他说，符合是一种关系，符合的关系需要通过证明，而认识与对象是反映 - 被反映的直接关系，主体不仅不能介入证明，而且也无法证明自己的认识是否与对象符合。他认为真理乃是主体"向着实在的存在者本身的揭示着的存在"，通过陈述，主体在存在者的被揭示状态中说出存在者、展示存在者、"让人看见"存在者。因此，从源始的意义上讲，真理就是包含着世内存在者的揭示状态的主体在世界中的展开状态。萨特认为，"我思故我在"是一种人人都容易找到、都能抓住的绝对真理。但我思并不是没有观点的纯粹认识——即对孤立的某物的认识，而是对处在一个世界中并被这世界所规定的我的在世的存在的认识，所以，真理应该是介入到一种世界关联中的认识，是把世界的面貌揭示出来的思想。这种作为我的思想的真理虽然是一种主观性，但它作为我的对象意识又具有相对的独立性，当它一旦被说出陈述而成为为他的存在，它便作为对一切人而言的思想成为他人的对象。不过他人是否认同它为真理呢？为了证明我的关于世界的思想是可以被他人接受的真理，唯一的办法就是把它转化为我的"作为的欲望"，即通过有所谋划的在世活动把它变成我的产品，然后让这种产品走向市场。如果在贸易中他人认可了我的产品，就说明他人也认同了我的关于世界的思想。而真理只有作为具有普遍意义的一种关于世界的思想，才具有普遍的有效性。这就是萨特所谓的真理来源于贸易。真理来源于贸易还揭示：我把他人作为目的，他人便把我作为手段。因此，人既是目的，也是手段。

从以上对存在主义简明而扼要的介绍中，便不难看出它那极端主观的非理性的思想实质，显而易见，它与马克思主义没有任何本质性的关联。而正是由于它的非理性，使得它在理论上逻辑混乱，矛盾百出，下面我们就重点指出其中几个突出的问题。

一、它否认意识是人脑的机能，把作为肉体的人的身体连同外在客观事物一起悬搁起来，但同时又反对康德把意识理解为独立存在的纯意识，认为意识是对某物的意识，它只能通过是其所不是、又不是其所是这种存在方式被揭示为本质为虚无的意向性和超越性。可是，既然虚无不存在，那么存在之为存在的逻辑起点在哪里？没有起点的存在，岂不是无中生有？

二、它所谓的本体论的现象一元论不同于那种吾心便是宇宙、宇宙便是吾心的物我合一的主观唯心论，在它看来，事物或现象是统一于其本质的永恒自在，就是说现象是相对于主体的"客观"存在。可是，现象既不是外部世界的客观事物，又不包含在人的主观性中，难道在客观世界和主观世界之外还有一个介于二者之间的现象世界？对这个问题海德格尔的回答是：人存在于世界之中，而存在者不在世界之外。但是，这种回答明显带有诡辩的色彩，因为人的在世是一个逐步展开的过程，如果现象不作为已经存在或已经给定的东西，它如何能前来照面？然而，如果现象外在于意识，这种主客二元关系又怎么会成为主客间即此即彼的一元关系？

三、存在主义认为人本质上是"在世界之中存在"，就是说人是以一种先验的存在方式去存在，即所谓存在论地存在。那么人为什么在本质上具有一种先验的存在方式？海德格尔说，因为人的存在是生存，人只要提出自己的目的，在目的的光照下他就领会了自己的存在方式（一个世界）。显而易见，他这是承袭了雅斯贝斯那个带有神秘色彩的说法——"生存照明"。然而，如果进一步问：人为什么是生存论存在论的？对此，存在主义就无法给出一个合乎逻辑的答案，因为它既反对雅斯贝斯承认上帝的存在，更从根本上否定了人的自我选择、自我筹划和自我造就是一种历史的和社会的实践活动，那么，人提出目的的根据何在？

四、存在主义以人的存在为本体，把一切外在的客观事物连同人的肉体的身体都悬搁起来，然而它所谓的人或主体是指互相外在的一切人的实在，因此，任何一个人都不能不面对他人的存在。然而对于这个外在于我的他人究竟如何来把握呢？首先，他人同我一样，是主体，属本体论存在，这意味着我的自由或超越性不可能同一于他人的自由和超越性，就是说我和他人不可能成为本体论的共同存在。其次，我和他人可以互为对象，不过由于我与他人不是本体论的关系，因此这种对象就如萨特所言：是由主体组织起来的、并且处于我的经验之外的表象系统的存在的悬搁。这里所谓"我的经验"是指本体论的我的认识活动：原始地是我所不是的世内特殊事物。所谓经验之外的表象系统的存在的悬搁，是说他人的对象性作为一种外在于我的东西，只是在作用于我的感官时给我留下一系列纯主观的印象或表象，而从本体论存在这个角度来讲，它应该属于存而不论的被悬搁者之列。本应被悬搁起来的东西，却非但不能悬搁，而且必须面对，这就是包含在本体论存在中的一个不可调和的矛盾。我们既然无法回避他人的这种对象性，那么作为主体的他人又是如何组织他的对象性的呢？萨特说，他人的对象性就是他人的身体，他人的身体是介入世界的自为，即在世的展开状态。这种自为的身体必须通过作为肉体的身体显现为被超越的超越性，才能构成为他的对象性。为了解释为他的存在，萨特在这里不得不把已被悬搁起来的人的肉体的身体作为自为的显示器搬了出来，由此可见存在主义在阐述人与他人的关系时所遭遇到的困窘和尴尬。

　　本书之所以把海德格尔和萨特两人的观点放在一起加以述评，主要意图并不仅仅在于比较二人观点上的异同，而是要表明二人在存在哲学的创立和发展中是一种师承和互补的关系。如果我们孤立地来谈萨特的存在主义，就不容易看透它的本质，并且可能将其混同于传统哲学。我在上面已提到，萨特本人认同海德格尔对胡塞尔现象学的改造，赞赏海德格尔关于现象显现的说法。他在《存在与虚无》一书的开篇就说："近代思想把存在物还原为一系列显露存在物的显象，这是一个很大的进步。这样做的目的是为消除某些使哲学家们陷入困境的二元论，并且用现象的一元论来取代它们。"萨特于1933年9月到德国柏林的法兰西学院专攻胡塞尔的现象学和海德格尔的存在主义，经过将近10年的学习、酝酿，写成了《存在与虚无》。在他的这部书中，一些提法虽然与海德格尔不尽相同，但整个看来，他基本上是在绍述海德格尔并对之有所发展。在欧洲，人们往往把丹麦哲学家克尔凯郭尔看作是存在主义的创始人，但是克尔凯郭尔哲学的主要概念是真理、选择和上帝，在他的哲学中宗教和神学占统治地位，他所阐述的是作为基督教的个体的人的概念，因而他虽然提出了存在主义这个概念，却并没有形成完整的体系。基督教存在主义在雅斯贝斯那里获得了较大的丰富和发展，雅斯贝斯提出以存在为本体来统一主观存在和客观存在，企图建立一个存在一元论的存在主义体系。但是他把人的存在看成是依托于存在物的精神性的存在，并且在作为生存的主观的超越存在之上又生出一个作为一切存在的统一性之所在的绝对的超越存在——上帝。这样一来，存在就不是一元的，而成了多元的，从而也就不能构成一个统一的合乎逻辑的哲学体系了。存在主义在被海德格尔嫁接到胡塞尔的现象学上后，经过他的系统阐述和萨特的进一步发展，才形成一个较为完整的哲学体系。

海德格尔和萨特所创立的存在主义的确在当时的欧洲社会产生过广泛的影响并激起人们追求自由的持续热情。但这种情况并不表明人们把握了存在主义的思想实质，恰恰相反，它说明人们还不了解存在主义的哲学本质，对存在主义所鼓吹的自由处于一种懵懂的状态。实际上，存在主义所谓人的存在，是指意识与现象的本体论关系，是意识的超现象存在，因而它所宣扬的自由本质上是人的思维的自由、思想的自由，而不是现实中的人的行为的自由、行动的自由。现实中的行为和行动自由是要受到客观条件限制的，其前提是对必然性——自然和社会的发展规律——的深刻认识，而不是凭着非理性的想象。此外，存在主义所主张的自由是自我抉择，即对个人生存轨迹的一种自我把握和自我规定。这样一来，它就把人的存在理解为一种纯粹的必然性，理解为自我决定的命运，否定了人的存在要受到不以人的意志为转移的客观条件的限制。人们对命运的理解，一般是指那种无法认知和无法把握的外在必然性，这种必然性支配着人的生存行运，它通过许多不可预测的偶然事件表现出来，使人觉得冥冥之中似乎有一种莫名的力量在推着或牵着他走。其实，这种外在必然性不过是宏观上的历史运行的轨迹，它包含在历史发展的进程中。人只有通过实践，站在一个历史的制高点上，才能相对看清时代前进的方向，从而做出合理的人生选择。所以，人摆脱命运支配的自由是对一种客观必然性的认识和对周围世界的改造。由此可见，存在主义所鼓吹的自由选择和自我抉择，实际上是把一个孤独的灵魂锁闭在原始的、无根据的、狭小的想象空间里。如果一个人真的只是孤芳自赏地沉浸在他的这种作为最本己的能在的自由中，那么他就无异于在对自己进行一种闭关式的精神上的自拘和自囚。

我写这本书，除读过列在书后的一些基础文献外，始终无暇顾及学术界的研究动态，当然也就没有参考过任何一家的研究成果，因此我对存在主义的述评可能带有一定的主观性和狭隘性。我诚恳地希望本书出版后能够得到专家学者和有识之士的指教。

穆子辛

2016 年 2 月

目　录

第一章　存在论与现象学

一、海德格尔：人是解答存在的意义的出发点

什么是存在？这似乎是一个众所周知的问题。日月星辰、山河大地、鸟兽鱼虫、花草树木，目力之所及，体肤之所触，岂不都是存在？但是，在海德格尔看来，所有这一切都只是存在的方式或形式，而不是存在本身。关于对存在的理解，他接受了古希腊哲学家亚里士多德的观点，他说："如果存在者在概念上是依照种和属来区分和联系的话，那么'存在'却并不是对存在者的最高领域的界定：[存在不是种]。存在的'普遍性'超乎一切种的普遍性"（《存在与时间》P4—5下引该书只注页码）。"存在不是种"，这是亚里士多德说的话。所谓种，就是一类事物的本质，也是一类事物的一般的存在形式。"存在不是种"，就是说不能把存在等同于存在的方式或形式。亚里士多德把构成具体事物的原因分为四种：形式因、质料因、动力因和目的因。他认为，质料与形式是统一的，没有无质料的形式，也没有无形式的质料，形式具有能动的因素，它促使物质运动并实现于事物中。从这个意义上讲，一种事物的存在就是形式与质料（物质）的有机结合，它既不是单纯的形式，也不是单独的质料，存在不可能脱离存在者本身。存在是存在者的存在，亚里士多德的这一观点否定了他的老师柏拉图的理念论。柏拉图认为，理念或模式是自在自为的实体，是超越一切事物的原型，它先于并独立于事物而存在。整个宇宙是理念的逻辑体系，是一个有机的精神统一体，而理念则是纯粹、完善和不变的基质。与理念这种永恒基质相对的是构成现象世界的另一种基质——物质，它是可以消灭的、不真实和不完备的非存在，被感知世界中的任何实在性、形式或美都是理念使物质构成现象而体现出来的。可以看出，亚里士多德是反对柏拉图把理念（或形式）与物质（或质料）分离开来的。但是他又说，为了说明变化或生长，必须设想有一种持久长在和变化的基质，即物质；设想有一些本身不变而使我们周围世界丰富和生长的性质（形式）。这样，就不仅把形式和物质分离开来，而且为了促成持久长在的作为基质的物质的永恒运动，逻辑

上就必须以一个永恒的本身并不运动的没有质料的纯形式作为运动发生的起点，这就是亚里士多德所谓的第一推动者。可是，如此一来他实际上又回到了柏拉图的最高理念。海德格尔并不赞同亚里士多德在存在之上、之外设定第一推动力，但对他的存在论还是做了肯定性的评价："亚里士多德已经把这个超越的'普遍（者）'的统一性视为类比的统一性，以此相对于适用于事实的最高的种概念的多样性。不管亚里士多德多么依附于柏拉图对存在论问题的提法，凭借这一揭示，他还是把存在问题置于全新的基础之上了"（P5）。所谓把超越的"普遍（者）"的统一性视为类比的统一性，以此相对于适用于事实的最高的种概念的多样性，是说作为最普遍的普遍性的存在的统一性，这个超越的普遍（者）的纯形式与种概念的多样性统一的最高概念是一种类比关系，这也就意味着存在不仅是超越的，而且存在也是超乎种的一切存在者的存在。就这一点而言，他对柏拉图的存在论还是做出了全新的阐释。

可以看出，海德格尔是赞同亚里士多德既把存在看成是一切存在者的存在，同时也把存在看成是作为最普遍的普遍性的超越（者）。但是他又认为，亚里士多德虽然把存在看成是一切存在者的存在，然而却"不曾澄明这些范畴之间的联系的晦暗处"（P5），就是说他没有说清形式、质料和动力这些概念之间究竟有着怎样的内在关系，以致使得存在成为一种晦暗不明的东西。对这个问题，后来中世纪神学的存在论曾进行过讨论。中世纪神学的存在论主要以托马斯.阿奎那和邓.司各脱为代表，托马斯在认识论上遵从亚里士多德的观点。司各脱则认为，共相是上帝心目中的形式，它先于事物而存在，作为事物的本质和一般性质，存在于事物之中；而作为人心中的抽象概念，后于事物而存在。共相作为类，涵盖种；作为种，涵盖个体。由个体到种、到类，一直到最一般的或最高的概念为止，便是存在。存在超越其他一切概念。显然，他们对存在的理解不过是在拾柏拉图和亚里士多德的牙慧。

在这里，海德格尔特别批评了黑格尔把存在者的存在定义为"无规定性的直接性"。他说："在这一点上，他与古代存在论保持着相同的眼界，只是亚里士多德提出的与适用于事实的范畴的多样性相对的存在统一性问题倒被他丢掉了"（P6）。古代存在论，主要是指古希腊埃利亚学派的观点，他们认为一种事物不可能变成它本身以外的其他事物，存在或实在的重要特征是恒常性，而不是变化。所谓亚里士多德提出的与适用于事实的范畴的多样性相对的存在统一性，即以作为超越的普遍（者）的存在来统一一切形式（种）的存在。确实，黑格尔没有把存在看作是与种概念的多样性相对的超越的统一性，因为在他看来存在只能是具体存在者的存在，而所谓存在是超乎一切种的普遍性的最普遍的普遍性，那不过是对一切存在者的存在的最高的抽象，它仅仅意味着"有"和变化。在《小逻辑》中，当黑格尔论述到质的时候说了这样一段话："纯存在或纯有之所以当成逻辑学的开端，是因为纯有既是纯思，又是无规定性的单纯的直接性，而最初的开端不能是任何间接性的东西，也不能是得到了进一步规定的东西"（《小逻辑》P189）。黑格尔在这里说得很清楚："无规定性的单纯的直接性"是指作为逻辑学开端或起点的纯存在、纯有，而不是作为事实范畴的事物的本质（种）。何谓纯存在、纯有？他说是纯思，即主观设定的东西，而非实在的存在。黑格尔的逻辑学就是通过对作为纯存在的最初概念到最末概念的展开过程的描述来揭示事物的存在。由于最初概念是没有展开的潜在性，它就是它，所以说它是无规定性的；而没有展开就是保持着一种无差别的同一性，从这个意义上讲，它又是单纯的直接性。为什么说逻辑学的最初开端不能是任何间接性的东西呢？所谓间接性的东西，就是由第一个东西到第二个东西之间的作为中介性的东西，这种介于前者和后者之间的模棱两可的东西当然不能作为逻辑学的最初开端，因为逻辑思维必须要遵守起码的规则——同一律：每个概念都要具有确定的同一内容，否则就可能发生混淆概念的错误。同样也不能是得到进一步规定的东西，因为得到进一步规定的东西是指纯有在展开过程中那些得到展开的概念，而已经展开的概念是存在中的东西，如果把它作为开端，就不能展示作为整体的一个存在者的全貌。显而易见，黑格尔所说的纯有、纯存在既不是指实在的存在者，也不是指存在者的存在，而是指保持着自身同一性的尚未展开的理想状态的存在者，这完全是为逻辑分析的需要而设定的一个莫须有的存在者。通过对这种主观设定的存在者的逐步展开，他揭示了从最初概念到最末概念的全部的间接性或中介性，而这就是存在者的存在，也就是由存在者的内在矛盾所引起的自身的变化。在这里，黑格尔引进了一个概念——质，质是一事物区别于他事物的内部规定性，事物的存在、变化只要还没有改变它的质，它就是它自身的存在。而一旦发生了质的变化，它就变成了其他事物了。这种事物自身的变化和超越，即事物由量变到质变的飞跃，揭示了一事物与他事物之间的联系，实质上也就是揭示了所谓种概念之间的联系。在黑格尔看来，世界就是由事物之间的互相转化而发生的客观联系。可见黑格尔的存在论是辩证的，它的合理性远远超过了古代的存在论，二者不能相提并论！黑格尔把存在定义为"无规定性的直接性"，把存在理解为由存在者的内在矛盾所引起的自身变化，就是从"有"和"变化"两个方面来阐释存在。在他看来，存在不仅是存在者的存在，存在也是从量变到质变的种（范畴）之间的联系。因此，说他否定了存在的统一性这完全是对他的思想的不理解或歪曲。在黑格尔看来，一切事物的存在都是绝对精神或最高理念的实体化，可见他是把存在统一于绝对精神的。不过，与亚里士多德不同，他不认为绝对精神是外在于一切存在者的纯形式，它实体化为一切存在者的存在，并通过存在者的合规律的变化和发展，体现为一种理性的必然性。所以，固然他在本质上没有脱离唯心主义，但他的关于存在的理论却远远超过了亚里士多德。

在关于存在者的存在问题上，海德格尔一方面认为亚里士多德没有澄清形式、质料和动力这些范畴之间的联系的晦暗处，另一方面又否定了黑格尔关于存在者的存在作为一种"无规定性的直接性"的阐释，这使他觉得存在这个概念是最晦暗的、不可定义的概念，因为"存在既不能用定义方法从更高的概念导出，又不能由较低的概念来描述"（P5），这样一来，存在者的存在纯粹就成了一种不可把握的东西。但是海德格尔认为，存在虽然不可定义，不可把握，然而应当提出存在的意义问题。那么，"我们应当在哪种存在者身上破解存在的意义？我们应当把哪种存在者作为出发点，好让存在开展出来"（P9）？毫无疑义，这种存在者就是提出存在问题的人。"彻底解答存在问题就等于说：就某种存在者——即发问的存在者——的存在，使这种存在者透彻可见。作为某种存在者的存在样式，这个问题的发问本身从本质上就是由问之所问规定的——即由存在规定的。这种存在者，就是我们自己向来所是的存在者，就是除了其他存在的可能性外还能够发问的存在者，我们用此在这个术语来称呼这种存在者"（P10）。人既然提出了存在的意义问题，这表明"存在的意义已经以某种方式可供我们利用。……我们总已经活动在对存在的某种领悟中了"（P7），而且这种提问本身就是存在。在这里，海德格尔指出了这样一种情况："必须先就存在者的存在来规定存在者，然后又要根据此在这种存在者才肯提出存在问题，这不是兜圈子又是什么"（P10）？所谓必须先就存在者的存在来规定存在者，这表明海德格尔所说的作为此在的存在者并非我们通常所理解的作为灵肉综合统一的人，而是指超越的纯意识，由于意识的虚无不是独立的存在，所以它只有通过存在（是其所不是又不是其所是）才能被揭示出来。这里所谓兜圈子，显然是指存在与存在者互相规定、互相揭示而又互为前提。这种存在者不同一于存在的现象是否意味着作为本质为虚无的纯意识也可以先于存在？对此海德格尔随即便做出这样的回答："迄今为止的一切存在论当然都把存在设为前提，不过却并没有把存在当作可以利用的概念——并没有把存在当作我们正在寻求的那种东西。存在之被设为前提具有先行着眼于存在的性质，也就是说，一旦着眼于存在，给定的存在者就在它的存在中得到了暂先的勾连。这种起引导作用的着眼方式生自通常的存在之领悟。我们自己就活动在这种通常的存在之领悟之中，而且它归根到底属于此在本身的本质机制"（P10—11）。与传统哲学中或把物质设为前提、或把精神设为前提、或把精神和物质都设为前提的心物二元论不同，迄今为止的一切存在论都把存在设为前提，把存在看作是宇宙的本原。所谓以往的存在论没有把存在当作可利用的概念，是说它们只是阐述了存在是作为最普遍的普遍性的超越者，却忽略了存在是存在者的存在这一重要事实，以致没有让人从存在这个概念立即就联想到存在者，实际上存在者才恰恰是我们所要寻求的东西。把存在设为前提，这意味着存在具有第一位的首要的特性，只要先行着眼于存在，那个给定的存在者的优先性也就连带地显示出来，因为这出自我们通常对存在的领悟：存在总是存在者的存在。人也是从它的存在那里领悟到自身是一个存在着的存在者，人对自身的这种领悟表明人本质上也是一个超越者：它通过是其所不是、又不是其所是这种存在的结构实现着自己的超越存在。正因为如此，所以"此在是一种存在者但并不仅仅是置于众存在者之中的一种存在者。从存在者状态上来看，这个存在者的与众不同之处在于，这个存在者为它的存在本身而存在。于是乎，此在的这一存在机制中就包含有：这个此在在它的存在中对这个存在具有存在关系。而这复又是说：此在在它的存在中无论以任何一种方式、任何一种表述都领会着自身。这种存在者的情况是：它的存在是随着它的存在并通过它的存在而对它本身开展出来的。对存在的领悟本身就是此在的存在规定。此在作为存在者的与众不同之处在于：它存在论地存在"（P15—16）。所谓存在者状态，即存在者在存在中所显现的那种样式或形态，一般世内存在者的存在者状态就如它本身在存在中直接显现的那样。但是人却不是这样，人是在世界中寓于世内存在者而存在，因此人的存在者状态是人在世界中的展开状态和世内存在者的揭示状态。由于人是通过寓于世内存在者的存在来显示其本身的存在，所以从存在者状态上来看，它是为它的存在本身而存在，或者说它必须首先存在，然后才能领悟它本身的存在。此在的这种存在机制表明，此在在它的存在中，与它的存在有一种存在的关系，就是说它能够在反思它的存在中领悟到它本身的存在，而这种反思的自我意识本身就是一种存在。这意味着此在在它的存在中无论以什么方式去存在或表述这种存在，都是它对自身的一种领会。这种对存在的反思的自我领会，说明它的存在（此在本身的存在）是随着它的存在（在世界之中的存在）并通过它的存在（对在世的存在的反思）而对它本身开展出来的。此在通过对在世的存在的反思而领悟本身的存在就是此在的存在规定，它显示了此在与其他存在者的不同之处：它存在论地存在。不难看出，此在的这种存在论地存在，实际上就是笛卡尔的"我思故我在"的翻版，不过笛卡尔的意思是说我意识到我在思维，所以我存在，而海德格尔的意思则是：我意识到我有所作为和行动（存在），所以我存在。需要指出的是：此在被它的存在所规定，只是表明此在不是它所是的东西，由此它才领悟到它自身的存在，因此这并不意味着此在是由它的存在所派生。从逻辑上讲，存在是一种间接性的东西，它并不能代表此在本身，存在是此在存在，所以作为存在着的此在必须有一个逻辑起点。显然，在如何理解此在作为原始超越者这个问题上海德格尔陷入了困境，而他所谓"存在之被设为前提具有先行着眼于存在的性质"、"存在者满可以在它的存在中被规定"，不过是在既不承认康德的先验意识又不能确定此在本身的逻辑起点的情况下的一种含混敷衍的说法。

此在是存在论地存在，就是说此在"不是简简单单地意味着在存在者状态上存在着，而是说以领会着存在的方式存在着"（P16）。所谓简简单单地在存在者状态上存在着，是指一般存在者的存在就如它本身在存在中所显示的那样存在着（是其所是），这是一种直接性的存在者状态。与一般存在者不同，人是以领会着它的存在这种方式存在着。所谓以领会着它的存在的方式存在，就是说它在存在时已有一种先于存在论的存在之领会：当我反思我的在世的行为时，我便意识到我在展开这种行为之前就已经把握了这种行为的方式——我知道我应该以何种方式去存在。那么，此在为什么会有这种先于存在论的存在之领会呢？这是因为"此在总是从它的生存来领会自己本身：总是从它本身的可能性——是它自身或不是它自身——来领会自己本身"（P16）。此在本身的可能性，就是此在通过它的存在所要达到的欲望和目的，而正是这种目的照亮或规定了此在的存在。因此，只要此在存在，它就必然与它的这样或那样的可能性相关。从这个意义上讲，"它的本质毋宁在于：它向来不得不去是作为它本己存在的它的存在"（P16）。此在向着作为它的本己存在的它的可能性存在，便是此在的生存活动。这种生存活动就是此在利用工具对非此在式的存在者有所作为，它作为此在实现其目的的一种手段或方式，表明"此在本质上就是：存在在世界之中"（P17）。从此在对它的存在是一种反思的自我领会来看，此在存在在世界之中无疑关涉到此在对世界和世界内可通达的存在者的存在的源始领会，这就是说在此在的存在者状态结构中已经包含着先于存在论的存在之领会的规定性，而这种规定性取决于此在先行提出的目的。

由此可以看出，此在与其他一切存在者相比具有以下几层优先地位："第一层是存在者状态上的优先地位：这种存在者在它的存在中是通过生存得到规定的"

（P17）。所谓存在者状态上的优先地位，就是此在对它在世界中存在的方式的先行领会，而这正是由此在提出的目的——作为它的本己存在的生存——所照亮的。也就是说，此在只要明确地提出了它的某种目的，它也就领悟了它的在世界中存在的方式。

"第二层是存在论上的优先地位：此在由于以生存为其规定性，故就它本身而言就是存在论的。而作为生存之领悟的受托者，此在却又同样源始地包含有对一切非此在式的存在者的存在的领会"（P17—18）。此在以生存为其规定性，就是说此在所提出的目的（本己存在）规定了它的存在方式。因此，当此在为自己选择了某种可能性时，它也就具有了某种世界意识（本身就是存在论的）。而它作为寓于世内存在者而存在的存在者（生存之领悟的受托者），当然也源始地包含有对一切非此在式的世内存在者的存在方式的领会。

"此在的第三层优先地位就在于它是使一切存在论在存在者暨存在论 [ontisch-entologisch] 上都得以可能的条件"（P18）。使一切存在论在存在者暨存在论上都得以可能，就是使此在存在论地存在能够实现，也就是此在对它"存在于世界之中"而言的优先地位。显然，这就是基于上述两层优先地位的自我谋划，它规定了人的具体的在世的存在，因此也可以说它是先于人存在论地存在的规定性。

此在的以上三层优先地位，说明了在此在的本质中先验地包含了世界之为世界的存在结构和一切非此在式的存在者的存在结构。

通过上面的分析，海德格尔从本质上说明了人为什么是解答一切存在者存在的意义的出发点。由此，他提出，应该把人的存在作为哲学的起点，即作为哲学的基本问题。他说："作为哲学的基本课题的存在不是存在者的种，但却关涉每一个存在者。须在更高处寻求存在的普遍性。存在与存在的结构超出一切存在者之外，超出存在者的一切可能具有存在者方式的规定性之外。存在地地道道是超越"（P47）。这段话的意思是说：由于人是解答一切存在者存在意义的出发点，我们就不能简单地把作为哲学基本问题的人的存在归结为一般的类或种的存在者的存在，但是人的存在却关涉到一切种类中的每一个存在者，因为人是通过寓于存在者而存在的，它正是通过它的存在赋予存在者的存在以意义。由于人的存在超出并涵盖了一切存在者的存在，这使我们必须从更高处来寻求存在的普遍性：它是比超乎种的存在的普遍性更为普遍的普遍性。因此，人的存在与存在结构不仅超出一切存在者之外，而且也超出存在者的一切可能具有存在者方式的规定性之外，即超出由人所规定的作为它的本己存在的一切可能的存在者样式（人的制造物）之外。从这个意义上讲，人的存在是一种寓于物却不滞于物的纯粹的超越。

　　现在我们可以看到，海德格尔虽然肯定了亚里士多德对存在的理解，但当他在说明人是解答一切存在者存在意义的出发点时，也就等于批评了亚里士多德没有把一切存在者的存在与人的存在联系起来。由此可见，他肯定亚里士多德对存在的理解，并不是要接受他把存在分成客观的和主观的二元论的存在观，而是要借此来建立一种以人的存在为本体的全新的存在论。首先，他赞同亚里士多德把存在看成是超越任何一个具体的存在者的存在的超越者，是要强调存在作为最普遍的普遍性是不可定义、不可把握和不可知的，从而提醒人们不要穷究底蕴地去追问存在，而应把注意力集中到存在者本身，即集中到具体的存在方式上，以揭示存在者存在的意义。其次，他肯定亚里士多德把存在看成是存在者的存在，是要由此来进一步证明人的存在超越并涵盖了一切存在者的存在。因为人的存在作为纯粹的超越，它能够走近存在者却不滞留于存在者，这当然也意味着它在超越存在者的同时也超越了存在者的存在。这样一来，他就确立了一种以人的存在统一一切存在者的存在的一元论的存在观。

　　但是必须指出，海德格尔关于人本身为什么是存在论的那种解释是十分错误的、荒谬的。他说"此在总是从它的生存来领会自己本身：总是从它本身的可能性——是它自身或不是它自身——来领会自己本身"，所谓从生存来领会自身，就是人从他所欲望的东西（目的）出发来领会自己的存在方式，也就是说人的存在是由他所欲望的东西——作为他的本己的存在的生存——规定的。那么，人所欲望的东西（目的）为什么能够规定人的存在从而使人在本质上成为存在论的？对这个问题，海德格尔把它归结为人的先验的存在结构——烦：先行于自身的（目的）——已经在一个世界中的——寓于世内存在者的存在。不过，人为什么会具有这种先验的存在结构？海德格尔并没有给出答案。这样一来，人的存在在他这里便没有了逻辑的终点。人的欲望实际上是由现实的关系所规定的，它不仅体现为有意识的自我选择、自我谋划和自我造就，而且从根本上讲，人的这种自我选择、自我谋划和自我造是一种具有历史继承性的实践活动，而绝不是包含在人的先天本质中的固有的生存方式。海德格尔否定人的生存领悟来自人的社会实践，同时也否认这是上帝的启示，这种无根据、无缘由的生存论存在论其本身就是荒诞的，它凸显出存在主义的非理性特征，是其理论上的一大硬伤。

　　这里还需指出的是，海德格尔所谓人本身是存在论的，这不仅意味着万事万物之理——事物的本质——不外于我心，而且由于人出于他的存在也统一于他的存在，这同时也意味着此在永远存在于世界之中而一切存在者都不在此在的存在之外，因为人的存在只能是寓于世内存在者的存在。因此，人之所以能够解答存在者存在的意义，并不是因为人是存在论地存在，而是由于人本身就是存在论的，就是说人对存在者的存在方式的先验领会与它超越存在者的存在是统一的，人只有从本质上先行领会他的在世的方式，从而才能通过他的在世的存在来解答存在者的存在意义。这种情况表明，人的存在从本质上超越并涵盖了一切存在者的存在。人的存在超越并涵盖一切存在者的存在，在常人看来这不啻一种天方夜谭的臆想，然而海德格尔却认为这才是人的最本真的存在。那么，海德格尔究竟是从什么意义上来理解人的存在，又是如何来构建自己的这种存在主义体系的呢？下面我们就来说一说它的理论来源。

二、海德格尔：存在论只有作为现象学才是可能的

上一节说到，海德格尔肯定亚里士多德对存在的理解是要由此出发来阐明人的存在：首先，亚里士多德认为存在不是种，存在是最普遍的普遍性。他借此指出存在是不可定义、不可把握的，人不应在存在问题上穷究底蕴，而应走近存在者，去解答存在者存在的意义。其次，亚里士多德认为存在是形式与质料的有机结合，这意味着存在是具体存在者的存在。由此可以这样认为：人能够超越存在者、解答存在者存在的意义，说明人也超越了存在者的存在。因此，人的存在作为纯粹的超越性它超越并涵盖了一切存在者的存在。从海德格尔对人的存在——人与非此在式的存在者的关系——的这种理解，可以看出他对亚里士多德在谈存在时却没有顾及到人，没有把一般存在者的存在与人的存在联系起来是持批评和否定态度的。在他看来，亚里士多德实际上是把存在分成客观的存在和主观的存在，这是一种典型的二元论存在观。

把个别化的人的存在提到一种哲学的高度来分析讨论的应该是活动在 19 世纪 30—50 年代的丹麦哲学家克尔凯郭尔（1813—1855）。克尔凯郭尔早年深受黑格尔影响，批评苏格拉底无视众人而只肯定个体。但后来他又改变了原先的看法，转而尊崇苏格拉底而贬低黑格尔，认为只有孤独的个体才是真正的人。黑格尔的理念论认为，作为一种历史过程的观念，客观精神比个人意志更为根本、更为真实，它支配历史发展的进程，历史的制度变革是这种客观精神的自我实现，而个人则只有在不自觉地完成客观精神的历史表现后才能看清这种精神和自己的命运。黑格尔在这里所说的客观精神，实际上就是指一种社会意识或大众观念。克尔凯郭尔对此却不以为然，他说黑格尔所建造的体系虽然像一座豪华的宫殿，而他自己却宅身在旁边的一间小仓库里。与黑格尔不同，苏格拉底的终生目标不是

从玄想出发去建立一种哲学体系或提出某种理论，而是从实际出发去实践一种方法，并以身作则来教诲别人遵循它，在他看来个人的践履比群体或公众的意见更真实。克尔凯郭尔认为，苏格拉底的伟大之处就在于当他受到指控而面对公民大会时，他的眼睛所看到的也不是众人而是个体。不过，克尔凯郭尔的存在主义是建立在宗教信仰基础上的，他认为，在理性领域里讨论基督教只能使人怀疑上帝的存在，对上帝失去兴趣。上帝只是一种个人意识，是主观信仰，个人和上帝之间是一种非理性的关系，其真实性取决于我们追求它的热情和专一。于是，他从基督教精神出发，认为在上帝的眼里只有一个一个的个体，人生的消息只有在个人的生活中得到实现才能传扬。因此，应当以主观性的思维来代替客观性的思维，主观思想家既是思想家又是存在的人，他通过思想看透他的主观结构，通过在存在中理解自身并发现在实在的程序中只有个人存在，存在本质上永远是个人的存在。克尔凯郭尔认为，一个人的存在总是处于变化的过程中，通过对时间的体验，将来总是处于优先的地位，就是说人总是向着他的将来去存在。但将来却导致一个人的不确定性，因而不免焦虑。焦虑是原罪的前提，人最初处于对善恶无知的无罪状态中，但人总是有所追求，而所追求的东西却是虚无，虚无给出了人的自由的可能性。人面对自己的可能性不知所措而陷入焦虑中，正是由于焦虑，人才经不住诱惑，以致违逆上帝而犯罪，罪是对焦虑的一种表达。克尔凯郭尔指出，焦虑的根源在于人对自己缺乏真诚，不能把自己与永恒联系起来。因此，克服焦虑的方法是要诚实面对自身的可能性，确信自身与永恒之间的关系，超越有限而转向永恒。但这要借助信仰，有了信仰，焦虑便可以停息在上帝的怀抱中。综上所述可以看出，克尔凯郭尔虽然提出了个别化的人的存在，但却没有阐明人的存在的内涵，没有说明人的存在与外在客观事物的存在的关系，这样，人的存在就不免显得抽象而空洞。

试图把人的存在与一切客观事物的存在结合起来、统一起来的是德国哲学家雅斯贝斯（1883—1969）。雅斯贝斯年长海德格尔 6 岁，他是德国海德堡大学的哲学教授，而海德格尔则是德国弗莱堡大学哲学教授，他们的学术活动差不多处在同一时期。虽然在公开个人的观点上海德格尔要早于雅斯贝斯（1927 年海德格尔将尚未完稿的《存在与时间》刊于胡塞尔的《现象学年鉴》上，而雅斯贝斯则是在 1931 年、1935 年和 1938 年才分别出版了表达他的存在主义观点的三卷本的《哲学》《理性和生存》及《生存哲学》），但这并不排除他们有着事实上的思想和学术交流，因而雅斯贝斯的思想和观点对海德格尔应该产生过重要影响。雅斯贝斯说，凡是作为对象的存在，它只是存在的一个方式，而不是存在本身，须从本源中发现实在，这实在就是一切存在的本源。所以，真实的存在是超乎主客之上又包含主客的存在，可以将其称为大全。但人要达到大全必须借助对象，人通过对象思维去超越这种思维，也超越被思维的对象。大全主要有两种形式：一是存在本身，它表现为世界和超越存在。世界作为整体不是一个对象，而是一个观念，我们所认知的是存在于世界中的东西，而不是整体世界。超越存在通过超出存在于世界中的东西而表现出来，如果世界就是存在于世界中的一切，那就说明没有超越。二是我们自己所是的存在，它表现为此在、一般意识、精神和生存四种形态。此在是指经验中的特殊的个别的人的存在，它包含了意识、精神、生存等形式。意识是处于主客分立中的人的存在，并凭借这种分立去看一切事物。它具有反思的机能，可以超出具体的经验事物而获得超时间的关于事物的概念。精神是比意识更深一个层次的存在形态，它与观念相关，人通过自己的观念可以使他所面对的事物、外部世界与心灵世界获得统一并相互关联。如果观念消失了，世界就沦为支离破碎的对象。雅斯贝斯说，作为我们自己存在的大全是与作为存在本身的大全的世界相适应的，然而它并未穷尽人的存在，没有直接揭示人的真正存在。人的真正存在的存在方式是生存，而生存就是从向着对象、世界存在的人出发，从人的存在出发去揭示整个世界的存在。生存是自我实现，是寻向生存的可能性，它使人能够领悟生存，这便是生存照明。生存的最大特点是非对象性——我绝不可能变成我自己思考的对象，它或者自我实现，或者丧失自身。就是说生存是在超越存在中走向自我的可能性，这种趋向自己本身的存在不会一劳永逸，它将一直持续下去。所以，生存包含了超越存在，生存与自由是同一的。但是，人的生存和自由并非由作为生存本身的超越存在给予，而是借助于一种不以生存为限的绝对的超越存在，它就是作为生存助力的上帝。不过，这种助力不是外在的，它就是我们自己，当我们真正体会到我们自己时，我们就从它的最幽深的根源处觉知到它。它是一切存在的统一性之所在，世界中的统一性据此而得到理解，我们又是通过我们生命实现中的绝对统一性来体会唯一的上帝。现在，我们可以把雅斯贝斯的存在主义归纳为以下几点：一、这是一种以存在为本体的存在一元论。存在是本原，是超乎主客并包含主客的大全。二、存在是超越，一切事物只是存在方式而非存在本身。世界作为整体性的存在结构，它只是一个观念而不是对象。三、人的存在大全与作为存在本身大全的世界是相适应的，但人必须借助对象进行思维并在超越思维和被思维的对象时才能达到存在本身的大全。四、人的存在方式是生存：在超越存在中走向自己的可能性。因此，生存与自由是同一的。五、人的生存须借助于绝对的超越存在，它就是上帝，是一切存在的统一性之所在。但上帝不在我们之外，它就是我们自己。从上述这五个特点来看，雅斯贝斯虽然建立了以存在为本体的一元论的存在主义体系，但在他的这个体系中人的存在却成为核心，而且在人的存在方式（生存）之上又添加了一个潜在于人自身的绝对的超越存在（上帝），这样一来，这个体系就显得庞杂而混乱了。首先，存在超乎主客又包含主客这个说法表明作为主体的人的存在和作为客体的对象世界的存在都统一（同一）于这种作为本原的超越存在，既然如此，人为什么还要借助对象（客观事物）才能到达存在？再说存在既然不是存在者本身，借助存在者又如何能够到达存在？实际上，当他把存在分为客观的超越和主观的超越时，也就等于把存在二元化了。其次，存在既然是本原，是超乎主客并包含主客的超越存在，却为什么又要在人的存在（生存）之上再加一个属于人自己的并且作为一切存在的统一性之所在的绝对的超越存在？如此叠床架屋，究竟哪种存在是本原？究竟是人的存在包含在超越的存在中还是超越的存在包含在绝对的超越存在中？

克尔凯郭尔和雅斯贝斯的存在主义的基本观点和理论上的缺陷，对海德格尔创立自己的理论无疑会有着重要的启示和借鉴作用。他认为，人的真正的存在是个别化的最本己的存在，人是自由的，人的存在是超越存在，人存在于世界之中。但是，他也看到了这种基督教存在主义在体系上存在着一些不可克服的矛盾，并反对把矛盾的最终的解决推给上帝。在他看来，基督教存在主义虽然反对传统哲学的主客二元论，企图建立存在一元论，但是由于它并未真正解决主客之间的矛盾和对立，而只是将这种矛盾和对立纳入到超越存在中，结果却使存在更加多元化了。他认为，要克服上述的矛盾，把存在一元论贯彻到底，这只有将存在主义与现象学结合起来才有可能。他在《存在与时间》一书中反复强调：哲学是普遍的现象学存在论。真正意义上的哲学是作为严格科学的现象学，存在论只有作为现象学才是可能的。他在这里所推崇的作为严格科学的现象学，就是指他的老师胡塞尔在20世纪初所创立的旨在揭示人的本质性的存在结构的现象学还原理论。不过胡塞尔却并没有因为他所创立的这种理论而蜚声当时的学界，之后人们也只是把它作为一种哲学研究的方法，用以揭示逻辑分析无法深入的领域。那么胡塞尔的现象学与此前人们所谈论的一些现象学究竟有什么不同？而海德格尔为什么说存在论只有作为现象学才是可能的？为此，我们不能不对哲学史上曾经出现的一些现象学略做回顾，并对胡塞尔的现象学作一简单的介绍。

关于现象学这个概念的提出，最早可以追溯到18世纪中叶德国启蒙思想家朗贝尔特在《新工具》一书中把关于假象的学说称为现象学。他觉得有必要开展一种现象学研究，将各种假象系统化，以避免在认识真理的过程中出现错误。稍后于朗贝尔特的德国文学家和文学批评家赫尔德提出了"美的现象学"，他认为美不过是现象，应该有一种关于美的现象的充实伟大的科学——美的现象学。这种美的现象学不过是用审美的观点来看朗贝尔特所谓的现象，实际上美的现象也指各种自然的和社会的现象。1770 年 9 月，康德在写给郎贝尔特的信中说了这样一段话："在形而上学之先，看来必须有一个特殊的、虽说仅仅是消极的科学'现象学一般'，以规定感性原则的有效性和限度。庶可以使得感性原则和关于纯粹理性对象的判断不致混淆起来。"康德所谓的消极的"现象学一般"，就是给现象学研究规定一个范围、界限：只根据经验和知识来谈论现象，不能涉及现象的本质。康德所谓纯粹理性，亦称理论理性，指的是不依赖任何经验内容的认识能力，它包括直观、知性和理性。纯粹理性的对象是事物的本质，即概念，因此不能把关于现象的经验性认识的感性原则和关于纯粹理性的对象的判断混为一谈。康德以后，费希特从他的主观唯心论出发，提出现象学应从意识或自我里派生出事实或推演出现象世界来，他称之为"自我的现象学"。他认为，真正的自我就是概念，而概念的客观化就是事物和现象，这就像《圣经》上说的：道变成肉身。费希特的"自我的现象学"应是黑格尔的"精神现象学"的借鉴，虽然黑格尔强调从现象寻求本质，但他所说的"现象"是指意识自身的现象，是意识在经过矛盾发展后使自身的现象和它的本质的统一。那么意识自身的现象指的是什么？黑格尔说，是表现在时间内的精神现象。所谓表现在时间内的精神现象，即意识的时间化，也就是作为反思的认识活动：从感性经验的分析综合到概念的形成便是意识本身的现象与本质的统一。因此，黑格尔所谓的精神现象其实就是意识的存在方式或作为心理事实的现象向意识显现的方式。

受到康德、费希特和黑格尔等人关于现象的学说的启示和影响，胡塞尔创立了他的纯粹的或先验的现象学。但是，胡塞尔现象学所说的"纯粹现象"却并非作为人的感性经验的心理事实，而是作为经验事实的心理学现象向之还原的现象本质，即作为概念的逻辑事实。他认为，心理事实作为一种间接的经验性的东西，它并不等同于存在着的事物本身，而哲学作为一门最严格的科学应该将起点建立在绝对的确定性上，它的对象必须是在认识中明证被给予的东西，也就是在直接经验中对意识呈现的非经验性的纯粹被直观的东西。这种东西不是别的，就是把作为经验事实的心理学现象还原为纯粹现象或现象的本质。所以，胡塞尔的"不是作为事实的科学，而是作为本质的科学"的纯粹现象学的主要任务，就是进行所谓的现象学还原。

现象学还原，首先是现象还原或本质还原。关于这种还原，胡塞尔说："从心理学现象向纯粹本质的还原，或就判断思想来说，从事实的（经验的）一般性向本质的一般性的有关还原就是本质的还原"（胡塞尔《纯粹现象学通论》P45）。所谓事实的一般性，指的是一种感性的心理事实，即心理学现象；本质的一般性，是指现象本质，而它们只有在一种判断思想中，即在意识将其作为直接对象时才显现。所以，从心理学现象向纯粹本质的还原就是从事实的一般性向本质的一般性还原。通过这种还原，意识活动便成为一种纯粹的内在经验：纯粹的自我指向纯粹的现象。可见现象学还原的最直接的结论就是：中止对日常世界与自然科学中经验性事物的存在的信念，用胡塞尔的话来说，就是将所有关于被意识事物的客观存在的设定彻底地"悬搁"起来，人们只须直观、描述、分析现象或现象本质而不问其主观或客观的实在性，这样就摆脱了以往哲学纠缠于事物的内部和外表对立的二元论。本质还原后，本质的一般性作为纯粹的现象对纯粹的自我（意识）显现，同时纯粹的自我也通过这种显现显示出自身的存在结构。这种存在结构表明作为心理主体的纯粹自我不是一种纯意识或纯粹的意向性，而是从作为人的本质的先验自我出发的自我超越性或自我性。这意味着在本质还原后必然还要进行进一步的还原——先验还原。

现象学还原的终极目标就是先验还原：旨在追寻现象之为现象、世界之为世界的本质根源。先验还原，即通过对纯粹的自我、纯粹的现象和心理主体的存在结构的进一步普遍的"悬搁"，从而达到先验的自我。在先验还原中，纯粹的自我作为"人自我"还原到作为意向性的先验的自我，它相当于康德的先验纯意识，是一种统摄心理活动的机制，具有朝向客体、统合客体、联结客体和构成客体的各种作用。纯粹的现象还原到先验的构成性机能，即还原到意向性本身所先天具有的事物的形式结构和世界结构。心理主体的存在结构还原到先验的纯自我，心理主体的存在结构即"我—我思—我所思的对象"。先验的纯自我，即先验自我的结构，它类似于莱布尼兹的单子，既包含活生生的现在，也包含着潜在性的过去和未来，也就是后来海德格尔所谓的"烦"。在这里，先验自我不像"人自我"那样既是主体，又是对象（通过对象化而成为反思的对象），它只是主体不是对象，具有一种自足的、自身凝聚的统摄功能。这样，它与自我结构、构成性机能便形成一个有机的统一体：一个自行封闭的绝对的先验主体领域。而具有一切经验证实物的客观世界便对之存在，对之具有一种相对的证实的存在效率。在这里胡塞尔把外在的客观世界与人的内在世界看成是一种平行并列的关系，后者揭示了前者的存在，前者则证实了后者的存在，而正因为"在其中实在世界是作为客观的、作为对人人都存在的东西被构成"（胡塞尔《纯粹现象学通论》P460），胡塞尔才得出先验主体是"共在主体"或"先验主体共同体"的结论，这意味着人具有共同的本质。

胡塞尔《纯粹现象学通论》法译本导言的作者保罗·利科认为，要真正弄懂胡塞尔的"还原"学说，就必须全盘考察"自然设定"、"对此设定的还原"和"先验构成"等环节。所谓"自然设定"，就是对意识所直接经验的对象的设定。通过这一设定，人就可以把作为一个谋划的世界内的对象开展出来，使世界从作为我所谋划的存在的整体变成存在者的整体，从而使人在世界中存在成为可能。"对此设定的还原"，即把"自然设定"还原到一种以"信念设定"为前提的"世界设定"，也就是还原到一种目的光照下的自我谋划的存在整体——世界结构。而这种"世界设定"则源于主体对世界之为世界的先行领会，源于主体对整个"先验构成"的领会。这样，从"先验构成"到"世界设定"再到"自然设定"，便是先验主体统摄下的合目的合世界性的本体论存在。对于这种从人自身揭示出来的人在世界之中存在的情况，保罗·利科说，是胡塞尔的一句令人惊异的话为我们指出了路径：能使意识所意念的一切意义"合法化"的直观，是"原始给予的直观"。所谓使意识所意念的一切意义"合法化"的直观，是指心理主体按照一种"世界设定"直接面对每一个世界内的特殊事物，并把它们组织成世界，这就是所谓"自然设定"。说这种直观是"原始给予的直观"，那么这个原始给予者是谁？当然是先验主体。这就是说，作为"自然设定"者的心理主体的"看"，是受先验主体支配的。我在看却不知道我在给予看，是因为"看的我"与"给予看的我"并非是在同一平面上，先验还原在二者间建立了一种平面差，从而使先验的我通过"自然设定"者的我显露出来。既然"自然设定"者的看是先验主体所给予的，那么当心理主体被还原到先验主体时，"自然设定"也就被还原到先验的"世界设定"。保罗·利科说："世界设定即在其信念中被支配的、为看所俘获的、与世界交织在一起的意识，这个意识在世界中超越自己"。这就是说，世界设定是在一种信念（目的）支配下的自我谋划，它是主体对其所意念的东西——一种本质性的世界结构的直观，也就是主体对世界的意识，或者说是意识在一个世界中超越自己。这样，胡塞尔通过现象学还原就把人对世界和事物进行认识的能力归结为人本身所具有的两个本质性特征：一、人本质上具有先验的世界结构。二、人的意识是一种先验的意向性，即对事物的指向性和对自身的超越性。对这种先验意识或先验主体胡塞尔做了这样的表述：他不是作为一种世界的存在，而是世界对他存在着，他在世界之外并先于世界而存在着，世界的存在是对他的呈现，他能认识世界是因为世界的结构的原型就在他之中，他存在于他自身中并为自身而存在着。

简要地介绍了胡塞尔的现象学后，我们便不难理解海德格尔为什么说存在论只有作为现象学才是可能的，因为在他看来，现象学是"从此在的诠释学出发的，而此在的诠释学作为生存的分析工作则把一切哲学发问主导线索的端点固定在这种发问所从出且向之归的地方上了"（P47—48）。此在的诠释学，即一种阐释此在的本质内涵和存在方式的学说。说胡塞尔的现象学是从此在的诠释学出发，正是因为这种学说揭示了人的本质，它从人本身来说明人的存在的可能性。诠释此在，就是要弄清楚人的本质是什么？什么是人的存在？胡塞尔现象学的本质还原揭示了人的存在是纯粹的自我（纯意识）与纯粹的现象（现象本质）的关系，这就确定了人的存在是一种本体论的意识的存在。而胡塞尔现象学的先验还原则揭示了人本质上就包含有先验的世界结构和事物原型，并具有先验的构成性机能。因而人能够通过自我领会进行"信念设定""世界设定"和"自然设定"，从而实现在世界之中存在。这表明人的存在是自足的，它无须借助任何外在的助力来存在，人就是它自己的上帝。只有从这个意义上来理解人，人作为个别化的本己的存在才具有现实的可能性，从而也才能成为解答一切存在者存在意义的出发点。

海德格尔受教于胡塞尔始自1920年，那时胡塞尔在弗莱堡大学任哲学系讲座，当时的海德格尔是弗莱堡青年学者中的一位佼佼者。胡塞尔想找一位得力的助手帮他整理手稿，海德格尔正是一位合适的人选。后来在胡塞尔的直接指导下海德格尔掌握了他的现象学，并发现这种理论为他分析研究存在主义提供了可能的途径。海德格尔对胡塞尔现象学的推崇主要有三个方面的原因：其一，认为现象学的高明之处在于它超越了以往所有的哲学流派："在现象学中，本质的东西不在于它作为一种哲学的'流派'才是现实的"（P48）。胡塞尔现象学的本质还原把心理学现象还原到现象本质，使人的存在成为意识与现象本质的本体论关系，这样一来，现象本质作为既非物质的东西亦非精神的东西就使现象学超越了以往哲学以唯物和唯心划界而形成的两大派别。在他看来，唯物主义把物质作为世界万物的本原，唯心主义把精神、意识作为第一性的东西，这些都超越了现实，而唯有胡塞尔的现象学把现象本质作为意识的直接对象，作为意识在超越存在中直接把握的东西，才是最真实的和最现实的。其二，认为现象学的与众不同之处在于它提出了可能性高于现实性："现象的领悟唯在于把现象学当作可能性来加以掌握"（P48）。现象学从先验结构出发的信念设定、世界设定和自然设定，其实就是人从其本质出发的自我选择、自我谋划和自我造就，这意味着人总是向着他的可能存在。而现实性，说到底不过是向着可能存在的当下的实际手段。从这里可以看出，可能性之所以高出现实性并不仅仅在于可能性先于现实性，而是在于这种可能性是由人的先验的本质所规定的，它必然要成为现实。这样，可能性就被涂上了必然的色彩。其三，认为现象学把人的存在揭示为一种与众不同的超越性："最激进的个体化的可能性与必然性就在此在的超越性之中，存在这种超越的一切开展都是超越的认识"（P47）。一切存在者的存在都是存在者自身的变化。而人的存在却是超越，是自由，它通过是其所不是又不是其所是这种存在方式在寓于世内存在者的存在中超越世界，走向自身。所以，这种超越性体现为最激进的个体化的可能性与必然性的统一。在这种情况下，人的存在便是自我领会、自我谋划和自我造就，即通过对世界之为世界的先行领会来筹划自己的可能的存在，然后把筹划中的世内存在者开展出来，以实现在处境中的存在。从这个意义上讲，"现象学的真理（存在的展开状态）乃是超越的真理"（P4）。就是说从现象学的观点来谈真理，真理是此在在世的展开状态，它揭示：超越即真理。

但是，海德格尔对胡塞尔现象学的上述点赞并没有抹去它本身的谬误，而且这些谬误也给海德格尔对存在主义进行分析带来了困扰。首先，胡塞尔现象学在存在问题上没有摆脱主客二元论。作为现象学还原之一的本质还原，其前提是把关于一切被意识事物的客观存在的设定悬搁起来。所谓关于一切被意识事物的客观存在的设定，即人们通常主观地认为：作为意识对象的人的心理事实，就是人所经验的外在事物的客观存在。把人对外在事物的某种经验看作是事物本身的存在这当然是不对的，但这并不意味着人不能通过他对外在事物的不断接触来客观地反映事物的存在。不过胡塞尔并不是从这个角度来谈事物的客观存在，他认为：凡是作为被意识事物的心理事实，对意识而言都是一种间接性的东西，意识是不能判定它是否为客观的存在的。毫无疑义，这也就意味着人永远不可能通过他对外在事物的经验来把握外在事物的客观存在。因此，他认为人没有必要去纠缠被意识事物的客观存在，应该把它搁置起来，存而不论；同时应该把这种作为被意识事物的心理学现象还原到内在于人心灵中的现象本质，从而使它的存在意义显现出来。这说明，外在事物的根据在人心中，作为经验事实的心理学现象是人在接触外在事物时的一种自我涌现，也是外在的客观事物对人的内在本质的证明。但是，尽管胡塞尔强调人的固有本质是外在客观事物的根据，但他却把外在事物的客观存在与人的存在截然分开，这就使得他的现象学在存在问题上没有摆脱主客二元论。正是由于这个原因，他不得不承认实在世界是作为客观的、对人人都存在的东西被构成，于是，他把作为本我的先验主体性过渡到与他我共在的"交互主体性"或"共同主体性"。这样一来，就否定了人是作为个体的个别化的存在。

其次，胡塞尔现象学把人的存在归结为纯粹的抽象思维。胡塞尔有句名言："走向事情本身"。所谓"走向事情本身"，就是本质还原和先验还原，把人的存在看作是由人的本质所规定的，人的存在不假外求，外部世界不过是对人的内在世界的一种证明。作为本质还原，"走向事情本身"是从"被意识事物"（心理学现象）回到"在直接经验中对意识呈现者"的现象本质，因为"被意识事物"作为心理事实是一种间接的经验性的东西，而要获得直接可靠的认识，就必须将其还原到现象本质，使人的认识成为意识对现象本质的直观。但是，现象本质是抽象的纯概念而不是实在的东西，这样，人的存在便成了抽象的思维而不是实在的存在。

海德格尔说，他一直把胡塞尔的"走向事情本身"当作是自己的座右铭，不过，为了构建他的存在主义的理论体系，为了使人的存在真正成为本体论的个别化的存在，他还是不得不对胡塞尔的"走向事情本身"的意涵进行修正。他所谓"走向事情本身"的第一个含义是强调要把现象落实到现象的存在上，使现象成为可以看得见的实在。他说，现象作为一种存在形式，它在现象学研究中只具有形式上的意义，而现象学则要把形式上的现象概念脱其之为形式的而化为现象学的现象概念，它就是现象学要"让人来看"的东西。这就是说，胡塞尔所说的现象本质只是一种纯粹的存在形式，人不能睹而视之，因此不能作为人的对象。现象学研究人的存在，而人的存在体现为人与他的对象的关系，所以必须把现象这个概念从纯粹的形式转化为"让人来看"的现象学的现象概念。现象能够"让人来看"，这意味着现象是依其本质把自己展示在人的面前，那么现象究竟凭借什么东西把自己展示出来呢？"显然是这样一种东西：它首先并恰恰不显现，同首先和通常显现着的东西相对，它隐藏不露；但同时它又从本质上包含在首先和通常显现着的东西中，其情况是：它造就着它的意义与根据"。海德格尔说，这个在不同寻常的意义上隐藏不露的东西不是这种或那种存在者，"而是像前面考察所指出的，是存在者的存在"（见 p44）。这里所谓首先和通常显现着的东西，是指现象的显象，它体现为一种存在的方式。作为不显现的存在者的存在从本质上包含在首先和通常显现着的东西中，是说现象还原为它的显象系列，其实就是存在者的存在还原为它的存在方式的系列，因为存在者的存在是这种存在方式的根据和基础，是它造就了它的意义。存在者的存在从本质上包含在显现着的东西中，这还意味着本质是存在者的存在还原为一种存在方式的法则，亦即现象显现的法则。这也就是说，现象本质不是现象显现本身，因而它不是意识的对象。

海德格尔所谓"走向事情本身"的第二个含义是"让人从显现的东西本身那里，如它从其本身所显现的那样来看它"（P43）。要从显现的东西本身所显现的那样来看这个东西，首先是要弄清"现象正面的原始的含义"。他认为，不能把现象与假象、现像和纯粹现象混为一谈。什么是假象？"假象是现象的褫夺性变式"（P37），它只是貌似现象，其实并非现象本身，就是说它不具有现象的实质性内容，仅仅显似而已。何谓现像？"现像作为某种东西的现像，恰恰不是说显现自身，而是说通过某种显现的东西呈报出某种不显现的东西"（P37），也就是说通过某种显现的东西揭示出某种没有显现的东西的本质性的构成结构，比如标志、表现、征候、象征等都具有现像的基本形式结构。所谓纯粹现象，即现象本质，它规定着现象的显现，是现象显现的法则，当然不能把这种抽象的现象概念等同于现象本身。由此可以看出，海德格尔所理解的作为意识的对象的现象，既不是作为人的实际经验的心理事实（心理学现象），也不是这种心理学现象向之还原的纯粹现象，而是一种包含在意识本体内的事物原型或概念性事物。

海德格尔所谓"走向事情本身"的第三个含义是通过与现象的显象的照面走向现象本身，"让人从显现的东西本身那里，如它从其本身所显现的那样来看它"（P43）。这就是说，与意识直接照面的现象的显象本质上无异于作为显现者的现象本身。意识与现象的关系，就是现象的显现，因而现象可以还原为它的显象系列。这样一来，在意识与现象的关系上，海德格尔不仅解决了心理学现象（经验事实）对意识而言的间接性的问题，而且也纠正了胡塞尔把人的存在归结为纯粹自我与纯粹现象的关系的非实体性问题。

遵循胡塞尔"走向事情本身"这一研究方法，海德格尔把作为存在形式的现象变成了包含其存在的作为存在方式的现象学现象，这不仅解决了意识能够直接经验其对象的问题，而且也把人的存在变成了真正个别化的、不假外求的意识与现象的本体论的关系。我们可以这样认为，胡塞尔的现象学把人引进了一个主观唯心主义的死胡同，而海德格尔的存在主义随即就关闭了人重回外部世界的大门，人被封闭在主观的精神性世界里。在这里，人是自足的和自由的，但却是孤独的。如果说雅斯贝斯的以存在为本体的存在主义是对以存在者（终极的物质或精神）为本体的传统哲学的一种颠覆，那么海德格尔以人的存在为本体的存在主义则是对传统哲学的全盘否定。海德格尔的存在主义强调以人为中心，以人的存在为出发点，实质上就是把存在的意义看作是存在的唯一理由。人的存在的意义是为它本身的存在而存在，而一切存在者正是由于人的存在才显示出其存在的意义。如果没有人，没有了人的存在，万古长如夜，一切存在都没有意义，存在也就等于不存在。但是，存在主义所理解的人是孤独的个体，人的存在是个别化的最本己的存在，这意味着任何一个人的存在都不借助也不惠及他人的存在，这样，人的存在本身还有什么意义？

海德格尔把他的这种自我营构的、失去一切现实根基的存在主义称为现象一元论，自以为从此以后就摆脱了哲学史上所沿袭下来的主客对立和流派纷争。殊不知你虽然可以把一切外在事物的客观存在悬搁起来，但却不可以把外在于你的他人也悬搁起来。我如何看待他人的存在？又如何处理我的存在与他人的存在的关系？这一切都是存在主义既不能回避又难以说清的问题。

三、萨特：现象的存在不能还原为存在的现象

20 世纪三十年代初，萨特从他的一位同学那里第一次听说胡塞尔的现象学，接着又通过法国哲学家勒维纳的《胡塞尔现象学中的直观理论》了解到现象学的一些内容。初次接触，对现象学的新鲜感使他在思想上为之震动，并决心深入研究。于是，于 1933 年 9 月他前往德国柏林的法兰西学院专攻胡塞尔的现象学和海德格尔的存在哲学。经过这一次的专攻和研究，在兼收并蓄的前提下，他最终选择海德格尔的存在哲学为主要研究方向。经过多年酝酿，1941 年底他开始写作《存在与虚无》一书，由于成竹在胸，不到两年，一部长达 700 多页的巨著就顺利完成了。从这本书所展示的内容来看，他基本上遵循了海德格尔的思路并对他的一些观点有所修正和拓展，从整个体系上进一步丰富了存在主义的内容。

萨特的存在论同样奠基于胡塞尔的现象学，但在对现象的理解上他完全认同海德格尔对胡塞尔现象学的修正，认为作为意识的对象，现象应该是实体，而不是抽象的现象本质。他说："存在物是现象，就是说它表明自身是诸性质的有机总体"（《存在与虚无》P6，下引该书只注页码）。这里所谓存在物（现象），当然不是指外在的客观事物，但也不是指作为经验事实的心理学现象和由它向之还原的现象本质，而是先天地潜在于人的意识本体中的事物原型。现象作为诸性质的有机总体，是存在物与其本质的统一，就是说现象是存在物的种或者是作为种的存在物。然而，正是因为现象是诸性质的有机总体，意识与它的关系就具有相当的复杂性：当人面对它时，不可能将它一览无余，而只能看到它的某个侧面。因此，对一个主体而言，现象作为对象应该是一个渐次显露的过程。所以，萨特十分赞赏海德格尔关于现象的显现的说法，他说："近代思想把存在物还原为一系列显露存在物的显象，这是一个很大的进步。这样做的目的是为消除某些使哲学

家们陷入困境的二元论，并且用现象的一元论来取代它们"（P1）。这里所谓某些使哲学家们陷入困境的二元论，它不仅指传统哲学中的物质和精神并列对立的二元论，而且也指现代哲学中的主客分离的存在二元论（如雅斯贝斯和胡塞尔）。从萨特赞同海德格尔的现象一元论可以看出，他也把人的存在作为哲学的基本问题，并围绕人的存在——意识和现象的本体论关系——建立起一个封闭自足的自由王国。

在萨特看来，所谓现象一元论就体现为现象的显现。因为现象显现这种说法"在本质上假设了有某个接受这种显现的人"（P2）。就是说现象的显现是相对于一个主体而言，如果没一个主体把它作为自己的对象或寓于它而存在，那么它就无所谓显现或不显现——它自在地存在。但主体与作为它的对象的存在物（现象）的关系是一种本质直观的关系，就是说它对存在物的"看"是一种本质上的"透视"，所以现象的显现在这里具有双重的含义：它既是现象本身的显露，同时也是意识对现象的这种显露的反映和感知，即我思。

但是，现象的显现虽然是相对于一个主体而言，但这并不表明主体是现象显现的基础，现象之所以显现是因为它自身的存在，"存在物的存在，恰恰是它之所显现"（P2）。就是说，现象之所以显现，是因为有现象（存在物）的存在作为它的基础。"存在物不能脱离它的存在，存在是存在物不可须臾离开的基础，存在对存在物来说无处不在，但又无处可寻。没有一种存在不是某种存在方式的存在，没有一种存在不是通过既显露存在、又掩盖存在这样的方式被把握的"（P23）。所谓任何一种存在都是通过既显露存在又掩盖存在的某种存在方式被把握的，是说"对象不拥有存在，它的实存既不是对存在的分有，也不是完全另外一类关系。它存在，这是定义它的存在方式的唯一方法，因为对象既不掩盖存在，也并不揭示存在：它不掩盖存在，是因为试图撇开存在物的某些性质去寻找它们背后的存在是徒劳的，存在同等地是一切性质的存在；它不揭示存在，是因为求助对象来领会它的存在是徒劳的"（P6）。从萨特的这种描述可知：现象的存在是显露现象的各种形式、性质的基础，但这些形式或性质本身并不就是现象的存在，现象的存在不显现，它是不可把握的潜在的自在。

既然现象能够还原为它的显象系列，那么"显露存在物的那些显象，既不是内部也不是外表，它们是同等的，都返回到另一些显象，无一例外"（P1）。这就是说，每一种显象都从一个侧面揭示了现象的本质，"显象并不掩盖本质，它揭示本质，它就是本质"（P3）。由此可以看出，"存在物的本质不再是深藏在这个存在物内部的特性，而是支配着存在物的显象序列的显露法则。这就是系列的原则"（P3）。因此，"作为系列原则的本质显然只是诸显象的联系，就是说，本质自身就是一种显象"（P3）。说本质自身是一种显象，是说本质作为诸显象的联系，它就是显象系列，只不过作为系列的显象的原则，作为现象显露的法则，它恰恰不显。

由于现象的显现是相对于一个主体而言，这就决定了现象的显现是一个无限的序列，因为"任何显露都是对一个处在经常变动之中的主体的关系。尽管一个对象只是通过一个单一的渐次显现揭示自身，然而只要有一个主体存在，这一事实便意味着可能出现对这个渐次显现的多种看法"（P3）。所谓对一个对象的单一的渐次显现的多种看法，是说对象与主体照面的方式是由主体在一个世界中存在的方式决定的，它会因时而异，因事而异。因此，不同的照面方式就表现为主体对对象的每一个单一显现的不同看法。这就使现象的显现与一个处在经常变动之中的主体的关系表现出无限的多样性。萨特说，正是现象的显现的无限性，才建立起现象的客观性。这是因为：现象显限的无限性，表明现象独立于人的意识之外，它不是意识所能支配的一种自在的存在。当然，这里所谓现象的客观性，完全不同于外在事物那种不以人的意志为转移的客观性，它是意识本体中的客观性，仅仅意味着现象相对于意识而言的独立性：它虽然包含在意识本体中，却不同一于意识，它被客观化了。

现象可以还原为它的显象系列，现象的本质是它的显象系列的原则，或者说是它显露的法则，这就意味着现象在其显象之中，同时亦在其显象之外。"显现的东西，其实只是对象的一个侧面，而且对象整个地在这个侧面之中，又整个地在这个侧面之外。所谓整个地在其中，是指它在这个侧面之中将自己显露出来，它表明自身是显现的结构，这结构同时又是那系列的原则。对象整个地在其外，是因为这个系列本身永远不显现，也不可能显现"（P4）。现象在其显现之中，是因为尽管显现的东西只是现象的一个侧面，但这个侧面毕竟属于现象的整体结构，因此现象也不可能外在于这个侧面。所谓现象同时也在其显象之外，是因为显象仅仅是现象的一个侧面，不能把现象等同于它的一个侧面，否则现象的显现就仅此而已不再显现了。现象表明自身是显现的结构，是说现象通过它的显现表明它是诸性质的有机总体，这个有机总体就是显象系列的结构。这结构同时又是那显象系列的原则，是说现象作为显现的结构就是现象的本质。但是，显象显现，而显现的结构作为显现的原则则不可能显现，这样一来，"本质最终与显露它的个别显象根本分离了"（P4）。

通过对现象显现的以上分析，萨特指出：现象理论的第一个结论就是："显现并不像康德的现象返回到本体那样返回到存在"（P4）。关于康德的现象返回到本体，应该是指康德所谓的"实体原理"：在现象的一切变异中，现象的实体是永恒者，相反，变异或能变异的任何事物不过属于实体的存在方式，即属于实体的规定。这就是说实体是现象的基础，现象是实体的构成方式，因此现象当然要回到实体（本体）。显然，康德所谓现象的实体或本体，是指现象的基本构成物，无论现象如何变异，作为构成它的基本的东西是不会变的。但是，"显现背后什么也没有，它只表明它自身（和整个显现系列），它只能被它自己的存在、而不能被别的存在所支持，它不可能成为一层将'主体存在'和'绝对存在'隔开了的虚无薄膜"（P4—5）。这里所谓显现自己的存在，显然不是指作为显露者的现象本身的存在，因为作为显露者本身的存在就是现象的存在，而现象的存在恰恰不显现。上面说过，现象的显现是相对于一个主体而言，因此，显现自己的存在应该是指主体对现象的显象的映象，即我思。萨特说显现不可能成为一层将"主体存在"和"绝对存在"隔开的虚无薄膜，就是说显现不可能成为横亘在"主体存在"和"绝对存在"（即现象存在）之间的另一种虚无的存在，显而易见，它只能归属于主体的存在。

上面已经说过，意识与对象的关系是本质直观，是"透视"，因而显现具有双重含义：它既是现象本身的显露，同时又是意识对这种显露的反映或感知。由此可知，显现不能返回到（现象的）存在也应从这两种意义上来理解。首先，"现象是自身显露的东西，而存在则以某种方式在所有事物中表现出来"（P5）。所谓现象是自身显露的东西，是说

"存在物是其本身，而非它的存在。存在只是一切揭示的条件：它是为揭示的存在而非被揭示的存在"（P6）。这就是说存在作为现象的基础，它是现象被揭示为一定的存在方式的条件，因而它只是"为揭示"的存在，而不是"被揭示"的存在。被揭示的存在，是指意识的超现象存在，是意识在揭示现象的某种存在方式（显象）的同时自身也被揭示为存在。这正说明显象是现象自身的显露，是它的某种存在方式的显露，而并不是其存在的显露。所谓存在以某种方式在所有的事物中表现出来，就是说"作为现象，它要求一种超现象的基础"（P7），即存在并不是某一种现象的存在，而是作为一切现象的存在。这表明"存在的现象要求存在的超现象性"（P7）。这里需要指出，所谓超现象的基础的"存在的现象"，并不是说存在的超现象性能够作为一种现象向人显现出来，而是说存在总是以不同的方式在所有事物中表现出来，从而使我们对它有所领会。在这里萨特还特别指出这样一种情况：有人认为"存在将以某种直接激发的方式（如厌烦．恶心等）

向我们揭示出来，而且本体论将把存在的现象描述成它自身显露的那样，也就是说不需要任何中介。然而，我们对一切本体论事先应提出这样一个问题：这样得到的存在的现象与现象的存在是同一的吗？就是说，向我揭示和显现出来的存在，其本性与向我显现的存在物的存在是一样的吗"（P5）？毫无疑义，这当然不一样。因为前者是作为纯主观的生理 - 心理现象的存在，而后者则是作为"客观"存在物的现象的存在。这也表明：存在主义既然把一切客观事物及其存在悬搁起来，那么它也就必然要排斥人的所有的感觉或感性经验，因为这种感觉或感性经验既不能从本质上反映事物本身的存在，也不能从本质上反映人的存在。

萨特还就"存在的现象"的超现象性批评了海德格尔把现象还原于它的一系列显象看作是现象的存在还原为它的具体的存在方式。他说，胡塞尔的本质还原是说人能够超越具体的现象走向现象的本质，而海德格尔据此则认为人的实在总能超越现象走向它的存在，"但是从单个对象到本质的过渡是从同质物到同质物的过渡。这和从存在物到存在的现象的过渡是一回事吗"（P5）？所谓从单个对象到本质的过渡是从同质物到同质物的过渡，是说个别事物与它的种之间的关系是一种同质的关系，这当中并没有涉及到存在者的存在。存在物只显示为一种存在方式，它并不是存在本身，因而也谈不上向"存在的现象"的过渡。显然，这二者是不能相提并论的。因此萨特指出："存在与现象的关系并不同于抽象与具体的关系。存在不是'众多结构中的一个结构'，也不是对象的某个环节，而是一切结构和一切环节的条件本身，它是现象的各种特性赖以表现的基础"（P42）。抽象与具体的关系，是指本质与现象的显象的关系，也就是显现的法则与具体显现的关系。所以显象也从一个侧面反映了本质，显象就是本质。存在不是众多结构中的一个结构，是说存在不是众多的存在形式中的某一种存在形式。一个结构或一种形式就是显现的原则，就是事物的本质，也就是现象本身，而现象并不等于现象的存在。存在也不是对象的某个环节，就是说存在也不是现象的某个侧面或某种性质，也就是说存在不是现象的显象。所谓存在是一切结构和一切环节的条件本身，是现象的各种特性赖以表现的基础，就是上面已提到的：存在是"为揭示"的存在，是现象的各种特性得以揭示的前提和基础，而不是"被揭示"的存在。存在的超现象性说明现象是其本身而非它的存在。因此，现象返回到显露它的显象并不意味着现象的存在返回到作为现象的显象的某种独特的存在方式。由此萨特强调："虽然现象的存在与现象外延相同，却不能归为现象条件——这种条件只就其自身揭示而言才存在，因此，现象的存在超出了人们对它的认识，并为这种认识提供基础"（P7）。现象的存在与现象外延相同，是说现象的存在作为现象的基础，它就是它的内涵，它与现象浑然一体，是一种同一关系。正因为如此，现象的存在才不能归结为现象的条件，因为条件是指构成事物的外因——只就其自身揭示而言才存在，它与事物本身的形成无关。所谓现象的存在超出人们对它的认识并为这种认识提供基础，是说人们虽然无法揭示和把握现象的存在，但它却是现象显现的基础，正因为如此，人们才通过对现象的认识而领悟到现象的存在。

其次，正是因为现象的存在不显现、不可知，人与现象的关系实际上就是与现象的显象的关系，也就是与它的存在形式的关系。所以，从本质直观的意义上讲，显现也就是人对现象的显象的意识。因此，萨特说："显现不是由任何与它不同的存在物来支持的，它有自己特有的存在"（P5），而"显现存在的尺度，事实上就是显现显现"（P7）。所谓显现显现，就是对显现的意识。显然，这里所说的显现是我思，是认识；而显现显现便是对我思的反思，是人的超现象存在。由此萨特指出："单靠认识不能为存在提供理由，就是说，现象的存在不能还原为存在的现象"（P7）。这里所说的"存在的现象"不是上面所说的（现象的）存在的超现象性，它是指意识是其所不是、又不是其所是的自我超越现象，即人的超现象存在。单靠认识不能为存在提供理由，是说认识是对存在者（现象）的意识，存在者是存在的形式而不是存在本身，因此单靠认识是不能把握现象的存在的。正因为人无法通过认识来把握现象的存在，所以现象的存在不能还原为存在的现象，就是说现象的存在不可能同一于人的超现象存在。这表明："意识永远能够超越存在物，但不是走向它的存在，而是走向这存在的意义"（P23）。

基于上述看法，萨特对海德格尔关于现象的存在"从本质上包含在首先和通常显现着的东西中"的说法提出了批评："他们正确地把现象还原为它的各种显象的结合起来的系列，然而他们却相信这样一来就已经把对象的存在还原为它的存在方式的序列了"（P19）。海德格尔所谓"首先和通常显现着的东西"是指现象的显象，这种显象是现象相对于一个主体而显现的，它从一个侧面显示出现象的本质。由于人对他的对象（现象的显象）的意识是本质直观，因此现象的显象在人的意识中的显现也反映了现象的本质。萨特认为，海德格尔说现象的存在本质上包含在首先和通常显现着的东西中，也就是说现象的存在返回到它的存在方式——现象的显象中。这样一来，也就等于说现象的存在返回到了存在的现象，即返回到作为人的意识的超现象存在的显现。这岂不是说现象的存在包含在人的存在中，人可以从本质上把握现象的存在吗？实际上，萨特对海德格尔的这种批评完全是一种误解。海德格尔一直强调存在者（现象）的存在不显现，对显现的东西而言，它仅仅是造就着它的意义的根据。所谓现象的显象，它是现象本身某种性质的显露，而不是作为诸性质有机总体的现象的一种解构。因此，他说现象的存在本质上包含在首先和通常显现着的东西中，其实就是说现象的存在是造就着它的意义的根据，而不是说现象的存在还原为它的某种存在方式。人对现象显象的意识，是对现象的一个侧面或某种性质的意识，因此人的存在本质上是对现象的解构，但是，作为人对现象显象的意识，现象的显现只是反映了现象的某个性质或某种存在方式，而并未把握到现象的存在。

四、萨特：意识先于虚无且"出于"存在

在说明了意识与现象的关系是显现之后，萨特把显现的存在归结为显现显现，即归结为人对显现的意识，这是显现存在的尺度。显现，本质上就是人的认识，是我思。于是他进一步提出了人的认识的基础问题。他指出："认识的存在不能以认识为尺度，也不归为'被感知'。因此，感知和被感知的'存在 - 基础'本身不能归结为被感知：它应该是超现象的"（P8）。上面说过，显现即认识，是我思。那么认识的存在，也就是显现的存在——显现显现，便是对我思的反思，它体现了意识的超越性。认识的存在不能以认识为尺度，这是对"显现的存在就是它的显现"这个说法的否定，萨特认为这种说法不过是贝克莱的"存在就是被感知"这句话的翻版，如果这种说法成立，那就等于说认识的存在以认识为尺度，或者说显现的存在就是显现——面对被感知的东西在场。所以说认识的存在也不能归结为被感知——现象的显象。感知和被感知的存在 - 基础不能归结为被感知，因为被感知指的是现象本身，它外在于人的感知。能够使感知 - 被感知这种关系成立的，唯有人的认识，即作为显现的人对现象的显象的意识。因此，这一过程可归结为："被感知会返回到感知者——被认识的东西会返回到认识，而认识会返回到那个作为存在、而非作为被认识的进行认识的存在，就是说返回到意识"（P8）。被认识的进行认识的存在，即作为被反思的我思，也就是显现。认识会返回到那个作为存在、而非作为被认识的进行认识的存在，是说认识不会返回到那个作为与对象发生关系（进行认识）的存在，它会返回到作为存在（超越性）的意识。因为唯有那个超越一切显现（我思）的存在（意识）才能对认识进行认识（反思）。这说明："意识不是一种被称作内感觉或自我认识的特殊的认识方式，而是主体中的超现象存在的一维"（P8）。所谓内感觉或自我认识的特殊的认识方式，是指生理 - 心理学上把意识归结为人对自己身体的某种愉悦或不适的

直觉，比如说厌烦或恶心。意识是主体中的超现象存在的一维，是说主体作为人的实在是意识的此之在，而意识则体现为主体的意向性和超越性。意向性，是说意识的本性总是指向某物，这也是意识的一维性；超越性，是说意识永远不会滞留于物或同一于物，它总是超越它所是的东西而返回到自身，这样，它才能永远保持其超越的本性。显然，同海德格尔一样，萨特把意识理解为主体中超现象存在的一维，并不同于康德把意识看作是超乎一切事物之外的独立存在的纯意识，而是认为意识只能作为人的实在（主体）的构成因素，意识永远是对某物的意识。

对于如何准确理解"意识是对某物的意识"的含义，萨特从三个方面做了说明。

首先，"意识是对某物的意识，这意味着超越性是意识的构成结构；也就是说，意识生来就被一个不是自身的存在支撑着。这就是我们所谓的本体论证明"（P21）。所谓超越性是意识的构成结构，是说意识是从自身出发超越自身，意识是自我超越。这意味着意识作为对某物的意识它并不同一于某物，而是随即虚无化又回到自身。意识的这种是其所不是又不是其所是的存在方式，便是它的超越的构成结构。意识生来就被一个不是它自身的存在支撑着，是说意识作为从自身出发的自我超越意味着存在是它的原始结构，也就是说它一开始就以是它所不是的存在的方式出现。正因为如此，存在主义才把这种以人的存在为出发点的学说称为本体论的现象一元论。

其次，"所谓意识是对某物的意识，是指意识的存在只体现在对某物、即对某个超越的存在的揭示性直观上。如果纯粹主观性一开始就被给定，它就不仅不再超越自身来建立客观的东西，而且一种'纯粹的'主观性也就消失了。能够恰当地称为主观性的东西，就是（对）意识（的）意识"（P21）。这里说的"某物"或"某个超越的存在"，即作为我思的意识本身，说它是超越的存在，是因为它作为对某物的意识已经超越了某物本身而成为其在人的意识中的显象。对某个超越存在的揭示性直观，这是原始的反思，即意识在是其所不是后不可能同一于它所不是的东西，它在虚无化后反观自身，揭示出这个超越的存在就是它对某物的意识。所谓纯粹主观性，即意识的虚无或纯粹意识，如果这种纯粹主观性一开始就被给定，这意味着它本身就是一种独立的存在，它在是其所不是后就与它所是的东西同一了。这样一来，它作为纯粹主观性便从此消失，因而也就不再超越自身（即自我虚无化）并反观自身（对某个超越的存在的揭示性直观），而作为对某物的意识的这个超越的存在也就不可能被客观化了。所以，如果要说什么是主观性的东西，那就应该是对意识的意识。因此，也可以说对意识的意识是对某物的意识的一种次生形式。

第三，"说意识是对某物的意识，就是指意识应该作为对不是它的那个存在的被揭示 - 揭示而产生，而且表现为在揭示它时已经存在着的"（P22）。所谓意识作为对不是它的那个存在的被揭示 - 揭示而产生，是说意识作为不是它所是的某物的虚无，是在它对不是它的那个存在（对某物的意识）进行反思时得到领会的。称对存在（对某物的意识）的反思为被揭示 - 揭示，是说在反思中揭示存在是对某物的意识的同时，那个不是某物的"意识的虚无"也被揭示出来了。这表明，这种"意识的虚无"在揭示存在的时候就已经存在了。显然，这种情况意味着"意识的虚无"是通过存在（意识）的虚无化而来，因此，萨特把意识这种本体论的存在现象概括为："意识先于虚无且'出于'存在"（p14）。

意识先于虚无，就是说"意识之前不能有'意识的虚无'。…… 要有意识的虚无，就必须有一个曾经存在而且不再存在的意识，以及一个作为见证的意识提出第一个'意识的虚无'以便进行认识的综合"（p14）。"意识的虚无"是由于意识的虚无化才产生的，要有"意识的虚无"其前提必须是有一个曾经存在而现在已不再存在的意识，因此，意识之前不可能有"意识的虚无"。再说，如果说意识之前有一个"意识的虚无"，那么在这个"意识的虚无"之外就应该有一个见证这第一个"意识的虚无"并对认识进行综合的"意识的虚无"。这样一来，等于又回到了康德：承认在进行认识的"意识的虚无"之外还有一个独立存在的作为先天统觉的纯意识。然而，谁又能凭借什么来证实这种叠床架屋的"意识的虚无"是真实的存在？所谓意识出于存在，是说"意识的虚无"只能通过存在的虚无化而产生，唯此也才能有对某物的意识。

萨特强调意识先于虚无且出于存在，是因为虚无不应该作为逻辑的起点，无不能生有，虚无必须后于存在。当然，存在与虚无也不是逻辑同格，因为这就如上面所言，如果虚无独立于存在之外，它就不仅不再超越自身来建立客观的东西，而且它在是其所不是后自身也消失了。正是基于这种看法，萨特批评黑格尔把存在和虚无看成是两个同时并存的对立面，他说："按照黑格尔的理智把存在和虚无作为正题和反题对立起来，就是假设这两者是逻辑同格的。于是，对立的两面同时作为一个逻辑系列的两极（deux termes-limites）而涌现。但是这里应该注意，这些单独的对立面所以能够具有这种同时性，是因为它们同样是肯定的（或同样是否定的）。可是非存在不是存在的对立面，而是它的矛盾。这意味着在逻辑上虚无是后于存在的，因为它先是被假定为存在，然后被否定"（P43）。把存在和虚无设为逻辑同格，就意味着存在和虚无是一种对称类比的关系，二者或同样是肯定的，或同样是否定的，这样才能形成对立的两极。可是虚无是非存在，它不能成为存在的对立面，而只能说它是存在的"矛盾"，也就是说它否定它是存在。实际上，存之所以涌现，完全是因为作为意向性或超越性的"意识的虚无"是其所不是又不是其所是的超现象存在。从这个意义上讲，存在的涌现本质上就是虚无的涌现，是它先被假定为存在，然后又被否定是这种存在。因此，虚无不可能另外作为存在的对立面与存在同时涌现。于是萨特指出："应该在这里与黑格尔针锋相对地提出的是：*存在存在而虚无不存在*。因此，即使存在不能是任何已分化的性质的支柱，虚无从逻辑上说仍是后于存在的，因为虚无假设了存在以便否定它，因为不（non）的不可还原性将加到那团未分化的存在上以便把它提供出来。这不仅意味着我们应拒绝把存在和非存在相提并论，而且还意味着我们永远不应把虚无看作产生存在的原始空洞"（P44）。所谓存在不能是任何已分化的性质的支柱，是说存在不是存在物（现象）的显象之所以显现的基础，因为显现是现象自己显现，而存在只不过揭示了这种显现。但即便如此，也不能否认存在先于虚无，因为虚无永远只有通过否定一个存在才会产生。所以虚无必须设定一个存在作为逻辑的起点，这个存在就是第一个对某物的意识。所谓不（non）的不可还原性将加到那团未分化的存在上以便把它提供出来，是说"意识的虚无"既然否定了它所设定的那个存在（即不是其所是），那么它就不可能再返回到这个存在本身，它只可能通过反观这个未分化的存在（显现）从而把它提供出来（显现显现）。这里说的非存在不是指虚无，它是指存在的可能性。所谓不能把存在和非存在相提并论，一方面是说存在与可能的存在之间毕竟隔着一个虚无，不能将二者等量齐观；另一方面是说非存在作为存在的可能性，它不但不是存在的对立面，相反，它假设了一种不可还原的精神进程——意识永远指向一个异于它自身的存在。所谓不应把虚无看成产生存在的原始空洞，就是说从原始的意义上讲，在存在（意识）之前不可能有一个作为逻辑起点的"意识的虚无"。

既然虚无不是产生存在的原始空洞，既然存在先于虚无，那么第一次把虚无诞生出来的存在是什么呢？在这里萨特提出了一个意识与它的"过去性"的原始关系的问题。他说："绝不会有一种没有过去而能变成过去的绝对的开始，然而，作为自为，因其是自为，就要成为其过去，它是同一个过去一起来到世界上的。……但，这不是说一切意识都需要有一种凝于自在之中的先意识。这种现在的自为和业已成了自在的自为之间的关系向我们掩盖了过去性的原始关系，这过去性是自为与纯自在之间的关系"（P196）。萨特在这里所说的自为，相当于海德格尔所说的此在，它就是主体。不过它具有多重含义：从自身性来说，它指纯粹的超越——意识的虚无；而从实体性来说，它既指对某物的意识，也指超现象的存在或实在。意识先于虚无而出于存在这种结构本身就标明自为作为对某物的意识是因它的一个过去被虚无化而发生的，绝不会有一个不是从它的过去中走来便通过是它所不是的东西而变成过去的绝对开始的虚无。所以，自为总是同它的一个过去一起来到世界上。但是，正是这种自为与它的过去的关系——现在的自为和业已成为自在的过去的自为的关系，向我们掩盖了自为的过去性的原始关系。应该说，意识的原始否定必定是从一个不是意识的过去开始，否则意识的过去就将无限上溯。萨特说，自为的过去性的原始关系——不是意识的意识的过去，是自为与纯自在的关系。那么，什么是纯自在？自为与这个纯自在究竟是怎样的一种关系？关于纯自在，萨特说，它是一种与胚胎有着冲突性联合并具有本体论意义的东西，对这种联合我们既不能否认也不能理解。与胚胎有着冲突性联合，表明它是寄生在胚胎中，本质上不属于胚胎，不是肉体生命。它具有本体论意义，是说它包含在意识本体中，它与意识的关系是一种本质直观的关系，就是说可以作为意识直观的对象。不过"这种关系存在于同一性的浑噩之中，而自为却必须是在它之外，在它的后面"（P197）。所谓同一性的浑噩，是说纯自在虽然作为自为的对象，但自为并不就是对它的意识，对自为而言，它是浑浊不清的，甚至是暗昧的。正因为如此，自为只处在它的外面，它只作为未被意识的意识的对象。而自为之所以在它的后面，是因为"与这个存在在一起人们在任何情况下都不可能带给它自为，与这个存在相比，自为代表着一个绝对的新体，自为感到了一种深切的存在的关联，这种存在的相互关联是用'先'这个词表示的：自在就是自为先前所是的东西"（P197）。从以上萨特的表述中，我们可以认为：这个纯自在不是实体，但也不是虚无，它就是生命的本能。这意味着自为作为"意识的虚无"最初是被束缚在这种作为纯自在的人的本能中，由于自为不是这个纯自在，它终于从它的这种原始的过去性中被释放而诞生出来。"诞生，作为存在对它所不是的自在的出神关系，作为过去性之先验的结构，它是自为的存在规律。成为自为，那就是诞生"（P197）。所谓诞生是存在对它所不是的自在的出神关系，是说自为从与纯自在的那种同一性的浑噩中摆脱出来，把纯自在真正作为自己的对象，这样它就通过自我虚无化而诞生出来。诞生，使自为有了最原始的第一个过去，它是自为的过去性的先验结构，也是自为之为自为的存在规律。萨特追寻着意识的绝对过去，走进了生命的深处，然而他却认为与自为有着原始关系的纯自在具有"与胚胎有着冲突性联合的本体论意义"，从而否定作为纯自在的人的本能就是生命肉体本身的一种生命冲动。同时，他把意识的诞生归结为自为的过去性的先验结构显然是含混而荒唐的，在这里他忽略了人从本能到（对）本能（的）意识这一生命成长的实际过程，最终还是使意识的诞生成为一个莫明其妙的问题，硬是让人的灵魂（意识）从他的肉体中"蝉蜕"出来。

在总叙了萨特关于意识的论述后，有必要对他的一些论点做一番分析和思考。我们可以将萨特对意识的理解归纳为以下两点：一、意识作为主体中超现象存在的一维，它只能是对某物的意识，因而意识先于虚无且出于存在。二、由于意识之前不应有"意识的虚无"，自为就必然有一个不是意识的原始的过去，自为的过去性的原始关系是自为与纯自在的关系。萨特的本意是要通过上述两点来说明意识是超越者，但不是独立存在者。然而，他的第二个说法恰恰就否定了他的本意。因为：首先，他认为自为与纯自在的关系与胚胎是一种冲突性的联合，这就是说自为与纯自在都在肉体生命之外，它们都不是生命存在的方式。其次，自为与纯自在虽然处在同一性的浑噩之中，但自为却在纯自在之外，在它的后面，这说明自为在与纯自在的同一中又保持着它自身的相对独立性，而这正是它能够脱然诞生的条件。因此，从源头上讲，"意识的虚无"就是独立的存在者。其实，萨特所谓意识是对某物的意识这种说法本身就不能否定"意识的虚无"是独立的超越者。意识是对某物的意识究竟意味着什么？毫无疑义，它意味着意识的对象化而不是实体化，就是说意识与它的对象是相对的存在，它是在反映对象而不是变成对象，不是与对象合而为一而是从对象那里还原到本身。正因为意识是对象化而不是实体化，它才能在自己的超现象存在中始终保持着自身的统一和同一，从而成为永远的超越者。萨特还说："意识没有实体性，它只就自己显现而言才存在，在这种意义下，它是纯粹的显象。但是恰恰因为它是纯粹的显象，是完全的空洞，它才能由于自身中显象和存在的那种同一性而被看成绝对"（P15）。请问：意识作为纯粹的显象，作为绝对的自在，它为什么能够显现？或者说谁能证明它是自身中显象和存在的同一性的绝对？显然，这只有作为超越者的"意识的虚无"堪当此任。如果"意识的虚无"不是超现象的存在者，显现永远也不可能再显现了。如此看来，萨特对意识的理解非常纠结："意识的虚无"是独立存在的，"意识的虚无"又不是独立存在的。显然，这是一个二律背反。

萨特对意识的理解之所以表现出这种自相矛盾的背反状态，究其原因，主要就在于他认为：存在存在，虚无不存在。而不存在的虚无怎么可能作为逻辑的起点呢？当然，萨特的这个看法不无道理。但是，他在把意识与肉体生命和纯自在分离开来后，却又说不出它的由来和出处，这就不能不使他在表述"意识先于虚无且出于存在"时显得矛盾纠结，捉襟见肘。实际上，意识既不是先验的独立的纯粹存在，也不是人在面对他的对象时才被揭示出来的"存在的虚无"，意识本质上就是作为肉体生命的人脑的特殊功能，这种功能是人类在亿万年的进化过程中逐渐形成的。早在中国唐代，佛教高僧玄奘所创立的法相宗就比较合理地解释了意识这种现象。法相宗把人从感觉到意识到思维这一过程分为眼、耳、鼻、舌、身、意、末那、阿赖耶八识。其中前五识指的是人的感官对外在事物的各种感觉，第六识意识是指人脑对感官传来的各种感觉进行分析和综合，从而能够形成对外在事物的整体性的看法。当然，现在我们已经知道人脑之所以能接收各种感官在接触外物时所产生的感觉，是因为大脑作为全身的神经中枢与遍布全身的周密的神经系统是连接在一起的。第七末那识应该是指大脑的反思功能，它所进行的是具体的形象思维。而第八阿赖耶识则应属于大脑的创造性功能，它不但能进行抽象思维和逻辑思维，而且还能驰骋想象，走进幻想的世界。古人说，心之官则思，却不知心之官之所以能思是在于心之官并不止于思。人的大脑对被它所综合整理过的来自客观世界的各种信息，还具有储藏、检索、组合、回放的功能。唯此，人才能够天马行空，驰骋在想像的世界里。存在主义把意识与人的生命肉体分离开来，把整个客观世界悬搁起来，当然也就否定了意识这种现象是人体的功能，否定了人接触外界事物的感性经验，从而也否定了对某物的意识是感性经验的综合。这样一来，人便成了空灵的游魂，而所谓事物或现象便是包含在这空灵的意识本体中的概念性的事物原型，于是人的存在也就成了个别化的内在的意念活动了。这种脱离客观的现实世界、完全从人本身来演绎人的存在的设想显然是十分荒谬的，想像中的世界永远都不可能摆脱现实世界的影响，所以，从根本上讲，存在主义所勾勒的这种封闭的自由王国不过是经过折射或衍射的现实世界的雾光浮影。

五、萨特：现象的存在不能是它的被感知

萨特在阐述了"现象的存在不能还原为存在的现象"和"意识先于虚无且'出于'存在"后，得出了这样一个结论："意识永远能够超越存在物，但不是走向它的存在，而是走向这存在的意义"（P23）。萨特的这句话从本体论的现象一元论来理解应该包含三个方面的内容：

第一，"'被感知物'使我们回溯到一个'感知者'，对我们来说他的存在表现为意识。于是，我们达到了认识的本体论基础，达到了所有其他显象都对之显现的第一存在，那个绝对——对他而言一切现象都是相对的"（p15）。这段话表达

了这样两层意思：一、意识或人的存在是本体，是第一存在或绝对存在；二、一切现象都相对于这个作为主体的第一存在而存在，就是说一切现象都包含在主体的存在中，没有处于主体的存在之外而不被主体所感知或认识的现象。不难看出，萨特把意识或人的存在作为本体，是对雅斯贝斯把包含着主客的超越存在的存在作为本体或大全的颠覆。这样一来，作为包含在意识本体中的现象，它的存在也就湮没在人的存在中了。

第二，我们所理解的作为"感知者"的主体，"这不是康德理解的那种主体，而是主观性本身，是自我对自我的内在性。从这时起，我们避开了唯心主义：对唯心主义来说，存在是由认识衡量的，这使它受二元性法则的支配。只有存在，被认识关键的是思想本身。思想只有通过它自己的产物显现出来，也就是说，我们总是只把思想当作已产生的那些思想的涵义；探索思想的哲学家应当考察那些既定的科学，从中获得作为使这些科学成为可能的条件的思想。我们则相反，我们已把握了一种脱离认识，并且为认识奠定基础的存在，已把握了一种根本不是作为已被表达出来的那些思想的表象或含义，而是直接按其本来面目被把握的思想——'把握'这种方式不是一种认识现象，而是存在的结构"（P15—16）。康德所理解的主体是纯粹的意向性，是先验的纯意识。在他看来，衡量主体存在的尺度就是认识，而这种认识则是建立在感知者和被感知者各自独立存在的二元论前提下：当我感知到某物时才能确定它是存在的。萨特认为，以认识来判断事物的存在，实质上就是把认识的对象等同于认识本身，即把被认识的事物等同于人的各种感性经验（表象或含义）的综合的思想，这是一种唯心主义。然而，这种以自己的产物组建起来的思想，却是哲学家们所考察的各门既定科学成为可能的条件。显然，这是沿袭了胡塞尔的看法。与康德不同，存在主义所理解的主体则是人的主观性本身。这里所谓的主观性，即人从其本质出发的自我意识，它体现为自我对自我的内在性，也就是从自我出发穿越一个世界指向（可能的）自我的自我性。从这个意义上讲，人在认识之前就把握了超出认识并为认识奠定了基础的存在方式和作为被认识事物的本来面目的思想（对事物本质的意识）。因此，人对自己存在的这种"把握"的方式并不是一种认识的现象，它就是人的存在方式或存在结构，人本质上拥有这种先验的存在方式或存在结构，他就可以根据他所把握的事物的本来面目（事物本质）直接把这种事物开展出来。在这里，人对存在物的感知，实际上是一种本质直观，而人的存在则是一种本质上的自我领会、自我选择、自我谋划和自我造就。

第三，现象的存在不能是它的被感知。对这个问题我们可以从两种情况来看：

第一种情况就是我们在上面所说的"现象的存在不能还原为存在的现象"。这里所说的现象的存在是指构成作为存在形式的现象本身的基础，它的特征是超现象性，就是说它不能还原为作为存在形式的现象本身。而人的存在不过是意识对现象的显象的反映，因此现象的存在不能还原为人的超现象存在。第二种情况是作为相对于一个主体而存在的现象本身。萨特说，从被感知方面来讲，既然事物被感知，那么就有一种被感知的事物的存在。但是，我们不能把我们对事物的感知与事物本身等同起来，应该承认：被感知物处于我们的感知之外，我们所感知到的不过是它的表象或表象的综合。既然如此，"我们首先要承认：被感知物的存在不能还原为感知者的存在，就是说不能还原为意识，……我们至多只能说，被感知的存在是相对于感知者的存在的"（P16）。被感知物的存在不能还原为感知者的存在，就是说不能把现象本身的存在等同于或归结为它的被意识、被感知，因为即使意识没有感知到它，也只是说明它不在场，而绝不能说明它不存在。因此，从感知与被感知的关系上讲，被感知者的存在只是相对于感知者的存在，而不能说它就是感知者的存在。

鉴于上述看法，萨特批判了胡塞尔在完成现象学还原后把"作为对象的意识"当作非实在的并宣称它的存在就是被感知。所谓"作为对象的意识"，即被反思的作为对某物的意识。我们在前面已说过，对某物的意识没有实体性，它是纯粹的显象，是自在，只有当它被反思时才显现。但是，胡塞尔所谓意识对象的现象本质，其本身就是非实在的，因此他所谓"作为对象的意识"应该是一种双重的非实在。萨特称，胡塞尔所谓"作为对象的意识"的存在是它的被感知，实质上就是贝克莱"存在就是被感知"这句老话的改头换面或翻版。萨特对胡塞尔的这种批评，主要是认为他同贝克莱一样，都把事物的存在归结为人对事物的具体感觉或感觉的复合。其实二者的本意并不相同，甚至是南辕北辙。贝克莱的"存在就是被感知"在传统哲学中代表了一种主观的感觉论，认为一切外在事物在人没有感知到它时，就不能确定它是否存在，只有当人感知到某种事物时，才能确认它是存在的。而胡塞尔现象学则是一种反传统的非理性哲学，他所讨论的不是人与外在世界的关系，而是人的内在的意识与现象本质的关系。因此他所谓"作为对象的意识"并非是不能确知的存在，而是它作为自在的存在需在反思中才能显现出来。"作为对象的意识"的这种显现，本质上是人的自我意识，把它的存在看成是人对外在于他的东西的感知显然是荒谬的。

为了进一步说明现象的存在不能是它的被感知，萨特对意识与现象的关系进行了更为深入的分析。他说："被感知的方式就是被动。因此，如果现象的存在寓于它的被感知之中，这个存在就是被动性。既然这个存在被还原为被感知，相对性和被动性就是这个存在所特有的结构"（P16）。所谓被动性，就是"当我经历了一种变化而我又不是这种变化的根源——就是说既不是这变化的基础，又不是它的创造者时，我是被动的"（P17）。这就意味着：一方面，它永远只能相对于一个感知者而存在；另一方面，它永远只能以它的存在支撑着一种不是来源于它的存在的存在方式。照这样来理解，现象的存在就不可能是被感知，因为现象的存在超出了人们对它的认识。同时，意识的本性是超越的，它也不可能永远依靠一种不是它的存在来支撑它的存在。另外，被动性是一种双重相对的现象："既相对于行动者的触动性，又相对于受动者的存在。这意味着被动性不可能涉及被动的存在者的存在本身：它是一种存在对另一种存在的关系，而不是存在对虚无的关系"（P17）。所谓行动者的触动性，即行动者作用于受动者的特定的作用，受动者的存在是相对于行动者的这种作用的。当然，行动者的这种特定的作用也是相对于受动者的存在。这种双重相对的现象表明，行动者和受动者是一种外在的关系，因而也就意味着被动性并不涉及被动的存在者的存在本身。所以，被动性是主体的别具一格的外在否定：他以他所不是某个存在者作用于他所不是的另一个存在者，由于作用和反作用才产生了双重被动的现象。然而，按照这种作用与反作用原理，我们却并不能赋予感知或认识以任何被动的因素，因为它是完全的能动性和自发性。由于意识是纯粹的自发性，所以没有什么东西可以侵蚀意识，意识也不能对任何东西起作用。可是，存在就是被感知这一原则要求，意识必须把存在给予一个超越的虚无（感知）而自己却保持在虚无的状态中，或者说它以虚无的状态包含着一个超越的虚无（感知）。显然，这是十分荒唐的。

萨特还指出，意识与现象之间的感知 – 被感知关系并不表明意识就能够感知现象的存在，"感知不可能影响存在的感知作用，因为要受影响，感知必须以某种方式已被给定，因此必须在获得存在之前就存在"（P17）。感知不可能影响存在的感知作用，这就是我们在前面已说过的："存在只是一切揭示的条件：它是为揭示的存在而非被揭示的存在"。因此，如果说现象的存在就是被感知，这只能意味着这种感知是超感知的，它必须以某种方式在感知前就已经存在，当然，这是不可思议的事情。

综上所述，萨特说："相对性和被动性这两个规定能够与存在方式有关，但却无论如何不能应用于存在。现象的存在不能是它的被感知。意识的超现象存在不能为现象的超现象存在奠定基础"（P19）。相对性和被动性能够与存在方式有关，是说相对性和被动性只体现为自为的存在方式：以它所不是的某个存在者作用于另一个他所不是的存在者，而不能将其应用在意识的超现象存在上。所以，现象的存在不能是它的被感知。所谓现象的超现象存在，即现象的存在的超现象性——存在不仅是某个现象的基础，而且是一切现象的基础。意识的超现象存在，我们在前面已说过，它体现为意识是其所不是、又不是其所是的超越的结构，并体现为意识与现象的被揭示 - 揭示关系。由此可以看出，现象的存在"是在意识之前，意识不可能达到这个存在，这个存在也不可能渗入意识，而且因为这个存在是与意识隔绝的，它也就与它自己的存在相隔绝地存在着"（P19）。现象的存在与意识相隔绝因而也就与它自己的存在相隔绝地存在着，这里所谓"它自己的存在"，显然是指基于它的它的存在方式，而它的存在方式却是可以成为意识的对象而被感知的。然而由于它与意识相隔绝，以致它也就与它自己的存在（方式）相隔绝而自在地存在着。萨特在这里表达的意思很清楚："存在物不能脱离它的存在，存在是存在物不可须臾离开的基础，存在对存在物来说无处不在，但又无处可寻。没有一种存在不是某种存在方式的存在，没有一种存在不是通过既显露存在，又掩盖存在这样的存在方式被把握的"（P23）。而存在方式之所以掩盖了存在以致存在似乎与存在方式相隔绝，是因为人只能感知存在方式而不能感知存在，是人凭着自己的感知把存在与存在方式隔离开了。

通过以上的分析，萨特指出了胡塞尔的现象学还原理论所存在的缺陷和错误，他说："企图把对象的实在建立在印象的主观充实物上，把它的客观性建立在非存在上，玩弄这种花招是徒劳的：客观的东西决不会出自主观的东西，超越的东西不会出自内在性，存在也不会出自非存在。但是人们会说，胡塞尔严格地把意识定义为超越性。他确实是这样认为的，而这是他的最重要的发现。但是他把'作为对象的意识'看成一个非实在、一个'作为活动的意识'的相关物，而且它的存在就是被感知，从这时起他就完全背弃了他自己的原则"（P21）。萨特的这番话义正辞严，从表面上看，好像是坚持客观性反对主观性、坚持唯物论反对唯心论，但实质上他是要否定人接触外界事物的感性经验，彻底关闭胡塞尔为主客联系留下的最后一扇门，把人的存在封闭在自我抉择、自我构建的本体论的世界中。所谓印象的主观充实物，即胡塞尔所说的作为经验事实的心理学现象。印象，在萨特看来就是单纯的主观感觉；印象的主观充实物，相当于感觉的复合或杂多表象的综合。企图把对象的实在建立在印象的主观充实物上，是说胡塞尔把作为意识的对象的现象本质的实在性建立在向它还原的某种主观的经验性事实上。把对象的客观性建立在非存在上，是说胡塞尔把现象本质作为意识的对象，然而现象本质却是抽象的纯概念，是非存在，其客观性从何谈起？需要指出的是：萨特在这里所说的客观性并非是我们通常所理解的外在事物独立于人的意识之外、不以人的意志为转移的特性，而是指在意识本体中现象相对于意识而自在地存在着。这也就是我们在前面已提到的：对意识本体内作为事物原型的现象进行客观化。所谓客观的东西不会出自主观的东西，是说作为对象的现象不会来自印象的主观充实物——某种主观的经验性事实。所谓"超越的东西"或超越物，前面也已说过，即对某物的意识，也就是胡塞尔所说的"作为对象的意识"；超越的东西不会出自内在性，是说"作为对象的意识"的存在不可能是它的被感知。存在也不会出自非存在，是说作为人的实在的存在不可能通过意识与纯粹的现象（现象本质）的关系得到体现。萨特虽然对胡塞尔现象学提出了诸多的批评，但他却赞赏胡塞尔把意识定义为超越性，并认为这是他的一个"最重要的发现"。可是他又不无遗憾地说，当胡塞尔把"作为对象的意识"看成一个非实在、一个"作为活动的意识"的相关物，而且它的存在就是被感知时，则完全背弃了他自己的原则。那么，他是如何背弃自己的原则的呢？我们知道，现象本质是现象显现的原则，它是人所把握的抽象的非实在的东西。所谓现象还原到现象本质，也就是回到人本身，因此，人对现象本质的意识，实质上是一种自我领会的本质意识，它就是本质。这样一来，"作为活动的意识"的感知者就与作为被感知者的现象本质绝对地同一了，"作为对象的意识"便永远等同于现象本质，意识的超越性也就随之消失了。由此可以看出，萨特虽然赞许胡塞尔把意识定义为超越性，但在意识的本体论存在上却与胡塞尔有着重大的分歧，而这种分歧集中体现在如何理解意识的超现象存在上。他认为，意识作为超越性的基本特征"就是超越存在物的走向本体论的存在物的存在，其意义就是存在的现象"（P23）。所谓超越存在物的走向本体论的存在物的存在，是说意识超越存在物的存在只能从本体论的意义上来理解，它是本体论的意识与现象的关系，其意义是存在的现象——意识的超现象存在。在这里，我们看到萨特所谓的现象既不是作为经验表象的综合的心理学现象，也不是胡塞尔所谓的现象本质，它就是先天地包含在意识本体中的与其本质相统一的事物原型。

贝克莱的"存在就是被感知"这一命题，把人对事物的感知作为衡量事物存在的尺度，否定了世界和事物的客观存在。胡塞尔撷拾贝克莱的这一命题并不是肯定贝克莱把事物的存在归结为人的感觉或感觉的复合，相反，他认为人的感性经验并不能揭示外界事物的客观存在，从而才通过现象还原把人的存在归结为纯粹的自我（意识）与纯粹的现象（现象本质）的关系。他鼓吹"存在就是被感知"实际上是为了解决"作为对象的意识"的显现如何可能的问题。萨特批判胡塞尔版的"存在就是被感知",既不是反对贝克莱,也不是要回到贝克莱,他的现象学的存在论与贝克莱的感觉论命题毫无关系。萨特之所以批判胡塞尔,是因为胡塞尔所谓的感知对象是抽象的、非实在的现象本质,由于它不显现,实际上它并不能成为意识能够感知的对象,能够被意识感知的对象只能是这样一种现象,它是包含在意识本体中的作为"诸性质的有机总体"的存在物。但是他又认为,现象作为意识的对象,意识所能感知的是它的存在方式,而它的存在则不能被感知。这样一来,现象的存在就成了一个永远的悬而未决的问题。

萨特说:"通过考察非位置的(对)自我(的)意识,我们已确定,现象的存在无论如何不能作用于意识。我们据此而取消了现象与意识关系的实在论的概念。但是通过考察非反思的我思的自生性,我们也曾指出,如果最初就已经把主观性给予意识,意识就不可能超出它的主观性,而且意识也不可能作用于超越的存在或无矛盾地包含各种必要的被动性因素,以便能从它们出发构成一个超越的存在:我们因此也就避免了对这问题所下的唯心主义结论"(P24)。所谓非位置的(对)自我(的)意识,即对作为位置意识的我思的反思。在反思中,意识的对象是作为对某物(现象)的意识,因而,反思是对意识的意识,也就是自我意识。由此可以确定:在反思中,现象的存在在意识之外,它无论如何不能作用于意识。所谓现象与意识关系的实在论,是认为人的实在是意识与现象之间的一种直接关系,即作为对现象的本质直观的我思。其实,人的实在应该是自我超越,是在对我思的反思中通过自我超越而超越现象,如果把人的实在看作是我思,自为便同一于自在,它就不可能实现超越了。我思的自生性,是说作为对某物的意识的我思是意识自身对外在于它的事物的揭示而产生的,而不是由外在于它的事物作用于它才产生的。这里所说的主观性,是指从自我出发的作为自我性的意识或自我的超越性。所谓"如果最初就已经把主观性给予意识,意识就不可能超出它的主观性",是说意识在其诞生后,它首先只体现为意向性和超越性,正因为如此,才注定了人的存在先于其本质,正是由于人的存在先于其本质,他才能通过原始的在世现象进行自我抉择和自我构建,从而才能形成从自我出发的作为主观性的自我性或自我超越性。因此,如果意识一开始就是主观性,那么它就始终处在一种被规定的状态中而不可能超出这种主观性而成为纯粹的超越。意识本身也正是作为纯粹的超越性,它才可以与现象构成一种本体论的存在的关系,才可以无矛盾地包含各种必要的被动因素(比如说先验的世界结构、我的全部的可能和自我确立的全部的存在结构、我的已经存在的过去等),并从这些东西出发构成一个超越的存在。通过对我思的自生性的考察,不仅避免了把意识看作是人的主观性，而且进一步表明：意识与现象是两种对立的存在。因此，"可以把存在分为两个绝对独立的领域：反思前我思的存在和现象的存在"（P24）。反思前我思的存在是人的存在，即意识是其所不是又不是其所是，它是意识与现象的关系，萨特称其为自为；现象的存在是作为一种超现象的现象的基础，萨特称其为自在。不过，萨特也把自为的原始否定——即对某物的意识——称为自在。可见自在除了具有孤立、绝对、永恒的特性外，还具有潜在的特性。

关于现象的存在，萨特做了如下的描述：

一、存在是自在。就是说"存在是它自身。这意味着它既不是被动性也不是能动性"（P25），因为能动性与被动性这两个概念是属于人的：人为了某种目的而运用某些手段时，就有了能动性。而人使用的手段则是被动的。这种存在的"自在如一性"超乎肯定与否定之外，因为"肯定总是对某个事物的肯定，就是说，肯定活动有别于被肯定的事物"（P25），这样就使存在成了事物的原因，而不是事物的基础。另外，存在是自在还意味着存在不是内在性，内在性是人的存在，因为内在性是一种与自己的关系，"但是存在并不是与自己的关系，它就是它自己"（P26）。

二、存在是其所是。就是说"存在本身是不透明的，这恰恰因为它是自身充实的"（P26）。"自在没有奥秘，它是实心的"（P27）。"它是其所是，这意味着，它本身甚至不能是其所不是；事实上我们已看到，它不包含任何否定。它是完全的肯定性"（P27）。这里所说的肯定不同于上面所说的肯定：上面所说的肯定是指存在对存在物的肯定，这里是指存在本身，意思是说"存在在其存在中是孤立的，它与异于它的东西没有任何联系"（P27）。

三、存在作为自在的存在存在。即存在恒在，存在不可把握。"这意味着存在既不能派生于可能，也不能归并到必然"（P27）。其不能派生于可能，是因为"可能是自为的结构，就是说，它属于另一个存在领域"（P27—28）。其不能归并到必然，是因为"必然性涉及理想命题之间的关系，而不涉及存在物的关系"（P27）。就是说必然性涉及的是人向着其理想目标的一种自我谋划和自我造就，而"自在的存在是非创造的，它没有存在的理由，它与别的存在没有任何关系，它永远是多余的"（P28）。所谓存在没有存在的理由，是说存在没有超越自身的理由——某种目的，因为存在是自在。说它永远是多余的，是因为存在总是以一定的存在方式存在，其本身从不显现。

当然，萨特在这里所谈的存在，是意识本体中的现象的存在，但既然存在不可感知而只能想象，那么这现象的存在也就可以权作宇宙中一切事物的存在了。

如果说海德格尔承袭了亚里士多德，把存在归结为超越者，归结为一种宇宙的推动力，那么萨特在这里则把存在归结为"有"，归结为一种绝对的、永恒不变的、也是终极的质料。因此，我们仿佛从中看到了古代原子论的影子。他说存在没有内外之分，超乎肯定与否定之外，是一种实心的、完全肯定的东西，显然就是说存在是一种不可分的、非结构性的、实在的终极物。这与德谟克利特对原子的描述非常相似：实在的东西是一个不可分的、不可穿透的单纯的原子。他说存在既不是被动性也不是能动性，既不是必然的也不是派生于一种可能，它是孤立的自在的存在。这与德谟克利特所描述的原子的性状也很接近：一切原子在性质上都相同，它们是非衍生的、不可毁灭的和不变的。萨特认为，存在是一切存在物的基础，自在的存在存在是自在的存在的偶然性，这种偶然性可以通过存在的完全肯定性在它崩溃的废墟上重新形成。这与德谟克利特关于原子以自在的运动聚合为存在物的说法也很吻合：原子在形状、大小、重量上各不相同，重者下降，轻者上升，由此造成回旋运动，从而聚合为物体。一切物体都是原子和空间的结合物，使原子结合和分离的是它们本身所固有的运动。通过这样的对照比较，不难看出萨特在存在问题上重拾了古代的原子论，他所谓的"存在"，其实就是构成一切具体存在物的永恒不变的终极物。萨特这种以谈现象的存在的方式来谈事物的终极存在，当然是主观唯心的。但是，古往今来人们不是一直都凭着自己对存在的领会、理解或想象在解释事物的存在吗？无论这些解释能否成一家言，也无论这些解释是否达及存在的真谛，其本质上都是把存在内在化、主观化了。萨特声称自己的存在哲学是马克思主义的存在主义，但他对存在的这种理解却完全违背了马克思主义哲学的物质观。首先，马克思主义的物质观并不把整个物质世界归结为一种不可分的终极物，无论这种终极物是原子还是存在。物质只是客观存在的标志，如果把物质（或存在）归结为一种孤立的、自在的、终极的充实物，就无法解释世界的无限性和事物的多样性、复杂性。其次，马克思主义的物质观认为，物质是以不同的形态存在着，在统一的物质世界中包含着无限多样的物质形态，物质形态可以互相转化，但物质不能被创造和消灭。这一结论是在现代科学发展的现有成果基础上作出的，例如正负电子对撞后使物质的实物形态转化为场的形态。场与实物是物质存在的两种基本形态，场本身具有能量、重量和质量，而且在一定条件下与实物互相转化。场则由基本粒子——量子所构成。第三，马克思主义的物质观把物质与运动紧密联系在一起，认为运动是物质所固有的、根本的属性，其不可创造亦不可消灭。因此，存在这个概念既指物质形态本身，也指物质的运动。萨特否认存在具有一种能动性，称存在是"不能活动的能动性"（P26），称自在的存在存在是自在的存在的偶然性，这都表明他所谓的存在完全是德谟克利特的原子式的不动之动、无缘之缘的偶然际遇，也就是说存在的静止状态是绝对的，而运动状态则是相对的。第四，马克思主义的物质观否认有绝对空洞的空间的存在，认为空间和时间就是运动着的物质的存在形式。比如说场（电磁场、引力场等）就存在于整个空间，空间之"空"实质上体现了物质在形态上的一种彼此涵盖或互相包容的关系。

从唯物主义的角度来看，存在与物质应是同等的概念，都是标志客观实在的范畴，所以存在永远是存在者的存在。对存在者的存在的揭示是一个实践的问题，随着人类的实践活动的不断深入，存在者存在的实质会被层层剥开，人们将渐渐走向事物存在的深处。萨特把存在物（现象）的存在看成是终极的、孤立的、不可穿透的实心的东西，实际上是宣扬了形而上学和存在的不可知论。存在的可知与不可知永远是相对的，是人类永无止境的实践过程，这当中只有实践活动尚未达到的领域，而没有在实践中无法破解的"存在"之谜。萨特与海德格尔虽然对"存在"的理解不同，但他们都认为存在是最普遍的普遍性，存在不可定义、不可把握、不可知，因而人只能走近存在物的存在方式，只能解答存在物存在的意义，而不能走近存在物的存在。其实，既然存在只能是某种存在方式的存在，既然人能够走近存在方式，那么人离存在方式的存在还远吗？只是一般人只停留在存在物存在的意义上，而未能深入存在物存在的机理，这项工作则留给了科学研究。人类正是在科学研究的大量成果的基础上才对存在和存在的意义有了进一步的认识。胡塞尔的现象学和海德格尔、萨特的存在哲学否定科学研究的成果，否定人类能够通过科学研究的实践走向存在的深处，这恰恰暴露了这种理论非理性、反科学的唯心主义实质。

第二章　主体及其存在结构

一、海德格尔：实体性是主体的存在论准线

什么是主体？这个问题似乎不难回答：主体是具有认识和改造客观世界的能力的人，与其相对的客观世界是为客体，是它认识和作用于其上的对象，客观事物的存在不以人的意志为转移。但是，这个问题在海德格尔看来却并非如此。他建立的现象学存在论以人的存在——意识的超现象存在——为本体，整个外部世界连同人的肉体都被他悬搁起来了，因此，他所谓人的存在并不是灵肉统一或灵肉综合的生命的存在。但是，他也不赞成康德把作为主体的人理解为先验的纯意识，因为那样主体就失去了实体性。那么，在他看来主体究竟是什么？

海德格尔认为，任何存在者都是以一定的存在方式来存在的，主体作为存在者当然也不例外，因此说到主体就不能不从存在论上对它的存在方式做一番探讨。他说，笛卡尔和康德当初就是离开主体的存在方式来对主体进行思考和探索的，因此他们耽搁了一件本质性的大事：从存在论上来解释主体存在的问题。笛卡尔提出"我思故我在"这个著名公式，他通过对"我在意识"进行反思，证明了主体"我"的存在是真实的。然而遗憾的是他没有追问主体"我"是如何存在的，没有说明人这个能思之物的存在方式，因而耽搁了从存在论上解释主体存在的问题。这一耽搁导致后来康德也仅从意识本身或者说只从意识的功能性方面来思考主体的存在，把主体理解为先验的纯意识，提出了"经验的自我意识"和"先验的自我意识"，以致出现了心理主体和先验主体这种双重主体的现象。所谓"经验的自我意识"，即笛卡尔的"我思故我在"中那个意识到自己在思的"我"。与笛卡尔不同，康德则尽量避免把"我"与思割裂开来。在他看来，"我思"是一种统一知觉的意识活动方式，它显现于一切经验却先于一切经验而存在。因此，他在说"我"的时候，实际上就是在说"我思"。可见，康德所说的"我思"与笛卡尔所说的"我思"具有完全不同的内涵：它不是指人的对象的意识，而是指作为统觉的意识的综合统一功能。是意识对杂多的表象进行综合统一以组成完整

的对象，对象的存在只有通过作为统觉的意识的这种统合功能才是可能的。因此，在康德那里，"我思"既指我在感知，也指我在回忆或想象。这样，"我思"就等于说"我维系…"，"我"是作为维系对象的主体，是一种逻辑行为的主体，所以"我"也被称为"经验主体"或"逻辑主体"。所谓"先验的自我意识"，是指在"客观演绎"中与"对象意识"相对的自我意识。康德所说的"对象意识"，即把杂多的表象经过分析的统一、综合的统一而达到属于一个对象的统一的现象。显然，这个"对象意识"是在概念的引导下通过对诸多表象进行分析、综合后所获得的对事物的本质性认识。可见康德所说的表象不是作为事物的现象，因而也不是意识的对象，而是现象或事物的各个不同的侧面。对"对象意识"进行"客观演绎"的自我意识实质上就是通过概念在进行一种理性的思维，它超脱了经验意识的范围，因而被称为"先验的自我意识"或"先验主体"。

海德格尔指出，康德所谓作为纯粹意识的先验主体"是在一种从存在论上来说不当的意义上把捉这个'我'的。因为主体这一存在论概念所描述的不是'我'之为自身的自身性，而是一种总已现成的事物的自一性与持存性。从存在论上把'我'规定为主体，这等于说：把我设为总已现成的事物"（P379）。在海德格尔看来，康德把主体理解为先验的纯意识是错误地把主体的自身性当作主体自身。所谓主体的自身性，即主体的内在性、主观性，也就是作为"我维系"、"我统一"的自我性，它本质上是一种穿越一个世界的世界意识。主体应该是它自身，是一种保持着自身统一性的持续存在着的总已现成的东西，而不是作为一种从人的本质或自我出发的自身性或自我超越性。于是他纠正道："我"不仅是"我思"，而且是"我思某某"。然而"康德虽然避免了把'我'与思割断，他却还不曾把'我思'本身的全部本质内容设定为'我思某某'，尤其他还不曾看到要把'我思某某'当作自身的规定性，在存在论上还须把什么设为前提"（P380—381）。这就是说，康德所谓的"我思"作为"我维系"不过是主体的自身性或主体性，而不是作为总已现成的主体自身，只有"我思某某"才是主体自身，主体是由"我思某某"所规定的，除此之外，在存在论上别无前提。康德的"我思"是一种没有实际内容的空洞的纯粹意识，因而他所谓的主体是一种纯粹的抽象的主体。实际上，"我思"作为自身性，它应该是人的本质意识或自我意识，这就是我们在前一章中所提到的人这种存在者与其他一切存在者相比具有三层优先地位，也就是说"我思"作为自身性应该是一种自我意识、世界意识和投向自我之外的谋划意识。所谓把"我思"本身的全部本质内容设为"我思某某"，是说人应该从命运上来把握自身，把自身设为一种整体性的存在，也就是说把一生的全部可能性确

定下来，并按照每一种可能性把作为存在者整体的整个世界也先行设定。这样，
"我思某某"便成为自身的规定性，而人的全部的在世活动便是这种规定性的渐
次展开。由于康德的"我思"作为"我维系"只是一种抽象的先验主体，这样
一来它不仅在存在论上以全无规定的方式伴随着各种各样的现象，而且为了给存在
的目的性和合理性找到依据，还必须考虑把什么一种东西设为前提，显然，这个
设为前提的东西只能是上帝。

基于对康德的作为经验主体或逻辑主体的"我思"的批判，海德格尔提出，
实体性是主体的存在论准线。那么究竟如何来理解主体的实体性呢？我们在一开
始就说过，海德格尔反对把主体看成是灵肉综合的生命的存在，他说："人的'实
体'不是作为灵肉综合的精神，而是生存"（P144）。什么是生存？这个问题我们
在第一章谈到此在在存在者状态上的优先地位时就已说过，是主体在它所组建的
一个世界中向着它的可能性寓于世内存在者而存在，因此主体的实体性就体现在
它的这种具体的存在方式上，那就是寓于世内存在者的存在，就是"我思某某"。

但是，海德格尔所说的"我思某某"并非笛卡尔或胡塞尔所理解的我思，即
不是作为直观的对某物的意识，而是对作为"对某物的意识"的意识，即对我思
的反思。这就是说，主体作为"我思某某"是一种反思意识。可是，把主体看成
反思意识，这与康德把主体看作是"我维系"、"我统一"的统觉又有什么区别？
再说，既然是从实体性的角度来理解主体，那么主体就应该被理解为我思，因为
我思只有作为意识的对象化才可以勉强称得上是实体化，而"我思某某"则只能
被理解为对我思进行反思的人的内在化。如果把主体的存在局限在这种内在的自
我意识中，那么人就只有一个回忆和梦想的世界而没有真实的在世的存在（尽
管他所谓的本体论存在也是意识范围内的事）。所以，萨特指出了海德格尔的问
题："对人的实在的研究应该从我思开始"（P128）。就是说，人首先应该成为实
体，即通过是其所不是的对象化而成为我思，然后再通过虚无化而超越自身并反
观自身，从而成为实在的存在。那么海德格尔为什么要绕过我思这个环节，而把
主体理解为对我思进行反思的"我思某某"呢？对此萨特认为，海德格尔之所以
这么做，他是为了避开笛卡尔和胡塞尔所理解的我思来谈主体。首先，笛卡尔的
"我思故我在"中的我思是从时间性的瞬间角度来设想的，在这里，"人的实在是
一个瞬间的整体，因为它自己并不对未来提出任何要求，因为，为了使它从一个
瞬间过渡到另一个瞬间必须有一种连续的创造活动"（P128）。说笛卡尔的我思是
从时间性的瞬间角度设想的，是说这种我思作为是其所不是的对某物的意识，它
随即又不是其所是而虚无化了，这实质上就是连接着过去和将来的时间性的短暂

的一瞬。这样，人的实在就成了一个被分解为过去、现在和将来的时间性的瞬间整体。它没有未来的目标，为了存在，它只能持续进行从一个瞬间过渡到另一个瞬间的意向性的创造活动——连续地不是其所是又是其所不是的自我虚无化活动。海德格尔觉得，如果人的实在只局限于这种时间化的我思的存在，那它就只能有一个瞬间的真理，显然这是不可思议的。其次，胡塞尔的我思则强调意识的直接经验，即强调对呈现在意识面前的非经验性东西——现象本质——的直观，认为只有通过这种方式所获得的认识才是严格的、绝对可靠的。但是，在海德格尔看来，胡塞尔的我思实质上是一种"令人神迷的诱惑陷阱"，因为现象本质不过是一种非实在的人的本质中的现象显现的法则，对现象本质的意识就是一种永远的本质意识，这样，意识的超越性便消失于其中。海德格尔为了不使人的实在成为一种瞬间的真理，也不使之落入迷惑的陷阱，萨特说他"以致全然避免在他的对此在的描述中求助于意识"而仅仅采用"领会"。萨特认为："他的目的在于直接地指出我思是烦，也就是说在自我向着诸种它所是的可能性的谋划中我思是对自我的逃避。他把这种自我之外的计划称作'领会'，这种谋划使他能够把人的实在确立为'揭示－被揭示'的存在"（P128）。所谓我思是烦，是说把我思看作是此在向着自我的可能性（目的）在一个世界中寓于世内存在者的存在。这是从在世的角度来理解我思——有所居持地依寓于世内存在者而存在，而不是从单纯认识的角度来理解我思——仅仅是对某物的意识。把我思理解为烦，这意味着我思是此在依照其谋划向着他的可能性存在时避离他已经实现的自我，因为此在是超越存在，他不可能同一于他的自我，他总是从自我走向可能的自我，就是说他总是投向自我之外。所谓海德格尔把自我之外的计划称为"领会"，是说此在对重新投向自我之外的在世的谋划是基于对自己的可能的领会和在这种可能（目的）的规定下对一种世界构成的领会。正是这种领会，确立了此在在存在者状态和存在论上的优先地位，从而使他能够把人的实在确立为"揭示－被揭示"的存在——此在在世界中的展开状态和世内存在者的被揭示状态。

　　针对海德格尔把自我之外的谋划称为"领会"，萨特指出："领会只有在它是领会的意识时才成其为领会，我的可能性只有在它是向着可能性逃避自我的意识时，才作为我的可能性而存在"（P128）。领会，是人的一种主观性或内在性。领会作为领会的意识，它只能是一种本质性的（对）我的可能性（的）意识、（对）世界（的）意识和（对）向着可能性谋划（的）意识。这里所谓"我的可能性只有在它是向着可能性逃避自我的意识时，才作为我的可能性而存在"，就是说我的可能性即（对）我的可能性（的）意识，而我的可能性意识则意味着我在领会我的可能性时我逃离了自我。这就是萨特所谓我思的深刻含义就是重新投向自我之外，也就是说我永远从自我走向未来的可能的自我。但是，领会作为领会的意识并不是作为我思的对某物的意识，因而它不是作为人的实在的主体。不过，它体现了人在存在者状态上、存在论上、自我谋划上的优先地位，而这就是海德格尔所谓的主体性。这种主体性是人能够是它所应是的东西从而成为具有实体性的主体的前提。

海德格尔之所以要绕开我思来谈人的实在，除了萨特所指出的上述两个原因外，恐怕还应有另一个更重要的原因：无法给出作为第一存在的我思，因而也就无法确定作为意向性和超越性的纯粹意识的逻辑起点。为了在这个问题上有所交待，海德格尔曾推出一个连他自己也说不清的背反命题："存在者满可以在它的存在中被规定"（P10），"存在总是某种存在者的存在"（P11）。前一句他强调存在者被它的存在所规定，而后一句又强调存在者规定了它的存在，这种存在与存在者的相互规定，表明存在与存在者是统一（同一）的。由此可以看出，尽管海德格尔一再说明此在这种存在者与其他众多的存在者不同，但就他把存在和存在者相互规定而言，他还是把此在等同于形式和内容相统一（同一）的一般世内存在者了。萨特看到了海德格尔在这个问题上陷入困窘，他企图有所突破，提出自为与它的过去性的原始关系是自为与所谓纯自在的关系。但事实上这是一种非理性的想入非非，其荒谬的程度不亚于海德格尔"存在规定存在者"的说法（已在第一章中阐述）。

应该说，海德格尔对康德的批评至少是不准确的。首先，康德并不赞同笛卡尔把主体的存在理解为"我思"——我在思维。他说"我思"或"我在思维"之命题乃一经验的命题，但此类命题乃以经验的直观为条件，故亦以对象为其条件。因此，我的存在不能从（笛卡尔的）"我思"那里推论出来，我不是通过意识到我在思维或我在意识而认识我自己，而只有当我意识到我自身的直观时才认识我自己，就是说我只有意识到我在认识某物时才认识我自己。其次，康德把"我思"与它所思的对象分离开来并非意味着人可以脱离对象而空洞地思，而是我以我自身之存在为思维的存在者之存在，以与在我以外之其他事物相区别，就是说其他事物是我所思的而与我自身相异的东西。在作这种区分时，并没有把我离开在我之外的事物是否能思维、是否能作为一个思维的存在者而存在的问题考虑进去，也就是说，这种区分只是一个逻辑上的设定，而并不是一种事实上的认定（见蓝公武译康德《纯粹理性批判》）。

在康德哲学中，应该受到批判的是他所谓作为先验主体的纯意识，因为这表明他完全接受了笛卡尔的灵肉分离的极端的二元论，把人的存在仅仅理解为精神或意识。然而，海德格尔恰恰没有否定这一点，他只是觉得主体不应是虚无而应是实体，于是便把康德的纯意识设为主体性或主体的自身性，而把主体自身或主体的实体性建立在这种主体性与它的对象的关系上，因而提出了主体是"我思某某"。然而，实际上作为"我思某某"中的"某某"却并非某物，而是作为对某物的意识的我思。按照萨特的说法，它本质上是没有实体性的关于某物的"位置意识"，因而"我思某某"作为一种"非位置意识"就更不具实体性了。其实，康德是反对把对象理解为实体的。他认为，一切具体的存在者不能称为实体，因为实体是一切存在者的基础，而不是存在者本身。他说，变易总是某个不变的永恒者的变易，这个永恒者是时间自身的经验表象的基体，就是说这个永恒者是人在时间中所经验到的事物的性质或存在方式的基础，它就是实体。很明显，康德所谓的实体是指一种终极的自在之物，它相当于德谟克利特所设想的原子，而萨特所谓作为存在物（现象）的基础的自在的存在，则是把它纳入到意识本体之中，也就是说他以人的存在涵盖了一切现象的存在。不过，哲学史上也有人把具体事物称为实体的，那就是亚里士多德。沿着亚里士多德，后来黑格尔提出了绝对精神的实体化：宇宙万物是绝对精神的自我设置。但是他认为，绝对精神并不超乎包罗万有的宇宙之外，它就在宇宙万物之中，它体现为宇宙万物存在、变化和发展的一种必然性，这种理性必然性也就是宇宙万物的实体性。如果我们把黑格尔所谓的绝对精神的实体化理解为包括人在内的宇宙万物的存在是宇宙的合规律的运动和变化，那么人作为实体就是以一种特殊的存在方式来存在的存在者。这种存在者是灵肉统一的存在者，它既是实体，同时也作为一种有限的精神。但作为有限精神或意识，它只是人这种实体的属性，表现为人的一种特殊的存在方式——人与世界以及事物之间的关系。如果要说实体化，那只有通过人的实践，只能是作为实体的灵肉统一的人的思想变行动、精神变物质式的客观的创造活动，而绝非海德格尔所谓作为意识的本体论存在的"我思某某"。

海德格尔吸收了胡塞尔现象学中先验还原的某些思想，把世界之为世界看成是人所固有的本质性的先验结构，而他所说的现象也是一种包含在意识本体中的永恒不变的事物原型，由本质出发的主观意识与现象的关系便构成了一种本体论的超现象存在。在这里，他把主体理解为"我思某某"，也就意味着作为现象一元论的存在哲学只有主体，没有客体，或者说主体客体合而为一了。

二、海德格尔：烦——主体的整体性存在结构

海德格尔在回答"此在是谁"这个问题时说："此在就是我自己一向所是的那个存在者，存在一向是我的存在。……这个谁是用我自己、用主体、用自我来回答的"（P141）。他在这里说得很清楚：此在，这个我一向所是的存在者，作为主体，就是我自己，即一直在存在着的我。由此可以看出，海德格尔对主体的理解有两个标准：当强调主体的实体性时，主体是"我思某某"；而在谈到主体的整体性时，主体又成了"我存在"或"我维系"的"我"。他认为，正因为我是我一向所是的那个存在者——"我"，我才能在变动不居的行为体验（"我思某某"）中保持着自身的统一（同一）性。从这个意义上讲，主体是前后一贯的整体性的存在。主体作为整体来存在，这意味着它的当下的存在既是它的过去的已经存在的存在，同时又是它的将来的尚未存在的存在。因此，一方面此在总是向着未来筹划它的可能的存在，并且始终不渝地向着它的可能去存在；另一方面，它是它的过去，过去是它的出发点和依据，它不能脱离它的过去。根据此在的这种存在方式和特点，海德格尔归纳出了此在作为一种整体存在的存在结构：先行于自身的——已经在一个世界中的——作为寓于世内存在者的存在。先行于自身的，就是对自己的可能之在的设定并筹划向这种可能之在存在；已经在世界之中的，是说当此在向着它所筹划的自己的可能存在时，它实际上已经处在一个世界之中，因为它只有通过超越一个世界才能达到未来自己的可能之在；作为寓于世内存在者的存在，即作为"我思某某"的此在当下实在的存在。这整个结构说明：此在是一个面向未来、身处一个世界之中的具体存在。海德格尔称此在的这种存在结构为"烦"，并指出："先行于自身已经在（世）的存在就是寓于（世内照面的存在者）的存在。这一存在满足了烦这个名称的含义，而这个名称则是被用于纯粹存在论生存论的意义的。任何用来指存在者状态上的存在倾向的如忧烦或无忧无烦等均始终被排斥在上述含义之外"（P233）。这就是说，烦是泛指此在寓于其所烦忙的世内上手事物的存在，凡是生存、在世，就免不了烦忙，此在总已消散在其所烦忙的世界中。所以，烦与存在者状态上的烦恼、烦忧和无忧无忧等存在倾向毫无关系。此外，烦也不是指一种特殊的对自己的行为，而是作为一种普遍的人的源始的整体性存在结构，在生存论上先天地处于此在的任何实际行为与状况之前。也就是说，人只要活着，就不能没有自己的欲望和追求（先行到自身）；而要实现自己的欲望和目的，就不能不通过走向这种欲望和目的的手段（存在于

一个世界之中）；这种手段的运用则体现为此在的展开状态和世内存在者的被揭示状态（寓于世内存在者的存在）。

从烦这种存在结构来看，此在生存的首要之义就是面向未来，趋向自己的一种可能，没有可能，此在便不再存在。所以，从生存论上讲，此在的可能性要高于现实性。先行于自身，就是对自己的未来、自己的可能之在的一种设定，海德格尔称这种先行于自身的自我设定为意求。他说："在意求中，一个被领会的存在者被掌握了，也就是说，一个被向它的可能性加以筹划的存在者被掌握了；……因此，在意求中总包含一个意求者，这个意求者已经从一种为什么之故中得到规定。组建意求之存在论的可能性的有：一般的为什么之故先行展开的状态（先行于自身的存在），可烦忙的东西的展开状态（作为已经存在的何所在的世界），此在有所领会地向一种能在筹划自身，这种能在即向意求的存在者的某种可能性的能在。在意求的现象中透映出作为基础的烦的整体性"（P235）。所谓一个被领会的存在者、一个被向它的可能性加以筹划的存在者在意求中被掌握了，就是说当此在从某种欲望出发提出自己未来的可能之在时，它就作为一个被领会的未来存在者，作为一种被筹划的自身的可能性被把握了。意求者，即此在作为一个被领会的存在者，也就是作为此在的存在者状态上的优先地位。说它是从"为何之故"中得到规定的，是说它作为此在的存在本身是被此在的欲望规定的，它就是欲望本身。没有欲望，就没有意求和意求者（自身的可能性）。组建意求之存在论的可能性，就是向意求者存在所进行的筹划。这种筹划可以从两个方面来理解：其一是一般的"为何之故"的先行展开状态，这就是此在从"为何之故"出发的在世界之中的展开状态。它显示为从"为何之故"到"为了作"，从"为了作"到"所用"，从"所用"到"何所缘"，从"何所缘"到"何所因"这样一种世界的因缘整体性（将在第三章中详述）。其二是可烦忙的东西的展开状态，即作为用具整体的一个世界的展开状态。所谓世界的展开状态，即世内存在者的揭示状态，也就是由此在的展开状态所揭示出来的与用具的性质相适应的用具整体的指引关联。从以上两个展开状态不难看出，作为此在存在结构的烦的整体性已显露其中。

此在生存的首要之义固然是面对未来，但未来是建立在现实的已经存在的东西的基础上的，从存在论上讲，离开了现实性，可能性就无从谈起，而事实上此在总是在一个世界中向着它所意求的东西存在，这就是作为烦的整体结构的第二个环节。上面说过，海德格尔在谈到主体是以整体来存在时指出，此在就是我一向所是的那个存在者，存在一向是我的存在。已经在一个世界中存在，首先是此在实现了它的计划：把世内存在者开展出来组建了一个世界。这样，作为是其所不是又不是其所是，此在便有了一个过去。但是作为向着其可能之在存在的此在，它非但没有脱离它的过去．而且还有所居持地依托它的过去展开烦忙的在世活动。这种情况显示：我总已存在于一个世界之中，我是我的过去的存在。海德格尔说，此在是他的过去，一方面是说过去总是仿佛在后面推着他，另一方面是说过去的东西有时还作为一种现成的属性在他身上起作用。过去仿佛在后面推着他，是说此在既不同一于它的过去，又不逃离它的过去，但只要它存在，他就不会停留在过去而不得不由此出发而走向未来。这种情况就好像过去的东西在它的后面促使它去展开在世的活动。过去的东西作为一种现成的属性在它身上起作用，是指此在凭借现成在手的工具展开在世的活动，从而使工具的现成属性通过此在的展开状态显示出来。

烦的结构的第三个环节——作为寓于世内存在者的存在，这是此在介入到过去和未来之中的"事实上的现成的存在"，也就是此在当下的实际存在。海德格尔称此在的这种实际存在为烦忙或烦忙在世。这里需要说明的是，海德格尔所谓的这种烦忙或"事实上的现成的存在"，并非是指人手持工具进行实际操作，作为意识的本体论存在，它指的是意识与现象的关系——意识通过超越它所不是的东西而进行自我造就。其实，这就是人的一种主观的意念活动。所以海德格尔说，烦忙作为此在的实际状态，它表明此在的在世向来已经分散乃至解体在"存在于世界之中"的各种确定方式中，就是说烦忙这种实际状态早在此在组建意求之存在论的可能性时，即在此在进行自我谋划之际，它已经被分解在此在的为何之故的先行展开状态和可烦忙的东西的展开状态中。在这里，烦忙作为此在的"事实上的现成存在"，只是表明它既是此在的展开状态，同时也是作为上手用具的世内存在者的被揭示状态。从存在论上来说，烦忙是此在对自身的可能存在方式有所领悟的烦忙，它是紧接着自我谋划之后的自我构建和自我造就。

以上是从自我领会、自我谋划和自我造就这种个别化的本真的自己存在方面对烦的结构所进行的分析，但实际上"烦并不是只描述与实际性及沉沦都脱了节的生存论状态，而是包括这些存在规定之统一的"。"在先行于自身已经在世的存在中，本质上就一同包括有沉沦地寓于所烦忙的世内上手事物的存在"（P233）。所谓沉沦地寓于世内上手事物的存在，是说此在按照日常生活中人们对其本身的存在（有所欲求）及对世界的一般领会来组建世界并存在于其中。这种生存论上的非本真的存在本质上也符合烦的结构，因为"即使在非本真状态中，此在本质上也仍然先行于自身，正像此在沉沦着逃避其本身也还显示着这样一种存在机制：这个存在者为的就是它的存在"（P234）。此在沉沦着逃避其本身，是说此在按照常人的方式存在，它无须通过存在论上的自我领会来存在，这样一来，它就等于避离了它的自我，避离了它的本质。但是，无论是本真的自己存在还是非本真的与他人共同存在，此在都是为它本身的存在（它的欲求），都必须先行到自身（提出目的）。所不同的是，作为本真的自己存在的先行于自身是一种本质上的自我领会，而非本真的存在则是按照常人的平均状态来领会自身。

从生存论上来说，人活着就是为了它本身的存在而去存在，这种"先行于自身"是人的先天的本性。因此，由人的这种自身的存在所规定的存在方式也是先验的，它意味着："在烦这种存在方式中，存在机制的先验性早于此在的一切设定和行为"（P249）。就是说烦作为此在整体性的存在结构，在生存论存在论上先天地处于此在任何实际行为与状况之前，此在的任何一种在世活动——无论是本真的还是非本真的——从一开始就受其规定。但是，另一方面，"烦的首要环节是'先行于自身'，这却等于说：此在为它自己之故而生存。只要此在存在，它直至其终都对它自己的能在有所作为。……烦的这一结构环节无疑是说出了，在此在中始终有某种东西悬欠着，这种东西作为此在本身的能在尚未成其为现实的。从而，在此在的基本机制的本质中有着一种持续的未封闭状态。不完整性意味着在能在那里的悬欠"（P284）。这就是说，"先行于自身"意味着：只要此在存在，它就不会终止于它的某个目的、某种欲望，它将不断地提出自己的目的，将永远向着其可能之在存在。这种情况表明，烦这种存在结构是开放的，它处于一种持续的未封闭状态，而这又意味着此在本身的不完整性，意味着此在作为能在是一种欠缺的存在。

但是海德格尔认为："此在之存在的阐释，作为解答存在论基本问题的基础，若应成为源始的，就必须首要地把此在之存在所可能具有的本真性与整体性从生存论上带到明处"（P281）。这就是说，如果要从源始的意义上对人的存在做出存在论的阐释，那就必须首先明确人的本真的自己存在在生存论上是一种整体性的存在。换言之，就是"把此在作为整体置于先有之中"（P281）。那么，能否使人的能在一步到位，以消除由烦的开放状态所昭示的永远的悬欠？在海德格尔看来这并不是不可能的，他说："只要此在存在，在此在中就有某种它所能是、所将是的东西悬欠着。而'终结'本身就属这一悬欠。在世的'终结'就是死亡。这一属于能在也就是说属于生存的终结界定着、规定着此在的向来就可能的整体性"（P281）。他说死亡是此在本身向来不得不承担下来的存在的可能性，死亡作为此在的终结乃是此在最本己的、无所关联的、确知的、而作为其本身则不确定的、超不过的可能性。只要此在存在着，它就已经被抛进了这种可能性。它被委托给了它的死亡，而死亡作为此在的终极存在属于在世。因此，死亡囊括并规定着此在的整体存在，此在作为向其死亡存在的存在者，其最极端的"尚未"（死亡）总已经被包括到它自身之中了，而其他的一切"尚未"（可能）都处在这一极端的"尚未"之前。所以海德格尔认为，就存在论而言，不适当地把此在的"尚未"阐释为悬欠从而在形式上推论出此在的非整体性是毫无道理的。

但是，死亡毕竟是一个不确定的终结点，这就意味着此在的每一个可能、每一个"尚未"都包含着变数，都不能被排除死亡的可能性，生命的终结具有或然性。海德格尔正是看到了死亡在生命进程中的这种或然性，为了实现人的整体价值，他提出：向死亡存在。

何谓"向死亡存在"？海德格尔说："向死亡存在，作为先行到可能性中去，才刚使这种可能性成为可能并把这种可能性作为可能性解放出来"（P314）。就是说，向死亡存在，首先要正视这种不可逾越的极端的可能性，而不要讳避它或漠视它。这样，当我们才刚刚把这种不可逾越的可能性看作一种可能性时就把它解放出来，即不要让它处于被遮蔽的状态中，以致使我们于浑然不觉中耽搁或延误了把自己所固有的可能性全都开展出来。海德格尔认为，这种为把自己所固有的可能性全部开展出来而向着死亡存在的决心，体现了此在以整体存在的生存样式：此在"先行到无所关联的可能性中去，这一先行把先行着的存在者逼入一种可能性中，这种可能性即是：由它自己出发，从它自己那里，把它的最本己的存在承担起来"（P316）。先行到无所关联的可能性中去，即先行到包含在它自身中的死亡那里去。面对这种无所关联和不可逾越的可能性，此在不得不脱离沉沦，他被逼向了他的最本己的能在，他只能从他自己出发，并通过他自己，把最本己的存在承担起来。那么他究竟如何承担，又如何开展呢？对此，海德格尔说："……这种先行却不像非本真的向死亡存在那样闪避这种无可逾越的境界，而是为这种无可逾越的境界而给自身以自由。为自己的死亡而先行着成为自由这一境界从丧失在偶然地拥挤着的各种可能性的情况中解放出来，其情形是这样：这种境界才刚可能本真地领会与选择排列在那无可逾越的可能性之前的诸种实际的可能性。……先行到无可逾越的可能性中去就是把一切排列在这种可能性之前的诸种可能性也一齐开展出来，所以在这种先行中就有在生存状态上先行拿取整个此在的可能性，也就是说，就有作为整个能在来生存的可能性"（P316—317）。所谓非本真的向死亡存在，是指沉沦于世的那种常人面对死亡的心态：害怕死亡、讳避死亡、排斥死亡。与这种心态不同，本真的向死亡存在是直面死亡这种无可逾越的境界而使自身先行到一种自由的境界中。在这种境界中，此在从各种世俗的对生存的不真实、不确定的筹划中走出来，以一种更现实、更谨慎的怵惕之心去在世，充分发挥最本己的能存在，把那些在死亡到来之前有可能实现的所有可能性全都开展出来。这种情况在生存状态上就等于先行拿取整个此在的可能性，因而也就等于此在以整体、以整个能在来存在。显然，这种以整体、以整个能在来存在，就是此在的每一次自我筹划、每一次"先行于自身"都是站在生与死的临界点上，务求实现自己已经排列好的可能性。

为了把无可逾越的可能性（死亡）之前的一切可能性都排列出来，从而将生存论上的此在的本真性和整体性都摆到明处，海德格尔提出先把此在组建为出生与死亡之间以烦的方式联系着的整个途程，也就是组建为以有终的存在样式互相联系着的诸种可能性的有序排列。其组建的方法就是承传遗业：借一种继承下来的然而又是选择出来的可能性，以在相互共在中已经过去了的却又流传下来的并继续起作用的历事，通过重演把自己承传给自己（这个问题将在第七章详作阐述）。

一个人可以把他从出生到死亡的全部追求、整个经历都预先有序地规划出来，并且还具有必然的意义。这种带有命运色彩的自我抉择、自我规划和自我把握，如果不是天方夜谭，那也只能属于一种非理性的主观妄想。首先，从逻辑上讲，海德格尔关于把此在组建为从出生到死亡为整个途程的说法就是自相矛盾的，不真实的。因为在他看来，人首先和通常是非本真地存在于常人的共同世界中，回到本真的自己存在不过是重做选择。既然如此，在经历一番沉沦后半途返璞归真的此在还有可能把自己组建为从生到死的整体性存在？而且他所谓本真的存在或本己的能在也名不副实，因为事实上那只是对历史遗业的重演：借一种过去了的却又流传下来的可能性把自己承传给自己。其次，如果把人的存在看作是先行到死的整体性存在，那么人至少先要确知自己的死期，否则，将如何来筹划安排死前的全部可能性？或者还未实现全部可能性人就赍志而殁，或者已实现了全部可能性人还健康地活着，这两种情况都否定了人是整体性的存在。事实上，人未知生，焉知死？萨特在批评海德格尔所谓"向死亡存在"时说，死亡是不能发现、不可预测、不能等待的生存活动的终结，它是一个偶然的事实。而作为事实，它原则上已脱离了主体，不属于主体的可能性，主体又怎么可能将其作为在世的存在而先行到其中？海德格尔自己也说，死亡是一种超不过的可能性，而作为其本身则是不确定的。死亡既是一种不确定的超不过的可能性，人又如何能够确定死亡前的全部可能性？另外，人要把自己确定为存在的整体，他就必须把自己的终极的追求——一种理想的可能性确定下来，否则，人将消失在无止境的追求中而不可能构成事实上的整体性存在。但是海德格尔认为，先行到无所关联的可能性（死亡）只是意味着将此在逼入到这样一种可能性——它的最本己的能在，即它的自由。而人的一切可能都不过是建立在这种自由之上，此外什么都没有。显然，他的意思是：在生与死之间是人的整个的自由活动，而自由是人的一切可能性的基础，所以人只要有自由就一定有属于它的可能性。然而海德格尔却忘了，作为意识的本体论存在，自由虽然是一切可能性的基础，但自由本身却没有基础，这说明：一方面，只要此在存在，它就是自由的，它就可以不断地追求自己的理想价值而使自己永远处在某种可能性中。另一方面，那些建立在自由之上的可能性只是纯粹的主观想象，人最终只能作为想象中的未完成的整体终结于死亡。

从海德格尔对主体的本真性和整体性所做的存在论分析中，我们仿佛看到一个带着思古之幽情、蒙着岁月的尘封、向着自我抉择的目标执着地走向未来的人。然而，当我们企图走近它的时候，却发现它是那么的空灵，就像一抹富有理想色彩的霁光浮影那样虚无缥渺，让人不可思议，不可捉摸。实际上，现实世界中的人在经历了一番艰难困苦之后，无论成功与否，最终总是带着未竟之志的遗憾或带着对美好前程的憧憬而离开这个世界的。人永远不可能作为一个完美无缺的人而寿终正寝。海德格尔所谓的烦，其实就是对人的生存活动的一般性归纳：人活着，总要有所欲望、有所追求，而人要达到他所欲望、所追求的东西，就总要采取一定的手段。这就是所谓先行于自身的——已经在一个世界中的——寓于世内存在者的存在。他把烦这种存在结构说成是先验的，是把着眼点放在烦这种结构的首要环节——先行于自身上，就是说只要人选择了自己的某种可能性或提出了某个目的，在这个目的的光照下也就领会了他向着这个目的存在的方式。于是，通过自我谋划把存在的方式变为存在的手段，此在便实现了在世界之中的存在。海德格尔称此在在目的光照下对他的存在方式的领会为现身状态，而把此在从它所选择的可能性出发、通过对世界之为世界的先验领会把自己筹划到这些可能性上去称为此在的被抛状态，意思是说人只要选择了一个目的，就必然被抛向一个世界。我们在前面曾提到这个问题：此在为什么只要提出自己的目的，便能在目的的光照下领会向目的存在的方式？看来，他是承袭了雅斯贝斯那个带有神秘色彩的"生存照明"的说法。但是，雅斯贝斯是从基督教的立场出发来理解人的生存，认为上帝就潜在于人自身，它是一切存在的统一性之所在，是绝对的超越存在。一个领悟到自己自由的人，便是与上帝融合在一起的人。然而海德格尔并不承认上帝的存在，这就否定了人的生存是上帝的启示。而他的存在的本体论又从根本上否定了生存是人的一种历史的和社会的实践活动。这样一来，在他这里"生存照明"本身就变得晦暗不明：烦的结构为什么是先验的成了没有答案的无解之题。这对于一门哲学来说是极其荒唐的。实际上，烦这种结构作为人的一般的生存方式，是人在长期的生产和劳动的实践中所体验到的规律性的东西，它来自人的实践、指导人的实践、并在实践中受到检验和修正。而绝不是超越人的存在之外的、给定的先验结构。烦作为人的存在结构不是封闭的，而是开放的，它只是揭示了人的存在的有终性，人只要存在，它就必然投向自我之外。正因为它既是有终的也是开放的，才使得主体在生存活动中永远"先行于自身"，永远存在于处境之中。

三、萨特：主体是面对自我在场的自为

同海德格尔一样，萨特也强调主体的实体性，反对康德把主体理解为先验的纯意识。我们知道，康德在整个意识内部把意识分成几个不同的"板块"：表象意识、反省意识（把表象组织成对象的经验主体）、对象意识（概念）。这三块都被归为被反省的意识。最为关键和重要的是，他设置了一个不被反省的非实体性的先验的自我意识，它的作用是解决"统觉的原始综合统一"问题，只有通过这种先验的自我意识的综合，才能把所有的被反省意识组织起来，统一起来，从而使人的认识活动成为一种合乎理性的思维。康德的认识论是要解决先验范畴运用于经验如何可能的问题，即先验范畴、概念为什么能够与经验事实符合、同一。因此，他的认识论截除了一个前提性的关键阶段：从感性到知性（理性）的整理和归纳。他是由知性（理性）来引导、分析感性经验的，在他看来，知性（理性）范畴、概念是先验的思维形式，是人人都必须遵循的现成的东西。在这种认识过程中，先验的自我意识的能动作用是在概念的引导下发挥的，由此来组织、综合经验意识，使经验意识与对象意识吻合起来、同一起来，从而使概念与对象意识对应起来，完成从知性（理性）到感性的认识。康德不了解知性（理性）范畴、概念是一种历史的、实践的产物，忽略了从"主观演绎"到"客观演绎"这一认识过程中所应包含的从事物到概念和从概念到事物的训导、教育活动，以致给意识蒙上一层先验的神秘的面纱。萨特否认有一种独立存在的先验的自我意识，他认为，在意识的统一性问题上，胡塞尔提出的意向性是个创造："实际上意识是由意向性规定的。意识由于意向性而超越自身，它由于逃脱出自身而使自己统一"（《萨特哲学论文集》P23）。意向性，作为"意识的虚无"的一种指向性，它总是指向事物而不同一于事物：是其所不是，又不是其所是。所以它在本质上是超越

的，正是这种自我超越的特性，使它能够反观其自身从而使自己统一。他还进一步指出，从根本上讲，意识的统一并不在意识本身，而是在客体，因为"客体对把握它的意识来说是超越的，意识的统一是在客体中找到的"（同上）。萨特在这里所说的"客体"，并非指外部世界的客观事物，而是指包含在意识本体中的被客观化的现象。所谓客体是超越的，就是我们在前面所讲的：对主体而言，现象可以还原为它的显象系列，而现象本身则超出它的无数显象之外。另外，由于现象并不同一于意识，它总是与意识保持相对的独立性，因而现象作为意识的对象，对把握它的意识来说也是超越的。意识的统一是在客体中找到的，是说意识是存在物的"被揭示－揭示"，而意识的存在则是意识的超现象存在，可见意识的统一是通过它的超现象存在体现出来的。从这个意义上讲，离开了客体，意识的统一作为一种超现象存在就无从谈起。在这里我们可以看出，意向性并不等于意识的超越性，意向性是意识的指向性，就是说意识总是要指向某种东西，它的主要含义是意识的对象化，即我思。而意识的超越性则揭示出意识的存在，它是在意识的对象化的前提下把对象化的意识（位置意识）作为反思的对象。因此，意识的超越性是作为活动的意识，它属于主体的内在性。

为了探索主体的存在方式并进而确定主体的实体性，萨特曾经比较过康德和胡塞尔的先验意识。他认为，康德的先验意识不过是一组为经验意识的存在所必须的条件，就像存在是一切存在形式得以揭示的条件一样，经验意识也只有通过先验意识的存在才能被揭示出来，因而康德的先验意识并不是作为构成性的一种超意识，它就是意识存在本身。而胡塞尔的先验意识则不是一种逻辑条件的集合，它伴随着通过把事实性的世界排除出去、悬搁起来后所剩下的一个非事实性的世界结构，因而它是一种（对）世界（的）意识，或者说它是一种主观性。如果要将二者作一形象的比喻和区别，康德的先验意识应该属于佛教华严宗"十玄门"中的"一多相容不同门"，而胡塞尔的先验意识则类似于"十玄门"中的"因陀罗网境界门"。前者是一般与个别各自存在，相融无碍；后者是将具有因缘关系的各别存在带入一个世界结构中，并定位如因陀罗网上的宝结，交相辉映，不可或缺。萨特指出，康德和胡塞尔的先验意识虽然都是意识的一种形式结构，但实际上这个先验的我却从来不是纯形式的独立的存在，它总是与作为"物质的我"自身相关联，是"物质的我"的一个具体的存在形式。

那么，萨特所谓的这个"物质的我"指的是什么？显然，它指的就是那个一直在背后操纵着存在的作为人的本质的自我。不过，"物质的我"这个说法是他为了强调主体的实体性而不得不借用当时心理学界的一种流行的说法，其实他并不赞同这种说法，因为自我虽然不像意识那样没有实体性（意识只就自己显现而言才存在），但它也绝不同于作为自在的存在物（现象）的存在，它只是人的一种内在的状态。在《自我的超越性》一书中，萨特起先就是称具有实体性的自我（ego）为主体，它包含两个方面：作为反省意识的我（I）和作为内在状态的我（me）。我（I）是反省行为的统摄者，处在对未被反省意识的勾连中，因此我（I）不是作为一个具体时机中的一个现实的意识结构被给定的，我（I）只是一种意向性。我（me）是生理和心理的统一的内在状态，我（me）由情绪（意识）积淀而成，同时作为对世界、事物和人的价值的观点又引导着情绪（意识）。因此，我（I）是在我（me）的引导下、参与下进行反省的，我（me）与反省行为一起显露。但是，我（I）与我（me）并非是两个相互独立的主体，因为我（me）无论作为一种生理和心理的状态，还是作为对世界、事物和价值的观点，实质上都是经验意识的积累和升华，而"经验是反省的，这即是说，经验是由我（I）代理的"（《萨特哲学论文集》P27）。所谓"经验是由我（I）代理的"，就是说经验是我（I）的经验，是我（I）按照事实的逻辑将未被反省的意识勾连起来，使之从非独断的意识上升为独断的、经验性的知觉或认识。这里所谓"未被反省意识"，指的是对某物的意识，即我思。所谓非独断意识，即作为"未被反省意识"的我思本身。由于我思只是对某物的意识，它并没有揭示出与其他别的事物之间的关联，因此是非独断的，即它不属于我（I）对事物间的关系的判断意识。相反，当我（I）按照事实的逻辑将未被反省的意识勾连起来，这便成为我（I）的判断意识（独断意识）。通过对未被反省意识的勾连，我（I）便作为反省意识显露出来，同时我（I）也在反省中成为独断的经验意识。从这个意义上讲，经验是由我（I）代理的，是我（I）造就了我（me）。但是，我（me）又驱动着、引导着我（I），这样一来，岂不陷入一种恶性循环：二者孰先孰后，孰为第一？为了解决这一问题，于是萨特改变了将自我（ego）一分为二的做法，他以我（me）取代我（ego），我（I）则变为我（me）的自发性，亦称自我性。于是，我（me）作为自我便成为超越的存在："自我是我们的状态和我们的行为之自发的、超越的统一"（同上，P44）。就是说它通过自我的自发性在造就自身、超越自身中获得了自身的统一。

但是，萨特又认为，我（I）作为自我的自发性并非出于我（me），当然也不归属于、同一于我（me），"实际上，自我因为是一个客体因而是受动的。……真正的自发性是极为明确的：它是产生它的东西，此外它什么也不是"（同上，P46）。就是说，自发性意味着它是由它自身产生的，比如说意识作为一种自发性，它就是意识这种自发性本身。因此，自我的自发性并不是由自我所产生的，因为自我是一个受动的客体，它可以作为自我的自发性的对象。我（I）实际上在我（me）之外，不过我（I）又依托着我（me），我（I）面对我（me）而从我（me）出发去造就我（me），我（me）永远是我（I）的欲望，是我（I）向之存在的目标。显然，萨特之所以放弃原先的自我（ego），目的是为了彻底放开我（I），让我（me）与我（I）都成为独立的存在。

为什么说我（me）是一个受动的客体？萨特解释说，我（me）作为自我，"总是如同在那里的东西先于意识而被给定的——同时又是作为必须逐渐被揭示的奥秘的拥有者而被给定的。因此，自我作为超越的自在，作为人的世界的一个存在者而不是作为意识的存在者向意识显现"（P151）。从原始的意义上讲，自我作为那个不是意识的意识的过去，它是与意识同一于浑噩之中的"纯自在"——人的本能。但是，当意识脱离"纯自在"诞生后，它便是对这种作为"纯自在"的自我的意识，在这种情况下，本能表现为欲望。而我（I）要达到这种欲望，中间必须跨越一个世界，这样，我（I）就把我（me）与世界连接起来了，我（I）便在我（me）的驱动和引导下向着我（me）的可能而涌向世界。于是，我（me）超越了"纯自在"，成了一个世界的拥有者。而我（me）作为超越的自在，我（me）的奥秘将通过我（I）的在世的存在逐渐被揭示出来。从这个意义上讲，我（me）是以作为人的世界的一个存在者而不是以作为意识的存在者——经验代理者向意识显现的。由此可知，世界作为我（I）的对象或客体是由我（me）规定的，是我（me）规定了我（I）在一个世界中寓于世内存在者而存在。鉴于这样一种情况，萨特在《自我的超越性》一书中曾这样来描述作为主体的我（me）的实体性："为了消除精神的虚假价值和在现实中为伦理学找到基础，不必非把客体置于主体之先。我（me）是与世界同时发生的，以及纯逻辑的主客体二元论完全从哲学的成见中消失，——这就足够了。世界没有创造我（me），我（me）也没有创造世界。对于绝对的非人格的意识来说，这是两个客体，它们凭借这个意识而连接起来。当我（I）被消除掉了，这个绝对的意识就不再含有任何主体的东西了。它不再是表象的组合，它只不过是存在的一个基本条件和绝对源泉。靠这个绝对意识在我（me）和世界之间建立的相互依赖关系，足以使我（me）作为'遭到危险的'显露在世界面前，也足以使我（me）（直接地或通过状态间接地）从世界中获得它的全部内容"（《萨特哲学论文集》P61）。所谓"不必非把客体置于主体之先"，是说世界不过是自我造就的手段，它是我（me）的世界，是由我（me）所规定的，而我（I）在世界之中存在也就是我（I）向着我（me）

的可能存在，从这个意义上讲，我（me）与世界是同时发生的，因而也就不存在客体与主体孰先孰后的问题。由此可见，同海德格尔一样，萨特也反对主客体二元论，认为只有坚持主客体统一论，才能解释主体的实体性。不过，在这里萨特并不赞同海德格尔把主体理解为"我思某某"，即不是理解为作为意识的存在者，而是理解为作为人的世界的存在者。这样一来，我（I）便只作为非人格的绝对的意识而不再含有任何主体性了。由于萨特把整个外部世界都悬搁了起来，而一切存在物（现象）从本质上都在人的把握之中，因此人的感性认识自然就被取消了，于是也就不存在康德所谓意识对杂多表象进行综合的问题。在这种情况下，意识仅仅作为我（me）的超越的存在的一个基本条件和源泉，使我（me）和世界之间建立起一种互相依赖的关系。由于我（me）与世界是同时发生的，对非人格的意识而言，我（me）与世界便是它的两个客体，凭借它，我（me）与世界得以连接起来、统一起来，二者谁也没有创造谁。所以，传统哲学关于主客体二元论的观点应该被取消。所谓意识在我（me）和世界之间建立的相互依赖关系足可以使我（me）作为"遭到危险的"显露在世界面前，是说我（me）与我（me）的可能之间隔着一个世界，这段距离使我（me）在本质上成为一种欠缺的存在。但是，意识可以将我（me）的谋划付诸实施，通过它的在世的存在，足可以使我（me）获得它的在世的全部内容，因为它的在世的存在是在我（me）的驱动和引导下进行的。这样，我们就避免了纯粹从精神方面来确定人的价值，即把价值看作是人的纯粹的自由设定，从而为伦理学的建立奠定了基础。

但是，在我（I）被消除后，萨特并没有确定我（me）就是事实上的主体，他经过进一步思考后说："自我事实上不能被把握为一个实在的存在者：主体不能是自我，因为我们已经看到与自我的重合会使自我消失。但它同样不能不是自我，因为自我指示了主体自身"（P118）。所谓"与自我重合会使自我消失"，是说自我是自在，只有在对自我意识时它才显现，所以"自我是在其根本的使自我得以显现的自我性中的意识"（P151）。而对自我的意识便是意识与自我的重合，这种重合虽使自我显现，然而同时也是自我的消失，因为对自我的意识毕竟不是自我，自我已让位于自我意识了。作为自在，自我不显现，而自我显现时，却只作为自我意识，因此，将自我把握为实在的存在者显然是不合适的。主体必须是实在的，自我不能是主体。那么，所谓主体"同样不能不是自我，因为自我指示了主体自身"又是什么意思？对此萨特解释说，首先，自我作为体验的统一轴心，意识没有它就始终停留在无人称的阶段。一切意识活动，一切行为，本质上都是我（me）的活动和行为。其次，自我是意志的施动者，是一种价值或责任判断的可能对象，作为意志，我必须对我的选择和行动负责。另外，自我先于意识存在，它并不寓于意识中，意识纯粹是向自我回转。因此，自我表现为无限运动的理性，通过这理性，反映转向反映者，反映者也转向反映。反映转向反映者，是说对自我的反映变成反映者的自我意识；反映者转向反映，是说反映者作为自我性会在自我的主导下反映（选择）世界内的存在者。于是，萨特得出这样的结论："自我代表着主体内在性对其自身的一种理想距离，代表着一种不是其固有重合、在把重合设立为统一的过程中逃避同一的方式，简言之，就是一种要在作为绝对一致的毫无多样性痕迹的同一性与作为多样性综合的统一性之间保持不稳定平衡的方式。这就是我们称作面对自我在场的东西。自为的存在规律作为意识的本体论基础，就是在对自我在场形式下成为自身"（P118）。主体的内在性，是我对自我的意识，也就是自我性。自我性作为自为，就是超越一个世界向着自我的可能性存在，而自为在实现这种可能性时却并非追求与自我的重合，它要重新投向自我之外，向着新的自我的可能存在。从这个意义上讲，自我"是一个内在性与超越性的综合"（《萨特哲学论文集》P48），也就是说自我是自为在对自我的意识中超越自我。正因为自我是内在性与超越性的综合，它才使得主体作为自我的造就者始终与自我保持着一种理想距离，就是说自为使自身在绝对一致的同一性（它是它所不是的自我）与作为多样性综合的统一（向着自我的可能性有所烦忙地寓于世内存在者而存在）之间保持着一种不稳定平衡的存在方式，这种存在方式就是面对自我在场：始终向着自我的可能性寓于世内存在者而存在。

　　但是，这种自为的存在方式显示：我（I）并没有被消除，我（I）在面对自我和世内存在者时复活了。面对自我，我（I）获得了存在的导向；面对世界内的存在者，我（I）在是我所应该是的东西的情况下获得了自身的实体性。这样，我（I）就成了自我引导下的"我思"，也就是说主体成了一种"三合一"的多元的存在。

　　看来，在对主体的理解上，萨特与海德格尔似乎有所不同。我门在前面已说过，海德格尔所说的作为主体的"我思某某"并不是对某物的意识，即不是我思，而是对自身的意识，即对我思的反思。这样，主体不仅脱离了世内存在者，同时也脱离了自我，因而其实体性便有了问题。但这只是表面现象。首先，海德格尔曾强调，他所谓"我思某某"的我并不是康德的先验纯意识，而是人的主观性，即由其本质规定的自我意识。这表明，他是把主体与自我捆绑在一起的。其次，海德格尔虽然把主体定义为"我思某某"，但其前提必须要有作为"对某物的意识"的我思。萨特说，在对主体的理解上他之所以要绕开我思，主要是为了避开笛卡尔和胡塞尔对我思的理解，而直接指出我思是烦。我思是烦，这也就意味着主体是面对自我在场。因此，应该说萨特是接受并进一步阐述了海德格尔对主体的理解。

我们应该从怎样的意义上来理解事物的实体性？从道理上讲，实体性应该是指作为实体的事物的本质特性，然而人非一般事物，而意识是虚无，不是一种存在，其既非实体，实体性从何而来？可以看出，萨特和海德格尔对主体的实体性的解释是极其牵强的，人的实体性要通过他所依寓的事物体现出来，那么人作为实体究竟是物还是他本身？不过，从人的存在——意识与现象的本体论关系——出发来理解人的实体性，存在主义也只能作出这样的解释，但这样一来它就把人的实体性与人的实在混为一谈了。

迄今为止，一切唯心主义和二元论都把人看作是纯粹的精神或肉体与精神的结合，却无视人与一切事物的本质区别就在于人是有意识的生命机体。人的实体性应该体现为人这种生命机体的本质特征——能够意识和思维，从自我把握的意义上来讲，就是笛卡尔说的"我思故我在"——我意识到我在思维，所以我确实存在。而人作为实在应该是从人的生存和存在方面来理解，它体现为具有实体性的人与外部客观世界的关系，即主客关系。因此，说到人的实在，人就总是以主体的身份出现在认识和改造客观世界的实践活动中。生存，永远是为生命而存在，离开了人的肉体生命来谈生存，是什么在生存？生存的意义又体现在哪里？

为了把意识与肉体生命分离开来，萨特在意识和生命肉体之间安插了一个"纯自在"，这个"纯自在"一方面与肉体生命（胚胎）有着冲突性的联合，另一方面又具有与意识共存的本体论意义。在这里，他既不明言"纯自在"就是人的生命本能，也不截然否定"纯自在"与胚胎的关系，于是就用"冲突性联合"这种模糊说法掩盖了本能是生命存在的原始状态。把"纯自在"与生命机体分离开来，当然也就意味着意识的诞生与肉体生命毫无关系，意识是从它与"纯自在"的原始关系——作为它的过去性的同一性浑噩中被虚无化出来的，"诞生，作为存在对它所不是的自在的出神关系，作为过去性之先验的结构，它是自为的存在规律"（P197）。一言以蔽之，意识的诞生是它的过去性的先验的结构，无须再去追问它从哪里来。必须要指出的是，不能把这里所谓的意识的诞生与人类学意义上的意识的发生混为一谈，人类学意义上的意识的发生是把人与动物区别开来的重要标志，是人之为人的前提和条件。对人类来说，意识作为人脑的机能和人的一种存在方式，是人类在长期的劳动和交往过程中缓慢地发生的，这当中身体器官的进化特别是脑的进化是先决条件，而语言的产生则是关键。人是从动物进化来的，这也说明意识与本能的关系并非是意识的过去性的先验结构。萨特所谓意识的诞生，有一种意识被启动、被释放的含义，就是说意识从它与"纯自在"的同一性的浑噩中逃离出来，从此转向一种存在的关联，而"正是由于自为，过去才能一般说来可以存在"（P197）。当然，萨特的这种说法是欠妥的，他也说不清意识为什么会逃离以及在什么情况下才逃离他的过去性的先验结构。一般说来，人有意识应取决于三个方面的因素：一是大脑必须发育到一定的程度；二是传承性的格物与训导；三是语言的传授与交流。所以，离开人的肉体生命来谈意识现象，离开人与客观事物的关系来谈意识的存在或人的存在，就如同中世纪的经院哲学讨论天使和上帝的存在一样，越是繁缛烦琐，就越是无稽荒唐。

四、萨特：人的实在是一种欠缺的存在

上面说过，萨特认为海德格尔之所以要绕开我思把作为人的实在的主体理解为"我思某某"，是为了回避笛卡尔和胡塞尔所理解的我思而把我思直接理解为烦，就是说我思是向着自己的可能性在一个世界中寓于世内存在者而存在。受到海德格尔把我思理解为烦的启发，萨特把作为人的实在的主体归结为面对自我在场的自为。面对自我，就是向着自己的可能；面对自我在场，就是向着自己的可能性在一个世界中寓于世内存在者而存在。海德格尔曾指出，烦的结构的首要环节"先行于自身"表明烦作为一种整体性的存在结构并不是封闭的，它显示人的实在是一种有终的即走向目的的存在，只要人存在，他就总要超越他的自我而不断地走向他的未来的自我。这意味着在此在身上总有某种东西悬欠着——这东西作为此在本身的能在尚未成为现实。针对海德格尔的这一说法，萨特指出："我思的深刻含义实际上就是重新投向自我之外"（P129）。它说明，人只要没有实现其全部的可能性，无论其自我造就走到哪一步，本质上都属于欠缺的存在。萨特说，人的实在是欠缺的存在，首先从自为本身来看就是一种存在的缺陷，因为"自为如果没有把自己规定为一种存在的缺陷，就不能支持虚无化"（P129）。这就是说，自为只有作为一种存在的缺陷，它才能是其所不是、又不是其所是，"这意味着，自为只有从自在出发并且相对于自在才能自我奠定。因此，虚无化既是存在的虚无化，它便代表着自为的存在与自在的存在之间的原始关系"（P129）。自为从自在出发，就是从作为它的过去的存在（我思）出发，它只有通过存在（我思）的虚无化才能回到自身——相对于自在而自我奠定。从这个意义上讲，虚无化就是自为与自在之间的原始关系。虚无化是自为与自在之间的原始关系，这说明"欠

缺只能通过欠缺从存在中来，自在不能成为欠缺自在的机会。换言之，为了使存在成为欠缺者或所欠缺者，一个存在必须使自己变成自己的欠缺；唯有欠缺的存在能够向着所欠缺者超越存在"（P130）。这里的第一个"欠缺"指的是作为人的实在的寓于世内存在者的在世的存在，第二个"欠缺"是指作为存在的缺陷的自为本身。欠缺只能通过欠缺从存在中来，是说人的实在只能通过自为是其所不是（存在）又不是其所是（虚无化），然后才有所期备（向着可能性）有所居持（寓于世内存在者）地烦忙于世界之中。自在不能成为欠缺自在的机会，是说自为是其所不是并不表明人就成为实在的存在。欠缺的自在，即作为在世的人的实在，因为它总是走向它所欠缺的东西，因此它也被称为欠缺者；所欠缺者，指指人尚未实现的诸可能性。由此可见，人要依托其存在而成为在世的实在并从而走向它所欠缺的存在——为了使存在成为欠缺者或所欠缺者，它就必须通过存在的虚无化把自己变成作为存在的缺陷的自为，因为只有作为存在的欠缺的自为才能超越存在走向它的可能（所欠缺者）。

萨特说，自为能够超越存在走向它的可能性，是因为"自为是被一种不断的偶然性所支持的，它承担这种偶然性并与之同化，但却永远不能清除偶然性。自在的这种渐趋消失的不断的偶然性纠缠着自为，并且把自为与自在的存在联系起来而永远不让自己被捕捉到，这种偶然性，我们称之为自为的散朴性"（P125）。萨特在这里所说的"不断的偶然性"，应该是指自为在世的展开状态和世内存在者的揭示状态，这两种状态是统一的，它就是自为在世界中寓于世内存在者而存在的存在状态。说自为的这种存在状态是不断的偶然性，是由于自为的超越存在使得这种存在状态处于不断的变化中，而它的每一种变化都具有行进中的不可预测性，因此自为在世的整个存在状态便呈现为不断的偶然性。正是自为的展开状态与世内存在者的揭示状态是人的统一的行动，二者离开任何一方都不能独立存在，所以说自为承担这种偶然性并与之同化，自为就是这种偶然性。当然，这同时也说明自为永远不可能清除偶然性，因为一旦终止了这种偶然性，自为就不再超越，人的存在也停止了。从这个意义上讲，只要人存在，这种作为自在的渐趋消失的不断的偶然性就会始终纠缠着自为，它把自为与自在的存在作为自为的过去的我思联系起来，而自己却在时间化中稍纵即逝，让人难以捕捉。所谓"自在的这种渐趋消失的不断的偶然性"，意思是说这种偶然性作为人的实在，是人自我造就的具体行为，它将随着人穿越一个世界、自我实现而消失。当然，这种偶然性的渐趋消失只是从烦的结构的整体性和自我造就的有终性上来理解，如果从自为永远先行于自身、从我思的深刻含义是重新投向自我之外来理解，那么自为将永远不可能摆脱偶然性的纠缠。萨特称这种偶然性为 facticiti，而《存在与虚无》一书的译者则将其译为自为的散朴性，是化用中国古代《老子》书中"朴散则为器"这句话。朴，指最原始的本原的存在，它是一切具体事物的基础，即老子所谓的道。道无状无象，混而为一，亦称无。因《老子》云："道生一，一生二，二生三，三生万物"，故谓"朴散则为器"，意思是说无状无形的道化生了天地间一切具体的有状有形的物。如果把道理解为精神性的最高存在，我们可以用黑格尔的绝对精神的实体化来比喻"朴散则为器"这个说法。但是，萨特所说的这种偶然性则是自为在世界中寓于存在者而存在的展开状态，它既不是亚里士多德所说的质料与形式的关系，也不是黑格尔所说的绝对精神的实体化，所以译者自己也说：自为的散朴性这个词有点生造的味道。不过，尽管词未必达意，但只要明白造词者所要表达的意思就行了。

从上面的分析可以看出，如果说我思是自为的过去时，那么自为的散朴性作为显示人的实在的不断的偶然性则是自为的现在时，是自为的当前化。自为就是依托着作为过去的它的存在，在当前化中走向将来的它的存在本身——作为它的可能的自我。因此萨特说："没有自为，存在不能存在，但同样，没有存在，自为也不能存在"（P135—136）。就是说，如果没有自为，它在是其所不是后便停留在它的过去（存在）而不能依托过去（存在）走向未来——存在不能存在；但是，如果自为没有一个过去（存在），那么它同样也没有走向未来的前提和条件——自为也不能存在。正是自为与存在之间的这种互为前提、互为条件的关系，才使人成为超越一个世界的实在的存在。对于自为与存在的这种关系，萨特做了这样的描述："意识相对这个存在以是这个存在的方式维持自身，……存在就是意识本身，它在意识之内并且是在能及范围之外的，这就像一种不在场和不可实现的东西；它的本质就是把其固有的矛盾封闭于自在之中：它与自为的关系是一种完整的内在性，最终以完整的超越性结束"（P136）。意识相对于存在并以是这个存在的方式维持自身，是说自为在是它所不是的世内存在者后便以寓于它的存在——是这个存在——的方式维持着自身的存在，这就是从烦或面对自我在场这个角度来看自为与存在的关系。这意味着自为在是其所不是后并没有逃离作为它的过去的存在，而是有所居持地依寓着这个存在展开自己的在世活动。说存在就是意识本身，是说存在就是对某物的意识，是作为反映－被反映的我思，因此它在在意识之内。说存在在能及范围之外，是因为存在作为我思是自为的过去，是自在，自为不可能再回到存在。从这个意义上讲，对自为而言，存在就好像是一种不在场和不可实现的东西，而存在作为自为曾经在场、曾经是的东西，已经把自为与它所不是的东西的矛盾凝固并封闭在作为我思的自在中。在这种情况下，存在与自为的关系是一种完整的内在关系，这种关系以完整的超越性——自为超越一个世界——而结束。

现在我们看到，存在存在，就是自为依托它的存在向着它的可能、它的自我存在。"自为欠缺的，就是自我——或是作为自在的自身"（P133）。因此，"不应该把这所欠缺的自在与散朴性的自在混淆起来。散朴性的自在在企图自我奠定的失败中消解为对自为世界的纯粹在场。所欠缺的自在则相反，是纯粹的不在场"（P133）。所欠缺的自在，即自为欠缺的作为它的可能性的自我。散朴性的自在，是作为人的实在的在世的展开状态和世内存在者的揭示状态，由于它是一种不断的偶然性，因此它无法自我奠定，而只能在当前化中消解为面对一种存在方式——自为世界——的纯粹在场。用海德格尔的话来讲，就是寻视着的烦忙在世。但是所欠缺的自在则与此不同，由于它只是一种可能性，它只可能在将来现身，因此是纯粹的不在场。然而，正是由于这个不在场的所欠缺的自在，才引导着自为以完整的超越性——穿越一个世界——走向所欠缺的自在本身。这也就是说，是所欠缺的自在规定了作为人的实在的欠缺的存在。

但是，从根本上讲，"作为存在者补充的欠缺者在其存在中是被所欠缺者的综合整体所规定的。因此，在人的世界中，在直观面前表现为不完全的、作为欠缺者的存在是被所欠缺者确立——就是说被它所不是的东西确立——在它的存在中；是满月赋予新月以新月的存在；是不是的东西规定是的东西；这个存在作为与人的超越性相关的东西在存在者的存在中趋向自我之外直至并不按照它的方向存在的存在上去"（P130）。所谓作为存在者补充的欠缺者，即我们在前面所说的"欠缺只能通过欠缺从存在中来"，就是说作为人的实在的欠缺者，它是作为存在的缺陷的自为寓于世内存在者的存在。所谓所欠缺者的综合整体，就是综合了人的全部可能性的人的整体存在。这段话的意思是：人的实在作为欠缺者，是相对于一个完满的存在整体而言，从这个意义上讲，它是被所欠缺者的综合整体所规定的。但是，人的实在本质上是从整个世界出发的主观性存在，就是说它的本质是与所欠缺者综合整体相关联的整个世界，正是在这种本质性的背景的映衬下它才显示为不完全的欠缺者的存在。所以，作为欠缺者的存在，人的实在是被它所不是的所欠缺者——作为所欠缺者的综合整体——确立在它的存在中的。称所欠缺者的综合整体是自为所不是的所欠缺者，是因为自为作为人的实在，作为自为的散朴性，它只能是它向之存在的所欠缺者，而不可能是所欠缺者的综合整体。作为所欠缺者的综合整体，它只与人的超越性有关，因为只有通过人的超越性它才有可能成为完满的整体。但是，正是由于它只以人的超越性、人的自由为基础，这样一来，在人的存在中它就有可能趋向自我之外以至不再按照它原来的在世的方式来存在，而是以欲望的不断翻新的方式来存在。

萨特说："人的实在是欠缺，作为人的行为的欲望的存在就足以证明这一点"（P131）。欲望的存在，由于所欲望的东西不在场，所以"欲望是存在的欠缺，它在其存在的最深处被它所欲望的存在所纠缠"（P132）。显然，这个纠缠它的东西正是它所欠缺的东西。这就使得它不得不存在，并且不得不始终作为欠缺来存在。萨特认为，如果说人的实在是欠缺，通过它，存在者、欠缺者和所欠缺者便建立起一种联系。但是，"这种联系不是简单的毗连。欠缺物之所以如此深刻地在其不在场中、在存在者深处出现，是因为存在者和欠缺者是同时在同一整体的统一中被把握并被超越的。而把自己构成为欠缺的东西只有向着一种被分解的宏大形式自我超越，才能把自己构成欠缺。因此，欠缺是以整体为背景的显象"（P132）。这里所谓在存在者深处出现的欠缺物，是指欠缺者在终极的意义上所欠缺的东西，而欠缺者则表现为有终的、向着所欠缺者存在的东西。因此，欠缺者是作为人的实在的自为的散朴性，所欠缺者是作为终极的完满的自我，而存在者便是始终将欠缺者与所欠缺者联系起来的自为。所以，欠缺（自为）作为欠缺者和所欠缺者之间的联系就不是简单的毗连，即不是从自我出发到下一个设定的自我的实现，而是把存在者（自为）和欠缺者放在一个统一的整体中被把握、被超越。自为只有向着这个被分解的整体的自我超越存在，它才能使自己成为欠缺的。从这个意义上讲，欠缺是以把自我设为被分解的整体这样一个宏大形式为背景的显象。

但是，我们在前面说过，萨特并不赞同海德格尔把烦的"先行到自身"这个环节理解为先行到死亡，他认为死亡是不可预测的一个偶然的事实，它不属于人的可能性。既然这样，自我作为被分解的整体如何能够把握？对此，他解释道："这个整体从本质上讲不能被给定，因为它在自我中集合了自在与自为的种种不可并存的特性"（P134—135）。自为不能自我奠定，如果它与它所欲望的那个欠缺物真的重合了，它就成为自在而不再虚无化了，于是存在也就终止了。但是，如果自为不能一劳永逸地实现与它所欠缺的东西的重合，那么人作为存在的整体就始终处在问题中而成为可望不可及的东西。所以，从自为永远被它所欲望的东西纠缠这个意义上讲，人的实在在自身的存在中是受磨难的，它本质上是一种痛苦的意识，是不可能超越的痛苦状态。在萨特看来，人的欲望，从终极的意义上讲，作为人所追求的完满的东西，是一种并不存在于现实中的理想人格，即作为被观察到的行为之外的行为——价值。所谓被观察到的行为之外的行为，是说价值是行为的规范，而不是行为本身，规范的存在作为实在，它恰恰没有存在。因此，价值受到无条件地存在与不存在这双重特性的影响。

说价值无条件地存在，是说"价值的意义就是一个存在向着它超越自己存在的东西：任何价值化了的活动都是向着……对其存在的脱离。价值永远并处处都是外在于一切超越的，因而可以把它看作是一切存在超越的不受限制的统一。由此，价值就和那一开始就超越自己存在、而且超越由之来到存在之中的实在，就都和人的实在合二而一了"（P138—139）。所以，从价值的意义来看，价值在存在之外意味着人可以对自身保留永久的追求，所谓欠缺，不过是已经达到的东西与期望达到的东西之间的一种永远无法消弭的差距。说价值无条件地不存在，是说"价值是一切超越的不受限制的彼在，……如果说，任何超越都应能够自我超越，那实际上就应该使超越的存在先验地被超越，因为它就是超越的根源本身，因此，在其根源获取的价值或最高价值就是超越性的肯定方面的彼在。它是超越的而且是奠定我所有超越的彼在，但是，朝着它我永远不能自我超越，因为恰恰是我的超越设定了它。它是一切欠缺的所欠缺者，而不是欠缺者"（P139）。人的存在是自我超越，意味着人的超越存在的根源是人的超越性本身，因而人的超越的存在应该先验地被超越，就是说它是由人的超越性（自由）所设定的，是人的一种自我谋划。所以，从超越存在的根源处——人的超越性（自由）那里获取的价值或最高价值便是超越性的肯定方面的彼在，它奠定了我的所有的超越的存在。但是向着它我却不能超越它，因为它是我的自由所设定的，它作为完满的自为是一种"自为的自在"，将永远作为所欠缺者在我的存在之外。这也就是说，我的超越性超越了我的一切的超越存在，而我的超越性作为我的自由则永远是不受限制的超越，因此，如果把人的欲望理解为欠缺，把从人的超越性（自由）那里所获得的价值看作是所欠缺的存在，那么人就永远不可能作为整体来存在。实际上，把人的欲望说成欠缺是不妥的。首先，如果把饥思食、渴思饮、风雨之夕思安居理解为人的欲望，那么欲望不过是生存本身，是存在的应有之义——为了活着，而不是什么欠缺。其次，人在解决了衣食住等生存的基本问题后又会涌起新的欲望：金钱、地位、名誉、权势。如果将这些也视为人所欠缺的东西，那么欠缺就超出了生存论的含义，价值也就成了人的身外之物了。而当这些东西一旦得而复失，人岂不跌入欠缺的深渊？

那么，究竟怎样来理解人作为整体的存在？萨特认为，如果把人的实在看成是以把自我设为被分解的整体为背景的欠缺的显象，那就必须把价值与自我同一起来。他说："价值就是自我，因为它纠缠着自为的核心，即自为为之存在的肯定方面"(P139)。自为的核心、自为为之存在的肯定方面,即自为向之存在的作为自我可能的所欠缺的自在。价值是自我,是从行为导致并统一于行为的结果这个意义上说的,因此人所期望的最高价值与作为整体的自我在本质上应该是同一的。

为了构建这种以自我价值为核心的所欠缺者综合整体,萨特提出了所谓在世的原始现象,这种"在世的存在的原始现象就是自在的整体或世界同我固有的被解体的整体之间的原始关系:我在整个世界中进行整个的自我选择"(P588)。萨特所说的在世的原始现象,即人对自己的全部生存可能性的选择和对整个的在世存在的总体规划。这一过程就是海德格尔所说的人的现身状态:此在具有一种存在方式,此在在这种存在方式中被带到它自己面前来,并在其被抛状态中向它自身展开。所谓被抛状态,是说此在向来就是它的种种可能性,并从这些可能性出发来领会自身——把自己筹划到这些可能性上去。因此,这里所谓作为自在整体的世界,不是指作为存在者整体的世界,而是指人凭借他对其本质上具有的一种存在方式的领会,以他所经验过的事实,通过内在化的现身状态展开一个主观的世界结构。所以,这里所说的自在不是指某物,而是指对某物的意识,即人在与他人共同存在中所经验过的事物。由于在世的原始现象是作为人的主观的自我抉择,所以,我固有的被解体的整体就是作为我的存在本身的全部特殊可能性的原始整体化。而我提出的每一个特殊可能性都规定和昭示了一个自在整体的世界,因此,作为我的全部特殊可能性的原始整体化的被解体的整体,以及与其对应的作为自在整体的整个世界本质上是统一的,它体现为我在整个的世界中进行整个的自我选择。关于这种在世的原始现象萨特做了这样的表述:"我从世界来到一个特殊的'这个',同样我从作为被瓦解的整体的我本身来到一个特殊可能性的蓝图中,因为我只能利用我自己的特殊谋划的机会以世界为基础把握特殊的'这个'。但是在这种情况下,同样,我只能以世界为基础,在超越这个世界而奔赴这样或那样的可能性的同时把握这样的'这个',我也只由此以我最后和完整的可能性为基础,才能够在'这个'之外自我谋划以奔赴这样或那样的可能性。于是,作为我的全部特殊可能的原始整体化的我那最后的、完整的可能性和作为通过我对存在的涌现而来到存在物之中的整体的那个世界是两个紧密相连的概念"(P588—589)。我们先来说一下"这个"。什么是"这个"?萨特说:"我现在不是的存在,由于是在存在整体的基质上显现的,就是这个"(P250)。他又说:"有一个这个,是因为我还不是我将来的否定,也因为我不再是我过去的否定"(P251)。所谓存在整体的基质,萨特也称之为世界基质。从海德格尔所谓烦的先验结构来理解,它应该是指由人的目的所昭示的世内特殊事物与他事物之间的关联性质，而这种关联性质正是人在本质上所把握的东西，它构成了作为人的存在方式的先验的世界结构。我现在不是的存在，即我对我所谋划的世内特殊事物的认识，说它是在存在整体的基质上的显现，是指人从世界基质出发，通过内在否定这种抽象的方式把世内特殊事物开展出来。不过，作为在世的原始现象，我现在所不是的却并不是当下的实际存在，而是作为自在的过去的存在。所谓我将来的否定，即我向之存在的我的可能的自我；我过去的否定，即我已经是的我的过去的自我，也可以说是我的永恒的自我。把自我说成是我的否定，是因为我永远是超越的，我不可能同一于我的自我。我不是我将来的否定，也不是我过去的否定，我只面对我现在所不是的存在在场。萨特称我现在所不是的存在为"这个"，是要把自为自身的显现（反映）与现象本身的显象（被反映）区别开来。显然，"这个"作为反映，其实就是对世内特殊事物的意识。现在，我们就比较容易理解上面这段话的意思了：我从世界来到一个特殊的"这个"，是说我凭着我对世界（我的存在方式）的先天领会，从我过去的经验中选择了一个特殊的"这个"。于是我同时也就从作为被瓦解的整体的我本身来到由我的特殊可能性所照亮的一个谋划的蓝图中。这是因为我只有在提出一个目的（特殊可能性）的前提下，通过对世界之为世界的先行领会才能把握这特殊的"这个"，或者说我只能在我的一个特殊可能性的光照下，从我本质上所固有的世界基质出发才能是我所不是的特殊的"这个"。但是，作为原始的自我抉择，我在整个的世界中进行整个的自我选择则只能以整个世界为基础，在超越这个世界奔赴这样或那样可能性的同时来把握这样一个特殊的"这个"，同时这也就意味着我只能立足于我那最后的完整的可能性，才能够在这特殊的"这个"之外，即在由这个特殊可能性所照亮的世界之外，去谋划奔赴这样或那样的可能性。这就是说，作为我的全部特殊可能性的原始整体化——我那最后的完整的可能性，与我通过我对存在的涌现而来到存在物中的整个世界是联系在一起的，它们构成了作为我的本质的整个的存在整体。

萨特所谓的这种在世的原始现象，其极端主观的非理性色彩是显而易见的。它虽然不是像康德的"范导原理"所说的那样：用先验的范畴、原理来思考和理解一个非感性直观的对象——上帝，但是他在这里用先验的范畴和原理来进行自我抉择和自我构建其实比想象上帝存在更要离奇和荒唐。因为关于上帝的存在是纯粹的想象，而关于人的整体存在则是人对自己在命运上的一种具体安排，是整个生命活动的必然轨迹，这是不可想象的。去想象不可想象的东西，这种想象还有一丝合理性吗？另外，他是在反对海德格尔把人作为整体来存在理解为先行到死亡的情况下提出这种原始的自我抉择和自我构建的。既然人以整体来存在不能以死亡为界限，那么这岂不意味着人在他的整体存在之外和死亡之前还有存在的空白或欠缺么？这样一来，人作为存在的整体又从何谈起？

这里还须指出，萨特把价值同一于自我、用自我来限制人的价值追求是不妥的。恰恰相反，如果说自我是一种个人的追求，那么价值则是把这种个人的追求限制在一个合理的范围内。应该说价值是一个伦理范畴，它所揭示的是人与他人、人与社会之间的关系，而作为对人的行为的规范，则必须把他人的意志和社会的要求考虑进去。人的行为与他所承担的对他人和社会的责任是联系在一起的，不应该把价值看作是由个人的自由所设定的东西。从某种意义上讲，人的欲望与他所承担的责任是成正比的，这说明价值作为人的行为的规范，实质上是对人的欲望的限制而不是欲望本身。因此，如果说自为是一种痛苦意识，那么造成这种痛苦意识的真正原因倒不是困扰着他的欲望，而是限制着他的行为的价值，正是价值的不可超越性，才使得他不得不调整自己的欲望、收敛自己的行为。当然，价值的不可超越性只具有一定的时代意义，随着时代的发展，原有的价值标准可能成为人们进一步追求自由的束缚，这时候会有人站在时代的前沿和高处率先提出新的价值规则。但是，无论这种新的价值规则多么先进，只要它还没有被社会上绝大多数人认同和接受而成为一个时代共同的价值标准，那么你就还得服从现行的价值标准的约束和限制。如果你坚持自己的价值标准而不肯屈从这个时代，那你就必须有能力号召和引导人们去改造这个社会从而改变现实的法则，否则，你就只能成为这个时代的牺牲品。

五、萨特：人的存在先于人的本质

萨特在《存在主义是一种人道主义》一文中说，人们一直把上帝视为凌驾于万物之上并创造了万物的精神性存在，如果我们现在宣布上帝并不存在，那么至少有一种东西已先于其本质存在了，这个东西就是人或人的实在。萨特在这里所说的人们对上帝的信仰，它不仅泛指一切传统的有神论，而最主要的还是指向近代的基督教存在主义，无论是克尔凯郭尔还是雅斯贝斯，他们都把个人的存在归结为上帝的启示和庇佑。而他与海德格尔所倡导的存在主义则是建立在胡塞尔现象学基础上，这种存在主义否定了上帝的存在，认为人并不托庇于上帝而存在，人或人的实在先于他的本质，人是解答一切存在者的存在意义的出发点。

萨特关于"人的存在先于其本质"这个命题应从两个层面来理解：首先，人不同于一般存在物，人与他的本质不是先天地同一的。从这个意义上讲，"我们说存在先于本质的意思是指什么呢？意思就是说首先有人，人碰上自己，在世界上涌现出来——然后给自己下定义"（《萨特哲学论文集》P112）。所谓首先有人，就是说人首先必须存在，如果人不存在，那就什么也没有，遑论人的本质？人本质上是自我选择、自我谋划和自我造就，因此先得有人，然后人才有可能确定自己的本质。由于人只有通过寓于世界上的存在物才能获得自己的存在，所以人首先并且通常是存在于常人（他人）的世界中。我们在前面已说过自为与它的过去性的原始关系，也就是意识的诞生。就是说意识一经诞生便被抛入一个他人的世界中，唯此人才能寓于世内存在者而存在。人在常人的世界中存在着，渐渐地便有了不同寻常的个人的欲望（人碰上自己），于是他决心摆脱他人的世界，并通过自我抉择从本质上把自己定义为什么样的人。这就是我们在前面讲过的原始的在世现象：我在作为自在整体的整个世界中进行整个的自我选择。人的这种原始的自我抉择说明："人除了自己认为的那样之外，什么都不是，这就是存在主义的第一原则"（同上页）。这一原则体现了人的自由作为人的能在或人的一种构成能力，能够把人确立为本质性的整体存在，人就是它自己的命运的决定者，是一个凭着自我抉择把自己推向未来的东西。

"人的存在先于其本质"，其次是从人的自我展开和自我实现这个层面来讲，因为作为人的实在，"人只是在企图成为什么时才取得存在"（同上页）。因此，如果说作为自由的人的能存在从本质上把人设为一种整体性的存在，那么人的实在作为在世界中寓于存在者的存在则是按照原始的自我设定逐步地去实现这种整体性的存在。正是由于人的实在是以原始的自我抉择所确立的整体存在为背景，这样，人的实在才成为欠缺的存在，而它向之存在的人的可能之在便是人所欠缺的存在。所以，从人的自我展开和自我实现这个层面来理解人的存在先于其本质，人的本质就体现为："我，及其先验的和历史的内容"（P68）。这里所说的"我"，不是指作为构成能力的自由，而是指被构成的人的实在——在世界之中寓于世内存在者而存在。所谓我的先验的内容，即作为所欠缺者的我的原始自我抉择的尚未实现的部分，由于我的原始自我抉择是我对我的全部特殊可能性和由这些特殊可能性所规定的整个世界的设定，所以说它是先验的。我的历史的内容，即我的过去，那是作为整体的我的先验的内容中已经被展开、已经实现的部分。

人们把萨特的这种存在先于本质的存在论称为存在主义，而萨特则认为他的存在论是一种人道主义。那么，他为什么说他的存在论是一种人道主义呢？

首先，这种存在论认为，人是自由的，人的存在是自我抉择、自我构建、自我谋划和自我造就。萨特说："如果存在真是先于本质的话，人就要对自己是怎样的人负责"（同上书，P113）。因为承认上帝的存在，人的命运是由上帝掌控的，人成为什么样的人悉听上帝的安排，亦由上帝承担责任。现在上帝不存在了，人变得孤独无依，自己将成为什么样的人全在于自己的把握和选择。"所以存在主义的第一个后果是使人人明白自己的本来面目，并且把自己的存在的责任完全由自己担负起来"（同上页）。人的本来面目是什么？是自由，是人对自己的命运、对自己的存在目标和存在方式的自由选择。因此，人要成为什么样的人、人如何去存在，完全由他自己负责。

其次，这种存在论认为，人对自己负责与对他人、对社会负责是一致的，人在为自己选择的同时就是为所有的人选择。萨特说："如果存在先于本质，而且在模铸自己的形象的同时我们要存在下去，那么这个形象就是对所有的人以及我们所处的整个时代都是适用的"（同上页）。承认存在先于本质，人就要对自己的未来负责，就要着意去模铸自己的形象。但是，人是生存在他人中间的，人之所以要对自己负责是在于他人，关键是要对他人负责，对整个社会负责。这就要求人在模铸自己的形象时应该考虑到他人能否接受和认同，考虑到能否适合于自己所处的时代。因此，"当我们说人自己作选择时，也为所有的人作选择。因为实际上人为把自己造成他愿意成为的那种人而在可能采取的一切行动中，没有一个行动不是同时在创造一个他认为自己应当如此的人的形象。在这一形象或那一形象之间做出选择的同时，他也就肯定了所选择的形象的价值，因为我们不能选择更坏的。我们选择的总是更好的，而且对我们来说，如果不是对大家都是更好的，那还有什么是更好的呢"（同上页）。

第三，这种存在论认为，人是全人类的立法者，人不但为自己的将来抉择，而且也为全人类抉择。萨特说："如果确是存在先于本质，人就永远不能参照一个已知的或特定的人性来解释自己的行动，换言之，决定论是没有的——人是自由的，人就是自由"（同上书，P117）。存在先于本质，这意味着人永远是自我抉择、自我谋划和自我造就，他不可能把自己复制为他人——某个已知的或特定的人性。人是自由的，但自由在这里是一种无助的孤独，因为上帝不存在，人不论在自己的内心里还是在自身之外都找不到可以依赖的东西；自由在这里也是一种面对责任却看不到后果而倏然升起的痛苦，因为"当一个人对一件事情承担责任时，他完全意识到不但为自己的将来作了抉择，而且通过这一行动同时成了为全人类做出抉择的立法者——在这样一个时刻，人是无法摆脱那种整个的和重大的责任感的"（同上书，P114）。

　　正因为存在主义具有以上的特点，所以萨特说："存在主义者不相信热情有什么力量，他从不把伟大的热情看作是一种毁灭性的洪流，能够像命运一样把人卷进一系列的行动，从而把这些行动归之于热情的推动。存在主义者也不相信人在地球上能找到什么天降的标志为他指明方向，因为他认为人对这些标志愿意怎样解释就怎样解释。他认为任何人没有任何支持或者帮助，却逼得要随时随刻发明人"（同上书，P117）。存在主义者不相信激情的力量，是因为激情并不等于自由。自由首先是人对自己的命运的选择，是命运把人卷进一系列的行动，热情只是推动了这些行动。由于自由体现为人的自我抉择、自我谋划和自我造就，因而就更不存在某种客观意志——天降标志——对人的指引，一切标志的意义都是人赋予的。人是在无助中被逼迫着不得不做出某种选择，被逼迫着随时随刻主观地谋划和造就自身（发明人）。萨特认为，存在主义的核心思想是自由承担责任的绝对性。虽然我们用自由来定义一个人时说人是无依无助的，"但只要我承担责任，我就非得同时把别人的自由当作自己的自由追求不可"（同上书，P131）。

　　当人成为他企图成为的东西时，他是他的本质，同时也是他的自我。但是，人并不同一于他的自我，他随即逃离他所是的东西，又投向自身之外。因此，萨特在阐释了"存在先于本质"这个存在主义的基本观点后指出："人始终处在自身之外，人靠把自己投出并消失在自身之外而存在；另一方面，人是靠追求超越的目的才得以存在。既然人是这样超越自己的，而且只在超越自己这方面掌握客体，他本身就是他超越的中心。除掉人的宇宙外，人的主观性宇宙外，没有别的宇宙。这种构成人的超越性（不是如上帝是超越的那样理解，而是作为超越自己理解）和主观性（指人不是关闭在自身以内，而是永远处在人的宇宙里）的关系——这就是我们叫作存在主义的人道主义"（同上书，P134）。人靠把自己投出并消失在自身之外而存在，是说人在逃离自我后随即又向着自己的可能的自我存在而消失在世界的事物中，人只存在于世界之中。人靠追求超越的目的得以存在，是说人不是在实现了一个既定的目的之后再去选择并确定下一个目的，而是在向着自己的可能（既定的目的）存在的同时就选择并谋划向下一个目的的存在，唯此才能保持自己在世界中存在的不间断性——连续地从一个世界走进另一个世界。这就是萨特所谓"我思的深刻含义实际上就是重新投向自我之外"。追求超越的目的，其实就是追求超越的自我，因此人本身始终是他超越的中心。人的自我超越使他永远存在于世界之中，反之亦然，正是由于人始终存在于世界之中，才使得他能够不断地实现自我超越。从这个意义上讲，世界或宇宙不过是人的存在形式，对人而言，除了主观性的宇宙外，没有别的宇宙。人永远在自身之外、在世界之中，这便是人的超越性与主观性的关系，它使人向着一个对自己和对他人来说都是最好的形象也是最理想的价值存在，从而显示了存在主义的人道主义。可见存在主义所理解的人道，是每个人的做人之道、存在之道，而不是要充当救世主、解放全人类。出于对人道主义的这种独特的见解，萨特批判了康德把人作为目的的人道主义学说。康德所谓"人是目的"，是说人无论对自己还是对别人，在任何情况下都要把人当作目的，而绝不只当作工具。实现人人平等，尊重人的价值，这是每个人应遵循的道德义务。萨特则认为，把人作为目的，是人从道德上给自己立法，即服从所谓的道德律令或绝对命令。但是，人的平等究竟应该体现在哪里？是体现在接受他人的道德施舍上，还是体现在拥有自由自主的生存权利上？显而易见，它应该是后者而不是前者。人不应被作为目的，因为人作为欠缺的存在仍旧在形成中，人不应该将一个人格上不完善的人作为自己的对象和目的。另外，人在人格上是自我设定和自我造就，这里关键的问题是要为自己选择一个更好的形象。所以，人道主义应该从一种人类责任出发，在人的形象的模铸上，在理想价值的确定上，为全人类树标立法。让人人都去追求一种更好的做人之道、存在之道，从而把自己造就为自己所希望成为的那种人。

但是，在我们了解了"存在主义是一种人道主义"的基本内涵后，却发现这是一个自相矛盾的、背反的命题，它完全没有解决人的平等问题。首先，这一命题强调了上帝不存在之后人的责任。在没有上帝的情况下人要成为什么样的人当然要由他自己负责，但人同时也要考虑到他人的存在，人在模铸自己的形象时必须使这种形象对所有的人及他所处的那个时代都适用，就是说人在模铸自己的形象时要对他人和整个时代负责，人不仅是自己的立法者，同时也是他所处的那个时代的所有人的立法者。这样一来，上帝虽然没有了，可人却成了自己的上帝。而重要的是，如果这种情况是现实的，那么其本身也说明了人具有共同的价值追求，否则人们不可能认同某个形象是更好的形象。其次，这一命题又强调没有决定论，人是自由的：人永远不能参照一个已知的或特定的人性来解释自己的行动，人是自我设定、自我谋划和自我造就。"价值，就是自我"。这实际上就否定了人在本质上具有共同性或同一性。在肯定人能认同一个更好的形象或价值的同时却否定人具有共同的本质、共同的人性，这岂不是自相矛盾？一方面强调人的自由和个性，另一方面又要充当人类的立法者，以个人的意志来统一和同一他人的意志，这种建立在出其类、拔其萃的绝对不平等基础上的为他人立法、为社会立法，算什么平等，算什么人道主义！实际上，个人的价值追求一旦成为对所有的人的立法，它不仅是对人的自由的限制，而且还作为一种不以个人的意志为转移的社会道德标准而成为人们的行为规范。可见价值作为行为规范并不是因为某个人出于对人类的责任而进行的人道设定，它是在一定的社会关系的基础上所必然产生的社会要求。作为一种社会的道德标准，它也许不是每个人所理想的，但作为对某种非理性行为的限制，却能够让社会上的绝大多数人在一定程度上享有属于自己的平等和自由。从这个意义上讲，它揭示了作为类的人的本质。所以，现实中的人总是从具有某种类本质的人出发去存在，而不是像东施效颦那样模仿某个他人给出的所谓更好的形象去存在。

　　萨特在人的本质问题上所表现出来的这种自相矛盾的情况，主要还是由于这样两个方面的原因：一、他把人的自我抉择和自我建构建立在自身没有基础的自由上，这就意味着他是在以自由限制自由，结果限制成了变动不居、变化无常的自由对自由的限制。他虽然强调人的本质不是上帝赋予的，而是人的自我抉择和自我建构，但是，这种抉择和建构的标准在哪里？什么是最好的形象？显然这只能凭个人主观的抽象的想像，因而也可以主观地任意地推翻或改变。二、他把人的价值等同于人的自我，企图在自由和理性间寻求平衡，但结果却使二者都失去了自己的本性——自我的一贯性和价值的理想性。其实，价值是自我也不是自我。其是自我，是就人的可能性而言，价值和自我完善都是人所追求的目标，二者有可能达到统一。其不是自我，是因为自我是我的过去、现在和将来，它显示了我的一贯性，而价值只标志着人的理想性，它永远指向将来。如果把自我等同于价值，它将偏离本质而失落自身；如果将价值等同自我，将会让人在怀想和留恋过去中使价值的理想性黯然失色。价值作为行为的最高规范，它永远高于自我，只能被人仰望而不能被人超越。所以，价值作为一种人格追求，它永远是自我完善的方向和动力，一个人只要在人格上能够咬定青山不放松，永远有所追求，那么无论他处于什么境地（自我的当下状况）都会怡然自得，感到充实。这就如同孔子称赞身处困境"其心三月不违仁"的颜回："一箪食，一瓢饮，在陋巷。人不堪其忧，回也不改其乐"（《论语·雍也》）。

　　这里还需提出这样一个问题：萨特强调"人的存在先于其本质"，这是否表明他否定人的本质具有先验的特性？对这个问题须从下面两个方面来理解：首先，萨特把人的本质归结为人的自我抉择和自我构建，这意味着人就是他自己所认为的那样，是自己给自己下定义。因此，在这里人的本质的先验性是指先于一切经验的主观性，而不是指人所固有的先天性。其次，人的自我抉择和自我构建是基于人对烦的先行领会，而烦作为人的存在结构则具有先于人的一切存在的先验性或先天性。正因为如此，人的存在才作为一种构成能力或能存在，使人与其他一切存在者相比，在存在者状态和存在论上具有优先的地位。这样，我们就看清了"人的存在先于其本质"的逻辑关系：人的存在作为逻辑的起点或哲学的出发点，它是对作为世界之为世界的烦的先行领会，以此为前提和基础，它便可以展开原始的在世现象：在整个的世界中进行整个的自我选择，通过自我抉择和自我构建以确立自己的命运或本质。

凡这种结构的先验性，意味着人只要有所欲望，只要提出某种目的，他同时也就把握了实现这种目的的手段和方式。当然，这也等于说世内存在者的性质和它们之间的指引关联本来就在人的掌握之中。可是，人究竟凭什么能够将这一切都了然于胸？人的这种不虑而知、不学而能的天性，除了把它归结为上帝的启示，难道还有更合理的解释？由此看来，存在主义宣布上帝不存在不过是为了掩人耳目而虚晃一枪。否认人的社会实践、把人的存在托付给上帝或超现实的绝对精神，这是一切唯心主义的本质特征，存在主义企图标榜无神论，然而面对个别化的人的存在如何可能这个问题，却于无原无本的茫然中不得不悄悄地将人神化，把天地万物都纳入人的主观境界中，使人变得无所不知、无所不能。当然，如果硬要在人身上找出某种先验的东西，那只能是人的本能。但需要指出的是：不能把人的本能与人的欲望混为一谈。本能是生命的基本特征，它体现为自发的吃、喝、性行为。而欲望则是人的自我追求和自我造就，它包含吃、喝、性行为但又超越了吃、喝、性行为，是人对自身与外部世界联系的意识，这当中人也把自身客观化了。所以，欲望是伴随着意识的形成而产生的。而意识的形成则经历了从猿到人这种漫长的生命进化过程，在这一过程中劳动起了关键的决定性的作用。这表明人的欲望与实现欲望的手段只能在人类共同的生产和生活实践中产生，烦这种结构不过是人在长期的生产和生活实践中对自己的存在方式的一种领会和总结，而绝不是什么神秘的先验的东西。由于人本质上是具有意识这种特殊功能的生命机体，因此，人首先是为了生命的存在而存在，失去了生命，人一切都不存在。人在为生命的存在而存在中，发现了世界也发现了生命本身。通过在世界中存在，他发现世界是无限的，同时也发现生命具有无限的创造力。这种创造力可以提高生命的质量，改变人的命运，提升人的价值。因此可以这么说，人从他的原始本性那里走来，在与他人共同存在中，通过不断的认识世界、改造世界的实践，把自我造就融入到造就整个人类的活动中，从而创造出更为成熟、更为美好的人性。

第三章 主体：在世界之中存在

一、海德格尔："在之中"是一个统一的现象

世界究竟是个什么样的概念？或者说世界这个概念的含义究竟是什么？海德格尔说，迄今为止，人们对世界这个概念大概有着四种不同的理解和说法。一是把世界理解为一切现成的存在者的总体，在这个意义上，世界就是包罗万有的宇宙。二是把世界理解为存在者存在的范围，在这个意义上，世界具有种或类的含义，比如说动物世界、昆虫世界等。三是把世界理解为主体作为主体生活在其中的东西，即被理解为一种公众的范围。比如说人们依据经济的发达程度把当今的人类社会分为第一世界、第二世界和第三世界。对于以上三种含义，海德格尔认为，前两种都是把世界理解为范畴性的东西，存在物在世界之中即意味着现成的东西在空间上一个在一个之中，世界是一种空间上的组合和互相包含。这样来理解世界，世界就永远在主体之外，主体永远与世界无关。不过，第三种虽然也是从一种存在者状态上来理解世界，但与前两种不同，"它不被了解为本质上非此在的存在者和可以在世界之内照面的存在者"，就是说这里的存在者不是指一般的作为人的对象的世内存在者——世界内的特殊事物，"而是被了解为一个实际上的此在作为此在生活在其中的东西"（P81）。这种世界具有一种前存在论的生存状态上的含义，它是作为公众的我们的世界或者说是与我们最切近的周围世界。第四种是存在主义对世界的理解。在存在主义看来，"世界之为世界是一个存在论概念，指的是在世界之中的一个组建环节的结构。而我们把在世认作此在的生存论规定性。由此看来，世界之为世界本身是一个生存论环节。如果我们对世界作存在论的追问，那么我们绝没有离开此在分析的专题园地。世界在存在论上绝非那种在本质上并不是此在的存在者的规定，而是此在本身的一种性质"（P80）。世界是一个存在论概念，是说存在主义所理解的世界是建立在人的存在之上的事物之间的一种关联，它体现为人在世界之中存在的一个组建环节的结构，即体现为具有某种指引关联性质的工具整体。而人是为它的存在本身——作为它的将来

的可能性——而在世界之中存在，因此，在世界之中存在便是此在的生存论规定性，这样，世界之为世界也就成了一种生存论环节。这表明世界作为"在之中"的一个组建环节的结构，它源出于烦，而烦作为一种先验的人的存在结构，意味着"世界之为世界本身是可以变为某些特殊世界的任何一种结构整体，但是它在自身中包含有一般的世界之为世界的先天性"（P81）。因此，"在世界之中存在"是主体的先天的基本存在机制，它是一个统一的现象，谈论世界的存在不能离开对作为主体的此在进行存在论分析，世界作为人的存在方式是此在本身的一种性质，意味着此在把世界作为如此这般的熟悉之所而依寓之、逗留之。

　　基于"在世界之中存在"是一个统一的现象、世界是"在之中"的一个组建环节，海德格尔强调，"依寓于"的意思不是说主体与摆在那里的事物现成共处，而是说在某种"事实上的现成存在"的意义下领会着它的最本己的存在。所谓"事实上的现成存在"，即主体寓于作为上手用具的世内存在者而存在，它体现为与世内存在者烦忙打交道，是主体在世界之中的展开状态，也是主体所依寓的世内存在者的被揭示状态。海德格尔称主体的这种"事实上的现成存在"为主体的实际性，他说："实际性这个概念本身就含有这样的意思：某个在世界之内的存在者在世界之中，或者说这个存在者在世；就是说：它能够领会到自己在它的天命中已经同那些在它自己的世界之内同它照面的存在者的存在缚在一起了"（P69）。所谓某个在世界之内的存在者在世界之中，是说主体在自己所谋划的世界之内与前来照面的世内存在者打交道，从而使自己存在于世界之中。从存在论生存论的角度讲，此在只有在与世内存在者烦忙打交道之际才具有实际性，因此实际性就是此在在世界之中存在，或者说是此在这个存在者的在世的存在。此在的这种实际性，意味着在它的整个的生存行运中它必然与那些在它的世界中同它照面的存在者紧密地联系在一起，它永远是一种寓于世内存在者的存在。这里所谓"天命"，即人对自己整个生存途程的自我抉择和自我构建，也就是海德格尔所谓的向死亡存在：把死亡之前的全部可能性都排列出来，从而把自己规定为一种整体性的存在。但是海德格尔认为，人的这种具有命运色彩的自我抉择本质上是承受遗业：一方面借继承下来的然而又是选择出来的可能性把自己承传给自己，另一方面是选择在相互共在中已经过去了的却又流传下来的和起作用的历事把自己组建为整个途程。因此，此在实际的在世活动作为生存的行运，本质上就是对一种被继承下来的生存可能性的重演，这就从命运上注定了他要与他的世界内同他照面的存在者的存在紧密地联系在一起。从这个意义上讲，此在的实际性体现了他的历史性。

由于"在之中"根源于烦，所以海德格尔说"在之中"是此在的先天的本质性机制。但是他又认为："如果'在世界之中'是此在的一种基本机制，如果此在不仅一般地活动在世界中，而且特别按日常生活的样式活动在世界中，那么'在世界之中'也就一向已经在存在者状态上被经历着"（P74）。所谓按日常生活的样式活动在世界中，即活动在他人或常人所理解的世界中。在海德格尔看来，人是被抛的存在，人一开始并不是通过自我领会和自我谋划去在世，而是直接被抛入常人的世界中，因此按照日常生活的样式活动在常人的世界中，这是人最初的源始的在世状态。这种情况表明，"在之中"一向已经在存在者状态上被经历着。这样一来，"在之中"在存在论上首先就要由进行认识的在世来规定，因而认识便"作为在世的此在的一种样式"，即把认识作为此在在世界之中的存在和向着世界的存在来加以描述。海德格尔说："认识本身先行地奠基于已经寓于世界的存在中——而这一存在方式就在本质上组建着此在的存在。这种'已经依寓'，首先不仅是对一个纯粹现成的东西的瞠目凝视，在世作为烦忙活动乃沉迷于它所烦忙的世界"（P76）。认识先行地奠基于已经寓于世界的存在，是说此在由于首先和通常存在于常人的世界中，因此认识只能是对已经寓于其中的一个世界的认识，这说明此在已经寓于世界的存在是认识的基础和前提。此在只有通过对其在世所依寓之物的被揭示状态的考察，才能获得对世界的认识。当然，这种认识完全不是瞠着眼睛去看一个纯粹现成的东西，而是循着在世的样式去看一个处在一种世界结构之中具有某种关联性质的东西，这样才能把握被认识事物所具有的意义。但是，在世总是让此在沉迷在他所烦忙的世界中，这就使得认识必须是在烦忙中止之际才能对现成的东西进行考察并做出规定。海德格尔说："为了使对现成的东西的考察式的规定性认识成为可能，首须烦忙着同世界打交道的活动发生某种断残，从一切制作、操作等等袖手不干之际，烦忙便置身于现在还仅剩的'在之中'的样式中，即置身于还仅仅延留在某种东西处这种情况中。这种向着世界的存在方式乃是这样一种存在方式：在世界内照面的存在者只还在其纯粹外观中来照面。而只有基于这种向着世界的存在方式，并且作为这种存在方式的一种样式，才可能以明确的形式对如此这般照面的存在者望去。这种望去总是选定了某种特定的方向去观望某种东西的，总是描着某种现成的东西的。它先就从照面的存在者那里取得了一种着眼点。这种观望自行进入一种样式：独立于持留于世界内的存在者。在如此这般发生的滞留中（这种滞留乃是对所有操作和利用的放弃）发生对现成东西的知觉"（P76）。所谓对现成的东西的规定性认识，就是对在自己的世界中同自己照面的现成的东西的基本性质的认识，因为有了这种认识才能将这个现成的东西规定为某个东西。作为主体在世界中的依寓之物，一个现成东西的基本性质体现为它的功能或功用，由它的基本功能或功用可以将它规定为某种用具。比如说由敲击钉子这种功用我们可以把具有这种功用的现成东西规定为锤子。当然，要使对这种东西的规定性认识成为可能就必须通过考察，而要考察，首先必须中断与世内存在者烦忙打交道活动，即必须暂时放下手中的活计，使烦忙仅仅保留在一种"在之中"的样式中，也就是说使烦忙作为向着世界的存在方式延留在需要考察的现成东西上。基于向着世界的存在方式，考察的着眼点落在了这种存在方式的一种样式上，即现成在手的东西（工具）与它所指向的首先上手的东西（材料）的因缘关联上。考察活动在这个着眼点上的滞留使主体从现成东西的功能之所用看到了它的功能之所在，从而认识到它作为一种用具的基本性质和本质内涵，这便是对现成东西的知觉。显然，对现成东西的知觉就是把某某东西当作某某东西，知觉在以言谈方式解释的最广泛意义的基础上就变成了规定。

那么这种对世界的认识究竟有什么意义？海德格尔说："通过认识，此在对在它自身中一向已经被揭示了的世界取得了一种新的存在之地位。这种新的存在可能性能够独立地组织起来，可以成为任务、可以作为科学承担起在世的领导"（P77）。所谓在此在自身中一向已被揭示的世界，即作为此在之固有本质的先验的世界结构。此在通过对它被抛入其中的共同世界的认识，这对它本质上固有的世界结构而言，便取得了一种新的存在地位。他可以按照新的可能性来独立地组织世界，把在世当作是执行一项赋予自己的任务，也可以把它看作是进行一项科学的验证活动，从而在一种相互的共同存在中承担起引领和先导的作用。

这样，海德格尔就把此在"在世界之中存在"分为两种样式：一种是本真的或本己的存在，另一种是非本真的或日常的存在。但无论是本真的存在还是非本真的存在，"在之中"都是一种统一的现象，就是说世界是"在之中"的组建环节，其含义就是人在世界之中而存在者不在世界之外，这样，他认为就解决了过去的存在论一直未能解决的人与世界的统一问题。因此，他批评把世界理解为一切现成存在者的总体和把世界理解为存在者存在的范围这两种观点是从自然的角度去解释世界。那么，在海德格尔看来什么是自然呢？他说："从存在论的范畴的意义来了解，自然就是可能的在世界之内的存在者的存在之极限状况。此在只有在它的在世的一定样式中才能发现这种意义上的作为自然的存在者，这一认识具有某种使世界异世界化的性质。自然作为对一定的在世界之内照面的存在者的存在结构的范畴上的总体把握，是绝不能使世界之为世界被理解的"（P81）。所谓自然是可能的在世界之内的存在者的存在之极限状况，是说自然本质上是此在在整个的在世过程中有可能寓而存在的一切世内存在者的总体。因此，自然不在世界之外，自然作为主体可能寓而存在的自在之物，它永远只相对于一个主体而显现，没有存在于世界之外的、不可把握的自然之物。但是，由于此在只有在它的一定的在世的样式中，即在具体的寓于世内存在者的存在中，才能与某种作为自然的存在者照面。这样一来，世界作为人本质上固有的存在方式则被外化为一种存在者的整体结构，或者外化为存在者之间的一种指引关联。从这个意义上讲，此在对作为自然的存在者的认识具有一种使世界异世界化的性质。然而，正是因为世界之为世界是人的一种具体的在世的样式，而只有在这种具体的在世样式中人才能发现某个作为自然的存在者，因此，自然作为对在世界内照面的存在者的存在结构的范畴上的总体把握，我们是绝对不可能从中获得对世界之为世界的理解的。人对世界之为世界的理解，要么是对其固有本质的自我领会，要么是对已经存在于其中的一个共同的世界的认识。

从以上海德格尔对此在的两种在世的样式的描述，我们可以看出此在在世界之中存在具有以下几个特点：一，由于人这种存在者是在它的存在中被规定的，就是说必须把它寓于世内存在者的存在设为它本身得以显现的前提，因此，从原始的意义上讲，此在首先是直接存在于一个由他人已经开展出来的世界中。这意味着此在非本真的在常人世界中的共同存在先于它的本真的个别化的自己存在，而本真的自己存在不过是在脱离非本真的存在后重作选择。二，由于此在首先是直接存在于一个他人已经开展出来的世界中，因此他要获得某种主动就必须对他身处其中的世界进行认识，从这个意义上讲，此在的非本真的原始存在是先行后知。与此相反，此在的本真的自己存在则是先知后行：在对世界之为世界先行领会的前提下，进行自我谋划和自我造就。但是，这两种在世样式中的知与行却并非是同等的概念。首先，本真的存在的知，是对先验的世界结构的自我觉知，"因为此在本质上包含有在世"（P71），所以这种知是一种本质上的自我领会，是自知。而非本真的知则是一种经验性的知，因为它奠基于已经寓于世界的存在，是对一种共同的在世样式的考察和认识。三，无论是非本真的存在还是本真的存在，都表明此在在世界之中而存在者不在世界之外。这表明此在的两种存在样式都是本体论的意识的超现象存在，因而无论此在处在哪一种存在方式中，它都能够超越一切存在者的存在，或者说此在的存在在整体上涵盖了一切存在者的存在。

海德格尔反对基督教存在主义把主观的存在和客观的存在最终都统一于上帝，他从人自身的生存来解释人在世界之中存在，又从人的存在出发来解答一切存在者存在的意义，将一切存在者都涵盖在人的存在中，从而构建了一个独立的封闭的精神王国。在他看来，外在的现实世界是变化无常的，唯有人自己所构建的这种精神王国才是人的真正的家园。但是，如果我们对此在在世的两种样式做进一步的考察，就会发现他所描述的这种精神王国完全是无稽的、荒诞的。

首先，我们来说一说由于人是被他的存在规定的所以此在非本真的存在之所以要先于本真的存在。我们可以不否认此在最初是被抛入一个常人的世界中，但是，作为存在者，此在在没有介入这个常人的世界之前它在哪里？存在是存在者的存在，而此在则是寓于世内存在者的存在，如果事先没有存在者，怎么会有这种寓于世内存在者的存在？无不能变成有，不存在也绝不可能突然成为存在，这就如同萨特针对这个问题所指出的："绝不会有一种没有过去而能变成过去的绝对的开始"（P196）。可见海德格尔所谓"存在者满可以在它的存在中被规定"，显然是把此在这个存在者归结为它的被揭示状态，而不是归结为它本身。但是，这样一来，此在作为存在者岂不成了一种悬欠？而此在的存在也就失去了逻辑的起点。

其次，我们来说一说两种不同的在世样式体现了两种完全不同的知行观。从原始的意义上讲，一个人在世界中存在，无论是强调"先行后知"还是强调"先知后行"，都是一种违背事实逻辑的虚假命题。如果说人是"先行后知"，不知如何行？那岂不是盲目乱行？即便是最简单的行为——比如邯郸学步、东施效颦或依样画葫芦——也总须有样可依，而依样本身就是对事物的一种最直接的知。如果说人是"先知后行"，没有行动，没有经历，知从何来？中国古典小说《三国演义》中有一个望梅止渴的故事，实际上它只对那些吃过梅子的人有一种生津止渴的暂时作用，而对那些不知梅子为何物的人来说，他的口中不会分泌出点滴的津涎。由此可见，不能把知与行截然割裂开来，二者是一种互为前提又互为结果的不可断脱的因果链条，而这种知行统一、知行合一的情况只能出现在人类世代相续且不断发展的实践活动中。只有从实践的意义上去理解对世界和事物的知，从而投入改造世界和自我造就的行，才是合理的、真实的。

最后，我们再来说一说海德格尔所谓人在世界之中而自然不在世界之外。海德格尔对自然的这种理解，与我们通常所说的人化自然毫无共通之处。人化自然是说人类在改造客观世界的实践中不断地从必然王国走向自由王国，但人类永远不可能摆脱必然王国的纠缠，就是说必然王国永远不可能同一于自由王国。海德格尔的说法似乎出于中国宋明理学中的陆王心学，但陆王心学强调的是万物之理在人心中，它相当于胡塞尔的本质还原和先验还原。而海德格尔不仅强调理——世界和事物的本质——在人心中，这是人认识和把握事物的前提，同时也强调作为意识的对象的事物也不在人的整个存在范围之外，人永远能够超越一切存在物，也就是说一切存在物的存在都统一于人的存在。显然，这不过是用间接的方式来说明一切事物就在人的心中。当然，海德格尔的本意也不是把自然指为外在的客观事物，在他看来现实中的一切事物都是变化无常的，不真实的，只有包含在意识本体中的事物——作为同一于它的本质的现象——才是永恒的，真实的。在这里，作为自然的现象完全是一种超越了物理和心理的想象物，海德格尔把他的存在哲学建立在这样一种非理性的杜撰的东西之上，其荒诞不经便可想而知了。

世界不是一切现成的存在者的总体，因为事物永远处在生成灭坏的变化之中；世界也不是形而上的理念或纯形式，因为离开具体事物的纯形式从来不存在；当然，世界更不是潜藏在人的意识深处的一种先验的存在结构，因为人之初本质上就是一块"白板"，除非你把它看成是上帝的启示。那么世界究竟是什么？世界应该被理解为一切存在者在相互联系、相互作用、相互影响中存在、变化、发展的一个客观的无限的物质体系。人不在这个客观的物质体系之外，人就是这个物质体系发展到高端的产物，因而人依赖并受制于这个客观的物质体系。但是，人作为生命机体正是因为具有意识这种特殊功能，它才能认识客观事物及其存在规律，并按照这种规律来改造世界，造福人类和自身。应该说，这才是人在世界之中存在的真正含义。

二、海德格尔：人本质上包含在世的方式

上一节说到主体"在世界之中存在"的方式就是"依寓于"：依循自己所组建的世界，寓于世内存在者而存在。这种"依寓于"也是主体的实际展开状态，它说明此在的在世向来已经分散乃至解体在"在之中"的形形色色的确定样式中："对某种东西有所行事，制作某种东西，安排照顾某种东西，利用某种东西，放弃或浪费某种东西，从事、贯彻、探查、询问、考察、谈论、规定，诸如此类"（P70）。海德格尔将这些形形色色的确定的存在方式统称为"烦忙"，他说："烦忙的方式也还包括：委弃、耽搁、拒绝、苟安等残缺的样式，包括一切只还同烦忙的可能性相关的样式"（P70）。在如此笼统的烦忙样式中，烦忙的含义大抵可分为两类：一类是先于科学的含义，它主要指执行、完成、整理某件事情。这类烦忙之所以被称为"先于科学的"，是因为其并非是此在本己的有所领悟、有所谋划的自由自觉的行为，而是一种非意志性的程序化的活动。另一类是把烦忙作为存在论术语，它是生存论的一个环节，标识着在世的可能存在方式。在这里，烦忙

是作为此在从他的过去出发向着他的未来存在的有所作为的在世活动。显然，这两类烦忙，前者是指此在在常人世界中的非本真的存在，后者则是此在个别化的本真的自己存在。

海德格尔说："从现象学的角度把切近照面的存在者的存在展示出来，这一任务是循着日常在世的线索来进行的。日常在世的存在我们也称之为在世界中与世界内的存在者打交道"（P83）。海德格尔的这段话表达了三层意思：一，此在把切近照面的存在者的存在展示出来，是一种本体论的意识的超现象存在——从现象学的角度来看人与世内存在者的关系。二，这种展示存在者的存在的任务是循着日常在世的线索来进行的，即按照常人所理解的世界（意蕴）来展开的。三，这种以日常的在世方式来存在，就是此在在世界之中寓于世内存在者有所作为地开展活动。海德格尔说，此在之所以能够把切近照面的存在者的存在展示出来，是"因为此在本质上是以'在之中'这种方式存在的东西，所以它能够明确地揭示从周围世界方面来照面的存在者，能够知道它们利用它们，能够有世界"（P72）。就是说，"在世界之中"是此在本质上具有的一种存在方式，这表明那些从周围世界来照面的存在者已经从性质上被包含在这种存在方式中，所以此在能够将它们组织为世界，能够利用它们展开在世的活动并把它们揭示出来。而切近照面的存在者的存在之所以要循着日常在世的线索进行，是因为此在首先和通常是以常人的方式存在的。日常的在世作为烦忙的一种样式，它是此在已经置身于一个世界中与这个世界内的存在者打交道。

海德格尔指出："在存在的展开和解说中，存在者总是前课题和共课题的东西，但真正的课题则是存在"（P83）。在存在的展开和解说中，存在者之所以是前课题的，是因为存在者并不是由于人的存在才存在，它是自在；说它是共课题的，是因为存在者作为自在，它只相对于一个主体而言才显现。所以，解说（存在者的）存在的展开，真正的课题是（此在的）存在，"它从这种把存在作为课题的活动出发，而把当下的存在者也共同作为课题"（P83）。因为人的在世活动就是寓于世内存在者而存在。

解说存在的展开既然是从人的存在出发，而把当下的存在者只作为共课题的东西，那么"严格地说，从没有一件用具这样的东西存在。属于用具的存在的，一向总是一个用具整体。只有在这个用具整体中那件用具才能够是它所是的东西。用具本质上是一种'为了作…的东西'。有用、有益、合用、方便等等都是'为了作…之用'的方式，这各种各样的方式就组成了用具的整体性"（P85）。就是说，用具就其作为用具的本性而言，它只显露在与它所作用的对象的关系中，也就是说只有在一个用具整体中，它才显示出作为用具的存在——"为了作…的东西"。在这种情况下，用具在"为了作…之用"中体现出它的有用、有益、合用和方便等特性，这些特性就构成了用具的整体性。因此，从来就不存在孤立的不与其他东西相关的孤立的用具，从这个意义上讲，用具的整体性应先于单个用具而被揭示。

用具之所以属于某个用具整体，是因为围绕"为了作"形成了一个从某种东西指向某种东西的指引结构。海德格尔说："同用具打交道的活动使自己从属于那个'为了作'的形形色色的指引。这样一种顺应于事的视乃是环顾寻视"（P86）。所谓同用具打交道是使自己从属于"为了作"的形形色色的指引，是说此在为了制作它所需要的东西便展开了同用具打交道的活动，在这种活动中，他始终从属于"为了作"的各种指引，这些指引互相关联，形成一种在世的存在结构。于是，此在便循着这种指引关联顺应于事地看，以引导对用具的操作，这叫作"环顾寻视"。这样，用具在被操作使用中它的本来面目就显现出来了，此即用具的"当下上手状态"。当下上手状态既是用具作为用具的存在方式，也是主体烦忙在世的展开状态。在这里，我们需要弄清"为了作"、"为了作……的东西"和"为了作……之用"这三个概念的不同含义："为了作"，是指烦忙打交道所指向、所要达到的东西，即此在所要制作加工出来的产品；"为了作……的东西"，指为了制作某种东西所使用的工具；"为了作……之用"，指正在被加工或制作着的东西，即用于加工的原材料。在烦忙打交道中，以上三者谁先上到手头？海德格尔认为："日常打交道也非首先持留于工具本身，工件、正在制作着的东西才是原本被烦忙着的东西，因而也就是上手的东西。工件承担着指引整体性，用具是在这个整体性中来照面的"（P86—87）。这句话的意思是说，在烦忙打交道中，并不是首先就把工具握在手中，实际上人所烦忙的是为了得到他需要的工件而正在加工制作着的东西。关于"工件"，按照译者所注：意指在工作中所获得的产品。因此所谓

"工件承担着指引整体性"，就是说一种所要制作的产品规定着一个用具的整体结构和用具运作方式。把握了一个用具的整体结构和运作方式，用具便可以来照面了。

在用具整体中，工件作为加工制作出来的产品，其本质是合用性。这种合用性必然指向它的"何所用"，同时也指向它的"何所来"——作为工件的原料。作为"何所用"，它包含着指向承用者和利用者的指引，而作为"何所来"，它使周围世界"自然"存在着的东西被揭示为上手的存在者。这样，"在被使用的用具

中，自然通过使用被共同揭示着，这是在自然产品的光照中的自然"（P87）。作为"自然"的存在者，在工具指向它而被使用中，它被共同揭示为世界内的存在者。所谓自然产品，是就世内存在者的"何所来"而言——它本是自在的存在者。因此，作为"自然"的存在者一旦被揭示为世内存在者，它就成了自然产品光照中的自然了。在这里，所谓自然，仅就它是一种前课题的东西而言。通过对"何所来"的寻视，这个"自然物"便作为上手的东西显现出来。可见，"按照融身于工件世界的方式，那个在工件中——亦即在起组建作用的指引中——被连带指引出的世内存在者总是在种种不同的明确程度上，在寻视所突入的种种不同深度上保持其为可揭示的"（P88）。这就是我们在上一节曾讲到的海德格尔的观点：人在世界之中，而自然不在世界之外。自然在人的存在中不断地被揭示为世界内的存在者，这种情况说明："世界本身不是一种存在者。但世界对世内存在者起决定性的规定作用，从而唯当有世界，世内存在者才能来照面，才能显现为就它的存在得到揭示的存在者"（P89）。

所谓"唯当有世界，世内存在者才能来照面"，是说此在只有在对一种作为用具整体的世界结构先行领会的前提下，他才能把这个世界内的存在者开展出来。显然，这是指此在本真的自己存在，它相对于此在的日常在世而言，因为在通常的情况下，"烦忙的样式包含在在世的日常状态中。它们让烦忙所及的存在者这样来照面，即让世内存在者的合世界性随之一同映现出来"（P90）。就是说在日常的在世中，此在并非先行把握世界（即所谓"有"世界），而是当他已经寓于世内存在者而存在时，才能通过中断在世的反思——回顾当下世内存在者的上手状态——看到一种世界性的关联。然而，正是由于这种情况，此在在烦忙交往的寻视中往往会发现用具不称手、不合用，这意味着由"为了作"指向"用于此"的指引架构被扰乱了。就是说作为被制造出来的东西（工具）与它应该具有的功能（指引）并不相称。在这种情况下，指引便显得突出而醒目，"这样就在寻视上唤醒了指向各个'所用'的指引；随着这种指引的被唤醒，各个'所用'本身也映入眼帘。而随着各个'所用'工件的联络，整个'工场'——这就是烦忙总已经逗留于其间的地方——也映入眼帘。用具联络不是作为一个还从未看见的整体来亮相的，它是在对事先已不断视见的整体加以寻视的活动中亮相的。而世界就随着这一整体呈报出来"（P93）。海德格尔这段话的意思是说，在通常情况下，人按照常规常式烦忙在常人的世界中，而属于自己的本真的世界反倒处于被遮蔽的状态。但是，在日常烦忙中往往由于工具的不称手或根本不上手，便迫使此在不得不重新审视作用于被加工对象的工具的性能——指向各个"所用"的指引，于是在唤醒指向各个"所用"的指引的同时，这些"所用"本身也显现出来。这样，一向被遮蔽的属于自己的整个世界便呈报出来。由此，海德格尔得出这样一个结论：世界不是由上手的东西组成的，"世界一旦在烦忙的上述样式中亮相，上手东西的异世界化便同时发生。结果在它身上就映现出仅仅在手的存在"（P94）。世界不是由上手的东西组成的，是说不是先有了上到手头的事物，然后才将这些上手事物组建为世界。世界本质上是人所固有的存在方式，这就是为什么世界一旦在非本真的烦忙的日常的样式中亮相，上手的东西就会出现不称手或不在手的异世界化（即缺失合世界性）的情况。这种情况说明，上手的东西还仅仅处在在手的状态中，即处在视野之外的自在存在中。当然，"世界不来呈报，这是上手的东西之所以可能不从它的不触目状态中走出来的条件"（P94），不过，世界不来呈报只是由于日常的烦忙的遮蔽，实际上世界之所以能以某种方式亮相，寻视的烦忙之所以可以通达上手的东西，说明世界总已经先行开展了。从这个意义上讲，"世界就是此在作为存在者向来已曾在其中的何所在，是此在无论怎样转身而去，但纵到海角天涯也还不过是向之归来的何所向"（P94）。世界是此在作为存在者向来已曾在其中的何所在，是说世界作为已经先行开展了的东西，它已经在人的把握之中，它就是人的本质。所以尽管此在通常背离自我而寓于常人的世界中，但无论他走多远，最终还是要回到他的熟悉之所，回到他本真的自己存在。

由上述可知，指引是上手的东西的存在论的前提和基础。因此，烦忙作为本真的自己存在，关键就在于此在对用具的指引结构的先行把握，这样才能让世内存在者前来照面、上到手头。然后，此在循着"为了作"的指引对用具进行操作，用具在被操作使用中按其本来面目显现其存在方式，这便是其当下上手状态。那么如何来理解"指引"这种现象呢？海德格尔说："上到手头的东西的存在具有指引结构，这就是说：它于其本身就具有受指引的性质。存在者作为它所是的存在者，被指引向某种东西，而存在者正是在这个方向上得以揭示的。这个存在者因己而缘某种东西，它同某种东西结缘了。上手的东西的存在性质就是因缘。在因缘中就包含着：因某种东西而缘，某种东西的结缘"（P103）。这段话的意思是：指引之所以能在上手的东西那里组建起上手的状态，是因为上手的东西本身就具有受指引的性质。所谓上手的东西的存在具有指引结构或上手的东西本身具有受指引的性质，是说作为用具，上手的东西的存在具有因缘性质——"因己而缘某种东西"。存在者作为它所是的存在者，被指引向某种东西，而它就在这个方向上得以揭示，比如说锤子之为锤子，是与敲击这种功能有缘。

但是，指引的意义并不在于只规定上手的东西的存在性质，只组建起上手的东西的上手状态，而在于"为了作"。因此，"因缘乃是世内存在者的存在，世内存在者已首先向之开放。存在者之为存在者，向来就有因缘。有因缘，这是这种存在者的存在之存在论规定，而不是关于存在者的某种存在者状态上的规定。因缘的何所缘，就是效用何所用与合用的为何所合。随着效用的何所用，复又能有因缘。……因某种上手的东西有何种缘，这向来是由因缘整体性先行描绘出来的。……所以，因缘整体性'早于'单个的用具"（P103—104）。因缘是世内存在者存在的存在论规定，谈世内存在者的存在就是谈它与其他存在者的因缘关系：因缘的何所缘就是上手用具的效用之所用和与之结缘的东西的合乎其用。这样，因缘又复有因缘，因缘便成为一种整体性的世界关联，其世界的整体性决定了上手的东西能处于上手状态，同时也决定了世内存在者前来结缘。由此可见，因缘的整体性要先于单个用具而存在。

　　用具，作为上到手头的东西，由于其本身具有受指引性质，结缘在这里意味着先行开放它的存在者状态上的意义，即让它像它所是的在烦忙活动中的那个样子存在——展开它的"作为"结构。而作为用具使用者的此在在操作使用中只能在用具的存在者状态的意义上任随它缘。但是，如果从存在论上来领会结缘，则是通过上手的东西的上手状态来改变与之结缘的存在者的存在状态，由何所缘而达于何所用。为此，就得先把用具的上手状态向其周围世界的存在者开放出来，即把那些与上手用具有着因缘关系的存在者揭示出来，让它们前来照面。而世内存在者之所以能来结缘，是因为它的合世界性，这说明在因缘整体性中包含着世界之为世界的先天性。

　　但是，这个因缘整体性是要归结到"何所用"上，譬如加固写字桌是为我用作写字看书的。这里所说的"何所用"不同于那个用具的效用加于其上的何所缘的"所用"，即不同于用具的用之所用，这个"何所用"是主体的存在本身，它不再有缘。海德格尔说，"何所用"是由"为了作"的指引先行标画出来的，就是说此在的目的、此在的可能之在是由它所要制作的东西的指引显示出来的，这表明本身具有受指引性质的上手的东西必定是由一个存在于世界之中的存在者先行开展出来的，显然它就是此在。此在之所以能够规定用具之为用具的"作为"结构，是因为"此在的存在中包含有存在之领悟。领悟在某种领会活动之中有其存在。如果此在本质地包含有在世这种存在方式，那么对在世的领会就是此在对存在的领悟的本质内涵。世内上手的东西——向某种东西开放；那种东西的先行开展不是别的，恰是对世界之领会。而此在作为存在者总已经在对这个世界有所作为中"（P106）。由于此在本质上先天地包含有世界的结构和原型，所以此在对在世的领会是对其存在的领悟的本质内涵。正因为它领悟了它的存在，它才能进行世界设定，而进行世界设定就是把具有受指引性质的世内上手的东西先行开展出来。因此，对上手的东西的先行开展不是别的，而是由此在的本质所决定的，是此在对世界的先行领会，从而总已经处在对这个世界的有所作为之中。

当然，对用具的先行开展，就是对"因……而缘……"的结缘的先行揭示，这说明此在对因缘的"何所缘"、"何所因"以及"何所用"等都必须有所领会。因此，对用具的先行开展就是对用具整体的先行开展，也就是对因缘整体性的先行揭示。在因缘整体性中，一切"何所用"最终都要归结到"为何之故"上，即都要追溯到此在本身的存在上，这说明因缘整体性已经在此在的某种可理解性中先行开展了，它是此在对自身的前存在论的领会。由此不难理解："此在总已经出自某种'为何之故'把自己指引到一种因缘的何所缘身上，这就是说，只要此在存在，它就总已经让存在者作为上到手头的东西来照面。此在以自我指引的样式先行领会自身，而此在在其中领会自身的'何所在'，就是先行让存在者向之照面的'何所向'。作为让存在者以因缘存在方式来照面的'何所向'，自我指引着领会的'何所在'就是世界现象。而此在向之指引自身的'何所向'的结构，就是构成世界之为世界的东西"（P106）。海德格尔的这段话表达了这样三层意思：一、由于此在本质上包含有在世的存在方式，因而它能够先行领会自身的存在。这种先行领会表现为它总能够从自身的存在出发，即从"为何之故"出发，把自己指引到一种"何所缘"那里，就是指引到首先上手的东西（作为制作工件的原料）和它与之结缘的东西（工具）的因缘联络上，这一过程就是此在的自我指引。二、先行领会的自我指引一方面开展出本身具有受指引性质的首先上手的东西（原料），另一方面先行开放与首先上手的东西结缘的工具的上手状态。在这里，作为上手的东西，工具的效用之所用，就是前来结缘的东西的合于用。三、此在以自我指引的样式领会自身，就是领会它存在于其中的一个用具整体——"何所在"，同时也就是领会先行让世内存在者以因缘存在的方式向之照面的"何所向"。因为没有这种"何所向"，没有世内存在者前来结缘，也就没有此在存在于一个用具整体中的"何所在"。显然，"何所在"与"何所向"都统一于一种世界现象，它就是此在向之指引自身的"何所向"的结构。这种世界现象——世界之为世界的构成形式——就先验地包含在人的本质中。

海德格尔从此在对自身的存在的领会入手，分析了此在在本质上包含有在世这种存在方式，这也就意味着"此在源始地熟悉它自我领会之所在"（P107）。因而人在世界之中存在便体现为他的能存在，即他知道他于何处随他本身一道存在。

能在作为此在的本质特征，它从来不现成地存在，而是"随此在之在在生存的意义上存在"（P176）。所谓在生存的意义上存在，是说只要此在存在，它就必然向着它的可能之在筹划它的存在。筹划作为此在对其存在的领会，它是此在一种存在方式，"在这种存在方式中，此在是它的种种可能性的可能性"（P178），即按照它的全部的可能性的排列去逐个地展开这些可能性，也就是向着一种可能（目的）来组建在世的"何所在"。上面说过，此在在其中领会自身的"何所在"，就是先行让存在者向之照面的"何所向"，那么如何才能让存在者前来照面？海德格尔说，这要通过对生存的整体性的透视，即通过贯透"在之中"的所有本质环节来领会掌握在世的整个展开状态，以便"领会让自己在这些关联本身中得到指引，并让自己由这些关联本身加以指引"。在这里，领会实质上是"我们把这些指引关联的关联性质把握为赋予含义"，"在熟悉这些关系之际，此在对它自己有所授意，它使自己源始地就其在世来领会自己的存在与能存在。'为何之故'赋予某种'为了作'以意义；'为了作'授予某种'所用'以含义；'所用'赋予结缘的'何所缘'以含义；而'何所缘'则赋予因缘的'何所因'以含义。而那些关联在自身中勾缠联络而形成源始的整体状态，此在就在这种赋予含义中使自己先行对自己的在世有所领会"（P107）。所谓此在对它自己有所授意，是说赋予含义本质上是此在的自我授意，因为被赋予含义的用具整体的各个关联就是此在"在之中"的所有本质环节。"为何之故"赋予某种"为了作"以意义，即此在以它的目的赋予它所要制作的东西以意义；"为了作"赋予某种"所用"以含义，是此在需要制作的东西连带地赋予制作它的原料以含义；"所用"赋予结缘的"何所缘"以含义，即加工的原料赋予用具以含义；"何所缘"赋予因缘的"何所因"以含义，即用具赋予用具的指引性质以含义。以上这些所谓赋予含义，实际上就是循着因缘整体性的指引联络分别给世内事物及其受指引性质定名，它使此在先行对自己的在世有所领会。这些被赋予含义的关联相互勾连起来便构成一种整体性的因缘联络，海德格尔称这种被赋予含义的关联整体为意蕴。在这里，由于合于因缘的世内存在者已被先行开放出来，即被赋予含义，因而领会了自己的存在与能存在的此在自然会在这些关联本身中得到指引并接受其指引，这也就意味着它具有造就自身的本己的可能性——领会的筹划活动，因为"世内存在者都是向着世界被筹划的，这就是说，是向着一个意蕴整体被筹划的。烦忙在世已先把自己紧缚在意蕴的指引联络中了"（P185）。

海德格尔把领会的造就自身的活动称为解释。他说："解释并非要对被领会的东西有所认知，而是把领会中所筹划的可能性整理出来"（P181—182）。所谓把领会中所筹划的可能性整理出来，就是把向着意蕴被筹划的世内存在者所具有的因缘在寻视中揭示出来。寻视地解释着同周围世界上手的事物打交道，就是把上手的东西作为某某东西来看，这种"作为某某东西"就是作为"为了作"的制成品——桌、椅、门、鞋、衣等。可见"某某东西作为某某东西"的"作为"造就着被领会的东西的明确性结构，正是"作为"组建着解释。

从表面上看，解释是以"某某东西作为某某东西"为线索来解释与用具结缘的世内存在者（"所用"），但"解释并非把一种含义抛到赤裸裸的现成东西头上，并不是给它贴上一种价值。随世内照面的东西本身就一向已有在世界之领悟中展开出来的因缘状态，解释无非是把这一因缘状态解释出来而已"（P182—183）。所以从根本上讲，解释是围绕主体的在世、生存对一种世界的因缘整体性的解释，它以这种接近存在者（"所用"）的方式把被领会的东西（"为了作"）勾连起来，正好显现了一种世界的因缘整体性。由此，海德格尔指出："把某某东西作为某某东西加以解释，这在本质上是通过先行具有、先行见到与先行掌握来起作用的"（P184），"先行具有、先行看见及先行把握构成了筹划的何所向。意义就是这个筹划的何所向，从筹划的何所向方面出发，某某东西作为某某东西得到领会"（P185）。所谓先行具有，指世界之为世界的先验结构是此在本质上所固有的东西；先行见到，即对世界之为世界的先行领会，也就是通过贯透"在之中"的所有本质环节来透视在世的整个展开状态；先行把握，即把世界的各个关联环节把握为赋予含义，让自己在这些关联本身中得到指引并接受其指引。这三个"先行"构成了筹划的何所向，是说一切筹划都是向着世界的筹划。意义是筹划的何所向，是说筹划是向着意蕴的筹划。二者应该是统一的。正是向着世界、向着意蕴的筹划，此在才能领会某某东西作为某某东西从而加以解释之。解释以三个"先行"为基础，这进一步说明了此在本质上包含在世的方式，而意蕴则使这种方式更加明晰化、具体化了。

通过自我授意，海德格尔把先验的世界结构演绎成一种因缘联络整体——意蕴，这样一来，就把主体与世界紧紧绑在一起了，因为在这里世界总是由作为人的可能的目的所规定的，人存在于其中的世界就建立在作为目的的"为何之故"上。"此在向着为何之故筹划它的存在，与此合一地也就是向着意蕴（世界）筹划它的存在，在这种被筹划状态中，有着一般存在的展开状态"（P180）。这种人的目的性与世界性的统一，说明了人永远在世界之中，人本质上就是他的世界，因而人也本质地包含在世的方式。

现在，我们就将海德格尔把世界理解为人本质上所具有的先验结构作一逻辑性的归纳：首先，他认为人是解答一切存在者存在意义的出发点，人的存在与存在结构超出一切存在者之外，超出存在者的一切可能具有存在者方式的规定性之外，但它关涉每一存在者。因此，一切存在者都包含在人的存在中，人的存在当然也涵盖了一切存在者的存在。这样，就把世界包含在人的存在中了。其次，海德格尔所谓的事物是指意识本体内的与其本质相统一（同一）的现象，它是孤立的永恒不变的自在。因此，要使存在者有所联系并相互作用就必须通过人的存在，是人的存在把存在者开展出来并组织成互相关联的存在者整体——世界。第三，世界作为互相关联的存在者整体（工具整体），既然只能通过人的存在显现出来，这说明世界作为人的一种存在方式或结构是包含在人的本质中的。

可是，人本质上为什么会包含这种先验的存在方式？这是否是一种天赋的能力？然而海德格尔却明确反对雅斯贝斯把这个终极的原因归结为上帝的启示。于是他认为这是人的存在本身——是生存规定了人在世界中存在的方式，就是说人只要有所欲望、有所追求，他所欲望和追求的东西就规定了他存在的方式。不难看出，海德格尔的这种观点显然是把人的欲望与人的原始本能等同起来，从而也把人满足欲望的手段等同于满足本能的吃、喝、性行为等直接的天然方式。虽然海德格尔也强调人是自我造就，但他同时也强调这种自我造就的前提是本质上的自我领会。这样一来，就抹煞了人的欲望和追求具有历史和社会的特性，从而也抹煞了人的自我造就具有与时俱进的实践的特征。在这里，我们还是要用人的历史的和社会的活动，用人类世代相续的实践来纠正海德格尔所谓此在本质地包含先验的在世的方式的说法。如果没有人在实践中对客观事物及其存在规律的认识，如果没有人类遵循客观规律的创造性活动——劳动，用具从何谈起？又如何知道用具整体的指引关联？同样，赋予含义也不是什么个人行为，它是人们在长期的生产实践中通过互相交流而形成的对事物之间相互联系的意义的理解，世界就是人类在实践中赋予客观事物及其相互联系的一种含义。世界不在客观事物之先、之外，更不是潜在于人的意识深处的一种先验的结构，它就是客观事物及其相互联系本身。人在世界之中存在，实质上就是人在实践中不断认识客观事物及其存在规律，然后又用这种规律性的认识去指导自己改造客观世界的实践。这是一个实践——认识——再实践——再认识的探索、发现和创造的过程，这个过程是没有止境的，它远非海德格尔所谓"在之中"这种狭小的个人生存框架就能包含、概括得了的。

三、萨特：世界是被自我性的圈子穿越的存在整体

上一章，我们在讨论萨特的"人的存在先于其本质"这一命题时，曾说到人从非本真的存在回归本真的自己存在所进行的自我抉择和自我构建，他把这种在整个的世界中进行整个的自我选择称为在世的原始现象，其实这就是人对自己的存在进行一种整体性的自我设计或自我规划。而人之所以能够对自己的存在进行这种整体性的自我设计或自我规划，按照海德格尔的说法是因为人是被抛的存在，这种被抛的状态是：人向来是他的种种可能性，他总是从这些可能性出发来领会自身，把自己筹划到这些可能性上去。实际上，这种被抛的存在正揭示了人的作为烦的先验的存在结构。人就是按照对他的这种先验的存在方式的领会来进行自我抉择和自我构建，从而使自己在本质上成为一种整体性的存在。

萨特所说的原始的在世现象其实就是海德格尔所谓的现身状态，它是此在对它所具有的一种先验的存在方式的领会：此在在这种存在方式中被带到它自己面前来，并在其被抛的状态中向它自身展开。这意味着此在不仅对自己的存在方式有着先验的领会，而且对世内存在者的存在方式也有着先验的本质性的领会，而这就是作为存在整体的基质或世界基质。人通过原始的在世现象在整个的世界中进行整个的自我选择，这样人也就从本质上把握了自己的全部可能性、整个的世界和所有的世内存在者，这就是"大全"。可以看出，萨特所谓的"大全"是沿袭了雅斯贝斯的说法，雅斯贝斯认为存在是本体也是大全，不过他说的存在是超越的存在，这超越的存在包含了一切客观的存在和主观的存在，也包含作为观念的世界。这样一来，他所谓的大全就包含了客观存在的大全和主观存在的大全，本来是想走出传统哲学，建立存在一元论，但实际上还是没有摆脱传统的二元论，而他的"大全"也就成了主客各种成份的集合。萨特则从本体论的现象一元论出发改造了雅斯贝斯的"大全"的意含，他以人的存在涵盖一切存在者的存在，把人的存在、存在者的存在与世界融为一体，离开人的存在，世界和世内存在者均不存在。他认为，"大全"和"这个"的原始关系源于"格式塔理论"所阐明的基质和形式之间的关系。所谓"格式塔理论"，即现代欧美心理学的一个主要流派——格式塔心理学。"格式塔"，意思是指某种组织结构或整体。格式塔心理学认为，人的心理现象的最基本特征就是在意识经验中往往会显现某种结构性或整体性的东西，这种内心中所显现的结构或整体与外在的物理结构、生理结构之间没有任何因果联系，但它们是同一的。按照"格式塔理论"所揭示的情况，"这个

总是在一个基质中显现，就是说在存在的未分化整体中显现，因为自为是对它的彻底而混合的否定"（P250）。所谓存在的未分化整体，即基质与形式的同一，也就是作为自在的存在。这个作为人的原始否定——是他所不是的世内特殊事物——是由内在基质规定的。"这个"之所以总是在作为存在的未分化整体的一个基质中显现，是因为人对世内特殊事物的认识总是从世界基质出发去是他所不是的存在物的某种质（存在物的未分化），这便是作为自在的未分化的内在基质。不过，当自为在是它所不是的存在物的未分化时，也就连同存在物本身彻底而混合地否定了，这意味着作为自在的未分化，基质是对"这个"的规定。这正说明人为什么能够把世内存在者开展出来并组织为世界。

　　既然在世的原始现象已经规定了我的整个生存结构，那么我的实际的在世存在便是这整体性的生存结构的逐步展开。萨特称人的这种实际的在世的存在为人的实在，他说："人的实在是把存在揭示为整体的那个东西——或者人的实在是使得存在之外有了乌有的那个东西。这个乌有是作为有一个世界彼在的可能性，这样一来：一、这个可能性才把存在揭示为世界；二、人的实在才不得不是这种可能性——与面对存在的原始在场一起，构成自我性的圈子"（P250）。关于人的实在，我们在前面也已说过，是指人的在世的展开状态和世内存在者的揭示状态，海德格尔称之为与世内存在者烦忙打交道，萨特则称之为自为的散朴性。人的实在是人向着他的目的在世界中寓于世内存在者而存在，因此它一方面把人的把存在揭示为有终的整体性的存在，另一方面则揭示了存在所指向的是存在之外尚不存在的某种东西，这种乌有作为一个世界之外的彼在，就是人的可能性。这意味着：一，人在世界中存在是由他所选择的可能性（目的）照亮的。二，由于人的实在是由他所选择的可能性（目的）规定的，作为自为它便不得不面对它的一个过去（面对存在的原始在场）共同构成一种自我性的圈子。那么，我们如何来理解这种自我性的圈子？萨特说："自为在其之外谋划与自我的重合的存在，就是人在其外与自己的可能汇合的世界和距离。我们把这种自为与自为所是的可能之间的关系称之为自我性的圈子——而把存在的整体称之为世界，因为这存在的整体是被自我性的圈子穿越的"（P149—150）。人总是从他所欲望的东西（可能的自我）出发，谋划如何走向这种东西本身——自我实现，这一谋划就是人走向在他之外的他的可能的自我的一个世界或一段距离。在这里，自为与它所欲望的可能的自我之间的关系就是自我性的圈子。现在我们可以看到，自为与它的可能之间的关系之所以被称为自我性的圈子，是因为自为与它所是的可能之间的关系不是存在的关系，它们之间隔着一个世界的距离，而把它们联系起来的不过是穿越一个世界本质为虚无的意向性，由于它指向自我，所以也被称为自我性。说它是自我性的圈子，是因为这种自我性作为意向性并不等同于超越性，不等同于自为，它不过是为自为的超越存在预留了一个"空间"。因此，世界作为存在的整体，在自为实现与它的可能的汇合中，它被自我性的圈子所穿越。通过对自我性、世界、自为这三者关系的分析，萨特得出了这样的结论："没有世界，就没有自我性，就没有个人；没有自我性，没有个人，就没有世界"（P152）。这里所说的个人，是指作为主体的自为。为什么说没有世界就没有自我性？我们知道，世界作为人的存在方式或存在整体，是由人所选择的目的——自我的可能——所照亮和规定的，而自我性则是指向自我的可能的意向性，即关于自我的可能的意识。没有世界，说明人不曾提出自我的可能，未提出自我的可能，哪来自我性？自为作为个人，是在世界之中存在的主体，而自为的在世是由自我性引导的，没有世界，没有自我性，哪里会有自为、个人？所谓"没有自我性，没有个人，就没有世界"，我们刚刚说过，自为的在世是由自我性引导的，没有自我性自为并不是简单的失去方向问题，而是失去向之存在的自我的可能。既已没有向之存在的自我的可能，还有什么世界？在这里我们不难发现，自我性、个人、世界这三者之间的关系都统一于背后那个隐而未现的自我。萨特说："在自我性中，我的可能在我的意识内被反思，而且我的可能把意识规定为它所是的。自我性代表着一种比反思自我的纯粹'对自我的在场'更加深入的虚无化阶段，因此，我所是的可能不是做为反映着的反映的对自为的在场，而是一种不在场的在场"（P151—152）。所谓我的可能在我的意识内被反思，是说我的自我性所指向的我的可能，由于它是我自由设定的非存在——它把意识规定为它所是的，因此它只能在我的意识内被反思，就是说我对我的可能的反思实质上是对一种意识内的构成结构的意识。这里说的反思自我，是指自为对自身的反思，这是一种纯粹的"对自我的在场"，即自为面对自身在场。如果说反思自我是自为的虚无化——自为在是其所不是时又不是其所是，那么对我的可能的反思则不是作为反映着的反映（显现）对自为在场，而是对一种不在场的东西在场。显然，这是比自为的虚无化——自我反思——更加深入的虚无化。在这种情况下，我就不能把目光只瞄向我的可能，而应该转向被我的可能所照亮的世界，"面对世界我寻找的，是与我所是的、即（对）世界（的）意识的自为的重合"（P152）。（对）世界（的）意识的自为，即我的可能的自为。面对世界寻找与我的可能的自为的重合，就是把作为世界构成环节的我的可能的自为所欠缺的存在者开展出来，实现我的处境，以使我从（对）世界（的）意识的自为过渡到在一个实在的世界中存在的自为。

从以上的描述可以看出，萨特所理解的世界，是由人的目的所昭示出来的人的一种存在的方式或结构，人选择了什么样的目的，在目的的光照下就会有什么样的世界意识。这种情况说明："世界与个人之间的这种所有关系决不是在反思前的我思范围内被确立的，说由于世界被认识，因而它是像我的世界那样被认识，那是荒谬的"（P152）。世界与个人（自为）之间的所有关系，即上面所说的"没有世界，就没有自我性，就没有个人；没有自我性，没有个人，就没有世界"。世界与个人之间的这种所有关系之所以不是在反思前的我思范围内被确立的，有两个方面的原因：其一，世界是由目的所规定的人的存在方式，而人作为整体性的存在，通过原始的在世现象，整个世界便以基质的形式确立为人的本质，因而它作为"大全"先于并引导着个人的具体的在世，即规定着我思，而不是相反。其二，人对世界的意识，是一种本质上的自我领会，是纯粹内在的行为，而我思则是自为面对世界是它应该是的世界内的特殊事物。所谓世界被认识，是指自为面对世界在场或从世界基质出发把世界内的存在者开展出来，从而把世界组织成存在者整体。而这正是在目的的光照下对我的世界有所意识，然后由环节到整体将其实体化。如果说前者是自我领会或自我意识，那么后者则是自我谋划和自我造就，所以说世界被认识并非"像我的世界那样被认识"。可见一般情况下萨特所说的世界或我的世界，是指在目的的光照下人对世界之为世界的一种领会。"可是，这个世界的'一半'都是一种稍纵即逝并且始终是如我所见那样显现的结构。世界是我的世界，因为它被我所是的（对）自我（的）可能意识是其意识的一些可能纠缠着，正是这样的可能给予世界以世界的统一和意义"（P152—153）。这个世界的"一半"都是一种稍纵即逝并且始终是如我所见那样显现的结构，这是指人在世界之中的展开状态或世内存在者的揭示状态，也就是作为自为的散朴性的人的实在。说人的这种在世的展开状态或世内存在者的揭示状态是这个世界的"一半"，这意味着人的在世的活动尚在进行中，还没有到达世界的彼岸。这个世界不过是我的一种存在方式（世界是我的世界），只要我的在世的活动还在继续，它就必然被我所是的（对）自我（的）可能意识是其意识的一些可能纠缠着。我所是的（对）自我（的）可能意识，即对自我的可能的反思；（对）自我（的）可能意识是其意识的一些可能，是说只要我的自为还是欠缺的存在，即没有达到与它所欠缺的存在——自我——的重合，那么对我的自我的可能的意识就将成为我的意识的一些可能，或者说我将处在对我的自我的可能的意识的可能中。在烦忙在世的过程中，由于我始终不能摆脱对我的自我的可能的意识这种可能——正是这种可能引导了我的烦忙在世，所以说我的世界也始终被我所是的（对）自我

（的）可能意识是其意识的一些可能纠缠着。但是，正因为有这样一些可能，才显示出世界的统一和完整，也才显示出世界作为连接我和我的自我之间的桥梁的意义。

世界作为被自我性的圈子穿越的存在整体，它规定了人的存在是为了与自我重合的有终的存在，这是人在本质上的自我展开。萨特说世界与个人之间的所有关系不是在反思前的我思范围内被确立的，就是说世界是人在原始的自我抉择中的一种自我构建，是围绕人的全部的完整的可能性而确立起来的存在的整体。因此，萨特与海德格尔一样，当他把人塑造为存在的整体时，他首先就把人的本质内在化了。把人的本质内在化，这意味着人与他的本质的关系是同一的，人就是他的本质。这样，人就与单个事物一样，其存在就是其固有本质的逐步展开。关于事物的本质，哲学上一般的理解是：事物内部的联系，即事物所具有的各种性质的有机统一，体现了事物的整体性存在。但是，人不同于作为自在的一般事物，人是自为——通过认识事物、依托和借助事物、在与事物打交道中实现自身存在的。所以，关于人的本质应该从人具有哪些基本特点来分析。首先，人作为生命机体它具有一切生命物所固有的生命本能，是这种生命本能把人与外部世界联系起来，从而与外部世界进行物质交换。其次，意识是人这种生命机体的特殊功能，这使它不仅能够超越本能，而且能够感知外在事物，认识事物存在的规律，从而使人能动地介入世界，在改造世界中不断地提升生命的质量。第三，正因为人是有意识的生命，人在认识世界、改造世界的过程中发现了他人的存在和意义，从而意识到自己不得不生活在他人之中。这说明人的任何一项活动——不论其出发点如何——无不打上社会的烙印，具有社会的意义。因此，我们不能把人的本质也看成是单个人所具有的抽象的东西，马克思说，人的本质在其现实性上是一切社会关系的总和。存在主义把人看成是与它的本质同一的存在整体，显然是受到了黑格尔逻辑学关于事物的存在（内在变化）是由最初概念到最末概念自我展开这种说法的影响。黑格尔认为，这一展开过程是一个有先后次序的概念系列，其中较高级的概念包含着较低级的诸概念，在较低级的概念中也潜在着较高级的诸概念，事物的变化发展不过是最初的概念将一切潜在于自身内部的诸概念一一发挥和开展出来。事实上，人把自己设定为存在整体完全是一种经院哲学式的妄想和空谈。因为这就如萨特自己所言：死亡是一个不能确定、不可预测的偶然事实。既如此，他又如何能够确定他那最后的、完整的可能性？如果硬要把人看作是存在的整体，那么这作为整体的存在就只能是以囫囵之身来到世上的人的生命机体，因为人对世界上每一种事物的感知都无不以全身心投入，如果没有眼、耳、鼻、舌、身、意的整体性配合，人就不可能获得对客观事物的正确认识。

其次，萨特与海德格尔一样，当他把人塑造为存在的整体时，他也把人的存在命运化了。在存在主义看来，人是自由的就在于人能决定自己的命运，这意味着人把握了他的全部的生存可能性和实现其每一种可能性的手段，从而使它的生存的行运具有必然的意义。海德格尔在解释此在的在世时曾说："它能够领会到自己在它的'天命'中已经同那些在它自己的世界之内同它照面的存在者的存在缚在一起了"（P69）。这里所谓"天命"或命运，就是此在排列在其死亡之前的它的全部可能性以及由这些可能性所规定的整个的生存的行运。一般传统意义上的对命运的理解，就是人在世上的整个活动被一种似乎是外在的、不可把握的、由众多的偶然性所构成的必然性所支配，他无法预测自己的归宿。但在唯物主义看来，这种所谓外在的必然性实际上是包含在客观的历史进程中，如果人能够跳出历史的局限，站在时代的制高点上，是可以看清社会发展的必然趋势的。从这个意义上讲，命运作为一种必然性，其实就是社会前进发展的规律性，它虽然外在于每一个人，但并非不可认识、不可把握，人只要因时因势而动，按照客观规律办事，就能获得相对的自由，掌握自己的命运。然而，存在主义所谓的命运却是人按照他自己设计和规划的蓝图进行自我谋划和自我造就。在这里，命运本质上就是人的主观意志，它不体现为任何不以人的意志为转移的规律性。而作为必然性，它则体现为人一如既往地按照他既定的意志去行动，把自己的价值追求统一（同一）于自我，以实现自己的整体性的存在。

四、萨特：世界统一于认识和存在的内在关系

萨特从"人的存在先于其本质"这一观点出发，提出原始的在世现象，把人在本质上构成一种存在的整体。因此，世界是我的世界，世界就是我的存在方式。但是，人的存在是生存，我必须把作为一种存在结构的我的世界变成我在其中存在的处境，并通过超越世界这段距离，到达我所设定的自我。那么，我究竟如何来实现我在处境中的存在呢？萨特说这只能通过对世界的认识。在上一节中萨特曾指出："说由于世界被认识，因而它是像我的世界那样被认识，那是荒谬的"。对我的世界的认识，那是一种本质上的自我领会，而对世界的认识则要归结到世界内的特殊事物的认识，只有把我在世界中寓而存在的存在者开展出来，我才能实现我的处境。对某某东西的认识，从形式上讲，即对存在物（现象）的意识，这是一种无中介的直观："意识面对事物在场"（P239）。在这里，自为既是反映，

也是反映者，"自为在反映 - 反映者这一虚幻二元的形式下是它自己的虚无的基础"（P239）。但是，反映者必须超越反映回到自身，"如果反映被质定，它就脱离了反映者，而且它的显象就脱离了它的实在：我思变成不可能的"（P239—240）。反映被质定，即反映者同一于反映。这样一来，反映者消失了。而没有了反映者，作为反映的显象还怎么显现？显象脱离了人的实在，还有什么我思可言？没有我思，当然也就没有认识。所以，认识实际上显现为一种存在方式："它是自为的存在本身，因为它面对……在场，就是说因为自为不得不通过使自身不成为某种它所面对其在场的存在而成为它的存在。这意味着自为只能按使自己被反映为不是某个存在的反映的方式存在"（P241）。认识是自为的存在本身，面对…在场作为自为的存在方式，说明认识作为反映并不被质定，而是在是其所不是后随即虚无化（不是其所是）又回到自身。在这种情况下，自为又面对其作为认识（反映）的存在在场。自为不得不通过使自身不成为某种它所面对其在场的存在而成为它的存在，这是自为在面对其作为认识（反映）的存在后又一次虚无化，自为这种"使自己从外面临界于某个存在而被规定为不是那个存在"（P241），就是按使自己被反映为不是某个存在的反映的方式存在。简单地说，这一过程其实就是自为对我思（认识）的反思。显然，存在在这里经历了双重否定：由否定自己是某个存在物到否定自己是某个存在。在自为的这种存在方式中，认识作为"意识面对事物在场"，是自为的原始的否定。

但是，我们绝不能把认识简单地归结为意识与存在物的反映 - 被反映关系，因为这种反映 - 被反映作为认识，不是任意的、随机的，而是一种有所辨认的选择，是为了使我的可能的自为成为实在的存在而把我的世界内的存在者开展出来，这就"必须明确规定我们理解为这种原始否定的东西"（P241）。萨特指出，要对原始的否定进行规定，首先要区分两种否定类型：外在的否定和内在的否定。外在的否定是指"见证人在两个存在之间建立的纯粹外在的联系"（P241）。所谓见证人在两个存在之间，即意识同时面对两个存在在场，比如说我所认识的桌子（对桌子的意识）和我所认识的椅子（对椅子的意识）显现在同一平面上。这时，见证人会得出这样的结论：桌子不是椅子。这便是见证人在两个存在之间建立的纯粹外在的联系。内在的否定，"即被另一个存在否定的存在通过它的不在场本身，在它的本质内规定了另一个存在"（P242）。这里所谓不在场的存在，即自为对心中所显现的整体或结构——世界基质——的意识，因为这是一种本质上的自我领会，所以它不可能显现为在场的存在。相对而言，在场的存在便是人的一种对象意识，即人对某物的意识。所以在场的存在必然否定它是那个不在场的存在。

但是我们在前面已经讲到，依据"格式塔理论"，显现于人心中的整体或结构与物理或生理的结构之间没有因果联系，但它们是同一的。因此，作为人对其本质上所固有的世界基质的自我领会，这种不在场的存在就规定了作为人对某物的意识的在场的存在。显然，这种内在的否定也就是自为的原始否定。

在萨特看来，正是因为人在本质上就具有这种内在否定的能力，他才能自发地把他所谋划的世内特殊事物开展出来。他说："在把对象构成对象之前，我不可能以任何方式经验到对象是我所不是的对象。但是，相反，使一切经验成为可能的东西就是对象为主体先天地涌现，或者，因为这种涌现是自为的原始活动，这东西就是自为作为面对其所不是的对象在场的原始涌现"（P242—243）。就是说，我在认识我的对象之前我虽然没有以任何方式经验过它，但是由于我通过原始的在世现象已经从本质上把握了整个世界内所有特殊事物的内在基质，所以当我谋划向着我的可能性存在时我就能够据此确认某个存在物就是我所不是的对象。这种情况从一方面讲，是使一切经验成为可能的东西为我先天地涌现；从另一方面讲，这种涌现是我在面对对象时的原始活动——自为面对其所不是的对象在场的原始涌现。但是，"问题只有在世界之中被设定时才能有意义"（P247）。这意味着：作为认识，自为是面对一个世界是它所不是的东西。从这个意义上讲，"自为之面对世界在场只能通过它的面对一个或几个特殊事物的在场来实现；反之亦然，它的面对一个特殊事物的在场只能在面对世界在场的基质上实现，知觉只在面对世界在场的本体论基质上展现，而世界被具体地揭示为每种特殊知觉的基质"（P248）。所谓面对世界在场的本体论基质，就是人对他的本质上的存在整体的基质或世界基质的领会，这是对象为主体先天地涌现或自为面对其对象在场的原始涌现的前提或基础。世界被具体地揭示为每种特殊知觉的基质，所谓特殊知觉，即对世内特殊事物的知觉，人对世内特殊事物的知觉源于人对世界基质的自我领会，从某种意义上讲，世界就是人在本质上所把握的这种世界基质，它造就了人对前来照面的世内存在者的知觉。自为面对世界在场只能通过面对一个或几个特殊事物的在场来实现，这是因为自为只有通过对每个世内存在者的认识，把它们组织成一个互相关联的存在者整体，从而才能认识一个世界。自为面对一个特殊事物在场只能在面对世界在场的基质上实现，是因为自为只有在面对他所谋划的世界并从世界基质出发，它才能通过内在否定从对世内存在者的某种质的知觉中使世内存在者为主体先天地涌现出来。

萨特认为每一种事物都包含着各种属性或性质，他称之为事物的质。这些质互相渗透而成为综合整体，每一种质都从一个侧面揭示了存在者的本质，但却不能脱离整个有机总体而存在，只要自为从世界基质出发是它所不是的存在者的某个质，那么它也就是它所不是的这个存在者。自为是它所不是的存在者，它便对象化为自在，而它所不是的存在者的质便是自在的未分化。这样一来，"既然自为通过自在使自己显示出它所不是的，按内在否定的方式，自在的未分化作为自为应该不是的未分化，就在世界上表现为规定"（P254—255）。自在的未分化在世界上表现为规定，就是说一种事物之所以成为自为所不是的世内特殊事物，是因为它是被它的某种符合世界基质规定的质所规定的，或者说是因为它的某种质表现为世界基质所规定的东西。

　　萨特说，自为按内在否定的方式是它所不是的自在的未分化，本质上是一种抽象的方式。在这里，"存在的实现是抽象的条件，因为抽象不是对'悬在空中'的质的把握，而是对内在基质的未分化性在其中趋于绝对平衡的质－这个的把握"（P258）。存在的实现，即自为通过内在否定的方式让作为对象的世内存在者为主体先天地涌现，从而使自为经验到原始的否定。存在的实现是抽象的条件，这要从两个方面来理解：一方面，主体在本质上对世界基质的先天领会规定了作为对象的世内特殊事物为主体先天地涌现；另一方面，作为自为的原始否定，自在的未分化也表现了或证明了人本质上包含有先验的世界基质。否则，抽象就是空洞的。这里所谓内在基质，其实就是自为通过内在否定是它所不是的存在物的某种质，也就是自在的未分化。因为它是自为所是的而且又在世界上表现为规定，所以被称为内在基质。所谓内在基质的未分化性，是就内在基质与自在的关系而言，它说明自为在否定事物的质时是连同事物一同否定的。什么是绝对平衡的质－这个？萨特曾肯定海德格尔把存在物还原为一系列显露存在物的显象，而存在物的本质则是支配存在物的显象序列的显露法则。他指出："作为系列原则的本质显然只是诸显象的联系，就是说，本质自身就是一种显象"。所谓质－这个，即自为是它所不是的存在物的显象，也就是自在的未分化。绝对平衡的质－这个，即处于一种绝对平均状态下的质－这个，也就是自为是它所不是的显象序列显露的法则，或者说是他所不是的存在物的本质。因此，对内在基质的未分化性在其中趋于绝对平衡的质－这个的把握，是说不应该把作为自在的未分化的内在基质看作是自为在是它所不是的存在物的显象时是存在物为自为的一种片面的涌现，而应该把它看成是自为对作为支配事物显象序列显露法则的、绝对平衡的显象的意识，这个绝对平衡的现象的显象，就是现象的本质。唯此，作为趋于绝对平衡的质－这个的自在的未分化——内在基质，才能在世界上表现为规定。这样，当自为向着自我的可能谋划在一个世界中存在时，就可以凭借他从本质上对世界基质的先行领会，自发地构成其存在的否定活动，把世内存在者开展出来。正是从这种抽象的意义上讲，萨特提出要修改斯宾诺莎的"一切规定都是否定"这个公式，他说："一切不属于那种不得不是其自己的规定的存在的规定，都是理想的否定"（P254）。所谓不得不是其自己的规定，即自为不得不存在，而存在则必须通过是它所不是的东西而对自己进行规定。一切不属于这种不得不是其自己的规定的存在的规定，就是作为自在未分化的内在基质规定了自为在世界上所应是的东西，也就是规定了自为的存在。这种对存在的规定是自为对自己规定的前提，自为只有把握了对存在的规定，它才能自发地是他所不是的东西从而对自己进行规定，以使自己成为在世的主体。说对存在的规定是理想的否定，是因为这种规定是抽象的规定——对内在基质未分化性在其中趋于绝对平衡的质 - 这个的把握，而不是具体的规定——是其所不是又不是其所是的单纯否定。

不难看出，萨特在这里所说的抽象与我们通常所理解的抽象是完全不同的两个概念。首先，我们对抽象的一般理解是从个别的感性经验的积累中领悟出一种一般性的东西，它揭示出共性寓于个性之中。因此，人对事物的本质的把握必须要经过一个从感性认识到理性（知性）认识，再从理性（知性）认识到感性认识这样一个反复实践的过程，而不是先天的生而知之。而萨特所谓的抽象既不是从个别的经验的积累中归纳出一般的东西，也不是从一般出发来检视和体认个别，而是人对支配存在物显象序列的一种法则的领会。萨特之所以对抽象做这样的定义，首先是他认为存在物与它的本质是同一的。他说："存在物是现象，就是说它表明自身是诸性质的有机总体"（P6）。存在物还原为一系列显露存在物的显象，"显象并不掩盖本质，它揭示本质，它就是本质。存在物的本质不再是深藏在这个存在物内部的特性，而是支配着存在物的显象系列的显露法则"（P3）。因此，"现象是什么，就绝对是什么，因为它就是像它所是的那样的自身揭示"（P2）。由此可见，萨特所说的存在物或现象，是诸性质都处于绝对平衡状态的有机总体，而不是我们通常认识的作为"理一分殊"的个别客观事物。其次，他认为人本质上包含有对一切世内存在者的存在的领会。按海德格尔的说法，这是由烦这种人的先验的存在结构所决定的，人正是从烦的意义出发展开原始的在世现象，通过自我抉择和自我构建从而把握了整个世界或全部的世界基质。这说明人心中的存在整体或结构完全是内在的本质上固有的，而不是通过对外在事物的认识获得的。其三，萨特认为，人心中显现的存在整体或结构与外在的物理或生理结构没有任何因果联系，人能够通过内在否定把世内特殊事物开展出来是根据于

"格式塔理论"所阐明的基质与形式之间的关系：在意识中显现的整体或结构

虽与外在的物理结构没有因果联系，但二者是同一的。因此，抽象不过是自为在世界基质和存在的未分化之间建立的一种对应关系：人以其本质上所具有的世界基质去规定自在的未分化，而自在的未分化作为对内在基质的未分化性在其中趋于绝对平衡的质 - 这个的把握，规定了"这个"就是自为在世界上所应是的东西。其四，萨特是从在世的角度来理解抽象。就是说人永远只是在世界的基础上，或者只是从世界基质出发去是他所不是的世内特殊事物的一个侧面，因而人永远也不可能从诸性质综合整体上来把握一个存在者。我们说从个别的感性经验的积累中悟出一般的东西，是从作为整个事物的诸性质综合整体上来说的，而不是仅对事物的某一性质处于绝对平均状态的把握，因此由知性所指导的对具体事物的认识，也是从诸性质综合整体上来考量，而不是像瞎子摸象那样，触其一处，不及其余。萨特以自在的未分化来强调事物的一个侧面能反映整体，实际上是把抽象的标准和尺度与被抽象的东西分离开来了。

这里需要指出的是，萨特强调基质与形式的同一是就本质直观的认识而言，是就自为的原始否定而言，并不是说从内在基质出发的自为被质定在作为形式的存在上。所以他说："存在是面对存在在场的现象，因为抽象的存在保留着它的超越性。但是抽象只能把自己实现为超乎存在之外的面对存在在场：它就是一个超越。只是在可能性的水平上，并且只是因为自为不得不是它自己的可能性，这种面对存在的在场才被实现。抽象物被揭示为这样一种意义，即质不得不作为面对一个将来的自为的在场的共同在场"（P258）。存在是面对存在在场的现象，是说存在不被质定，自为在这里经历了双重否定——从否定自己是某个存在物到否定自己是某个存在。这是因为抽象的存在作为内在否定，它属于自为的超现象存在：自为从世界基质出发是他所应是的事物，但它并不是被质定在它是其所不是的存在（反映）上，它随即超越存在（反映）回到反映者本身，并面对存在在场。而自为之所以能够把自己实现为超乎存在之外的面对存在在场，是因为自为不得不是它自己的可能性，就是说它作为自我的自发性，就是一个超越。这里所谓"抽象物"，即自为在内在否定中是它所不是的世内存在者。在存在是面对存在在场这种现象中，如果说作为原始否定的存在要面对一个将来的自为在场，那么这实质上意味着抽象物的质则不得不面对现在的自为和将来的自为共同在场。

萨特所谓抽象物的意义是它的质不得不面对一个将来自为的在场而共同在场，其实说的就是认识和存在的内在关系。他说："最能够表明认识和存在的这种内在关系的术语是'实现'这个词，……我实现了一个计划是因为我给了它存在，但是我也实现了我的处境，因为我经历了我的处境，我以我的存在使它存在，……

认识，就是这两个意义下的实现"（P247）。说"实现"最能表明认识与存在的内在关系，是说"实现"不仅实现了认识——面对存在物在场（原始否定），而且也实现了存在——面对存在在场，这意味着自为是纯粹的超越性。正因为自为就是一个超越，我才能实现我的谋划——在世界之中寓于世内存在者而存在。于是我通过我的存在使我的一个计划得以存在，同时我也实现了在处境中存在，因为我在实现计划时也经历了我的处境。所以，也可以说我在处境中存在就是我的存在使处境存在。由此可见，我实现了一个计划（谋划）或我实现了我的处境，都缘于我对世内存在者的认识。因此，认识的意义就是两个实现：我实现了我的一个计划，同时我也实现了我的处境。

在本章第一节中我们曾提到海德格尔对认识的表述，他所谓的认识是指人在中断烦忙之际循着工具的指引回望烦忙的实际过程，从中发现一种世界性的存在结构。这种认识是从经验出发，通过对经验的考察和思索，获得了（对）世界（的）意识。显然，它强调了先行后知。但是，海德格尔所说的这种认识并不属于人的本真的自己存在，而是指非本真的在常人世界中的共同存在。与之不同，萨特在这里所说的认识恰恰属于海德格尔所谓的个别化的本真的存在，这种认识是人在自我领会的前提下，从先验的世界基质出发去是他所不是的世界内的特殊事物，把一个世界开展出来。因此，他所强调的是先知后行。我们已经说过，无论是主张先行后知还是主张先知后行都是形而上学的，错误的，实际上知与行统一于人的实践。从实践的观点看，人的行即是知，不知而行是不可思议的；同样，人的知是对行的知，没有行动，不对经验过的东西进行总结思考，从何而知？但是，行而后知也绝不可将其理解为个人的格物致知：须是今日格一物，明日格一物，积习既多，便豁然贯通。人不可能在无所追求、茫然无知的情况下去接触某种事物，而总是从现成的经验出发，按照一定的规定去接触事物、感知事物、选择和利用事物。而这些现成的经验或规定都是人们在长期的共同实践中归纳和总结出来的，同时人从经验和规定出发去接触、感知、利用事物，这不仅是对经验和规定的证实，而且也是对经验和规定的一种检验。可见在认识这个问题上，充分体现了人的历史继承性。因此，抽象作为人对事物的本质的把握，是人在从感性认识到理性认识，又从理性认识到感性认识这样一种反复不断的实践过程中获得的。如果像萨特所说的那样，抽象是"对内在基质的未分化性在其中趋于绝对平衡的质 - 这个的把握"，那么人对绝对平衡的质 - 这个的把握又是通过什么进行的呢？对这一问题海德格尔从烦这种人的先验的存在结构来说明，认为人作为生存之领悟的受托者在本质上同样源始地包含有对一切非此在式的存在者的存在的领会。这显然是欺人自欺，因为不仅烦作为人的生存活动的一种经验模式只能来自人的生存实践，而且人对事物的本质的把握也只能通过实践从个别到一般地进行归纳和总结，如果否认这一点，我们就只能回到上帝那里，乞求上帝的垂示。

五、萨特：人的实在是从工具到工具的无休止推移

萨特通过所谓原始的在世现象实现了整个的自我选择和自我构建。自我选择，即我对我的每一个特殊可能的选择；自我构建，即对实现我的每一个特殊可能性的蓝图——我的世界——的构建。于是，人便将自己规定为存在的整体，并由此出发通过自我谋划和自我造就从欠缺向着所欠缺的东西存在，从而逐步实现自己的终极目标。但是，"一个把自身构成为欠缺的存在只能在是它所欠缺又是它所是的那个那一边规定自己，简言之，通过脱离永恒的自我走向它不得不是的自我来规定自己。这意味着，欠缺只能作为'被否认的欠缺'而是它自己的对自我本身的欠缺：欠缺什么的东西和它所欠缺的东西之间的唯一真正内在的联系，就是否认"（P270）。自为把自身构成为欠缺的存在是由两个方面规定的：一是被它所欠缺的东西所规定，正因为它欠缺某种东西，它才显现为欠缺的存在；二是由它已经是的那个东西规定的，由于它所是的东西不完满，是一种欠缺，所以它作为由此出发的存在才是欠缺的存在。从这个意义上讲，自为作为欠缺的存在，是在脱离永恒的自我（即它所是的通过在世的存在已经实现的自我）走向它不得不是的自我（即它所设定的自我的可能）这一过程中被规定的。这样来看，欠缺的存在就是自为在否认它是那个欠缺的东西（永恒的自我）而作为"被否认的欠缺"的情况下，来是它自己的对自我本身的欠缺——即是它所设定的当下尚不存在的自我的可能。因此，作为欠缺什么的东西，自为和它所欠缺的东西之间的唯一的真正内在联系就是否认，即它否认是它已经是的永恒的自我，因为它只有不是它已经是的自我，它才能不被永恒地质定而成为纯粹的超越，从而才能永远地指向自我的可能。萨特说，自为作为欠缺什么的东西与它所欠缺东西之间的关系，显示了自为作为"反映－反映者"的这种独特的存在方式："自为使自己在'反映－反映者'的幽灵般统一中是它自己的欠缺，就是说它在否认这个欠缺的同时向着这个欠缺自我谋划。只是作为'要消除'的欠缺，欠缺才能是对自为而言的内在欠缺，而且自为只能因不得不是欠缺而实现它自己的欠缺，就是说因是它消除欠缺的计划而实现它自己的欠缺"（P270）。所谓"反映－反映者"，是说自为总是从对事物的反映又返回到作为反映者的本身，自为的这种存在方式揭示了它始终

处在一种是其不是、又不是其所是的幽灵般统一的飘移状态中，这种状态正显示了它是它自己的欠缺，就是说它只有使自己保持为欠缺的，才能是超越的。但是，自为作为它自己的欠缺则是通过它否认这个欠缺并向着这个欠缺自我谋划来实现的，因为否认欠缺就意味着要消除欠缺，而消除欠缺必须通过自我谋划，自为只有在实现它的一个计划中才显示出它消除了自己的欠缺。从"被否认的欠缺"到"要消除的欠缺"，这说明"自为和它的将来的关系就既不是静止的，也不是给定的，而是将来由自为进入现在以便在它的内部规定它，因为自为已经在作为它的消除的将来那一边。自为只有在'那里'成为欠缺的消除，在这里才能是欠缺，但它是按不是的方式不得不是这个消除的"（P270）。将来由自为进入现在以便在它的内部规定它，是说将来是自为当下的谋划，是自为自己所规定的东西。这说明：作为欠缺的消除，自为已先行到将来那一边。正因为自为已先行到欠缺的消除，所以它才作为当下欠缺的存在。所谓自为是按不是的方式不得不是这个消除，是说这种欠缺的消除作为自为所设定的某种东西，它不是自为本身，但它作为自为所选择的目的，作为自我，自为却不得不是它。显然，萨特这是从海德格尔所谓烦的结构层面来分析自为作为欠缺的存在，也就是从自为的自我选择出发来规定自为为欠缺的存在。

但是，"如果自为所欠缺的东西是面对一个超乎存在之外的存在的理想的在场，这超乎存在之外的存在就根本上被当作存在所欠缺的。这样，世界被揭示为被要实现的各种不在场所纠缠，并且每一这个都伴随着诸种指向它又规定它的不在场而显现出来"（P271）。面对一个超乎存在之外的存在的理想在场，即面对作为我的全部特殊可能的原始整体化的我那最后的、完整的可能性在场。当然，这个超乎存在之外的存在就是我根本上所欠缺的东西，它应该是我的存在的全部。所以，当我面对存在之外的我那最后的、完整的可能性在场时，其实也就是面对存在之外的我的全部特殊可能性在场。因而我的世界始终被我要实现的却又不在场的东西所纠缠，就是说我始终会面对着我的世界之外的一种可能性。这样，作为我所寓而存在的"这个"——世界内的特殊事物，就伴随着诸种指向它、规定它却又不在场的我的可能而显现出来。但是，"由于每个不在场都是超乎存在之外的存在，即不在场的自在，每个这个也就指向它的存在的另一状态，或指向别的存在"（P271）。就是说，既然作为我的可能的每一个目标都是超乎存在之外的不在场的存在，那么世界内的每个"这个"也就指向它的存在的另一状态——作为我的目的的"为了作……之用"的存在状态，或者说它所指向的是一种隐含在它之中的别的存在。"当然，这种指示性复合的组织固定并僵化在自在中，因为这涉及了自在，所有这些无声的或僵化的指示，在涌现的同时重新落入孤立的未分化之中，就都类似于雕像空洞的眼睛中的呆板的微笑"（P271）。所谓指示性复合的组织，即"这个"与它所指向的不是它本身的存在的复合性存在，这种复合性的存在就固定并僵化在作为自在的存在物中。用海德格尔的话来讲，就是作为满足主体"为何之故"的"何所用"的"为了作"总是隐蔽在它的原始材料"这个"之中，所以主体要走向"为了作"就必然绕不开"这个"，因为它被固定并僵化在作为自在的"这个"中。但是，"为了作"一旦作为一种标志性的独立存在的东西被意识时，那些指示它的无声的僵化的特征也就成了与它不可分（未分化）的孤立的东西了。在这种情况下，萨特把指示着"为了作"的那些特征比喻为雕像眼睛中呆板的微笑，这意味着"为了作"虽是人的产品，体现为人的存在，但却没有人本身的灵动和出神。正因为如此，萨特指出，"为了作"作为在事物背后显现的不在场，我们既不能把它看成是"被事物弄成在场的不在场"，——因为"为了作"之为"为了作"是出于我的存在，是我"为了作"而资"何所用"；同时也不能把它们揭示为"被我实现"，——"因为这个我是只对反思意识显现的心理的超越结构"（P271）。因此，作为我的目的，"为了作"不过"是一些纯粹的需要作为'要填满的空洞'在自我性的圈子中间建立起来"（P271）。对自为而言，走向目的或向目的存在，"这是些任务，而且这个世界是任务的世界。对这些任务而言，它们指示的'这个'同时是'这些任务的这个'——即由它们规定并指示为能填满它们的独一无二的自在——和完全不应是这些任务的东西，因为'这个'是在同一性的绝对统一中存在。这种孤立的联系，这种动态中的惰性关系，就是我们将称为手段与目的关系的东西"（P272）。向目的存在是自为的"任务"，要完成这些"任务"只有通过在世界之中存在，所以说世界是任务的世界。就任务而言，一方面由于它们是由"这个"所组建并指示为能填满空洞的自在，因而它们指示的"这个"是这些任务的"这个"。另一方面，"这个"是其所是，是在同一性的绝对统一中存在，因而它又不应属于这些任务的东西。显然，作为任务的世界与"这个"是两个孤立的存在，是自为在这两个孤立的存在之间建立起联系，这种动态中的惰性关系便是人的手段与目的的关系。

透过手段与目的的关系萨特进一步指出："既然事物同时处在未分化的无限满足之中而又超出它自己之外指向那对它显示出它不得不是什么的要完成的任务，事物就是手段或工具。事物之间的关系既然是在诸种这个的量的关系的基础上显现出来的，那么它就是工具性关系。而且这种工具性不是后于或隶属于上面指出过的那些结构的：在一个意义下，它以它们为前提，在另一个意义下，它们以它为前提。事物不是首先是事物以便后来是工具，它也不首先是工具以便后来被揭示为事物：它就是事物－工具"（P272）。在这段话中萨特表达了这样三层意思：一、世界内的事物其本身就是手段或工具。因为世界内的事物不仅是它自己本身，同时又超出自己之外指向它不得不是的作为要完成的任务的目的。二、世界内事物之间的关系是一种工具性关系。因为世界内事物之间的关系是在诸种"这个"的量的关系的基础上显现出来的。所谓量的关系，即"一种自在的关系，然而是纯粹外在性的否定的关系"（P261）。诸种"这个"的关系是量的关系，是说此一"这个"与彼一"这个"之间是一种互相独立的外在关系。这意味着世界内事物的关系只受它要完成的任务的某个目的所规定，在这个界限或范围内，作为实现目的的手段或工具的世内事物之间的关系当然是工具性的关系。三、世界内的事物就是事物－工具。萨特认为，世内事物的工具性关系不是后于或属于我对我的可能（目的）的意识这样一种心理的超越结构，或者说不是由于我对我的目的的意识才派生出世内事物的工具性关系，而是二者互为前提：在原始的在世现象这个意义下，目的以世界内事物的工具性关系为前提；而在我投向自我之外、向着我所是的可能存在这个意义下，世内事物的工具性关系则以对目的的自我选择为前提。所以说世内事物不存在先是事物后来成为工具或先为工具后来被揭示为事物这样一种情况，它始终都是事物－工具。从这里可以看出，萨特所谓的事物的工具性关系，即作为存在者整体的世界。事物的这种工具性关系源于原始的特殊谋划，它在我从世界来到一个特殊的"这个"时便成为我在本质上所把握的一种原始的世界基质。因此，在我向着我的可能存在中，我便在目的的光照下从这种世界基质出发，把世界内的特殊存在者开展出来。人就是循着这种事物间的工具性关系，通过寓于事物－工具的存在，不断地走向未来，实现自我。

因此，"在世界上存在，不是逃离世界走向自身，而是离开世界走向身为将来的世界的世界的彼在。世界向我显示的仅仅是世界的。无论如何，既然向工具的无限回归也回不到我所是的自为，工具的整体恰恰就是与我的诸种可能性相关联的东西。而且，由于我是我的可能性，工具在世界中的秩序就是我的可能性的、即我所是的东西被投射在自在中的形象。但是这个世界的形象是我永远识破不了的：我在行动中并通过行动来适应它；为了使我能够成为我自己的一个对象，必须要有反思的分裂生殖。因此，人的实在不是通过非事实性而投身于世界之中的，而是在世的存在。对人的实在来说，就是通过使得有了世界的揭示本身而完全地投身于世界之中的，就是从工具到工具的无休止的推移，甚至不能问'所为之目的'，除了反思的颠倒混乱之外没有别的出路"（P272—273）。在这里，萨特对世界和主体在世界之中存在作了很具体的表述：首先，世界就是事物的工具性关系或工具整体，它是与我的诸种可能性相关联的东西，因此只有通过在世界之中存在或超越这种工具性整体，我才可以走向我的可能。而由于我是我的可能性，这样，工具的被揭示状态（工具在世界中的秩序）就是我所是的东西——我的可能性——被投射在自在（存在物）中的形象。其次，世界向我显示的仅仅是"世界的"，就是说世界呈现在我面前的面貌是一种世内存在者之间的指引关联。对于这种世界性的关联结构我只是在行动中并通过行动把它体现出来，而不可能在我的超现象存在的行动中来认识它。如果要把我的在世的行为变成我的对象，那就必须通过反思的分裂生殖，即对自为进行反思，这种反思的方式就是海德格尔所说的：在烦忙中止之际回望自为在世界中存在的样式。第三，人的实在是在世的存在，即通过把世界内的存在者开展出来（使得有了世界的揭示本身）而完全地投身于世界之中。但是，人的实在作为在世的存在，并不是在超越（逃离）一个世界后回到自身，而是离开此一世界走向身为将来的世界的世界的彼在。人的实在永远是人在世界之中存在，就是说人永远存在于事物的工具性关系中，这意味着人的实在就是从工具到工具的无休止的推移。然而，如果从在世是对原始的自我抉择和自我构建的逐步展开这个角度来看，人的在世则是向工具的无限回归，即回到原始所规划的蓝图中。在这种无休止的推移或无限的回归的过程中，之所以不能问"所为之目的"，是因为人的实在不是追求与自我的重合，而我思的深刻含义则是重新投向自我之外。所以说人的实在作为在世的存在，除了我思和对我思的反思这种颠倒反复的形式外，没有别的出路。

　　我们在前面已说过，萨特把人的在世的存在看作是在原始整体化前提下的逐步展开，明显地是承袭了黑格尔的最初概念是潜在的最末概念、最末概念是展开了的最初概念的说法。然而，应该说这是对黑格尔的观点的一种歪曲。黑格尔所说的最初概念和最末概念指的是客观事物的自在存在：任何客观事物其本身都自然而然地包含着它的全部的潜在的内容，它的本质与它的存在是同一的。所以，它在存在中或在展开过程中它的最初概念（全部内容含而未露）是潜在的最末概念，而最末概念（全部内容悉已展开）则是展开了的最初概念。譬如一粒种子，被撒入土壤后便生根发芽、成长壮大乃至开花结实，在展开过程中完成一个生命的循环。可是，人却不同于物，人的本质与他的存在并不是同一的。萨特说，人的存在先于其本质。他的意思是：一、人首先必须存在。人首先和通常是存在于常人（他人）的世界中，但是，这种按照他人的存在方式来获得自己的生存所需由于背离了自我，因此这不是从其本质出发的本己的存在。二、人既已存在，他就可以脱离他一向存在于其中的常人世界而选择并规划他自己的存在。于是，人通过自我抉择和自我构建就从本质上把自己确立为整体性的存在。可以看出，他所谓存在先于本质，并不是说是存在造就了人的本质，而是说先得有人，然后人就可以通过原始的在世现象确立自己的本质。这样一来，人的存在就成了从本质出发的存在了。但是，人的这种整体性显然只是人的主观设定，无论你是否把它作为自己行为的规定，实质上它就是人的一种意志或自由，而不是规定自由的本质。实际上，整体性和本质并不是同等的概念。本质作为一种规定，恰恰是对自由的限制，而不是自由的产物。我的自由不可能成为我的自由的限制，限制我的自由的只能是外在于自由的东西。因此，本质作为对自由的规定或限制，应该是一种被抽象出来的共性的东西，而不可能是个别化的自由设定。整体性，就个体而言就是存在者本身，它与存在者的存在应该是同一的，说人先存在，然后再把自己设为整体，这是不可思议的。人的存在是意识的超现象存在，而意识作为纯粹的超越性，其本性是自由的、不受限制的，因此，把人设为整体，这与意识的本性也是明显的矛盾。人，本质上是一种开放性的存在，中国有句古语："靡不有初，鲜克有终"。就是说，人无不有一个良好的开端，但却很少有一个理想的、完美的结局。应该说这是一种非常深刻的见解。萨特探讨了人的价值追求，认为自由是价值的基础而自由本身却没有基础，这实际上就是说，作为人的存在，意识在本质上是开放的、无限的。这无疑是一个有价值的思想。然而他转而又认为，这种没有基础的自由会使人处于焦虑状态中。为了消除焦虑，使人宁静，他认为人应该把他的价值追求与人的自我抉择同一起来。于是，自由被关进自我的笼子里，自由与自我便成了互相规定的东西。并且萨特还主张人要为他人立法，让他人认同我的自我抉择，认同我的自由。这样，萨特所谓的自由实质上就成了一种极端而偏执然而却大而不经、空而不实的的个人意志。

第四章　主体：与他人共同存在

一、海德格尔：共在，在共同世界中与他人共同此在

我们在第一章中谈到胡塞尔的现象学还原时说过，胡塞尔通过现象还原或本质还原到先验的还原，将"人自我"还原到"先验自我"或"先验主体性"。这种先验自我或先验主体性是一种构成性机能，它通过直观本质必然性或普遍必然性可以先天地进行信念设定．世界设定和自然设定。不过这样一来，先验主体性就成了一种封闭的东西，先验现象学也就成了建立在"唯我论"之上的有限本体论了。为了解决这个问题，胡塞尔在本我之外又充分阐明了他我的地位，他通过还原前的"被意识事物"（作为经验事实的心理学现象）与外在事物的联系，说明外在世界是作为客观的对人人都存在的东西被构成的，它对人的内在世界具有证实的作用，从而将本我的先验主体性过渡到与他我共在的交互主体性：我不是只把世界经验为我个人的世界，而是经验为交互主体的、对每个人都是被给予的世界。这样，在本我之中，他我的意识便以一种特殊的相似的统觉方式被经验到。将先验主体性扩展为交互主体性之后，"唯我论"的有限本体论便变成了普全本体论，先验主体便成了先验的共在主体或先验主体共同体。

然而，存在主义则与胡塞尔的现象学不同。首先，胡塞尔现象学虽然把心理学现象看作是现象本质与外在事物的中介，看作是外在事物对内在的现象本质的证明，但它毕竟没有切断人的内在的主观世界与外在的客观世界的联系，正是在此基础上它才提出人是先验的共在主体。而海德格尔的存在主义是现象一元论，这里所说的现象既不是心理学现象，也不是现象本质，而是现象与本质统一（同一）的具有对象性的"客观"存在物，它以人的存在为出发点，人的存在作为意识的超现象存在，它包含了一切存在者（现象）的存在。这样一来，这种以人的存在为本体或者说以意识的超现象存在为本体的存在论就把人的世界与外部的客观世界彻底隔绝了。其次，海德格尔所谓的世界与胡塞尔所理解的世界是两个完全不同的概念。胡塞尔对世界的理解没有脱离传统的意义，世界就是指外在于人

的存在者总体或包括形形色色的存在者在内的一个存在范围。而海德格尔却把世界理解为人寓而存在的结构或方指引关联。因此，在他看来根本就不存在面对一个共同的客观世界的共同主体性，人作为主体就是他自己。但是，他既然把人的存在作为存在哲学的基本问题和出发点，它就不能不正视他人的存在，不能不阐明人与他人的关系。为了解决这一理论上的难题，海德格尔提出了本体论意义上的人的两种完全不同的存在方式：本真的自己存在和非本真的与他人共同存在。本真的自己存在就是本质上的自我领会、自我谋划和自我造就；与他人共同存在则是在共同的世界中与他人共同此在。并且他还认为："无世界的单纯主体并不首先'存在'，也从不曾给定。同样，无他人的绝缘的自我归根到底也并不首先存在"（p143）。我们在前面已说过，世界是"在之中"的组建环节，而主体作为"我思某某"就是在世界之中寓于世内存在者而存在，所以说无世界的单纯主体并不首先存在，也从不曾给定。所谓"无他人的绝缘的自我归根到底也并不首先存在"，是说由于人首先和通常是存在于他人的世界中，因此人只有在脱离了与他人的共同存在之后，才有可能回归自我，回归本真的自己存在。这里需要指出的是，此在存在于他人的世界中或此在与他人共同存在，不是说此在与他人在同一个世界内一起存在，而是说此在以他人在世的方式来存在，或者说此在的世界是一种共同世界。这种情况有点像拿来主义：借而用之。

那么，此在为什么首先并通常存在于他人（常人）的世界中？海德格尔说，这要从追究"此在日常生活中所是者为谁"说起："我们沿着可借以回答谁的问题的现象前进，追究到那些同在世一样源始的此在结构上面。这些结构就是共同存在与共同此在。日常的自己存在的样式就奠基在这种存在方式之中"（p140）。追究日常生活中此在一向是谁这个问题，回答起来应该不难："此在就是我自己一向所是的那个存在者，存在一向是我的存在。……这个谁是用我自己，用'主体'，用'自我'来回答的。这个谁就是那个在变居不定的行为体验中保持其为同一的东西，就是那个从而同这种多样性发生关系的东西"（p141）。但追究此在是谁，必然会追究到此在源始的在世的方式，即必然追究到此在源始的存在结构上。此在的源始的存在结构，即所谓"烦"：先于自身的——已经在一个世界中的——寓于世内存在者的存在。从烦这种存在结构来看，此在在自我谋划（先行于自身）之际它总已经存在于一个世界之中了，而他在世界中存在的方式就是寓于世界内的存在者而存在。这种情况表明，如果此在进行原始的本质上的自我领会和自我谋划，那么它首先必须得存在，而这只有一个前提：他只能存在于不是由他自己所谋划的他人的世界中。从这个意义上讲，在共同的世界中存在就同"在之中"

一样，是此在的源始结构。在一般的情况下，此在总是滞留在这种共在的方式中，因而它也就成了此在日常的自己存在的样式。

那么我们又如何来理解在共同的世界中与他人共同存在呢？共同存在并不仅仅在于我和他人都是一种被共同的世界所规定的存在，而且还在于我和他人同时都意识到我的存在和他人的存在是一种相同的存在。但是，存在是本体论的我的存在，我与他人如何才能达到共同存在的共识？海德格尔认为，由于我和他人的存在都基于一种共同的世界结构，因此此在的世界是对他人开放的。他说："对最切近的周围世界（例如手工业者的工作世界）进行'描写'的结果是：他人随同在劳动中供使用的用具'共同相遇'了"（P145）。所谓最切近的周围世界，是说我与他人面对面地在共同的世界中共同此在。在这种情况下，"此在当下和通常是从自己的世界来领会自身，他人的共同此在往往是从世内上手的东西方面来照面"（P147）。这就是说我和他人虽然都在各自的世界中存在，但互相却通过烦忙在世的展开状态把自己呈现给对方，让双方都从对方的在世的展开状态和上手用具的被揭示状态中意识到是共同存在。因此，"他人并不等于说在我之外的其余的全体余数，而这个我则是从这全部余数中兀然特立的；他人倒是我们本身多半与之无别、我们也在其中的那些人。这个和他们一起的'也在此'没有一种在一个世界之内'共同'现成存在的存在论性质。这个'共同'是一种此在式的共同。这个'也'是指存在的等同，存在则是寻视着烦忙在世的存在。'共同'与'也'都须从生存论上来了解而不可从范畴来了解。由于这种有共同性的在世之故，世界向来已经总是我和他人共同分有的世界。此在的世界是共同世界。'在之中'就是与他人共同存在。他人的在世界之内的自在存在就是共同此在"（P146）。在这段话中，海德格尔表达了这样几层意思：一，共同世界就是我与他人共同分有的世界，而不是一个共有的世界。"共同分有"应该具有"理一分殊"的含意，这个"理"就是外在于每个人的一种形而上的世界结构，它是我与他人分别组建属于自己的世界的范式或规定。二，正因为我与他人都是按照一种共同的世界结构来组建自己的世界，所以他人并不是在我之外的其余人，我也不是不同于他人的特立独行者，实际上我之于他人，亦是"他人"。他人就是我也在其中的那些人。三，我与他人共同存在的"共同"须从生存论上来理解，就是说这是一种烦忙在世的此在式的共同，即我们都具有相同的在世的展开状态，我与他人同是主体又互为对象。在这种情况下，他人随同其使用的工具前来照面（他人在世界之内的自在存在），这就是共同此在。

在解释了共同存在和共同此在的含义后，海德格尔指出："共在是每一自己的此在的规定性，只要他人的此在通过他的世界而为一种共在开放的话，共同此在就表明它是他人此在的特点。只有当自己的此在具有共在的本质结构，自己的此在才作为对他人来说可以照面的共同此在而存在"（P149）。共在是每一自己的此在的规定性，是说按照一种共同的世界结构来组建作为存在者整体的世界并烦忙于其中是每一个此在对自己的规定，因此无论是自己的此在还是他人的此在，只要他通过他所组建的世界（用具整体）向一种共在开放，共同此在就是他的特点。所以，只有当自己的在世的展开状态（自己的此在）具有共同存在的本质结构（共同世界），它才可以作为对他人来说可以照面的共同此在而存在。这说明："共同存在是在世的生存论组建者之一。共同此在表明自己具有世内照面的存在者的存在方式"（P154）。

海德格尔说，他人的共同此在在世界内来照面，并不是要对他人有所作为，不能把他人看作像一般世内存在者那样被烦忙的对象。"烦忙的存在性质不能适合于共在，虽然共在这种存在方式也和烦忙一样是一种对在世内照面的存在者的存在。凡此在作为共在对之有所作为的存在者都没有上手用具的存在方式，这种存在者本身就是此在。这种存在者不被烦忙，而是处于烦神之中"（P149）。相互共在是把世界内的他人作为对象，虽然它也是一种在世内照面的存在者，但由于这种存在者本身就是此在，即主体，因而此在对之有所作为便不能像对上手用具那样采取烦忙打交道的存在方式，而是处于一种烦神的存在样式中。何谓"烦神"？海德格尔说，烦神是由照顾与顾惜来指引的，"日常的相互共在保持在积极的烦神的两个极端之间——即代庖控制的烦神与率先解放的烦神之间"（P151）。所谓代庖控制，就是越俎代庖，将他人有待烦忙的事承担下来，在这样的烦神中，他人可能成为依附者或被控制者。所谓率先解放，就是先把他人从共在中解放出来，使他成为本真的自己存在。这种烦神的方式就是不承担他人需要烦忙之事，让他人独立地为其生存而烦，使他人在他的烦中看透自身，从而为烦而自由。从烦神的上述两种样式中可以看出，烦神是此在的这样一种存在机制："按照烦神的种种不同的可能性，这种存在机制既与此在的向着烦忙所及的世界的存在相关联，同样也与向着此在本身的本真存在相关联"（P150）。就是说，烦神作为一种共在的样式，它既可以帮助他人实现在一个世界中的共同此在，又能够促使他人实现其自身的本真的存在。需要指出的是，不能把烦神"与向着此在本身的本真存在相关联"理解为此在的本真的存在是由烦神这种共在样式转化而来的，这里所谓的"相关联"，实质上是无关联，正是因为烦神的残缺样式——淡漠、一无顾惜和熟视无睹等等，才导致被烦神的此在于无可指望中脱离共同存在而走向个别化的本真的自己存在。由此可见，烦神的两种样式就是：或者为他人的生存费心而伸出援手，或者对他人的生存漠不关心而袖手旁观。

　　海德格尔指出，从生存论上来理解共在，就意味着此在作为共在本质上是为"他人之故"而存在。所谓他人之故，即作为他人的"为何之故"的在世的目的，也就是海德格尔所谓本质上不再有任何因缘的他人的存在本身。为"他人之故"而存在，并不是说我只为他人的生存目的而烦忙，而是说由于是在共同的世界中共同此在，我与他人在"为何之故"上是相同而共通的，我不过是"他人"之一，因此我为我的"为何之故"而存在实质上就是为他人之故而存在。"共在就是生存论上的'为他人之故'；在这样的共在中，他人已在其中展开了。因而，他人的这种先行以共在组建起来的展开也参与构成意蕴，也就是说，也参与构成世界之为世界，因为世界之为世界就是在生存论上的'为何之故'中确定下来的"（P151－152）。所谓世界之为世界是在生存论上的"为何之故"中确定下来的，是说作为意蕴的这种因缘整体性的世界之为世界是被目的所照亮的。共在既然是生存论上的"为他人之故"，那么他人也就共同参与并构成了作为意蕴的世界之为世界，因而他人的此在属于一种共在的展开状态。这表明在此在的存在之领悟中已经包含着对他人的存在的领悟。

　　但是，海德格尔说这种对他人的领悟是一种源始的生存论上的存在方式，它是从被烦忙的东西方面而且是随着对被烦忙的东西的领会而得到领会的。这就是我们在前面所谈到的此在被抛入他人世界后，于烦忙中止之际对他人世界的认识。此在领悟了他人的世界，从而也就领悟了他人的存在本身，即领悟了他人的"为何之故"。海德格尔认为，这种源始的生存论上的对他人的领悟，"不是一种由认识得出的知识"（P152）。显然，他在这里所说的认识是指人在本质上的一种自我透视，我从被我提出的目的所照亮的世界出发，通过自我筹划把世内存者开展出来以实现我的处境。显而易见，作为本质上的自我透视的认识完全不同于对他人的源始的生存论领悟，我与他人的共同存在不属于本体论的存在，他人是外在于我的对象，我不可能从本质上把握他人。尤其是烦神，由于这种共在方式首先和通常是滞留在残缺或淡漠的样式中，一个人要想从他人那里获得对自己的真实看法几乎是不可能的。因此，最切近的本质性的自我识认只有通过自我结识才有可能，可是，如果自我结识丧失在自以为是或文过饰非之中，那么自我识认也就失败了。但是，人们并没有放弃企图在相互共在中领会"别人的灵魂生活"。其中的一个论调就是"投射"说：通过相互共在中的此在对此在的关系把自己对自己本身的存在"投射"到一个他人之中去，以使他人成为我的一个复本。海德格尔指出，这必须要具备一个前提：此在对他本身的存在就是对一个他人的存在。就是说，此在的超越性必须同一于他人的超越性。然而这个前提显然是不能成立的，因为每个人的超越性都是内在的、封闭的，彼此之间不可能实现融合和同一，即使此在对他本身的存在能够通过他的对象性被他人看见，那也只是一种独立的不可还原的存在关联。

把超越性"投射"到一个他人中既是一种不可能的妄想，于是有人便提出一种"共鸣"说。他们把"从现象上'首先'表现为有所领会的杂然共在的东西，同时却被一般地当作'最初'而源始地使向他人存在成为可能的东西。于是乎，这种并不见得十分幸运地被称为'共鸣'的现象就仿佛在存在论上首次搭了一座桥，从首先被给定为茕茕孑立的自己的主体通到首先根本封闭不露的其他主体"（P153）。由于人首先并通常是在共同的世界中与他人共同此在，这就使得人的存在从现象上首先表现为有所领会的杂然共在，就是说大家都基于对共同世界的领会在自己所组建的同时也对他人开放的世界中共同此在。因此，杂然共在一般也就被当作最初的也是源始的向他人存在成为可能的东西。这样一来，大家在共同的世界中共同此在似乎就成了一种"共鸣"的现象。从存在论上来说，这种"共鸣"的现象就仿佛在人与人之间搭了一座桥梁，从而使得各自封闭的、茕茕孑立的不同主体相互间得到了沟通。所谓杂然共在，就是在共同存在中人与人之间的存在样式各有不同，从而表现出差异性。在劳动中人们虽然随同其使用的工具"共同相遇"了，但却总是"为与他人的区别而烦：或者只是为抵消与他人的区别；或者是为自己的此在比他人落后而要在对他人的关系上赶上去；或者此在本已优越于他人却还要压制他人"（P155）。这意味着共同存在并不表明人人都处在同一起跑线上，也不表明大家始终都保持着一种均衡的存在状态，实际上人与人之间不仅有区别，而且每个人都在为与他人的区别而烦忙着：不如别人时想努力赶上别人，达到别人的水平时想努力超过别人，一旦超过了别人后又千方百计想压制别人。这种"为与他人的区别而烦"的现象便体现为"杂然共在"。所以海德格尔说："从生存论来表达这层意思，杂然共在就有保持距离的性质"（P155）。

既然杂然共在表现了人与人之间的差别性，那么为什么说它能够使向他人存在——"共鸣"——成为可能呢？海德格尔解释说，杂然共在这种为保持距离（区别）而产生的烦却从另一个侧面反映此在总是"处于他人可以号令的范围之中"（P155），赶上他人、超过他人、压制他人，此在的存在皆因他人而起，然而又被他人所规定："不是他自己存在，他人从他身上把存在拿去了。他人高兴怎样，就怎样拥有此在之各种日常的存在可能性。在这里，这些他人不是确定的他人。与此相反，任何一个他人都能代表这些他人。要紧的只是他人的不触目的、从作为共在的此在那里趁其不备就已接收过来的统治权。人本身属于他人之列并且巩固着他人的权力。人之所以使用'他人'这个称呼，为的是要掩盖自己本质上从属于他人之列的情形，而这样的'他人'就是那些在日常的杂然共在中首先和通常'在此'的人们。这个谁不是这个人，不是那个人，不是人本身，不是一些人，不是一切人的总数。这个谁是个中性的东西：常人"（P155）。从以上海德格尔对"他人"的描述中可以看出，"他人"是从一切人的行为中抽象出来的东西，是对一切人的行为的规范，或者说是一切人日常行为的准则，因此也称"常人"。"他人"的产生是因为每个自己的此在在面对他人的此在时都有一种"为与他人的区别而烦"的倾向，这就使得杂然共在在整体上出现了"共鸣"现象：一切人的存在都以他人为参照物，一切人同时也都是他人存在的参照物，一切人都是他人，于是他人作为一切人的共同性便凸显出来。这样一来，每个此在都把自己的权力交给了他人，让他人引导着自己的在世。所以从总体上讲，"他人"是一种摒弃了一切过与不及行为的人的平均状态："它看守着任何挤上前来的例外。任何优越状态都被不声不响地压住。一切源始的东西都在一夜之间被磨平为早已众所周知的了。一切奋斗得来的东西都变成唾手可得的了。任何秘密都失去了它的力量"（P156）。显然，这种作为常人的平均状态就是现成的规范人行为的常规常式，而此在由这种平均状态所引导的在世便是"为平均状态之烦"，海德格尔说："这种为平均状态之烦又揭开了此在的一种本质性的倾向，我们称之为对一切存在可能性的平整"（P156）。

海德格尔说，上面所揭示出来的保持距离、平均状态和平整作用都属于常人的存在方式，正是这些存在方式组建起一种"公众意见"的东西。因为：保持距离作为一种普遍的想法和要求，它借助平整作用必然会趋向一种平均状态。但是，当一种平均状态出现的时候，它却并非身处其中的那些人的初衷，那种"为与他人的区别而烦"的固有倾向会促使他们逃离平均状态而趋向保持距离。可是，一旦当你脱颖而出，你又将被平整作用磨平……保持距离、平均状态、平整作用，这三种存在方式永远从不同侧面反映着杂然共在中处于不同层次的人们的心态，因此说它们组建了"公众意见"。作为"公众意见"，保持距离、平均状态、平整作用又永远于当下调整着对世界与此在的一切解释并始终保持为正确的。从这个意义上讲，"常人不是个别的此在的类，也不是可以在这个存在者身上找到一种常住的现成性质"，而是"属于此在之积极状态"（P158）。就是说，常人是此在的在世方式在保持距离中通过不断的平整作用而呈现出来的一种具有发展倾向的平均状态。从海德格尔对杂然共在的解析中我们可以看出，杂然共在这种现象并非是人们"首先"领会的一种"源始"现象，而是在源始的共同存在基础上产生的现象。这就表明，杂然共在这种现象总是受制于一种平均状态并为其所规定，唯此，人与他人才有"共鸣"，才有可能向他人存在。因此海德格尔说："并不是'共鸣'才刚组建起共在，倒是'共鸣'要以共在为基础才可能，并且'共鸣'之所以避免不开，其原因就在于占统治地位的乃是共在的诸残缺样式"（P154）。对此我们可以这样来理解：常人的平均状态表现为一种社会的价值标准，而杂然共在的保持距离则是围绕这一价值标准所表现出来参差不齐的在世的行为。这就如同市场上的商品的价格围绕其价值上下波动，但无论怎样，它总也偏离不了它的价值。

纵观以上海德格尔对共同存在的表述，可以看出他的存在主义理论在这里陷入了十分矛盾的尴尬境地。一方面，他必须坚持他的现象一元论——人的存在是意识与现象的本体论关系；另一方面，他又不能不面对他人，不能否认我与他人的关系是一种外在关系——此在不可能"把自己对自己的存在投射到一个他人之中去"（P153）。为了既坚持意识的本体论的存在，又能促成人与他人的共同存在，首先，他设置了一个形而上的共同世界，使每个此在都能据此组建自己的世界并使自己的世界具有共同世界的特点。他以为，这样一来就能够为人的共同存在提供了依据。然而他却没有想到：这种共同世界既然不是人所固有的先验本质，它就不应该被意识本体所包含，而作为外在于人的一种抽象结构，它怎么可以作为人的原始结构而成为人的本体论存在的基础和前提？其次，他在把此在的世界变成共同世界后，强调此在的世界是对他人开放的，这样，我和他人才有可能随同在劳动中供使用的工具"共同相遇"，从而实现共同存在。可是必须指出的是：他人的共同此在也属于本体论存在，他如何能够从上手的用具方面来照面？如果说他人是外在于我的一个特殊对象，我又如何能窥透他的灵魂生活并知道他的此在是共同此在？显而易见，海德格尔所谓共同存在和共同此在这种现象，只能出现在一个客观的劳动场合中：人们在同一个作坊或工场里，使用相同的工具，从事共同的劳作。而这与他所谓的人的本体论存在则完全不沾边。另外，他把"烦神"描述为共同存在的一种典型样式也突破了本体论存在的界限。作为外在于他人的我，如何能走进他人的内在世界，又如何能越俎代庖去实现他人的超越存在？由此看来，所谓由烦神的残缺样式引起的杂然共在，也是一种相互外在的客观现象。只有在同一个劳动场合下使用同一种用具去生产同一种产品时，才能从中显示出不同人的不同的劳动熟练程度（差别），才有可能通过平整作用达到一种新的平均状态。

在这里，我们还注意到这样一种情况：海德格尔虽然为此在的共同存在设置了一个共同世界，但是，这种凌驾于一切此在之上的存在结构来自哪里？它原始形成的基础是什么？对此他却讳莫如深。当然，他也不可能做出合理的解答。

二、海德格尔：此在首先而且通常一直是常人

上一节，我们说到作为杂然共在的保持距离、平均状态和平整作用都是"处于他人可以号令的范围之中"，而他人作为对一切人的日常行为的规范，作为在日常的杂然共在中首先和通常"在此"的人们，便是常人。因此，"常人到处都在场，但却是这样：凡是此在挺身而出来决断之处，常人却总也已经溜走了。然而因为常人预定了一切判断与决定，他就从每一个此在身上把责任拿走了"（P157）。由此可知，常人就是超越了一切人同时又规定着一切人的行为的一种存在方式或存在结构。

常人之"常"，是在于它的常态，这种常态就是作为杂然共在的平均状态。海德格尔说："平均状态是一种常人的生存论性质。常人本质上就是为这种平均状态而存在"（P156）。所谓平均状态是常人的生存论性质，就是说平均状态具有一种世界性质，它是此在在世的组建环节，正是从这个意义上讲，常人本质上是为平均状态而存在。"因此常人实际上保持在下列种种平均状态之中：本分之事的平均状态，人们认可之事和不认可之事的平均状态，人们允许他成功之事的和不允许他成功之事的平均状态，等等。平均状态先行描绘出了什么是可能而且容许去冒险尝试的东西，它看守着任何挤上前来的例外。任何优越状态都失去了它的力量"（P156）。从海德格尔的这段表述可以看出，他所谓的平均状态，就是排除了一切过与不及从而能够被一般人所接受的行为方式。正是在这个意义上，海德格尔称之为中性的东西。需要指出的是，这里所谓中性的东西不同于中国儒家所说的作为从容中道的中庸，中庸是指个体在道德修养上的自我调节和自我把握，它始终让自己的行为保持在一个适当的不偏不倚的状态，以避免过与不及给他人和社会造成伤害或危害。因此，要说类似于中庸，那应该是康德在伦理学中所标榜的"道德律令"，因为它们都强调人的内省的功夫，本质上属于人的自由。而海德格尔所说的常人的平均状态则超越并外在于人的自由，是对人的自由的限制和规定。

常人之"常"，还在于此在首先而且通常一直是常人。海德格尔说："此在在日常生活中是为常人自己之故而存在，就是这个常人自己把意蕴的指引联络勾连

起来的。此在的世界向着常人所熟悉的某种因缘整体把相遇的存在者开放出来，而其限度是由常人的平均状态来确定的。实际的此在首先存在在平均地得到揭示的共同世界中。如果说'我'的意义是本己的自己，那么'我'并不首先存在，首先存在的是常人方式中的他人。我首先是从常人方面而且是作为这个常人而'被给予'我'自己'的。此在首先是常人而且通常一直是常人"（P159）。此在在日常生活中为常人自己之故而存在，就是我们在前面所说的为他人之故而存在。不过，此在自己也属他人，因此，为常人之故，为他人之故和为自己之故是同一的，就是为着一种生存目的而存在。在这种生存目的的光照下，此在循着常人所熟悉的世界意蕴的指引联络，让世内存在者前来照面，这样，实际的此在就首先存在在平均地得到揭示的世界中了。由于本真的我并不首先存在，我首先是从常人方面而且是作为常人被给予我自己的，因此，此在首先是常人而且通常一直是常人。

从以上对常人的描述和解释中可以看出常人具有如下几个特点：一、"常人是一种生存论环节并作为源始现象而属于此在之积极状态"（P158）。就是说，常人作为一种存在方式，它是此在的源始结构，规定着此在在世的存在。因此，从生存论上来说，它是"在之中"的组建环节。说常人属于此在的积极状态，是因为此在是为常人之故，亦即为自己之故（目的）而存在。二、"常人本身又有不同的可能性以此在的方式进行具体化"（P158）。这是说常人作为一种平均状态不能将它归结为一次一劳永逸的平整作用，相反，它总是在杂然共在中通过敉平差距而达到一种新的可能的平均状态，而这种新的平均状态是在此在的在世中被具体化的。三、"在历史上，常人统治的紧迫和突出的程度可以是变居不定的"（P158）。这是说，在历史上，按照常人方式存在的紧迫性和突出性是要受到人们回归本真的自己存在的影响和制约的：向着本真存在的人多了，常人的统治就显得紧迫；反之，则显得突出。可见二者之间此消彼长的情况总是变动不居的。

我在上一节里曾指出，海德格尔为了说明他人的存在和人与他人的关系，便设置了一个作为人的原始结构的共同世界。然而，这此在的共同世界是从哪里来的？它产生的基础是什么？对此他却没有做出解答，而且他也不可能做出解答。现在看来，海德格尔所谓的共同世界或常人的平均状态其实就是一种社会的共同价值，它体现为一定社会的生产方式和生活方式，一定社会的制度和法规，这当中也包括公众舆论、风俗习惯和伦理原则等等。这一切，黑格尔曾把它概括为体现了人的本质的客观精神，而马克思则把它看作是作为人的本质的一切社会关系的总和。由此可以看出，对于人的本质和人的存在，海德格尔与他们有着完全不同的理解。

　　与海德格尔把常人看作是非自立状态与非本真状态的存在不同，黑格尔从人是绝对精神或理念的自我理解的手段这一观点出发，把人的自由和意志看作是理性的表现，因此人按照自己的自由和意志建立起来的各种秩序应是合乎理性必然性的东西，是比个体生命更加伟大的生命形式。在他看来，无论是公众意见还是国家制度，无论是社会风俗还是伦理原则，都是放大了的生命实体。而作为以整体来存在的这种生命实体，其中手段和目的之间的差异得到了扬弃，因为从整体上看，每个人、每个事物既是手段又是目的。很明显，黑格尔是以本质上的同一来扬弃各别的形式上的差异，而恰恰相反，海德格尔所谓常人的平均状态则强调形式上的同一，并且要以这种形式上的同一来消除个体之间的各种差异。二者之所以得出这种截然相反的看法，根本问题还是在于他们对人的本质的理解不同。黑格尔把人的本质看成是外在于人的客观精神，这种客观精神是人在接触客观事物中对理性必然性的认知，或者说是向绝对精神的回归，因为一切事物都是绝对精神的实体化。而海德格尔则把人的本质看成是人所固有的、先验的世界结构，因此人本质上是封闭的无法比较的，人与人之间的差异性只能通过背离人的本质的杂然共在体现出来。在这里，杂然共在作为保持距离、平均状态和平整作用这些存在样式，说明了同一与差异都只是一种存在形式，只不过同一是对形式上的差异的一种规范和限制。但是黑格尔又认为，说客观精神扬弃了手段和目的之间的差异，则未免把客观精神理想化了。因为即使现实的秩序是合乎理性的创造，它也一定会按照理性必然性在矛盾中运行、发展、变化并走向消亡。显然，黑格尔是看到了理想与现实的不统一。他说他理想中的国家只出现在古希腊城邦，可惜这种理想国家最终却毁于出现在国家内部的"个别理性意志原则"上。所谓"个别理性意志原则"，其实就是与现行的公共生活的最高原则——国家伦理——相矛盾、相冲突的一种新的但并不违背理性必然性的人格追求，这从另一方面说明古希腊城邦仍然是一种缺乏包容性的并不理想的国家，它作为一种客观精神还缺少自我超越、自我实现的能力。黑格尔说，这种情况只有在将来的充分理性的国家里才有可能得到克服——他把理想的客观精神寄托在未来的可能性上。

　　马克思和恩格斯对人的本质或人性的理解应该说是受到了黑格尔的客观精神的启示，但与黑格尔不同的是，他们不是把作为人的本质的客观精神看作是人在向所谓的绝对精神的回归中所形成的东西，而是把它看作是人的自然本性在人认识和改造世界（劳动）的历史进程中的不断的人化或进化。恩格斯在《反杜林论》中曾说过这样一段话："人来源于动物这一事实已经决定人永远不能完全摆脱兽性，所以问题永远只能在于摆脱得多些或少些，在于兽性或人性的程度上的差异"

（《马克思恩格斯选集》第三卷 P140）。恩格斯在这里所说的人无法完全摆脱的兽性或动物性，是指人所固有的自然本性，19 世纪欧洲的进化论者拉马克、达尔文、赫胥黎、海克尔等人证明人是从古猿进化来的，既然人是由动物进化演变而来，那么在谈人性的时候就不应把人的自然本性排除在外。需要指出的是，恩格斯在这里说的人的兽性不是指生命的存在形式——吃、喝、性行为，因为这是人所不能摆脱的，一旦摆脱了，生命也就不存在了。历来谈人性都是从善恶的角度来进行衡量和评价，所以恩格斯所谓人的兽性应该是指动物那种弱肉强食、优胜劣汰的生存状态。但是，对动物而言，这种生存状态是动物存在的自然法则，它无所谓善恶；而对人类而言，由于人的活动是有意识的活动，它则被意志化了，因而在人与他人的关系中便表现为海德格尔所说的淡漠、一无顾惜和"为与他人的区别而烦"等共在的残缺样式，这对于照顾和顾惜这种共在状态来说就成了恶。然而，人是具有类意识的类存在物，如果说一切动物的动物性是自在自发的，那么人的动物性在经过了类意识的过滤后则是自由自觉的，它被人的意志控制在一个合理的表现范围内。这个合理的表现范围就是在承认、尊重并维护他人的生存权利的前提下来约束、规范自己的生存行为，这就是恩格斯所讲的兽性和人性的程度上的差异。可见人性不是一种与人的自然本性对立、排斥的东西，而是人在追求满足自己的自然本性的同时考虑到他人也具有相同的欲望，从而在与他人的共同存在中一方面约束和限制自己的欲望，另一方面努力帮助他人去满足欲望。为了防止人的行为过犹不及，中国古代的孔子提出了"中庸"之说，使人的行为保持在一种人性化的适中状态。孔子将人性概括为"仁"，仁的内涵很丰富，但它的核心的和基本的含义是爱人。仁者爱人是建立在"设身处地，推己及人"这一原则之上的。"己所不欲，勿施于人"体现了恶人之所恶，"己欲立而立人，己欲达而达人"则体现了想人之所想、成人之所美。这都说明孔子并不否认人的种种欲望和追求，而只是认为当一个人产生某种欲望时不应当以己妨人，更不应该以己害人，并且能为别人实现自己的欲望提供帮助。更为重要的是，自己不愿做的事也不要勉强别人去做。基于孔子的这种仁爱思想，后来的儒家倡导"老吾老以及人之老，幼吾幼以及人之幼"更是体现了一种深厚博大的悲悯情怀。在他们看来，如果人人都具有这种博大的情怀，人类就实现大同了。可见，所谓大同，就是人性的社会同质化，就是全人类无差别、无距离的共同存在。儒家从对人的动物性的限制和规范来定义人性，显示了对他人生命的热爱与尊重，但是这不仅没有把人的生命形式与动物的生命形式区别开来，而且也使人性显得很抽象，因为一方面善与恶是一种相对的现象，善或恶无法单独作为衡量人性的标准和尺度；另一方面人的本能、人的种种欲望就是生命存在本身，它也不能成为衡量善与恶的尺度。显然，儒家的人性论是一种抽象的、空洞的人类之爱。首先它忽略了人本质上是一种自我造就，人是在改造客观世界的劳动中实现自己的欲望和追求的，而不是靠他人的同情、怜悯和施舍来生存的。其次它没有看到人与人之间是一种互相支持又相互制约的关系，并且这种关系是在生产劳动中、在各种社会实践中形成的。马克思认为，人虽然和动物具有相同的本能——吃、喝、性行为，但是人与动物的本质区别是：吃、喝、性行为不是人的唯一的终极的目的。他说："吃、喝、性行为等等，固然也是真正的人的机能。但是，如果使这些机能脱离了人的其他活动，并使它们成为最后的和唯一的终极目的，那么，在这种抽象中，它们就是动物的机能"（《马克思恩格斯全集》第 43 卷 P94）。人的生命活动除了吃、喝、性行为之外，最重要的还必须进行一系列的生产活动和社会活动，而且人的吃、喝、性行为就建立在这些活动之上。人如果脱离了这些活动，把吃、喝、性行为作为唯一追求的终极目的，那么他实际上就堕落成了动物。马克思在这里一方面指责那些四体不勤、五谷不分、纵情享乐的剥削者形同禽兽，另一方面也揭示了人与动物的本质区别是劳动。人们在劳动中结成了一定的生产关系和人与人之间的关系，这些关系规定了人们的思想动机和行为。因此，"人的本质并不是单个人所固有的抽象物。在其现实性上，它是一切社会关系的总和"（《马克思恩格斯选集》第 1 卷 P18）。马克思在这里所说的人的本质不是单个人所固有的抽象物，就是指历史上有一些人曾把人的本质归结为善、恶、爱、欲这类抽象的东西。人的本质是一切社会关系的总和：首先是人们在生产活动中结成的生产关系，它包括一个社会的分工关系、所有制关系和分配关系。其次是建立在一定的生产关系之上的人与他人、人与社会的关系，它包括公众舆论、风俗习惯、伦理道德和制度法规等等。可见人的本质既被一定社会的平均生产水平所规定，同时又被在这种生产条件下的各种社会关系所规定，它决定了每个人应该享有的权利和应当承担的社会责任和义务。从这个意义上讲，人的本质表现为一种公共的价值和人格。人的本质是一切社会关系的总和，还表明人的本质既是客观的、现实的，也是历史的、变化的。人的本质之所以是变化的，是因为作为人的本质的社会关系的总和是建立在一定水平的社会生产力之上，而生产力作为生产方式中的最活跃的因素总是处在发展变化之中，这就必然促使整个社会关系或快或慢地发生改变。所以，"整个历史也无非是人类本性的不断改变而已"（《马克思恩格斯选集》第 1 卷 P138）。

从上面的分析不难看出，如果说恩格斯关于兽性或人性的程度上的差异的说法是对人的实际生存状态的描述，那么马克思关于人的本质是一切社会关系的总和的说法则表明人的本质是对一切有差别的人性化行为的平整，它是一定时代对人的行为的一般要求、限定和规范。马克思对人的本质的这个定义从人的生存出发，把维持、保障、提升生命存在的手段——劳动（人与世界的关系）——作为生存的前提和基础，并在此基础上建立起人与他人的关系，从而使人的生产、生活成为一种共同的社会化活动。然而，在海德格尔看来这非但不是人的本质，相反却是对人的本质的遮蔽和对人的自由的褫夺，因而被他视为非本真的存在。

海德格尔从生存论的角度把人与他人的共同存在看作是此在的源始结构，这意味着此在的世界从一开始就是一种共同世界，这种共同世界作为一种社会的共同价值在保持距离、平均状态和平整作用这种杂然共在的存在方式中有着与时俱进的性质。但是，海德格尔只是看到人们首先并且通常一直生存在共同的价值世界中，却对这共同世界的历史渊源和现实基础一无所知。实际上，一种共同的世界或共同的价值体系是不会突然出现也不会突然消失的，它永远是现实的，也永远是历史的，就如黑格尔所说的那样，它体现了理性必然性，是比个体生命更加伟大也更加久远的生命形式。可以说，这种生命形式规范着一代又一代人的生存活动，同时也在一代又一代人的生存活动中被丰富和提升，从而走向成熟和完美。因此，就其历史渊源而论，它形成于人类在最初的生产活动中结成的关系，反过来它又规范并推动人类生产活动的发展。就其现实基础而言，它取决于当下的社会生产力水平，有什么样的社会物质基础，就会有什么样的人与人之间的关系，从而也就会形成什么样的社会价值标准。所以，共同世界，无论它以什么样的价值形式出现，归根结底都是来自人本身的实践活动，来自人与他人在生产和社会的实践活动中结成的关系。如果说人的本质就是他的世界，那么这种共同世界作为一种价值标准，作为人与他人以及人与社会的关系的集中体现，它就是作为类的人的本质。

海德格尔所谓本真的存在和非本真的存在，不仅是指个别化的本己的存在和常人世界中的与他人共同存在，其实也就是指人的本质的存在和非本质的存在。他把人在常人世界中的存在或人在共同世界中的共同此在看作是非本真的存在，其根本原因是在于他认为人本质上是自由的，而一个本质上自由的人其思想和行为是不应受到他人的规定和限制的。所以，把人理解为自由的，就应该把人的存在归结为自我领会、自我选择、自我谋划和自我造就。但是海德格尔又认为，人首先而且通常是存在于常人的世界中，这就是说非本真的存在是人的一种最原始的存在方式。而人之所以首先存在于常人世界中，是因为人是为了存在——有人本身——而存在，如果没有这种非本真的存在，就不会有人本身，当然也就不可能重新选择本真的自己存在。因此，非本真的在常人世界中的存在虽然遮蔽了人的本质，但却是人走向本真的自己存在的不可或缺的前提和过渡，这也许可以作为人在常人世界中存在的积极意义之一。在这里我们不难看出，本真的存在与非本真的存在的区别并不牵涉到意识与现象的本体论的关系——二者都属于本体论的存在，关键在于这种本体论的关系是建立在哪一种世界结构之上：是源始的共同的世界结构还是自我领会的先验的世界结构，前者决定了此在的存在是不由自主的被规定被限制的存在，后者则使此在的存在成为一种自我规定的自由的存在。不过，不能不让人质疑的是：此在既然原始地出自非本真的存在，那么它在重新选择本真的自己存在后，又是根据什么来进行自我选择的？而它所提出的目的为什么必然会照亮向之存在的手段？这种未曾经验过的经验除了将其理解为上帝的启示外，是无法做出任何合理的解释的。

　　人本质上是自由的，但人的自由只能体现为人认识和改造客观世界的合理的行为，而海德格尔却把人的自由主观化和神秘化了，他所谓的自由本质上是一种非理性的思想自由。

三、海德格尔：沉沦——混迹于杂然共在之中

　　前面说过，海德格尔把保持距离、平均状态、平整作用这三种存在方式看成是作为杂然共在的常人的存在方式，正是这三种常人的存在方式组建了"公众意见"，而作为"公众意见"，这三种存在方式又永远于当下调整着对世界与此在的一切解释并始终保持为正确的。可见作为常人的平均状态，就是一种现成的规范人们行为的常规常式。海德格尔认为，历史上人们一般都处在常人的统治之下，此在首先和通常都依寓于它所烦忙的常人世界。在常人的世界里，杂然共在是由闲谈、好奇、两可来引导的，它构成了此在日常生存活动的一种基本方式——沉沦，因此，沉沦就是混迹于杂然共在之中。不过，海德格尔随即就说明：沉沦在这里并没有通常所理解的那种沉湎于物欲之中的消极的含义，"沉沦是存在论上的运动概念"（P218），"在沉沦中，主要的事情不是别的，正是为能在世，即使是以非本真状态的方式亦然"（P217）。这就是说，沉沦在这里丝毫没有消沉、堕落或陷入浑浑噩噩之中的意思，它仅表示人的一种生存状态，是人为了其本身的存在，即为了那个没有因缘关联的"为何之故"而存在。不过，为了能够准确地理解沉沦，我们还是有必要弄清楚闲谈、好奇和两可的含义是什么。

闲谈，不是通常所理解的几个人在一起闲聊，而是指此在以一种断了根的言谈——远离事情本身、以语言传达出来的一种现成的被解释状态——来组建自己进行领会和解释的存在样式。通俗地说，就是听信他人对世界意蕴的理解，按照他人所言说的在世方式去行事。这种由他人所传达出来的在世方式之所以被称为闲谈，被称为断了根的言谈，是因为这种在世的方式毕竟是从道听途说中得来，而不是此在自身对作为共同存在的世界意蕴的源始领会。从本来的意义上讲，"言谈是对可领会状态的勾连"（P196），所谓可领会状态，就是从意蕴出发的此在在世的展开状态和世内存在者的被揭示状态，言谈把这些可领会状态勾连起来，便是对世界的因缘整体性的解释。因此，从源始的意义上讲，言谈是此在说出自身在世的可理解状态。但是在常人统治下，此在在说出自身时必须考虑向公众传达出一种平均状态的在世方式，这样，作为被说出的此在之领悟的被解释状态，语言所表达的被说出的东西的含义联络就被分解了。这里所谓含义联络被分解，是指将含义联络按照平均状态进行平整，此在在进行这种平整时可以保留他对意蕴、对自身在世的存在以及对他人的共同此在的领会，但他说出的则必须是一种被分解的平均被解释状态，以使听者参与向着言谈所及的东西展开自己的存在。可见在常人统治下，此在对在世的言谈表达是被扭曲的，在他所说出的东西背后已经有一种对在世的平均状态的领悟，因而在说出自身之际使说出的语言中包含有一种平均的可领会性。这种包含着平均可领会性的语言不胫而走，传遍四方，从而为他人所领会。在这种情况下，听者只能人云亦云，不着边际。于是，闲谈便在这种人云亦云中被组建起来。

言谈演变为闲谈是常人统治下的一种普遍现象，它说明一些人尽管坚持自身在世的存在，但面对常人的强有力的统治却言不由衷；而大多数人则人云亦云，随俗浮沉。然而，无论是随波逐流还是决心从常人那里解脱出来，此在首先并通常总是介入闲谈的被解释状态，而一切真实的领会、解释、传达以及重新揭示都是在这种状态中并通过反对这种状态来进行的。

闲谈就是杂然共在的存在方式，由于这种存在方式远离事情本身，所以海德格尔形象地将其比喻为除了根的此在领悟的存在样式："它滞留在飘浮中，但在这种方式中它却始终依乎世界、同乎他人、向乎自身而存在着。这种存在者的展开状态是由现身领会的言谈组建的，也就是说，它在这种存在论状态中是它的'此'，即'在世界之中'；只有这样一种存在者才具有这种除根的存在可能性"（P206）。从海德格尔对闲谈所作的这种描述中我们可以看到，作为混迹于杂然共在中的此在，它在展开自己时具有这样一些特点：一、它滞留在飘浮中。其之所以是飘浮的，是因为它据以展开自己的平均被解释状态是从对世界、对共同此在、对"在之中"本身的首要而原始真实的存在联系处被分解出来、切除下来的，是断了根的。二、这种飘浮不是悬空的、无着落的存在，而是依于常人所构建的世界，按照他人所发出的号令来存在。所以，飘浮、被除根，不是说事实上或实际上的不存在，而是说不是以源始地把存在者据为己有的方式存在，却是以人云亦云的方式向着某种可能性存在。三、这种存在者的展开状态是对一种平均被解释状态有所领会的现身。所谓现身，就是通过寓于世内存在者而存在于"此"。海德格尔解释说："现身在此在的被抛状态中开展此在"（P167）。就是说现身是此在通过寓于世内存在者而烦忙于世的展开状态或世内存在者的被揭示状态，这种现身状态作为人的实在，萨特则称之为自为的散朴性。

　　什么是好奇呢？前面说过，此在的烦忙在世是由寻视来引导的，海德格尔认为，此在只有在澄明中这种"视"才成为可能。何谓澄明？澄明就是此在"在之中"的展开状态。此在只有处在在世的展开状态中，才可以通过寻视而有所烦忙，有所作为。"视的基本机制在日常生活的一种向'看'存在的倾向上显现出来。我们用好奇这一术语来标识这种倾向。这个术语作为描术方式不局限于'看'，它表示觉知着让世界来照面的一种特殊倾向"（P207）。就是说视的基本机制虽然是以"看"的方式显示出来，但这种"看"却是在对意蕴有所领会这一前提下的"看"，它对此在的在世具有引导的作用。

　　寻视引导着烦忙在世，"寻视揭示着来到手头的东西并把它保持在揭示状态中"（P209）。那么，这种"觉知着让世界来照面"的"看"又是怎样演变成好奇的呢？海德格尔说："在暂停工作进行休整的意义上，或作为工作的完成，烦忙可能得到休息。在休息之际，烦忙并未消失；但这时寻视变为自由的，它不再束缚于工件世界。在暂停休息之际，烦置身于自由了的寻视之中。对工件世界的寻视揭示具有去远的存在性质。烦忙要让来到手头的东西接近，而自由了的寻视不再有来到了手头的东西。但寻视本质上是有所去远的寻视，这时它就为自己创造出新的去远活动的可能性。这等于说：它离开切近来到手头的东西而趋向于遥远陌生的世界。烦变成了对这类可能性的烦忙：休息着，逗留着，只就其外观看'世界'。此在寻找远方的事物，只是为了在其外观中把它带近前来"（P209）。这段话的意思是说：寻视的引导作用主要是体现在烦忙的在世活动中，当工作暂停或完成之际，它就不再受到工件世界的限制而成为自由的寻视了。这时，烦作为此在的整体性结构便通过这种自由的寻视体现出来。在烦忙在世中，由于寻视是一种把握了世界的因缘整体性的"看"，因而它具有"去远"的性质——让上到手头的东西（世内存在者）前来照面。此时，虽然烦忙得到了休息，自由的寻视也没有来到手头的东西，但其"去远"的性质并未改变。于是它就为自己创造了一种新的"去远"活动的可能性：离开当下的切近来到手头的东西而瞄向遥远的陌生世界。他期待着走进一个他所寻求的新的可能的世界。这种"不逗留在烦忙所及的周围世界之中和涣散在新的可能性之中"（P210）的自由的寻视，就是好奇。

从海德格尔对好奇的这种描述可以看出，好奇是一种生存论上的东西，是此在对未来世界的追寻。所谓从外观中把一个世界带近前来，就是说此在通过自由寻视，"看"到了一个作为空间形式的未来的世界。它类似于筹划却不是筹划，因为筹划是本质上的自我展开，而好奇则是"通过不断翻新的东西，通过照面者的变异寻求着不安和激动"（P209）。所以，好奇与惊奇也不是一回事：惊奇是把人带入一种叹为观止的无所领会的境界中，而"好奇烦忙于一种知，但仅止为有所知而已"（P210）。这就是说，惊奇之为惊奇，是因为对所遇见之事事先一无所知，而好奇却在事先对一种平均状态的共同存在有所知，然而这种知仅仅是知他人之所云，而不是自己从本质上的真知。

如果说不逗留在烦忙所及的周围世界之中和涣散在新的可能性之中造成了好奇的丧失去留之所的状态，那么在这种状态的背后则必有一种任情随意、有所选择亦无所选择的态度。这种态度就是海德格尔所谓的"两可"。两可在这里不是指对某种意见或观点在判断和抉择上所表现出来的那种无可无不可的依违两可的状态，它是杂然共在的存在方式，对日常生活中那些前来照面的东西，人人都可以得而通达，都可以根据闲谈所提供的平均领会随便说出自己的见解，毋须进行判断。然而，这些人人都认可的东西，却并非是人人从自身的领会中获得解释的东西，其中哪些是在他人的真实的领会中展开了，哪些却不曾展开，便令人无法断定。"一切看上去都似乎被真实地领会了，把捉到了，说出来了，而其实却不是如此；或者一切看上去都不是如此而其实却是如此"（P210）。这种情况说明，杂然共在是有疑虑的，是在问题中的。不过，此在也并非要由此出发去求真务实，实际上他是照着人家说的去办，无可亦无不可。

海德格尔说："两可总是把它所寻求的东西传给好奇，并给闲谈一种假象，仿佛在闲谈中万事俱已决断好了"（P212）。两可所寻求的东西就是那种似是而非无可亦无不可的东西，它把这种东西传给好奇，就是要让此在在对这些未作决断的东西进行自由寻视时激起对不断翻新的东西和照面者的变异的兴趣。所谓两可给闲谈以一种"万事俱已决断好了"的假象，就是指两可所持的有所选择亦无所选择的态度：你说的话我放心，一切皆照你说的办。为了使此在始终保持这种好奇的兴趣，两可就必须扼杀人们对实现了的事业所抱的兴趣，而让人们停留在对一切事情都仅止不负责任地一道预料一番的态度上。所以，"闲谈与好奇在两可状态中所操心的是：让真实的创新，在来到公众面前之际已变得陈旧"（P211）。

海德格尔说，两可这种现象早已存在于源始的杂然共在之中，"在源始的杂然共在之间首先插进来的就是闲谈。每个人从一开头就窥测他人，窥测他人如何举止，窥测他人将应答些什么。在常人之中的杂然共在完完全全不是一种拿定了主意的无所谓的相互并列，而是一种紧张的、两可的相互窥测，一种互相对对方的偷听。在相互赞成的面具下唱的是互相反对的戏"（P212）。这就是说，在杂然共在中，人们从一开始就对由闲谈传达出的平均状态心存疑虑，抱着依违两可的态度。因此，他们在烦忙在世中总是互相瞟着对方，看他人是如何表明自己的态度，又如何去行动，然后再决定是否随波逐流。这种情况说明，常人的杂然共在，并非每个人在一开始就拿定了一个共同的主意，在共同的世界中肩并肩地共同此在，而是互不放心，互相窥测，表面上认可常人的平均状态，可私下里却企图与他人拉开距离，活出自己应有的水平。可见，在这里"共鸣"由一声底气不高的咏叹随即就变成嘈杂不堪的交响，如果说闲谈引导了思想的同质化是对人的本质的异化，那么隐藏在两可背后的猜疑、窥测和暗斗则是这种思想同质化本身的异化。

闲谈、好奇、两可，作为杂然共在的存在方式显现出一种无担待、无烦忧、无顾忌的生存状态，而作为沉沦于世的一种基本方式，它对此在自愿失落于常人之中并准备去沉沦无疑会有一种引诱力。海德格尔说，沉沦于世在起引诱作用的同时也在起安定作用。这种安定作用就是使每个混迹于杂然共在中的此在对它的一切存在的可能性感到是牢靠的、真实的和充分的，因为闲谈对一切都见过了，而两可则表明万事在闲谈中俱已决断。这种引诱与安定使此在任情酣畅地烦忙于它的"世界"，从而进一步加深了沉沦。这样一来，此在便远离了它的最本己的存在而异化为一种非本真的存在，这种自我异化实质上就是自己把本己的能在遮蔽起来、锁闭起来，因此这也是一种自拘。海德格尔指出，就是引诱、安定、异化、自拘这些沉沦所特有的存在方式使此在从它自己的存在跌落到非本真的常人的无根基状态中。而所谓跌落就是不断地把领会从各种向本真的可能性谋划之处拽开，拽到常人的境界中。

那么究竟是什么原因使此在在向本真的可能性谋划之处被拽开并跌落到非本真的常人的无根基状态？对此海德格尔的回答是：此在的"为何之故"。因为"为何之故"总是与此在的存在相关联，"只要此在作为其所是的东西而存在，它就总是在抛掷状态中而且被卷入常人的非本真状态的旋涡中"（P217）。此在作为其所是的东西而存在，即此在为它的存在本身——作为其可能性的"为何之故"——而存在，这就是它的"抛掷状态"。海德格尔说："……被抛状态都是这样一种存在者的存在方式——这种存在者向来就是它的种种可能性本身，其情形是：它在这些可能性中并从这些可能性出发来领会自身（把自己筹划到这些可能性上去）。寓于上手事物的存在，共他人的存于在世；而在世向来是为它自己之故而存在。但这个自己首先和通常是非本真的，即常人自己。在世总已沉沦"（P219—220）。从海德格尔的以上解释中可以看出，所谓被抛状态，就是此在向来是也永远是它的种种可能性，它始终都要提出自己的目的，只要它存在，它就不可能止步于它已实现的某个目的。而它也只有在提出它的种种可能性后，在这些可能性的光照下才能领会它的存在方式，并且从可能性出发来筹划自己向着其可能性的存在。无论是本真的存在（寓于上手事物的存在），还是非本真的存在（共他人的存在），二者都是一种源始的在世存在（本真的存在并非由非本真的存在转化而来）。而在世就是此在为自己之故（即为实现其种种可能性）而存在，只不过此在所为的这个自己之故首先和通常是作为常人的自己，因而，在世从一开始就混迹于杂然共在之中（沉沦）。

由此看来，沉沦不仅是此在在存在方式上的异化，而最根本的是此在在本质上的异化，是此在的自我异化：由本真的"为自己之故"异化为非本真的"为他人之故"。但是，海德格尔所说的这种人的异化却不同于我们一般所理解的异化理论，它具有明显的非理性色彩。第一，他所谓的沉沦或异化是一种原罪，由于人必须先存在，所以它一开始便堕入他人的世界，混迹于杂然共在之中。这等于说人的入世或存在本身就是它异化的原因。可是，这种说法却明显地违背了存在的逻辑：本真的自己存在尚未存在，其被异化从何谈起？第二，他所谓沉沦中的此在是"为他人之故"而存在，并非是说人与它所选择的目的或可能性异化，而是说此在在常人的世界中存在是按照常人的眼界和要求来设置自己的可能性。在这里，此在也属于常人或他人，"为他人之故"其实就是"为自己之故"，因此，在非本真的存在中，此在并没有丢失自身的利益。第三，从上述两种情况可以看出，他所谓人的本质的异化是指人没有遵从自己的意志、没有在自己选择自己的可能性的情况下按照他人的要求和对世界之为世界的一般理解去存在。在他看来，人本质上是自由的，因此，人的异化归根到底是人与他的自由的异化。

显而易见，海德格尔的这种异化论实际上是对马克思的异化劳动理论的否定，是企图用人与他的自由的异化来掩盖资本主义制度下人的异化的一个最本质的事实——人与他的劳动成果的异化。实际上，现代社会中的人的异化，本质上就是马克思曾经描述过的资本主义生产方式下的劳动异化。在资本主义制度下人只存在于他人的世界中，但这种他人的世界绝不是海德格尔所描述的常人世界，而是归他人所有的世界。在他人所有的世界中存在，本真的存在与非本真的存在的区别并不在于此在是否"本己地揭示世界并使世界靠近自身"，而是在于此在的存在是否真正属于自身，即在于劳动与劳动的成果能否获得统一。但是，由于这个世界根本不属于存在者自己，这种统一是不可能实现的，这就是马克思所揭示的劳动被异化的现象：人与他的劳动过程的异化、人与他的劳动成果的异化、人与他的本质的异化、人与他人的异化。

上面说过，在对人的本质的理解上，海德格尔与马克思是完全对立的，因为他把人的本真的存在看成是作为自由的个别化的最本己的能在，因而把人的本质建立在个人的主观抉择和自我构建上。这样一来，任何一种公共的价值和人格都成了对人的自由的束缚和限制，而任何一种遵循公共价值和人格的行为都是人的本质或自我的异化。海德格尔的这种观点为后来西方形形色色的异化说提供了理论依据，他们把迄今为止的一切社会制度、法规、伦理、舆论甚至是人本身的创造物都看成是对人的自由的束缚，看成是人与他的本质异化的原因。他们所谓的人，实质上是一种超现实的、孤立地存在的人，而他们所强调的人的自由其实也是一种空洞而抽象的思想或精神自由，它当然不可能在现实中获得任何表现。孔子说过，人者，仁也。就是说，人之为人是在于人融入与他人的关系之中，人应该关注而不应该漠视他人的存在。正因为人是生活在与他人的关系之中，并被这种关系所规定，因此任何人都不可能主观地决定自己的命运，更不可能主观地决定他人的命运。但人的一切责任和义务都是他所处的那个社会、那个时代、那个大环境所赋予的，这就是马克思所说的：人的本质在其现实性上是一切社会关系的总和。所以，一个人来到世上必然要融身到一定的社会关系之中，总是要主动或被动地承担起社会所赋予的责任和义务。因而，人性、人的本质或人的价值，并不是一个人的天然秉性，说到底，它是一种公共人格，这种公共人格是由一个社会的现实的生产关系所规定的，却不是从每个社会成员那儿抽象出来的。

四、萨特：他人，是在经验中给定的一个特殊对象

同海德格尔一样，在萨特看来，人在心灵上或意识上的共同存在是一个非常荒谬的想法，因为即使承认人的源始结构是共同存在，但是"显现为我的在世的

存在的结构的本体的共同存在完全不能成为一个本体共在的基础"(P328)，就是说，作为本体论的我的在世的存在结构虽然属于在共同世界中与他人共同此在，但它完全不能作为我与他人本体共在的基础。因为这种本体论的共同存在本质上是一种肩并肩的互相外在的存在，它不可能导致我与他人在心灵上或意识上的互融共通——本体共在，这就如同海德格尔所言：一个人不可能把他对他自己的存在投射到一个他人之中。"事实上，即使在其在世的存在的出神涌现中人的实在使一个世界存在，人们也不能因此而说它的为他的存在使另一个人的实在涌现出来"(P329)。所谓为他的存在，就是我的存在通过我的身体而显现出来，成为他人经验的对象。这句话的意思是说，即使我能通过对世内存在者的认识实现我的计划而使一个世界存在，但是当我的在世的存在通过我的身体显现出来时，它也只能作为他人经验的对象被他人所感知，而不可能使他人作为一种实在与我同时在世界上涌现出来。因此萨特指出："人们不能设想一个心灵的任何直接面对另一个心灵的在场，而且即使人们承认有我的心灵直接面对他人身体的在场，我要达到它的心灵也还差整个一个身体的厚度"(P299)。就是说，人对他人的心灵没有任何直观的可能性，人顶多只能直接面对他人的身体在场，因为只有他人的身体才能体现他人的对象性。但是，身体即使能够真实地传达出心灵的活动，可当我感受到它所传达的东西时，这种心灵活动已经成为过去了。所以萨特说："他人作为他人是在我们的经验中给定的，他是一个对象，而且是一个特殊的对象"(P301)。他人作为对象是在经验中给定的，就是说，作为意识的对象，他人不同于一般存在物（现象），一般存在物是意识所超越的东西；意识与它的关系是本体论的直接的关系；而意识与他人的关系则不是直接的本体论的关系，它是意识对外在客观的东西的一种经验。那么，作为经验对象的他人，其特殊性体现在哪里呢？萨特说，一个人的对象性是通过他的身体显现出来的，唯有身体才能使认识者置身于绝对的在场中，从而才有一种认识的真理。但是，他人的身体作为一种特殊的认识对象，它外在于我，即不是一个被意识所直观的事物（现象），而作为外在于我的东西，也不是现成地摆在那里的一个人的生命肉体，它是"由主体组织起来的、并且处于我的经验之外的表象系统的存在的悬搁"(P306)。

什么叫作由主体组织起来的、外在于我的表象系统的存在的悬搁？要弄清这个问题，必须对人的身体先做一番分析。首先，来说一说我自身的身体。萨特指出，身体之为身体首先必须是自为的，然后才是为他的，作为我自身的身体是自为的显现，或者说是自为的载体或处境。而"世界是自为的整个处境，是自为的存在的衡量尺度"(P403)，因此，"身体表现了我对于世界的介入的个体化"(P404)。

从这个意义上讲，身体与世界是统一的，身体就是介入世界的自为，它表现为"我的偶然性的必然性所获得的偶然形式"（P403）。我的偶然性，即作为存在的我对某物的意识，也就是意识与存在物的被揭示－揭示关系。我们在前面说过，萨特否定康德的先验意识，认为意识只能是对某物的意识，它先于虚无且出于存在，就是说意识的虚无只有在存在中，即在是它所不是的东西时才被揭示出来，因而，对某物的意识就是我的偶然性。如果把意识看作是我先天具有的纯意识，那么对某物的意识就是我的必然性而非偶然性了。我的偶然性的必然性，是说我之所以具有对某物的意识这种偶然性，这在生存论上是由我的本质所规定的，它先验地决定了我必然存在于世界之中，从而使我不得不去是世界内的特殊事物。但是，"这种必然性是在两种偶然性之间显现的：一方面，事实上，如果我在'在此'的形式下存在是必然的，那我的存在就完全是偶然的，因为我不是我之存在的基础；另一方面，如果我介入这样那样的观点是必然的，那我恰恰是在这样的观点中而不是在任何别的观点中，这一事实就是偶然的"（P402）。我在"在此"的形式下存在是必然的，是说我以是我所不是的方式寓于世内存在者而存在于世界之中是必然的。不过，我在世界之中存在虽然是必然的，但这种存在的本身却是偶然的，因为我不是我存在的基础，这就是上面所说的：我不是先验的纯意识，我只有在是我所不是的世内存在者时才被揭示出来。我介入这样那样的观点是必然的，是说我基于一种世界意识而进行自我谋划是必然的，因为世界是我与我的可能之间的一段距离，我只有越过这段距离才能到达我的可能之在，因此，"世界有秩序地向我显现，这是绝对必然的。在这个意义下，这秩序就是我"（P403）。我的存在是自我展开和自我造就，所以我必然要基于一种世界意识而进行自我谋划，这种谋划就是一种对世界的观点。但是，由于我存在于其中的世界是由我所选择的目的所照亮的，我的选择完全出于我的自由，在这里，自由是选择的基础而自由本身却没有基础，从这个意义上讲，作为一种事实——我恰恰是在这样的观点中而不是在任何别的观点中——就是偶然的。这种作为事实的偶然性，也就是自为在世界中的展开状态——自为的散朴性。所以说，我在世界之中存在的必然性是在两种偶然性之间显现的。需要指出的是，萨特把"我恰恰是在这样的观点中而不是在任何别的观点中"看作是偶然的，应该是从原始的自我抉择方面来说的，这是人对自己的命运的一次自由决定。但是，人一旦通过原始的自我抉择决定了自己的命运，他的每一个具体的谋划或他对世界的观点就不应该是偶然的了，因为实际上这些观点或这些谋划都是由他的原始的自我抉择所规定的。

　　我的身体是自为，是我的偶然性的必然性所获得的偶然形式，这意味着我的身体作为人的实在是一种本体论的在世的存在。推己及人，作为主体的他人的身体也应该是他人的自为，是他人在世的自由活动，它显示"自由作为无条件地改变处境的能力是他人的客观品质"。但是，"他人客观的自由只是被超越的超越性，它是对象—自由，我们已经确定了它。在这个意义下，他人显现为应该从一个永恒变化的处境出发而被理解的东西。正是这使身体总是过去的东西。在这个意义下，他人的个性是作为被超越的东西而提供给我的"（P453—454）。所谓自由是他人无条件地改变处境的能力，是说自由就是他人的超越性，是他人在世界（处境）中进行自我超越的能力。他人的这种自由、超越性或改变处境的能力，对我而言，就是他人作为主体的客观性：无论他以什么样的方式或样式存在，但他都不能不存在。这也意味着作为主体，他人的身体是偶然性的必然性所获得的偶然形式。他人的客观的自由，指我所经验到的作为他人身体的他人的自由活动，即对象-自由，这种对象-自由是被我超越的超越性。在这种情况下，他人的身体对我而言，只能是已经过去的他人的超越性，因此，体现了他人的个性的超越性是作为被超越的东西，即作为对象提供给我的，而不是作为正在超越的超越性本身提供给我的。

那么，他人是如何把自为的身体转化为为他的身体，把他的正在超越的超越性转变为被别人超越的超越性呢？萨特说，这要借助于他人的作为肉体的身体，只有通过他人肉体的身体才能使他的自为的身体显现为为他的身体，也才能把他的正在超越的超越性显现为被超越的超越性。从这个意义上讲，"作为肉体的他人身体，直接地向我表现为一种处境的归属中心，这种处境是在他人的身体周围组织起来的并且他人的身体是与这个处境不可分的；因此，不应该问他人的身体如何能首先是为我的身体然后进入处境的。但是他人原本是作为处境中的身体向我表现出来。因此，例如，并不是首先有身体然后才有行动的。相反身体是他人行动的客观偶然性。……作为肉体的他人身体不可能被插入一种事先被确定的处境中，但是它恰恰是处境由之出发而存在的那个东西。他人的身体也只可能在超越性中并且通过超越性而存在。不过，这个超越性首先是被超越的；这超越性本身就是对象"（P445—446）。萨特的这段对他人身体的表述可以归纳这样三层意思：一、对我而言，作为肉体的他人身体表现为他人的自为的身体（一种处境）的归属中心，就是说他人的自为的身体总要通过他人的肉体的身体表现出来——作为为他的身体——然后才能成为我的对象。由此可见，他人的自为的身体（处境）与作为我的对象的为他的身体是不可分的。二、他人的为他的身体并非首先是我的对象（为我的身体），然后再与他人的自为的身体结合起来，实际上他人原本就是处境中的身体（自为）只不过是以为他的方式向我表现出来。从这个意义上讲，作为对象的他人的身体不过是他人的超越性的客观偶然性，它只有在超越性中并通过超越性才存在。但他人的这种超越性是被我超越的，它本身就是我的对象。三、他人自为的身体作为处境是他人通过内在的自我谋划而开展出来的，对他人的作为肉体的身体而言是事先被确定了的，因而他人的作为肉体的身体外在于它而不可能被插入其中。从这里我们不难看出，作为对象性的为他的身体，既不能将其归结为他人的自为的身体，也不能把它归结为他人的肉体的身体，它是他人的自为的身体借助肉体的身体的外在表现。萨特称这种为他的身体是生命。生命作为行动，是被超越的超越性以及意义；生命作为整体，是作为在世的全部的自为的身体依托肉体的外在表现，它与作为行动的生命没有根本的区别。"生命是他人的作为基础的身体，与作为形式的身体对立，而这作为基础的身体不再能被他人的自为暗含而非位置地把握，而恰恰是能被我明确地作为对象来把握：于是在宇宙这基础上它表现为有意义的形式，但是它仍然是为他的，并且恰恰是作为基础的基础"（P446—447）。这里所谓作为形式的身体，是指人通过原始的在世现象所奠定的世界基质，也可以说它就是作为人的自我构成的整个的世界结构。可见作为形式的身体就是对自为或者说对作为自为的身体的规定，是作为自为的身体的构成结构，因而它被自为暗含而非位置地把握。在萨特看来，世界或宇宙是作为形式的身体的基础，就是说作为形式的身体能够借以显现而成为自为的身体，而作为生命的他人身体不过是在世界或宇宙的基础上把作为自为的身体表现为有意义的外在形式——为他的存在。从这个意义上讲，作为生命的为他的身体恰恰是作为基础（世界或宇宙）的基础，这不仅意味着在作为生命的身体和作为形式的身体之间隔着一个世界或宇宙，而且也意味着它作为为他的对象性只能被别人经验，而不可能像作为形式的身体那样被自为暗含而非位置地把握。这就是作为生命的身体与作为形式的身体对立的根本原因。在这里我们看到，人作为自我造就的主体同时又作为为他的对象，他在形式的身体、自为的身体和为他的身体之间不停地变换着角色，这种角色的变换归属或依托着肉体的身体，但却永远不可能是肉体的身体。"因为人们不可能感知他人作为肉体的身体，这个肉体的他人是与别的'这个'有着纯粹外在关系的孤立对象"（P445）。就是说，作为肉体的他人身体与作为本体论的意识的对象——"这个"（存在）——是一种纯粹外在的关系，它完全是一种外在的孤立的对象。作为本体论的意识的超现象存在，我当然不可能像感知存在物那样去感知它。

　　萨特在人的身体问题上如此叠床架屋，无非是要借此来遮盖在谈及人与他人的关系时所发生的从现象一元论向主客二元论的串窜。存在主义把人的存在定义为本体论的意识的超现象存在,本来,它只需从人的先验的本质出发,用意识与现象的本体论关系来演绎人的自我抉择、自我谋划和自我造就就够了。可是,人的存在既然是存在哲学的基本问题和出发点,人就不能不思考并面对他人的存在。而由于人又不可能面对一个他人的心灵在场,这就使得存在主义不得不重新祭起已经被悬搁起来的作为肉体的人的身体。然而,他并不是要借此恢复灵肉统一的生命机体,而是在灵与肉的结合与分离中玩起了一种类似过电影的把戏,把人与他人的关系归结为人与他人的作为生命的身体(一种与肉体的身体无关的被超越的超越性)的关系,企图使人面对一个活生生的他人却沉入自己那"不识庐山真面目"的主观境界里。

关于他为什么要把作为对象的他人身体与他人的肉体身体区别开来,他是这样解释的:"他人的身体,事实上是'对我的身体'显现的。这意味着有一种由我对他人的观点造成的散朴性。在这个意义下,完全不应该把在身体性整体的基础上把握一个器官(胳膊或手)的可能性混同于我对他人的身体或对被他人体验为基础的身体的某些结构的明确体会"(P447)。这里所说的"他人的身体"和"我的身体"都是指作为被超越的超越性的为他的身体。他人的身体是"对我的身体"显现,是说当我面对他人的(为他的)身体时,我的(为他的)身体已成为他人的对象,因此对我显现的他人身体实际上就是"对我的身体"显现,即在他人的身体中已包含着一种由我对他人的观点造成的散朴性,也就是说他已经经验到我对作为他的为他的身体的被超越的超越性的看法而成为他的永久印象。这表明我与他人皆是主体又互为对象。所谓在身体性整体的基础上把握一个器官,就是从整个作为肉体的身体出发指出它的某一个部位——胳膊或腿。这种意义上的身体无异于被悬搁的一般外在事物,不应该把对它的把握等同于我对他人身体(被超越的超越性)的体验和对作为"对我的身体"显现(被他人体验为基础的身体的某些结构)的他人身体的体验。简单地说,上面这段话的意思就是:我与他人互为对象,是互把对方作为主体,作为被超越的超越性来看待,而不是互把对方看作是由各种器官组成的肉体的身体。从表面上看,这番话说得并不错,正是由此出发,萨特把作为肉体的身体本身与作为为他的身体的生命(被超越的超越性)区别开来。然而他却忘了他所说的:作为肉体的他人身体是一种处境的归属中心,且与这处境不可分。作为肉体的身体既与作为自为的身体的处境不可分,它怎么可以与它对处境的表现分开?怎么可以与生命分开?除非它已成为一具僵尸。

其实,对自为的身体的表现就是肉体身体的一种功能。就"表现"而论,自为的身体与肉体的身体究竟是谁在表现谁？自为的身体是一种内在的意识活动，如果它具有表现的功能，何必还要借助于肉体的身体？从逻辑上来讲，当然是肉体的身体在表现自为的身体，而不是相反。这说明"表现"的能动性在肉体的身体而不在自为的身体。再说，表现不是表演，自为的存在表现为为他的存在，并不是自为先在处境中存在，然后再把这种处境中的存在通过肉体的身体表现出来，呈现给他人。实际上，自为同时就是为他，作为肉体的身体是自我表现的载体：自为与为他是同一的。

　　萨特说人的身体是自为，是处境，是在世界中存在，其实就是把身体理解为身体的功能。但是，由于他认为人在本质上已经包含了世界和世界内的一切事物（现象），人的存在是本体论的意识的超现象存在，因而他所谓自为的身体实际上是一种没有实体性的身体功能，是关于身体的功能性活动的一种意念。说到身体的功能，其最原始也是最基本的功能应该是对外在客观事物的感知。可是，存在主义从现象一元论出发把作为肉体的人的身体悬搁起来，这样，身体对外物的一切感知功能也就被遮蔽了，掩而不论了。失落了对世界的感知而能在世界中存在是不可思议的。试想：作为对象的他人身体既然是由他人组织的外在于我的经验的表象系统的存在的悬搁，如果不通过我的肉体身体的感知而成为一种心理事实，难道就能够被我（意识）所直观？尽管萨特费尽心机企图通过制造和变换概念来否定人的存在是有意识的生命机体作用于外在的客观世界这一事实，但是当他把他人的为他的身体说成是他人的肉体的身体对其自为的身体的表现时，他还是把人带进了这一客观事实。作为肉体的他人的身体如何才能把他的在世界之中存在的自为的身体表现出来？这当然不可能是玩空手道，它只能通过人使用工具作用于客观的物质世界，只能是人的现实的生产劳动。人除了生存在现实的客观世界里，他不可能还有一个内在的自我构建的生存于其中的世界。当然，人可以在精神上把自己封闭在一个想像的世界中，但是，只要他面对他人，他就不能不面对外在的现实世界。人与他人的关系首先就建立在感性认识的基础上，它就是人与外在客观世界的关系。

　　萨特从现象一元论出发，硬是荒唐地把作为肉体的人的身体与身体的功能分离开来，弃如蔽屣，把人与他人的关系归结为人与他人的被超越的超越性的关系。然而，这种人与他人的关系仍然是外在的，作为我对它的经验，他人的被超越的超越性的散朴性显然不同于我的自为的散朴性，前者是被封闭在主观性的盒子里的单纯的经验或印象，而后者则是我对事物（现象）的本质性认识，"它是自在在原始虚无化的基础上对自为的永远被超越及永远重新把握的重新把握"（P446）。

从另一方面来讲，被超越的超越性作为他人的在世的活动则是对其自我构建的整体性的存在结构（作为形式的身体）的有序的逐步展开，只要他人存在，他依托肉体向我展示他的超越性就不会终结，因而我所经验的他的被超越的超越性就不可能达到与他的本质的同一。这表明，我既不能直接感知他人的超越性，更不能从整体上把握他人的本质。我与他人之间永远隔着一个身体的厚度而不能相知，那么，他人的对象性和我的为他的存在究竟还有什么意义？人与人之间的关系岂不成了一种不得不有而又可有可无的关系？

五、萨特：为他存在不能构成本体论的与他人共在

萨特把他人的身体揭示为由他人组织的在我的经验之外的表象系统的存在的悬搁——被超越的超越性，当然，对于主体 - 他人来说我亦如此。因此我与他人的原始的基本关系是为他的对象性之间的关系。这种原始的基本关系决定了我的自为、我的"进行追求的流逝被他人并且为了他人固定在自在中。自在已经逐渐地抓住了这流逝，这流逝已经同时是对事实的根本否定和价值的绝对立足点，并且还同时是散朴性的通体僵化：至少散朴性通过时间化消失了；至少它的被分解的整体性会赋予它一个永恒'彼在'。但是他人正是使这个整体本身面对他而在场，并且他人正是超越这整体本身走向他自己的彼在。正是这个整体被整体化，对他人而言，我不可挽回地是我所是并且我的自由本身是我的存在的特定的特性。于是，自在重新抓住我一直到将来并且把我整个地固定在我的流逝本身中，这流逝变成被预见的和被沉思的流逝，被给定的流逝。但是这个被固定的流逝绝不是我为我的所是的流逝，它是外在地被固定的。我的流逝的这种客观性，我把它体会为我既不能超越也不能认识的异化。然而，只是由于我体会到它并且它把它逃离的这个自在给予了我的流逝，我应该转向它并且应该针对它持有某些态度。这就是我与他人的具体关系的起源：这些具体关系完全是由我针对我为他人所是的对象的态度所左右的"（P466—467）。萨特的这段话表达了这样几层意思：一、人的作为自为的身体是被追求的追求，是向着实现永远被追求着的将来的流逝，这种进行追求的流逝在被表现为为他的存在时被他人所经验，从而作为他人的表象意识沉淀在他的心湖中成为自在的存在。二、这种沉淀在心湖中的自在不是一朵浪花、一个波浪，它应是对一种无止境的流逝的经验，所以从终极的意义上讲，它是对一切事实的根本性的否定，是一种最高的理想价值的立足点，因而也是对被超越的超越性的散朴性的整体性（通体僵化）的意识。这就是说，作为

对象性，被超越的超越性的散朴性在时间化中稍纵即逝，匆匆消失了，但作为被解体的整体，它始终都留在他人的世界中，它的整体性会赋予它一个永恒的"彼在"。三、对我来说，作为我的整体性存在的我那完整的最后的可能性是我的流向将来的最终追求，但是对他人而言，他不能始终追随着我的追求直到将来才把我作为整体并面对这整体在场，他企图在当下就超越这整体而走向他自己的彼在，于是他就从他对我当下的经验出发，重新抓住我一直到将来，并把我整个地固定在我的流逝中。这样，我的流逝就变成了被预见的或被给定的流逝。四、他人所给予我的这种我的整体性的存在（被固定的流逝）并不是我为我所是的东西，由于它是外在于我的客观的东西，我只能把它体会为我既不能超越也不能认识的我的被异化的存在。但是，它毕竟是我的异在，并且在他人看来它就是我的整个流逝本身，这就使我不能不正视它并对它持有我自己的某种态度。而这就是我与他人的具体关系的起源。

这里需要作一点说明：为什么说他人不能通过我给予他的对象性——我的为他的存在——走向他自己的彼在，却要把我预见为一个整体并面对这被预见的整体在场而走向自己的彼在？对此萨特是这样解释的："我思应该向我们揭示的不是作为对象的他人。人们想必早就思考过这一点，即被称之为对象的东西谓之或然的。如果他人对我来说是对象，他就使我回到或然性。但是或然性只是建立在我们无数的表象的汇合上的。他人既不是一个表象，也不是一个表象体系，也不是我们的表象的必然统一，他不能是或然的；他不能首先是对象"（P333）。为什么说我思应该向我们揭示的不是作为对象的他人？因为我们称之为对象的东西只是他人的存在的显现，是他人的为他的对象性，而这对我来说却是或然的。就是说他人显现什么、什么时候显现这是他人的自由，我是无法把握的。因此，如果我只是把他人为他的对象性当作对象，那么我与他人的关系就是或然的。但是或然性是建立在我们对他人的为他的对象性的经验——无数表象的汇合上的，然而他人是不能被理解为一个表象或一个表象系统的，所以他人不应该是或然的。他人不是或然的，这意味着他人不能首先是对象性而只能是对象，他人首先是作为以整体来存在的主体，其存在的显现——为他的存在——便作为我的对象。而我要认识的、即我思所要揭示的正是这种以整体存在的主体－他人。然而，我与他人的关系并非本体论的关系，我只能凭借对他人的对象性的经验从表象上来感知他人。于是我便通过对他人的流逝的散朴性的预见，使他人作为整体性的存在呈现在我的面前，这样我就把我所经验的对象－他人变成我思所实现的主体－他人了。不过，这只是我主观上理解的主体－他人，实际上他人本身并不买这个账。这种情况给了我这样一种启示：我可以针对他人对我的为他的对象性的态度而对被固定在他人的世界中的我的异在保留我自己的看法。为此我可以采取两种态度：第一，"因为我逃离我所是的自在而没有给它以基础，我能够尽力否认这个从外界给予我的存在；就是说，我能转向他人以便我能反过来把对象性给予他，因为他人的对象性是我的为他的对象性的毁灭"（P467）。就是说由于我的异在的存在基础是他人的自由而我却没有给它以基础，借此我可以否认外界给予我的这个存在是我的真实的存在，并且反过来把对象性给予他人。把对象性给予他人，就是说我反身成为主体而把我所肯定的我的为他的对象性给予他人，从而使之成为流向我的世界的他人的异在。第二，"因为身为自由的他人是我的自在的存在的基础，我能努力恢复这个自由并且控制它而不是取消它的自由的特性：如果我事实上能使自己与这个自由，即与我的自在的存在的基础同化，那我本身就是我自己的基础"（P467）。只要我能努力使他人恢复是我所肯定的我的为他的对象性的自由，也就证明我能够与他人的自由同化，这样一来，他人的自由便是我的自由，我是我自己的基础同时也是他人的基础。以上两种态度，前者是超越他人的超越性，后者是把他人的超越性吞没、融合在我的超越性之中。

那么，这两种改变他人的自由的态度合理吗？可行吗？我们且看萨特的分析。首先，来谈谈与他人的自由的同化。如果我不满意别人所描述的我的对象 – 存在（即我的流入他人世界中的被异化的存在）或我不愿意他人对我的对象 – 存在的占有，我就要从他人那里收回这个对象 – 存在从而使之成为我的基础（自由）中的东西。但是，这只有使他人的自由同一于我的自由时才可以设想，因此我要收回的实际上是他人的自由谋划。由于我与他人的同一是要与他人的本性、他人的自由的同一，而不是与他人的自在的同一，因此这种同一的前提是必须使我的为他的对象性从他人那里消失。可是我同化他人的自由的目的正在于获得他人对我采取观点的可能性，而不在于获得一种同一的抽象认识的权力，既然我的对象 – 存在已经从这同一的基础中消失了，我就不可能获得他人对我采取的观点，那么我同化他人的自由还有什么意义呢？从另一方面说，如果我同化他人的谋划是对我的被注视的存在的进一步承认，那么我与他人都是作为注视我的被注视的存在的注视者。这样一来，我的自为也就成为对它自身而言的他人了，随之我与他人关系的原始偶然性也消失了，于是我的为他的存在被一个在我与他人之外的绝对存在所纠缠，这个绝对存在可以自由地把自我的存在表现为别人，又把别人的存在表现为自我，它实质上就是超越我与他人之上的上帝。因而我与他人对我的被注视的存在的进一步承认是通过这个作为中介的上帝来沟通的，他人赖以成为我的异在的否定（他人的自由）和我赖以成为他人的异在的否定（我的自由）之间便没有任何内在的否定性关系。显然，我同化别人的自由是不可能实现的。

萨特说："使我能够谋划让他人与我同一的条件，就是我坚持否认我是别人"（P471）。我否认我是别人，就是说我首先是我自己的存在，然后我才有可能把我的对象性给予他人，与他人建立起原始的偶然性的关系，并通过这种关系作用于他人的自由。因为"由于为他的存在包含双重的内在否定，所以作用于那种他人用以超越我的超越性并使我为他而存在的内在否定是必然的，就是说，作用于他人的自由是必然的"（P471）。关于为他的存在包含双重内在否定，萨特曾有过这样的表述：当我面对他人时，"他人应该对我思显现为不是我"，但是由于我与他人均是主体又互为对象，这就意味着在互相否定中构成的两项是一种综合能动的联系，因此我与他人的关系"是交互的和双重内在的"（见 P334）。由此可见，所谓双重内在否定，是说他人提供给我的对象性，作为他人的被超越的超越性的散朴性，是他人对世界和世界事物的内在否定；而当我据以抓住他人的散朴性的流逝，把他人预见为一个流逝的整体来加以否定时，我对他人的这种否定也是内在的否定。当然，我的为他的存在对他人来说也是如此。从这个意义上讲，我以我的为他的存在作用于他人的超越性、作用于他人的自由就是必然的。

作用于他人的超越性、作用于他人的自由，就是发挥主体的能动作用，在超越他人的超越性中，把对象性给予他人。那么，我如何能动地用我的为他的存在作用于他人的自由呢？对此，萨特用恋人之间的微妙关系来进行分析、说明。他说，在恋人之间往往有这样的情况："恋爱者不想像人们占有一个物件那样占有被爱者，他祈求一种特殊类型的化归己有：他想占有一个作为自由的自由"（P472）。既然唯一能够作用于他人的自由的是我的为他的存在，我要能成功地占有他人的自由，我给予他人的对象性就必须是完美的、不可超越的。因此，"在爱情中恋爱者希望自己对被爱者来说是'世界上的一切'。这意味着他与世界为伍，他象征并概括着世界，他是一个包含着所有别的'这个'的'这个'，他是并且愿意是对象。但是另一方面，他又希望是这样的对象：他人的自由愿意在这个对象中消失，别人愿意在这个对象中把他的存在和存在的理由看作是从属的散朴性，这个对象是对超越性限制的对象，就是他人的超越性向着它超越一切别的对象的对象，但是他人的超越性又不能超越它的对象"（P473）。恋爱者希望被爱者觉得他无所不通、无所不能，他就是"世界上的一切"。所谓他象征并概括着世界、他是一个包含着所有别的"这个"的"这个"，是说恋爱者的自我选择和自我模铸是完美无缺的，其人格可为所有人立法，因而他给予被爱者的对象性必然为被爱者所认同和接受。正因为如此，作为人中的楷模，他只能而且也愿意永远作别人的对象，让被爱者对他树立起一种高山仰止的感觉。这样一来，被爱者的存在与存在的理由都本质地包含在恋爱者之中，被爱者只能仰望着恋爱者的高大形象去存在却永远无法超越它。实际上，这种恋爱者所希望而被爱者所委身追随的完美对象性是不存在的，萨特认为这是用"同谋反思"方式所构建起来的一种"心理身体"——凭借自己的想象所构建的流向他人世界中的准身体。然而，我其实就是我的身体，我不可能在我的身体之外再去构建另一个身体，我所构建的这个"心理身体"完全是在用对他人的认识来空洞地构建并空洞地指出它的永恒的异化。

人不可能是世界上的一切，也不可能成为他人的自由消失于其中的对象。萨特认为：作为恋爱者，要想在情感上抓住或俘获被爱者只有两种途径：一是使我的对象性作为对他人的自由的客观限制而存在；二是以诱惑来担当我的对象性。那么我如何使我的对象性作为对他人自由的客观限制而存在？所谓使我的对象性作为对他人自由的客观限制而存在，就是使我的对象性成为对他人自由的规定，让我的对象性"与这自由一起并在它的涌现本身中同时表现为一种限制"（P474）。具体地说，就是我显现给他人的对象性不是任何别的东西，而是对他人的映象（即流入我的世界中的他人的异在）的一种肯定性的描述，希望他人乐意接受我对他的异在的这种描述，从而使他人的自由就定格在我所描述的他的异在上。我使我的对象性作为对他人的自由的客观限制而存在，实质上就是我用我的自由来限制他人的自由，因为我的对象性作为我的为他的存在，就是我的自由的表现。当然，我的自由是我的内在性和主观性，它表现出来的东西是否是对他人的真实的观点，这只有它自己清楚，但他人通常只愿意接受正面的东西。显然，这种以我自由编织的对象性来限制他人自由的做法实质上就是投其所好。因此，萨特说："想被爱，就是用他人固有的散朴性影响他人，就是想迫使他人永远把你再现为屈服了的和介入的自由的条件，就是同时希望自由奠定行为，这行为对自由占有优势"（P474）。他人固有的散朴性，即流入我的世界中的他人的异在，我要想被他人所爱，我就把我心目中的他人用言谈表白给他人。不过，表白出来的他人的形象必须是令他人满意的，这样才能博取他人爱的回馈。作为博取爱的条件，这种投其所好的做法可以迫使他人永远把你作为屈服于他的人并从而能介入他人的自由。我的自由奠定了我的行为，我的行为又影响着他人的自由，这种间接的自由与自由之间的互动，促成了恋爱者与被爱者之间的爱的交流。这当中，由我的自由所奠定的行为对他人的自由占有明显的优势，因为它引导着他人的自由的取向。从这个意义上讲，我的行为——我显现给他人的对象性——对他人的自由的确是一种客观限制，因为他人只满足于、停留于我对他的异在的那种描述，他永远不会超越他的这种由别人转述给他的形象。

所谓以诱惑来担当我的对象性，其实就是制造伪装、制造迷信、制造尊崇。上面说过，恋爱者想得到被爱者的爱而希望自己是"世界上的一切"，但实际上谁也不可能象征并概括整个世界。然而这并没有打消恋爱者想拥有被爱者之爱的动机，他企图通过诱惑把自己构成一个存在的充实并且使他人认识到是存在的充实，而实施诱惑就是"把自己构成为能赋予意义的对象"（P479），就是说让别人感到自己的每一个活动——一言一行、一颦一笑——都包含着某种意味深长的含义，或隐或显，让人揣摸不透，从而产生一种不敢超越的敬畏之心。为了达到这种效果，必须使自己的活动指向两个方面：一方面，指向他人所认为的一个人的最内在、最主观的东西，即隐藏在对象的存在深处的东西，使活动所显示出来的不仅仅是活动本身，而是指示着一个无穷的尚没有从别的实在及可能的活动中分化出来的系列，并且作为被爱者的他人的活动就是我的这种未被觉察的存在的构成因素。于是，我便引导这企图超越我的超越性趋向作为我的未被察觉的存在的无数已经展开却未能展现的可能性（萨特称之为僵死的可能性），让他人的自由懵懵懂懂地消失在一种不可超越的东西——无限——之中。另一方面，我要使我的活动造成一种我与世界最广阔的领域关联着的现象，表现出我无所不知、无所不能的阅历和才干，从而可以成为他人与世界进行沟通的必不可少的中介，致使他人心悦诚服，愿意仰仗和依赖。这两个方面的活动，前者把自己表现为深藏曲纳、不可穷究底蕴的存在，让人感到高深莫测；后者则把自己表现为广博远大、全知全能的存在，让人觉得自己渺小至极以致化为虚无。诱惑，对谋划诱惑的人来说，他当然明白自己是在冒险，就是说是在拿自己的对象性冒险。但是，为了博得他人的爱和尊崇，他还是要冒着被他人看出破绽的危险把虚构出来的自己的对象性置于他人的注视之下，他希望他所遇到的只是凡俗之辈，而不是有识之士。

应该承认，像萨特所描述的"限制"和"诱惑"之类的现象在世俗生活中是比较常见的，它并不仅仅限于恋人之间的骗取感情，可以说它是一切阴谋和罪恶得以施行的障眼术，它使得我与他人的具体关系更加复杂化了。"限制"和"诱惑"现象的发生，从根源上讲是由于人对自己的对象 – 存在或异在不可把握而自觉进行的一种自我异化。这种自我异化本质上是一种表演：让一个对象在我的天地中涌现。他人固有的散朴性是他人流入我的世界中的异在，我向他人描述了一个光彩照人然而却是虚假的他人的异在，这就等于我把一个真实的我异化为虚假的我。同样，作为基础的我的世界本来并不丰富，我的阅历和能力也非常有限，但我却东撊西拾，故弄玄虚，装出一副广博而深沉的样子，给真我戴上一副假面具。如此改扮、矫饰，我已非我，我的显现当然不是我的被超越的超越性的散朴性，而不过是一种世界化的自为的显现。作为自我异化，"限制"与"诱惑"虽然本质上是表演，但它与纯粹的表演在形式上又有着很大的不同：如果说表演是一种创作，是复活已经逝去的东西，那么"限制"与"诱惑"则是在毁灭，它让生动凝固起来，让鲜活僵化起来。而由于生活毕竟不是舞台，人们很难从与他人的交往中分辨出哪些言行是别有用心的表演，因而往往难免上当受骗。不过，假的就是假的，伪装是不能持久的，因为我的对象性、我的为他的存在是作为从一个永恒变化的处境出发而被理解的东西，就是说它是我存在于世界之中的整个过程，而不是与我的整体性毫无瓜葛的孤立现象。所以，"限制"和"诱惑"经不住时间的考验，它或早或迟总要暴露其本来面目。因此，所谓我的为他的存在作用于他人的自由是必然的，仅仅是从反映 - 被反映的角度来说明我的对象性为他人传递一个客观的、整体性的东西是必然的，绝不是说我可以任意地通过世界化的自为为他人构造一个我的不真实的形象，从而达到同一或掌控他人自由的目的。实际上，他人的自由作为他人的自我性，作为他人的意志，也是从一个永恒变化的处境出发的存在，它必然保留在时间中梳理、识别它的过去的存在的权利。毫无疑义，无论是"限制"还是"诱惑"，它们控制他人的自由只能是暂时的。"青山遮不住，毕竟东流去"，是自由的，就必然是超越的。

萨特说："我能否认我是他人，只是因为他人本身是主体"（P375）。就是说，作为主体，他人是不能被认识的。因为他人的自由是他人内在的主观领域，这个领域我是达不到的。当我注视一个正在注视着我的他人，由于一个注视不能注视自己，即不能注视注视着它的注视，所以当我刚一注视这个注视时，这个注视就消失了，我只不过看见他人的一双眼睛。这时，我面对的已不是主体 - 他人，而是对象 - 他人。本来我企图通过注视他人对我的注视把他人的自由化归己有，结果却令人遗憾地发现：只有当他人的自由在我的注视下崩溃的时候，我才能作用于他人。这正说明"我承认他人的超越性，但我并不是承认这超越性是进行超越的超越性，而是承认它是被超越的超越性"（P382）。我只能超越由他人的身体所显现出来的被超越的超越性，而不能超越他人正在超越的超越性。

通过以上的分析，萨特否定了一个人的为他的存在能够成为本体论的与他人共同存在。本体论的与他人共同存在其实是一个伪命题，对此，海德格尔已通过对"投射"说的批判加以否定，萨特也说不能设想一个心灵的任何直接面对另一个心灵的在场，心灵与心灵之间至少还差一个身体的厚度。不言而喻，这是由于人的个体性和内在性决定了意识存在的独立性。因此，从主要层面来看，萨特上述的分析和批判是为了得出这样一个结论：在共同存在中，自由是对自由的限制。在这里，"限制"一词有两种含义：一是规定，一是界限。作为规定，它指的是主体的为他的存在、主体的对象性规定了他人的自由、他人的存在。作为界限，它指的是自由的内在性和独立性，我的自由不是他人的自由，他人的自由也不是我的自由，它们是互相隔绝不可融合的。这意味着人在本质上是孤立的、不可把握的，进而否定了人的类特性和人的社会性。

六、萨特：共在，是对共同处境中为他的存在的经验

前面说过，海德格尔认为共同存在和共同此在是此在的原始结构。这意味着应该有一个对此在的在世具有规定作用的一般的世界结构或意蕴的指引联络作为前提。但是，海德格尔并没有说明这种具有普遍意义的世界结构究竟是什么。对此，萨特在谈到自由的伦理性焦虑时曾把它揭示为社会价值。他说："通常我对价值的态度是完全宁静的。因为事实上，我介入了价值世界。对那些依赖我的自由而存在的价值的那种焦虑的统觉是一种后天的和间接的现象"（P72）。这里说的价值和价值世界，指的是社会的公共价值，它规定着人们的一切行为。人一开始就直接介入了这种价值世界，他毋须进行自我谋划，毋须对自己的行为后果承担责任，因此他对这种价值的态度自然是宁静的。但是，为什么说对那些依赖我的自由而存在的价值的焦虑是一种后天的和间接的现象？因为"在我们所谓对我们的未被反思的意识呈现的直接性的世界里，我们并非首先显现出来继而又被抛进诸多举动之中。而是我们的存在直接'在处境中'，即它在这些举动中涌现，并且首先认识了自己，因为它反映在这些举动中，我们于是在一个充满要求的世界中，在一个'实现过程'的谋划内部发现了自己……。然而这种举动一旦离开了我，一旦因为我应该在将来等待自己而被归结为我自己，我就忽然发现自己……是那个为了通过价值的要求而规定自己行动的，最终使各种价值得以存在的人"（P72－73）。所谓未被反思的意识，是指先于被反思意识和反思意识的那个刚刚诞生的原始意识。被反思意识，即作为我思的对某物的意识；反思意识，是对作为我思的对某物的意识的意识。萨特曾说过，意识诞生后就存在于世界之中。这世界当然不是指形而上的世界结构，因为作为存在，它应该以是其所不是的方式直接存在于一个作为存在者整体的世界中——这是"作为我在世界中对自己的选择的第一次谋划"。所以萨特说，我们并非首先显现出来继而又被抛进诸多举

动之中，就是说我作为未被反思的意识，并不是首先作为对某物的意识（显现出来），然后通过自我虚无化（成为反思意识），再投入到各种在世的活动中。显然，这是强调不能把未被反思的意识与反思意识混为一谈。作为未被反思的意识，我通过"在处境中"超越自身的存在认识了自己，因而我也就在一个充满要求的价值世界中发现了自己的存在。但是，当我一旦离开了我存在于其中的世界而向着自我设定的目标存在时，我会发现我就是那个按照自己的价值要求来规定自己的行动，从而使各种价值得以存在的人。不难看出，萨特的这些话就是对海德格尔所谓"无世界的单纯主体并不首先'存在'，也从不曾给定。同样，无他人的绝缘的自我归根到底也并不首先存在"所作的注解。但是萨特认为，人首先存在于一个充满要求的价值世界中，这并不意味着共同存在和共同此在就是此在的原始结构。他指出："说人的实在本身——即使就是我的人的实在——由于本体论结构而'共在'，就是说它由于本性共在，即是说以本质的和普遍的名义共在。即使这种肯定被证明了，也不能解释任何具体的共在；换言之，显现为我的'在世的存在'的结构的本体的共同存在完全不能成为一个本体的共在的基础"（P328）。萨特在这里所说的本性共在或以本质的和普遍的名义共在，是指胡塞尔提出的人是作为一种交互主体性或共同主体性而存在。他认为，人即使具有共同的本质因而在本体论结构上是共在，但这也并不能说明人与他人的具体共在。因为世界是我的世界，我的在世的存在完全不能成为我与他人本体论共在的基础，这就如同海德格尔自己所说：我不可能把我的在世的存在投射到一个他人之中。既然本性共在都不能解释具体的共在，更何况非本质的共在！

萨特说："如果他人存在的必然性是存在的，它也应该是一种'偶然的必然性'，就是说我思非要与之共在不可的一类事实必然性。他人之所以应该能够向我们显现，是因为有一种直接的理解，他在相遇中保持了他的散朴性的特性，正像我思本身在我自己的思想中保持了它的散朴性，然而又参与了我思本身的必然性，就是说参与了我思的不可怀疑性"（P331）。所谓"偶然的必然性"，我们在解释萨特把身体理解为"我的偶然性的必然性所获得的偶然形式"时已说过，其所表达的就是寓于世内存在者而存在于世界之中的自为。"我思"，是我在我的世界中寓于存在者的存在。说他人的"偶然的必然性"（在世的存在）是我思非要与之共在不可的事实必然性，是说我与他人的共在本质上就是他人的在世的存在与我的在世的存在的共同存在。而我之所以能体验到这种共同存在，就是因为在与他人相遇中对他人向我显现的事实必然性——保持着散朴性的被超越的超越性——有一种直接的理解。这种作为对象性的被超越的超越性的散朴性，就像我思在我的思想中所保持的散朴性一样，具有不可怀疑性。于是，萨特按照一些具体情况把人与他人的关系分为三个层次：第一个层次是他人显现为面对我在场的对象性。在这种情况下，对我而言他人是一种原始的我所触及不到的孤独。从这个意义上讲，作为我的对象，他人与周围其他事物并无二致。因此，对于他人的存在我只能是一种臆测。第二个层次是他人对我表现为或然的对象性。所谓他人是或然的，即我把他人看作是自由自主的存在，他人对我表现为一种"自身的在场"，就是说我与他人的关系体现为他人在其中以不同于我获得认识的方式表现出来的一种基本联系。第三个层次是他人以主体表现出他的对象性。在这种情况下，我把我与他人的关系"归结到我的意识与他人的意识的最初关系上，在这种关系中他人应该作为主体直接给予我"（P335）。这里所谓我的意识与他人的意识的最初关系，就是当我在超越他人的被超越的超越性和他人在超越我的被超越的超越性时，双方都感到了一种心灵的碰撞：我们所经验到的为他的存在是相同的。这表明，他人在世的方式，也正是我在世界中存在的方式，因此，我与他人的关系应该"向着一种在其中别人是为我在场的孪生涌现的归结，就是向着'与别人比肩共在'的归结"（P335）。由此可见，所谓共同存在，就是我与他人完全是一种主体与主体之间的对象性关系，双方通过对对方的为他的存在的相同的体验，领会到我与他人有着共同的谋划，因而是肩并肩地存在于共同的世界中。

萨特认为，我与他人的共同存在有两种情况：一种情况是我与他人同是主体又互为对象，就是说我与他人是面对面地存在于一种共同的世界中。另一种情况是，我与他人面对一个第三者共同在场。前者是具体共在，后者则是一种形式上的共在。

关于第一种情况。萨特说，由于我与他人是面对面地存在于共同的世界中，"这样，在我的天地中的对象之间，这个天地中的一个分解成分的显现，就是我所谓的一个人在我的天地中的显现。他人，首先是事物向着一个端点的逃逸，我同时把这个端点把握为与我有一定距离的对象，又把它把握为由于在它周围展开了它自己的距离而脱离了我的对象"（P337）。这里需要注意的是，不能把萨特所说的"在我的天地中"理解为在我的世界中。"我的天地"，应该是指我的目力所及的外在的周围环境，在我的天地中的对象之间，就是在我的视野范围内那些面对我在场的他人。他人作为"分解成分"，是从"理一分殊"的意义上来看他人所组建的世界是向我开放的共同世界。他人作为分解成分在我的天地中显现，就是说我看见他人和我一样都是在共同的世界中共同此在。在这种情况下，他人就好像是在我之外的一个端点，我首先便感到我的世界中的事物似乎在向着这个端点逃逸，同时我把这个端点把握为与我有着一定距离的对象 – 他人，又把它把握为向着自己的可能存在于自己的世界中（在它周围展开了它自己的距离）因而脱离了我的对象 – 他人。说对象 – 他人要脱离我，并非意味着它要从我的视野中消失，而是说他人作为在世界中存在的主体，他给予我的对象性是或然的。总起来看，萨特在这段话中把我与他人的共同存在作了这样的归纳：一，我与他人共同存在是一种"理一分殊"现象，即都是按照一种共同的世界结构来组建属于自己的世界。二，我与他人共同存在就是在一种共同的世界中肩并肩地共同此在。三，在我与他人的共同存在中，他人既作为我的对象，同时也作为在世的主体。所以萨特说："如果对象 – 他人在与世界的联系中被定义为看见我看见的东西的对象，那么我与主体 – 他人的基本关系就应该能归结为我被他人看见的恒常可能性。正是在揭示我是为他的对象时并通过这揭示，我才应该能把握他作为主体存在的在场"（P339）。所谓"对象 – 他人在与世界的联系中被定义为看见我看见的东西的对象"，就是说对象 – 他人作为在世界中存在的主体，他所看见的东西（我的为他的存在），就是我所看见的东西（他人的为他的存在）。如果对对象 – 他人的这个定义成立，那么我与主体 – 他人的关系就应该归结为我也恒常地作为他的对象。正是通过这种把我揭示为为他的对象性，我应该把他人把握为是以主体的身份面对我在场，这也就是说在共同存在中我与他人同是主体又互为对象。这种情况表明，在我与他人的具体关系中，作为对象，无论是我还是他人，都是指一种不可还原的事实：在世界之中的自为的显现。这一显现作为为他的对象性实际上就是主体与世界的原始关系的转化和蜕变。在这个意义上，"我把世界上的他人理解为或然地是一个人所参照的东西，就属于我被他人看见的恒常可能性，就是说对一个看见我的对象来说取代被我看见的对象的恒常可能性。'被别人看见'是'看见别人'的真理。这样，他人这个概念无论如何也不能涉及我甚至无法思想的那种孤独的超世界意识：人相关于世界和我本身而被定义：他是规定着宇宙的内在流出、内出血的那种世界对象；他是在我本身向对象化的那种流逝中向我展现的主体"（P340）。所谓"世界上的他人"，即他人的自为、他人在世的存在。我把世界上的他人理解为或然地是一个人所参照的东西，是说由于他人在我之外，我与他人不是本体论的关系，由他人的自为所显现出来的为他的存在，对我而言就是或然的，它仅仅作为我对一个整体性的他人的参考。但是由于他人是以主体的身份与我面对面地在共同的世界中共同此在，因此我对他来说也是如此，我也具有被他人看见的恒常的可能性。于是，一个看见我的对象就取代了被我看见的对象的恒常可能性，就是说他人对我来说既是对象也是主体而不再作为单纯的对象。

被别人看见，是作为对象；看见别人，是作为主体。被别人看见是看见别人的真理，这正是因为我与他人是一种同是主体又互为对象的共在关系。因此，我们绝不能把他人看作是我无法感知的超出世界之外的一种孤独的纯意识，他应该相关于我与他人在共同的世界中共同此在而被定义。从这个意义上讲，他人就是那种把他的内在化的在世的存在通过他的作为肉体的身体表现出来的世界对象，也是在我本身为他地不断对象化的流逝中向我展现的主体。所以，萨特把我与他人共同存在这种情况形象地概括为："他人在世界中的显现相当于整个宇宙的被凝固的潜移，相当于世界在我造成的集中下面同时暗中进行的中心偏移"（P338）。就是说，我存在于其中的世界应该是我的世界，但是从他人在世界中的显现来看，似乎我的世界在被凝固后又潜在地移向他人，成了他人的世界。这就相当于整个世界在我所造成的集中下面暗暗发生了中心偏移。

下面我们来说一说我和他人共同存在的另一种情况：我和他人共同面对一个第三者在场。我和他人共同面对一个第三者在场，是说我和他人都把自己的对象性给予了一个注视我们的第三者，在这种情况下，我和他人便形成了一个联合体——我们。萨特说，这个"我们"不是主体间意识（即上面所说的面对面的同是主体又互为对象），也不是不同主体以集体意识的方式进行一种综合整体的超越并使每个参与超越的意识都达到一种新的存在，"我们"是通过特殊的意识经验到的。所谓"我们"是通过特殊的意识经验到的，是说"我们"这个联合体是在我与所有别人的关系和他与所有别人的关系这无限基础上表现出来的，也就是说通过我与他人、我与别人、他人与别人这种一对一的互相注视的方式，让大家体验到存在于一种共同的处境中，体验到"我们"是作为一种意识的准整体。当然，这里的前提是："为了使一个意识能意识到自己介入到一个我们中，另一些与这意识联合为一体的意识就有必要首先以某种别的方式已对它表现出来了；就是说，表现为进行超越的超越性或被超越的超越性。这个我们是在一些特殊情况中，在一般的为他存在基础上产生的某种特殊经验。为他的存在先于并奠定与别人的共在"（P531）。这就是说，要介入到"我们"这种联合体中，首先须要认同以某种方式向我表现出来的另外一些意识：或者表现为进行超越的超越性，或者表现为被超越的超越性。因此，"我们"是在一些特殊的情况中基于一般的为他的对象性所产生的一种特殊的经验，这也说明为他的存在先于并奠定了我与别人的共在。萨特说，"我们"作为进行超越的超越性，可以理解为"我们注视他们"；而"我们"作为被超越的超越性时，则可以理解为"他们注视我们"。"我们"在这里被归结为对一种共同的对象 – 存在的经验："进行注视的存在"或"被注视的存在"。进行注视的存在是主体－我们，被注视的存在则是对象－我们，这两种共在形式构成了自为与别人之间的基本关系。

萨特说，对对象－我们的经验是由于我们被一个第三者所注视。"第三者突然出现并且以他的注视使我们互相结合。我相应地体验到我的异化和我的对象性。对他人来说，我是'外'，是在一个不是'我的世界'的世界之中的对象。但是，我注视着的或注视着我的别人，接受了同样的变化并且我发现别人的这个变化与我体验到的变化是同时性的。别人是没于第三者的世界的对象"（P535）。这就是说，当一个第三者把目光投向我们时，我立即就体验到我作为一种对象性已成为他的世界中的我的异在，我被异化了。对于我们之中的别人来说，本来我与他的关系是外在的：我是作为存在于我的世界中而不是存在于他的世界中的他的对象。但是，此时我注视那些正注视着我的别人，发现他们也都接受了与我同样的变化，并且他们的变化与我所体验到的变化是同时的，这表明别人同我一样也都成了没于这个第三者的世界的对象。这样一来，我们都只作为对第三者而言的对象－存在而不再作为相互间的主体－存在了。两个本来相反的处境——我的被异化的存在和他人的被异化的存在——立即被拉平了，我们原先的冲突被第三者超越了。于是，我和他人以对等的和互相关联的结构在第三者的世界中表现出来。而在我们这个共同的对象整体中，由于大家都是对等的、平行的，因此我体验到的东西仅仅只是一个"外表的存在"。显然，这种"外表的存在"不同于他人的对象性，它不是作为他人的被超越的超越性的身体，而只体现为一种处境的特征，或者说就表现了处境。从这个意义上讲，这个"外表的存在"相当于一个被确认的客观事实——身份。既是一种身份，就必须担当一份责任，责任是身份的实际内涵，因此，这"外表的存在"是我对他人，也是他人对我所应担当的责任，它使我介入他人，也使他人介入我，从而构成一个人人对等的作为对象整体的团体。在这个团体中，每个人自由地把我的责任看作包括了对他人的责任的看法便是对对象－我们的体验，也就是对与他人联合一致的纯粹处境的体验。可以这样理解：这里所谓责任，就是要促成和维持这个作为对等关系的团体的构成形式的存在。

通过以上的分析，萨特总结道："对象－我们是从一种具体的处境出发而被确立的'人类'的一部分松散整体排他地陷于这个处境中"（P541）。说对象－我们是从一种具体处境出发被确立的"松散整体"，是说这个对等的团体具有随机性和变异性，根据别人的注视，它会随时有人被排除，也可能有人被列入。说它"排他地"陷于这个处境中，是说"我们"只是在别人的眼中是"我们"，正是从别人的注视出发，我们才把"我们"作为"我们"承担起来，是别人陷我们于这种具体处境中。萨特说，这种情况有可能引起某个自为突发奇想：让所有的别人都和他一样处于一种绝对化的对等的整体中。可是，要形成这种作为对象的人类"我们"，也必须在确立一个第三者的前提下才有可能。显然，这个第三者只能是上帝。然而，上帝的特性是完全不在场，因此这人类"我们"不过是一个空洞的概念。当我们在使用人类"我们"这个概念时，仅止于面对上帝，自我陈述所遭受的某种具体体验，指出人的苦难和罪恶。所以，作为整个对象－我们，人类这终极概念是和神的概念互相包含并联系在一起的。

关于主体－我们，萨特说这是一种为别人的工具存在。当然，从绝对的意义上讲，人的主体性不是相对于别人的，而是对整个世界而言，"正是世界向我们宣告我们属于一个主体－团体，尤其是属于被制造对象的世界中的存在"（P542）。然而，就是这种被制造出来的对象（现成的工具）把我作为一个"人们"显示给我本身，因为我的超越性形象（在世的展开状态）取决于我所使用的工具的上手状态，而作为被制造出来的对象的工具则把我的超越性形象作为任意一个超越性形象推回给我，就是说凡是使用这种工具的都具有同样的超越性形象。因此，主体－我们属于一种未分化的超越性，属于被制造出来的对象的世界中的存在。当我介入未分化的超越性的时候，我面对一个被制造出来的对象，这种被制造出来的对象的使用规则、应用方式及其本质结构使我面对一个不在场的别人，我是在别人之中感觉到自己的存在方式的。因此，在劳动中我所体验到的是为别人的工具的存在，而不是在别人的本体论关系上实现任何共在。这种情况说明，对主体－我们的经验是在事先承认工具制造者的存在和确定工具使用规则者的存在的前提下实现的，正是他们把我当作未分化的超越性对待，才使我通过对这种超越性的体认来实现自身。同样，作为工具制造者的别人也是使用别人制造的工具来制造自己所要制造的工具的，这种每一个工具都归结为别的工具的无限延伸的现象，一方面说明对主体－我们的经验不是原始的，它不能确立对他人的原始态度；另一方面同时也说明主体－我们和对象－我们并不是毫无关联的、固定不变的两种经验形式，而是在从工具到工具的无限延伸中互易位置：就在我们介入主体－我们的时候，实际上我们已经作为一种非个体化的、不可数的超越性与别人那个未分化的注视相遇。他们通过所制作的工具大致地勾勒出这超越性的自由的可能性，当我们在使用这种工具时，我们所体验到的是为别人的工具存在，即作为别人的对象存在。以被制造对象所确立的未分化的超越性是他们注视我们时对我们的超越性、我们的自由的一种限定，只不过这种限定是采取物化的形式，其内在的思想、意志变成了外在的规范行为的工具。这样，思想对思想的原始限制关系就变成了工具对自由的限制的间接关系。而正因为对未分化的超越性的体验不是与别人的原始关系，因此我虽然属于被制造对象的在世的存在，但我并没有流入别人的世界而被异化，它仅表明我们运用共同的手段来实现共同的或相同的目标。

但是，这里会不可避免地出现这样的情况："当劳动并不是严格地针对劳动者的真正的目的的时候，劳动就成为一种异化的样式。异化着的超越性在这里是消费者，就是说，是劳动者限于预见其谋划的那个人"（P542—543）。所谓劳动不是严格地针对劳动者的真正的目的，是说由制造出来的工具所规定的未分化的超越性与使用这种工具的劳动者的真正目的之间并不具有严格的针对性，也就是说实现目的的手段与所欲达到的目的之间的关系不那么协调一致。这种情况大约相当于海德格尔所说的用具在使用中不称手。在这种情况下，劳动作为由工具所规定的未分化的超越性便成为一种异化的样式，即异于由劳动者的真正目的所规定的工具的上手状态。这种异化着的超越性是作为工具的设计者和制造者对劳动者的超越性的一种预见，而把它作为未分化的超越性凝结在一种工具上则是工具设计者和制造者自身的谋划。说劳动者难以预见其谋划的那个工具设计者和制造者是消费者，是因为他们并不是为了自己的使用才生产这种工具，他们生产这种工具不过是为自己的生活消费而用于交换。所以，归根结底异化着的超越性是工具设计者和制造者出于对劳动者自我谋划的预见而设定的一种同一的或未分化的超越性，正是这种同一的或未分化的超越性限制了劳动者的自由。不难看出，萨特在这里所说的异化的超越性或未分化的超越性，其实就相当于海德格尔所说的作为在世的平均状态的杂然共在。因此，这里需要特别指出的是：不能把萨特所说的劳动的异化样式与马克思在《1844年经济学哲学手稿》中所论述的劳动的异化混为一谈。马克思所说的异化劳动是指资本主义制度下的工人劳动把反映人的本质特性的自由自觉的活动贬低为维持人的肉体生命的手段，这种为了他人的目的而进行的劳动造成了如下的结果：人与他的劳动产品的异化、人与自己的生命活动（劳动）的异化、人与自己的类本质的异化、人与他人的异化。

从以上萨特对共同存在的表述可以看出，他基于海德格尔的共在思想，但在理解上要比海德格尔更为深入，在解释上也比海德格尔更加具体。关于对共同存在的定义。海德格尔说，共同存在和共同此在是此在的原始结构。萨特指出，这种说法过于空泛，不应把在共同的世界中存在与具体的共在混为一谈。他认为，我与他人的具体共在必须具备三个条件：一、我与他人存在于一个共同的世界中是共在的前提，这种作为共在前提的共同世界就是社会的价值世界。二、为他的存在先于并奠定了我与他人的共同存在，就是说共同存在是在他人自为（共同此在）的前提下对他人的为他的对象性的经验。三、在共同的世界中，我与他人同是主体又互为对象：他人在与世界的联系中是看见我看见的东西的对象，我对他人亦如是。

在对共在中的关键环节——为他的对象性——的理解和表述上，萨特似乎要比海德格尔明确和具体。海德格尔说得非常含糊：他人随同在劳动中供使用的用具"共同相遇"了。这里的"劳动"是指客观的生产活动，还是指内在的本体论的在世活动？如果是指人的本体论的存在，我如何能与他人随同在劳动中供使用的用具共同相遇？萨特看到了海德格尔的这种说法的欠缺和不合逻辑。于是他另辟蹊径：把人的本体论的在世的存在理解为自为的身体，这种作为正在超越的超越性的自为的身体通过作为肉体的身体的表现，就外化为被超越的超越性的为他的身体。这样，他就把不可窥见的本体论的意识超现象存在转变为可以被人经验的为他的存在。但是，且不说萨特借助于被他悬搁起来的作为肉体的身体来表现自为的本体论存在的这一做法本身就突破了本体论的现象一元论，而作为肉体的身体如果离开了与外在的客观事物打交道，它又如何能把本体论的自为的存在表现出来？所以，在处理人与他人关系上，他同海德格尔一样，也无法超越二元论，无法回避人与外在的客观世界的关系。

关于对共在的普遍性的理解。海德格尔认为，共同存在和共同此在是此在的源始结构，这就意味着此在的世界是共同世界、此在在共同的世界中共同此在具有普遍的意义。因此，他把具体共在只局限在我与他人之间。与海德格尔不同，萨特则把我与他人的具体共在作为共在的基本形式，然后分别从我和他人出发，在我与所有别人和他人与所有别人这种一对一的存在关联中扩大相互共在的范围，让更多的人都体验到一种共同的处境，形成共在的联合体，从而使共在从个别扩展到一般，具有普遍的意义。

另外，与海德格尔似乎不同的是，萨特除了把共在的前提理解为一般的价值世界外，还认为一个第三者的突然出现会导致被注视的我们陷于共同的处境。在这里，所谓一个第三者的注视并非是从在场的意义上说的，因为萨特说过：任何以复数形式出现的团体是不可能作为别人的对象的，"无论我在什么地方，总是人们注视我，人们绝不可能被把握为对象，因为那样一来，人们立刻就解体了"（P370）。因此，作为我与他人形式上共在的条件，一个第三者的注视实际上只具象征的意义，它是要从旁观者的角度把作为共在的状态的那种同一的超越性——即所谓未分化的超越性——给揭示出来。而这种同一的或未分化的超越性则是由某种上手的工具所规定的，这样，这个第三者的注视其实就是作为工具的设计者和制造者出于对劳动者的自我谋划的预见而为他们所设定的统一（同一）超越性。因而，与他人共同存在实际上就是与他人共同作为别人的工具性存在。在作为一个世界的工具整体中，工具起着关键性的组建作用，它也决定着在世的状态。从这个意义上讲，规定或凝结着一种未分化的超越性的工具，其实就体现了海德格尔所谓的常人的平均状态。但是，作为被制造出来的对象，任何一种工具的制造都要借助于另外一种工具，这种从工具到工具的无限延伸的现象说明：在日常生活中任何一个规定别人的人，同时也是被别人规定的人。这意味着：一方面人与他人既互为目的，又互为手段；另一方面，作为一个常人，就注定要成为失去自由的人。正因为如此，存在主义认为人要获得自由就只有选择个别化的本己的存在。

无论是对象 - 我们还是主体 - 我们，"我们"作为共在的联合体都是为别人的工具存在，这在分工比较细密的社会是一种普遍的现象，在许多情况下它体现为一种社会化的生产活动。这种生产方式已经超越了个人的谋划，"我们"中的每个人往往是被投进一个已经组建起来的共同的世界中，我不过是工具的依附物，哪里还有我独立经营的精神家园？由此可以看出，萨特对共同存在的揭示越是深入细致，就越是接近客观现实，因而其所谓本体论的"在世界之中存在"就越显得空蒙虚幻乃至消失。这充分说明，人只有在与客观世界打交道中才结成一种共在的关系，客观世界永远是人与他人共在的基础。但是，世界是人化自然，是在人类的实践中变化发展的。因此，共同存在的"同"，应是历史地形成的，也是历史地变化的。从这个意义上讲，任何一种样式的共在只是基础、前提和出发点，而不是目标、过程和归宿。

第五章 主体：个别化的本己存在

一、海德格尔：畏，使此在个别化为最本己的存在

上一章我们说到，海德格尔强调此在首先并且通常一直存在于常人的世界中。这是因为：此在这种存在者是由它的存在规定的，而此在本质上是在世界之中寓于世内存在者而存在，这就决定了此在只能首先存在于他人的世界中，就是说必须先有此在，然后此在才有可能去领会和谋划本己的存在。正是在这个意义上，海德格尔才说无世界的单纯主体并不首先存在，也从不曾给定。而无他人的绝缘的自我（本真的自己存在）归根到底也并不首先存在。在常人的世界中存在，此在是按照常人所熟悉的某种因缘整体把世内存在者开展出来的，因而其存在表现为对自我的逃离。如果此在要回到自我，就必须脱离沉沦，重新选择本真的自己存在。所谓本真的自己存在，就是通过本质上的对世界之为世界的先行领会而进行的自我筹划和自我造就。在这里，由于存在是从自己的本质出发，所以主体也称为自我，它意味着本真生存着的自己的自一性，从而与那个在非本真的杂然共在中始终保持着自身同一性的主体 - 我鸿沟相隔，完全不是一回事。

海德格尔说，此在脱离沉沦后的最本己的存在在生存论存在论上的基本现身状态是畏。何谓现身状态？关于现身状态海德格尔在谈到此在的生存状态时曾这样说："基于本质上属于此在的现身状态，此在具有一种存在方式，此在在这种存在方式被带到它自己面前来并在其被抛状态中向它自身展开"（P219）。被抛状态，我们在前面已经说过：就是此在向来并永远是它自己的可能性，并从这些可能性出发来领会自身把自己筹划到这些可能性上去。从海德格尔的这段话中可以看出，不能把现身理解为此在是其所不是的存在，存在是作为对某物的意识的"被揭示 – 揭示"，而现身则是此在于存在前对其本质上所具有的一种存在方式的领会。这种领会是此在在是它的某种可能性时，它也就随着这种可能性所规定的一种存在方式被带到它自己面前来，并向它自身展开。所以，"存在之领悟属于此在的存在论结构。作为存在者，此在就其存在而言是对它自己展开了的。现身

与领会组建着这种展开状态的存在方式"（P221）。可见现身状态是此在对其存在方式的内在领会，或者说是此在对它的在世的展开状态的内在把握。由于此在在是它的可能性时总是表现出某种激情或情绪，所以海德格尔也把此在的现身状态称为现身情态或"带有情绪的现身"。比如此在在非本真的杂然共在中的现身情态便是好奇和两可。正因为这种带有情绪的现身是此在在意识内面对一种存在方式自己现身，因此它与由实际在世所引发的喜怒哀乐等各种具体情感无关。由此可知，畏作为此在最本己的存在的现身情态，不能将其理解为可怕、害怕这种具体情感，这些具体的情感只能由世内存在者所引发，并且其作为前来照面的东西具有某种威胁的性质，即具有有害状态的因缘方式。

正因为畏是此在最本己的存在在生存论存在论上的基本的现身状态，所以海德格尔说："在沉沦中，此在从它本身那儿避走"（P225）。然而对海德格尔的这一说法萨特却提出了批评："海德格尔没有脱离唯心主义：他的逃离自我，作为其存在的先验结构本身，像康德对我们的经验的先验条件的反省一样确定地使之孤立起来。事实上，人的实在在不可能达到这种逃离自我的限度内发现的，还是自我。逃离自我就是向着自我逃离，世界显现为自我与自我之间的距离"（P331）。萨特在这里所说的"唯心主义"，是指人的内在性，即人在意识内对某种形而上的结构或整体的领会，而并非我们通常所理解的与唯物主义相对立的唯心主义。他说海德格尔没有脱离唯心主义，是说海德格尔只谈逃离自我而没有谈向自我存在，其实逃离自我就是人在重新投向自我之外时对其先验的存在结构的领悟本身，这种领悟是此在进行自我谋划和自我造就的前提，就是说是为了向自我存在。而海德格尔只谈逃离自我不谈向自我存在，这就如同康德所说的对经验的先验条件的反省一样，是把存在的先验结构封闭在人的内在性中从而使之孤立起来，因而是一种唯心主义。在他看来，人对他的存在的先验结构的先行领会是为了在世，而世界不过是自我与自我之间的距离，所以人不可能逃离自我，所谓逃离自我，不过是告别过去的自我而走向将来的自我。其实，萨特对海德格尔的这一批评是错误地理解了海德格尔上面那句话的意思。他所谓"此在从它本身那儿避走"，并不是指此在在同一存在方式中的重新投向自我之外，而是说此在以非本真的常人方式存在是对它的本真的自己存在的避离。他认为，沉沦中的此在的"这种所避者是具有能退避的存在者的存在方式的存在者，这种所避者就是此在本身"（P225）。就是说在沉沦中此在所避离的那个能以本真的方式存在的存在者，就是那个具有能退避的存在者的存在方式的存在者。因此，退避实际上是对自身的一种超越，或者说避之所避者就是存在者本身。这种情况说明，无论是本真的存在还是非本真的存在，都不过是存在者的一种存在方式，而存在者就是此在本身，并非另外一个人。

此在企图脱离沉沦选择本真的自己存在，这种存在的方式就是以最本己的能在去存在。为什么说此在在这种存在方式中的现身情态是畏呢？对此海德格尔的解释是：此在一旦脱离了他的原始的非本真的存在方式，"周围世界上手的东西，一般世内存在者，都沉陷了。'世界'已不能呈现任何东西，他人的共同此在也不能。所以畏剥夺了此在沉沦着从'世界'以及从公众讲法方面来领会自身的可能性。畏把此在抛回此在所为而畏者处去，即抛回此在的本真的能在世那儿去。畏使此在个别化为最本己的在世的存在，这种最本己的在世的存在领会着自身，从本质上向各种可能性筹划自身。因此有所畏以其所为而畏者把此在作为可能的存在开展出来，其实就是把此在开展为只能从此在本身方面来作为个别的此在而在其个别化中存在的东西"（P227）。海德格尔在这里归纳了此在本真的存在的现身状态之所以是畏的几种原因：一、这种在世的存在方式完全告别了常人常态：周围世界里那些上手的东西——按照常人所熟悉的因缘整体性来照面的那些世内存在者——都从眼前沉陷了，此在在世已无常式可循，亦无常例可援。二、脱离沉沦后的此在处于一种个别化的存在状态，世界不再作为共同存在的一种事物间的关联或结构呈现在他的面前；脱离了共同世界，他人的共同此在同样也不能向他呈现什么可供参考的东西——原先向他开放的他人世界对他已失去了价值，他不可能从他人那里得到任何借鉴和启示。三、由于上述原因，此在除了求助于自己的能存在之外，已无任何现成的存在的依凭，于是，一种无家可归的感觉不禁油然而生。此时，此在只能通过自我领会和自我筹划去存在，就是说他只能从本质上通过对世界之为世界的领会去筹划自己的可能的存在。在这种情况下，此在的现身状态体现了它在向自己的可能之在存在中的期待和焦虑，这就是畏。

但是，畏使此在个别化为最本己的能存在，根本问题还是在于此在能够领会自己的存在。海德格尔认为，领会是此在最原始的存在论规定性，"领会同现身一样源始地构成此之在。现身向来有其领悟，即使现身抑制着领悟。领会总是带有情绪的领会"（P174）。这里所谓领会是此在的最原始的存在论规定性，是说此在对世界之为世界的领会与它的自我选择一样，都是原始的，因为它所选择的自我照亮了它在世的方式。这种对先验的世界结构的领会使此在具有一种世界意识，这是它现身的前提和条件，因此领会同现身一样，都原始地构成此之在。所以，现身向来是有所领会的现身，就是说虽然领会同现身一样源始地构成此之在，但领会毕竟要先于现身，现身是对世界之为世界先行领会的现身。这就是为什么说领会总是带有情绪的领会：它意味着领会就是对一种存在方式的领会，从而也按照它所领会的存在方式去存在，它表现为人的意志。因此海德格尔说："在生存论上，领会包含有此在之为能在的存在方式"（P175）。正因为此在从本质上先行领会了他的存在方式——世界之为世界，所以此在知道他于何处随他本身一道存在。此在知道他于何处随他本身一道存在，体现为此在向着它的为何之故筹划它的存在，这种向着自己的为何之故的筹划便是自我感知。海德格尔认为，此在对自我的感知贯透在整个的"在之中"，就是说此在把握了他在世界中存在的所有本质环节，把他的全部的可能性在死亡之前排列出来。这种贯透在整个"在之中"的自我感知，海德格尔称之为"透视"。正是因为此在具有这种通透其全部可能的自我感知或自我领会，才使得"畏如此把此在个别化并开展出来成为'唯我'。但这种生存论的'唯我主义'并不是把一个绝缘的主体物放到一种无世界地摆在那里的无关痛痒的空洞之中，这种唯我主义恰恰是在极端的意义上把此在带到它的世界之为世界之前，因而就是把它本身带到在世的它本身之前"（P228）。就是说，当此在被个别化为最本己的存在时，虽然周围世界上手的东西、一般世内存在者都沉陷了，但这正说明此在真正脱离了沉沦。常人世界（按照常人的理解所勾连起来的意蕴的指引联络）的沉陷和此在的被个别化，这并不意味着此在与世界绝缘，恰恰相反，它的"无家可归"正是它向其本质回归的前提，于是它被带到了作为它的本质的世界之为世界之前，或者说从本质上把它带到它的在世的存在面前。在此在最本己的存在中，领会浸透于它的每一种原始的存在形式，海德格尔认为，此在的这种最本己的能在就是他的自由。沉沦中的此在由于避离了他的本质，以致造成了他的自我异化，在这种逃离自我的非本真的存在中，最本己的能在对此在隐而不露。现在畏公开出了此在最本己的能在，就等于"公开出了选择与掌握自己本身的自由而需的自由的存在"（P227）。"选择与掌握自己本身的自由而需的自由的存在"这句话须从三个方面来理解：一是选择自己本身的自由，即脱离沉沦、选择本真的自己存在，也就是使此在个别化为最本己的能在。二是掌握自己本身的自由，即通过原始的自我抉择，把自己组建为整个生存的途程，使自己在本质上成为存在的整体。三是把选择和掌握自己本身的自由落到实处而需的自由的存在，这就是自我选择、自我谋划和自我造就，也就是个别化的本真的自己存在。其实，以上这三个方面的自由本质上是同一的，它体现了自由是对自由本身的限制。

透过海德格尔对畏这种最本己的存在方式的现身状态的描述，我们可以看到他所谓本真的自己存在具有以下几个特点：一、此在本真的自己存在，是此在在在摆脱常人世界的束缚后由其本性出发的自由自主的存在。这种自由自主的存在就是人的最本己的能存在，它首先体现为人的自我领会——人在提出自己的目的后对由这种目的所照亮的世界的领会，这样人就可以进行自我抉择——从本质上把自己构成一个完整的人，从而使人成为从其本质出发的命运的存在。对此，我们在前面已说过，海德格尔为了把人打造为存在的整体，提出了人向死亡这种最本己的罪责存在，就是说人必须把他在死亡前的全部可能性都排列出来。二、在此在本真的自己存在中，自由是对自由的限制。畏使此在个别化为最本己的能在，因此此在选择与掌握自身的自由而需的自由的存在与他人毫无关系，即使他人将自己的自由物化为处境企图对一个不同于他的自由的自由起作用也是枉费心机。在畏中，对自由的限制只能来自此在所寓之物，来自此在存在于其中的世界："畏之所畏就是世界本身"。"然而从存在论上看，世界在本质上属于'在世界之中'，亦即属于此在之存在"（P226）。因此，"畏之所畏是世界本身"就等于说"畏之所畏是在世本身"。这样，就把对自由的限制推回到此在为了选择与掌握自身的自由上了，也就是说对自由的限制只能是自由本身，它就是此在的最本己的能在。实际上，上面所说的自我抉择也就体现了自由是对自由的限制。三、此在本真的自己存在是一种最本己的罪责存在。此在选择了本真的自己存在后，它仅以本己的能在与世界建立起原始的关系，体现为此在如何是其可能性（目的）就如何存在——此在总是向着它的可能筹划他的存在。由于这种个别化的在世是此在把自身带到他的世界之前，即回归到他的本质，因此每个人都只是其自身的可能性，是自己使自己存在，当然也必须承担起自我抉择和自我筹划的责任。

我们在前面说过，常人作为一种生存论上的东西，它接受了闲谈这种平均领悟的被解释状态，于是这种平均状态便成为此在沉沦于世的现成范式。而"畏作为基本现身状态属于此在在世的机制，这种本质机制作为生存论机制从不现成摆着，而是其本身总存在于实际此在的一种样式中，也就是说，存在于一种现身状态中"（P229）。常人的生存样式是一种被给定的现成样式，而作为个别化的此在的最本己的在世的存在则是从其本质出发所选择和把握的实际现身状态，就是说它既没有现成的样式可循，也不一劳永逸地保持某种既定的样式，因此海德格尔强调本真的自己存在与非本真的常人的存在鸿沟相隔，完全不是一回事。然而他又说："本真的自己存在是常人的一种生存变式"（P160）。何谓生存变式？是否意味着本真的存在是由非本真的存在样式变化而来？对此，海德格尔先是说得很含糊："如果说此在本己地揭示世界并使世界靠近自身，如果说此在对其自身开展出它的本真的存在来，那么这种揭示世界与开展此在的活动总也就是把一切掩盖与蒙蔽拆除，总也就是把此在用以把自身对自己自身阻塞起来的那些伪装拆穿"（P159）。所谓本己地揭示世界并使世界靠近自身，就是通过本质上的对世界之为世界的先行领会来进行自我筹划，并根据意蕴的指引关联把世界开展出来使自己存在于其中。如果此在实现了这种本真的自己存在，就等于是拆除了闲谈的一切遮蔽，并把常人世界中那些阻塞着自己本真的存在的平均状态的伪装戳穿。在这里，海德格尔并没有正面说出本真的存在作为常人的生存变式的含义，他只是说此在对其自身开展出它的本真的存在，显然，这只是立而不是破，并不是对常人常式的批判和改造。后来，他对此又做了一些补充说明："一切真实的领会、解释和传达，重新揭示和重新据有，都是在这种状态中、出自这种状态并反对着这种状态来进行的"（P206）。这里说的"这种状态"，就是指平均领会的被解释状态。按照一般的理解，这句话的意思应该是说此在对自身的存在和世界之为世界的领会，在有所领会的前提下对自身存在进行筹划，以及把领会的解释通过言谈传达出来并根据意蕴的因缘联络来重新揭示和据有一个世界，所有这些本真的存在形式都是在平均领会的被解释状态中并从这种状态出发，通过对这种状态的批判和改造来进行的。然而，如此理解，岂不意味着本真的存在是由非本真的常人常式转化而来，而非本真的杂然共在不就是本真的自己存在的基础、前提和出发点么？那么为什么又要说二者鸿沟相隔、完全不是一回事呢？其实，这段话所表达的意思是：此在在选择本真的自己存在并以最本己的能在对这种存在方式进行自我领会和自我谋划时，它还没有脱离沉沦，还是在非本真的存在状态下进行的。为什么要这样来理解呢？因为海德格尔从一开始就说过，此在这种存在者是由存在规定的。此在只有在世界之中寓于世内存在者而存在，它本身才存在，而只有当它本身在，它才能去选择本真的自己存在并从最本己的能在出发进行自我领会和自我筹划。也只有这样，它才能脱身沉沦而重新投向本真的自己存在。这就是海德格尔所说的这句话的真正含义："可以把此在的平均日常生活规定为沉沦着展开的、被抛地筹划着的在世，这种在世为最本己的能在本身而寓世存在和共他人存在"（P220）。

现在我们可以看出，海德格尔对"本真的自己存在是常人的一种生存变式"的解释，也是从一以贯之的意识本身方面来说的，意识是我的意识，存在是我的存在，在这里作为人的实在的主体虽然显示为"我思某某"，但我作为维系非本真的存在和本真的存在的意识，实质上就成了纯粹的逻辑主体了。在本真的存在与非本真的存在的关系上，他一方面要把二者从本质上区别开来，另一方面又要把二者看作是统一的主体行为。在这种情况下，如果他还是坚持主体是"我思某某"而否定主体是"我维系…"，那么同一个主体就会被判为两人。于是，他在不放弃主体是"我思某某"的前提下，又不得不借助于他曾经反对过的康德的"我思"，同时也把主体看成是"我维系…"。这意味着人从非本真的存在转向本真的存在只是人从对一种生存方式的意识转向对另一种生存方式的意识。因此，无论是非本真的存在还是本真的存在，从现身状态上讲都是作为主体的此在对一种存在方式的领会，二者统一于此在的整体性。如此看来，说本真的存在与非本真的存在鸿沟相隔，这是就存在的本质而言；而说本真的存在是常人的生存变式，则是就存在方式而言，但二者作为主体在世界之中的寓而存在，即作为人的实在，则是相同的。

二、海德格尔：良知，将主体唤回罪责的存在

上一节我们分析了海德格尔所谓"本真的自己存在是常人的一种生存变式"的真正含义，正因为他把这种转变看成是作为"我维系…"的逻辑主体在与一种生存方式分离后又与另一种生存方式结合，所以他认为本真的自己存在就是主体从常人那里收回自己而成为自我。他说："从常人中收回自己就是从常人自身的生存方式转为本真的自己存在的生存方式，而这必定以补做某种选择的方式来进行。补做选择却意味着对这一补做的选择进行选择，意味着决定要从本己的自己方面来能在。借助对选择进行选择，此在才使自己本真的能在成为可能（P321）。这就是说，从生存论的角度看，常人的非本真的存在与自己的本真的存在都是我的生存的方式，是我改变了我的生存方式，在这个意义上讲，本真的自己存在不过是常人的一种生存变式。但是，我改变我的生存方式是要通过"补做选择"来实现的，所谓补做选择，是说原先遵从常人的生存方式是非选择性的，在海德格尔看来，人一开始是不由自主地被抛到一个由形形色色的被解释状态所组建的"世界"中的，因而人也就罔知自我地混迹于杂然共在之中。现在要从常人转向本真的自己存在，最根本的就是要实现与沉沦着的杂然共在的决裂，选择本真的自己存在。因此，补做选择就是改变一种生存方式，即选择以自己的能在去存在的生存方式。所谓"补做选择却意味着对这一补做的选择进行选择"，是说在选择了以自己的能在来存在的生存方式后则必然要对自己的种种可能进行选择，只有选择并把握了自己的种种可能性，才能在其规定下实现本真的自己存在。这句话可以与上一节所说的"选择与掌握自己本身的自由而需的自由的存在"结合起来理解。

海德格尔认为，此在之所以能够从常人中收回自己，选择本真的自己存在的

生存方式，并且对这种补做选择进行选择，其根本原因是在于此在具有一种能够明辨周围世界并能省察自身的良知。是良知使自己在沉沦中对自己的本真的存在有所领会，是良知反对着平均领会的被解释状态并选择自己本身去存在。从生存论上看，此在从非本真的存在转变为本真的存在，其良知自始至终一以贯之。"良知给出某种可加领会的东西，它有所开展。这一形式上的特征指示我们把这一现象收归此在的展开状态。我们自己向来所是的这种存在者的这种基本状况是由现身、领会、沉沦与言谈组建而成的"（P322）。所谓"良知给出某种可加领会的东西，它有所开展"，是说良知是让自己知道自己应是的可能——"为何之故"，以及由这种可能所规定的存在方式。这种形式上的特征本质上属于此在的展开状态。但是我们自己向来所是的这种存在者的基本状况却是在平均领会的被解释状态下由现身、领会、沉沦与言谈组建而成的，正因为良知把我们引向了自我领会的方向，才使得我们有可能产生反对平均领会的被解释状态、谋求本真的自己存在的念头。这正是海德格尔"一切真实的领会、解释和传达、重新揭示和重新据有，都是在这种状态中、出自这种状态并反对着这种状态来进行的"这句话的真正含义。从海德格尔对良知的这种表述来看，他所谓的良知明显地含有"回到事情本身"的意思，就是说要拆除遮蔽，就必须按照事物的本来面目来看事物，而事物的本来面目就是在我的自由选择的光照下对世界之为世界的领会。在哲学史上，最早提出"良知"一说的应该是中国先秦时期的孟子，他把人不通过学习就会做某种事称为良能，把不通过认识思考就能上通天文、下识地理称为良知，良知在这里具有生而知之的意思。所以明代理学家王守仁将良知发挥成天理，提出致良知：以人心中固有之天理去格物，使万事万物皆得其理。在西方，笛卡尔也提出过"良知"这一概念，他给良知下的定义是：正确地判断和辨别真伪的能力。他认为这种能力是人的天性。虽然笛卡尔所谓的良知也有不学而能、不虑而知的意思，但这种知主要还是体现在辨明是非真伪上。显然，海德格尔对良知的理解既包含有中国古代儒家的因素，也包含有笛卡尔的因素。但是，海德格尔所理解的良知还有与上述二者的不同之处，那就是他不是把良知看作是一种独立的或现成的意识形态，而是认为它只体现在实际的生存方式中："良知作为此在的现象不是摆在那里的、偶尔现成在手的事实，它只'存在'于此在的存在方式中，它只同实际生存一道并即在实际生存之中才作为实情宣泄出来"（P322）。说良知不是摆在那里的现成在手的事实，是说良知不同于对常人的在世方式的知，常人的在世方式是一种平均领会的被解释状态，它对每个人来说都是一种既定的存在方式或存在结构，人们只需遵循，无须领会和理解。说它只"存在"于此在的存在方式中，是说良知只有在此在的被抛状态中，即在它所提出的可能性中并从这种可能性出发把自己筹划到这种可能性上去时，它才现身。实际上，从此在对它的存在方式的领会来说，良知也属此在的现身状态，而这种现身状态则是由此在的被抛状态规定的。总之，良知就是此在的最本己的能在，这种能在可以参透事物的本质、分辨事物的真伪、知晓自己的依违，因而也就是此在对自己的存在的领会。

从良知是对对本真的自己存在的领会这个意义上讲，海德格尔把此在脱离沉沦向着最本己的能在存在看作是良知的呼唤，是此在在其自身中召唤作为常人的自身，唤起这个自身到它的能自己存在上去，也就是把沉沦中的此在唤上前来，唤到它的自己存在的诸种可能性上去。海德格尔说，良知之为呼唤是合于烦这种此在的存在结构的：呼唤者"是在被抛状态（已经在……之中）为其能在而畏的此在"，就是说呼唤者是烦忙于常人的世界中但却对其本己的能在（自由）有所领会的此在；"被召唤者是同一个此在，是向其最本己的能在（先行于自己）被唤起的此在"，这是说被召唤者就是那个作为呼唤者的此在本身，不过此时他已被唤起而向着其最本己的能在去存在；此在之被唤起，说明他"从沉沦于常人（已经寓于所烦忙的世界）的状态被召唤出来"。这样，呼唤者、被呼唤者、被唤起者就作为以整体来存在（烦）的同一个此在而出现，由此可见，良知之为呼唤"在存在论上之所以可能，就在于此在在其存在的根基处是烦"（P332）。

海德格尔说，良知呼唤此在向其最本己的能在存在，就是召唤此在趋向最本己的罪责存在。最本己的能在就是最本己的罪责存在，这种说法不免令人有点匪夷所思。不过海德格尔随即就解释道：此在的罪责存在是从此在的存在方式来把握"罪责"观念的，它与流俗的"欠债"和权利侵害之类的罪责现象无涉，也与"应当"及法规要求没有任何关系。因为在流俗与法规范围内，罪责被规定为欠缺，即欠缺那应当存在与能够存在的现成的东西，而生存则是去存在，是是其所不是又不是其所是的自我超越，它的存在性质始终有别于一切现成性。因此，从生存论上来规定有罪责，那是"作为一种由'不'规定的存在之根据性的存在，这就是说，是一种'不'之状态的根据"（P338）。所谓由"不"规定的存在，即作为自由的最本己的能在。自由是由"不"所规定的，可见这里所说的"不"或"不"之状态就是此在脱离沉沦后的那种茫然失其所在的"无家可归"状态。之所以说这种"无家可归"状态是"不"，是因为由于无所意蕴使此在对当下的自身存在的筹划变得不可能。这种"不"之状态使此在的最本己的能在面临种种可能性，他如何从这些可能性来领会自身，如何在生存状态的筹划中选择某种可能性而放弃另一些可能性，他是要对自己承担起责任的，因为"不之状态属于此在面对其生存状态上的诸可能性的自由的存在。但自由仅在于选择一种可能性，这就是说，在于承担未选择其他可能性并且也不能选择它们这回事"（P340）。从这个意义上讲，他所选择的可能性作为他的将来的存在本身，就是一种罪责的存在。而由于他所选择的可能性（目的）照亮了他的筹划，从而也规定了他的由"不"规定的最本己的能在，所以说有罪责是一种"不"之状态的根据。由此可知，由良知唤起的最本己的罪责存在不是一个伦理学的概念，就是说它不是由现成的道德教条所规定的东西，相反，这种有罪责的本己的能在才是道德上的善恶之所以可能的生存论条件。正因为良知唤起的是此在最本己的能在，是此在的自由，而不是此在的实际存在，所以良知的呼声并不说出任何可供议论的东西，也不给出任何理想的普遍的能在供人领会，它仅仅把能在展开为此在的各个当下个别化的能在。良知的呼唤只是使此在领会到：应当把自己从迷失于常人的状态收回到它本身。

把最本己的能在理解为最本己的罪责存在，海德格尔更多的是受到了丹麦哲学家克尔凯郭尔的影响。克尔凯郭尔尊崇个体的人，认为只有孤独的个体的人才是能够沉浸于自己所把握的真理的人，才是成熟的真正的人。一个人的存在总是处于变化的过程中，因而将来总是处于优先的地位。但是，将来的不确定性又导致他的焦虑。焦虑是原罪的前提，人最初处于无罪状态中，由于焦虑，经受不住诱惑，才违逆上帝犯了罪。焦虑不是对具体东西的怕，而是对自身自由的可能性之烦，所以自由就是面对诸种可能性的焦虑。人总想逃避焦虑，但却逃避不了，罪责就通过对自由感到焦虑体现出来。很明显，海德格尔除了把克尔凯郭尔所谓的焦虑说成畏外，他差不多接受了克尔凯郭尔关于人的个体化存在的全部思想。萨特曾分析过海德格尔与克尔凯郭尔的异同："克尔凯郭尔在描述失误之前的焦虑时，把焦虑的特征表示为在自由面前的焦虑。但是海德格尔……则相反，他把焦虑看作是对虚无的把握。对焦虑的这两种描述在我们看来并不矛盾：相反它们互相包含在对方之中"（P61）。自由本质上就是虚无，面对自由的焦虑和把焦虑看作是对虚无的把握完全是一回事，二者都是为对自己的一种可能存在难以把握而惴惴不安。克尔凯郭尔是一个以独特的视角来理解、信仰基督教的人，他所谓罪责是对自由感到焦虑的体现，实质上是接受了《圣经》中关于原罪的说法：人在启动了自己的欲望后（即发现自己是裸体的），就有可能走向堕落。但海德格尔所谓最本己的罪责存在却与《圣经》中的原罪思想完全不同，他不认为欲望本身是一种罪责，而是认为人对他的自由选择应该承担起责任。显然，他所谓的罪责是在于人的自由，在于人的最本己的能在，这只属于个人的价值追求，而不属于现实的伦理问题。在这个问题上，萨特与他们的看法都有所不同，他做了这样的分析："羞耻是对我原始堕落的体验，不是由于我犯下了这样那样的错误，而只是由于我落入了世界，没于事物之中，并且由于我需要他人为中介以便是我所是的东西。害羞，尤其是对在裸体状态被碰见时的恐惧，只是原始羞耻的象征性表现：身体在这里象征着我们无遮无掩的对象性。穿衣，就是掩盖其对象性，就要求看见而不被看见的权利，就是说要求成为纯粹主体的权利。所以《圣经》中犯了原罪之后堕落的标志就是亚当和夏娃'认识到他们是裸体的'这一事实。对羞耻的反应恰恰在于把那个把握了我自己的对象性的人当作对象。……事实上在'我对我感到羞耻'这一表述的结构中，羞耻假设了一个对别人而言的对象——我，但是同时也假设了一个感到羞耻的自我性，并且这表述中的'我'完整地体现了这种自我性。这样，羞耻是对以下三维的统一领会：我在他人面前对我感到羞耻。如果这三维中的一维消失了，羞耻也就消失了"（P379—380）。所谓原始堕落，即《圣经》中所讲的亚当、夏娃在偷食禁果犯了原罪后认识到自己是裸体的。这里说得很清楚，原罪是偷食禁果，原始堕落是认识到自己是裸体的，不能将二者混为一谈。原罪是源头之罪，原始之罪，因为在人类始祖亚当和夏娃偷食禁果之前他们谁也看不出对方和自己是裸体的，处在一种混沌未分的无罪状态中，只是在偷食了知善恶树的果实之后才知道对方和自己是裸体的。所谓知道对方和自己是裸体的，即知道男女性别之分，由之便产生了情欲，所以说这是原始堕落。由此可知，原始堕落的前提是人在变得灵明之后的知善恶，知善恶作为对最本己的能在的领会，才会对自由（对可能性的选择）感到焦虑，因为最本己的能在作为对某种可能性的自由选择，它有可能导致罪责。所以，焦虑不应是原罪的前提，而只能是原始堕落的前提。原始堕落就是在世，是落入世界、没于事物之中的寓而存在。赤裸的身体象征着对象性，它能燎起异性他人的欲火，因此上帝用兽皮为亚当和夏娃制作了衣服。穿衣是掩盖对象性，是要求看见而不被看见的权利。要求看见而不被看见的权利有两种含义：一是说我可以看见自己的身体，而我的身体却不能被他人看见。二是说我只能看见他人的身体，以他人为对象，而我却不作为他人的对象。这也就是要求成为纯粹主体的权利。不过，这纯粹主体只能非上帝莫属，对于一般人来说穿衣掩盖裸体并不排除特殊情况下（如洗浴）脱衣暴露裸体，或偶被别人碰见便会涌起一种近于恐惧的羞耻感，这种羞耻感正是对原始堕落的体验。

　　萨特对《圣经》中关于原罪和原始堕落的分析，是要得出以下两个结论：一、人的最本己的能在不应是一种罪责的存在。原罪是人类始祖亚当、夏娃的罪责而不是人类的罪责（亚当、夏娃属半神半人，在人神之间），只有原始堕落才是亚当、夏娃和人类的共同罪责（原始堕落使亚当、夏娃由神入人），因此人的最本己的能在只是人的自由，它不具有原罪的性质。其现身情态是焦虑或畏，并不意味着它担心会犯错误或堕落，而是在决心脱离沉沦时所产生的茫然失其所在的无家可归的感觉。其作为良知，也是一种生存论存在论意义上的知，而不是一种知善恶、知趋避的道德伦理意义上的知。二、罪责是人与人之间的一种共在关系，它被一定的伦理原则所规定。无论是原罪还是原始堕落，二者都需要以他人为中介来是我所是的东西（罪责），只不过在原罪中作为中介的他人不是一般的凡人而是上帝。由于上帝是绝对主体，任何人在上帝面前都是永久的对象存在，所以原罪是不可赎的。总结羞耻（由原始堕落而产生的罪责感）的成因，萨特将其归结为对他人眼中的对象——我、他人、感到羞耻的自我性这三维的统一领会：我在他人面前对我感到羞耻。这说明任何罪责都是在我与他人之间发生的，或者说都是我与他人之间的一种关系，而负罪感、羞耻感只是面对他人的一种自我认知和忏悔。因为"我们已经被抛进面对别人的世界，我们的涌现是别人的自由的自由限制，没有任何东西，甚至自杀，都不能改变这种原始处境"（《存在与虚无》：P526）。这说明，罪责揭示着一种人与人之间的关系，它永远指向一种社会的伦理原则，是人与他人的共同存在，而不是指示着人的最本己的能在。在萨特看来，《圣经》中的原罪之说不过是远离现实的神话：上帝所造之人偷食禁果之所以犯了原罪，是因为他们等于偷了上帝的智慧，使神圣沦为凡俗。然而这实质上是强调人智和人权的神授，却不是什么罪责。实际上，"原罪，就是我在有别人存在的世界上的涌现，并且不管我与别人的关系是什么样的，这些关系也只是我有罪这原始主题的多样化"（同上）。显然，这不仅把原罪降为原始堕落并将其世俗化，而且也明确表示原罪就是我在他人的世界中与他人共同此在。我在他人的注视下把我的裸体体验为我应担当的羞耻时，我感到我是有罪的。这里所谓有罪，正是《圣经》中"他们知道他们是裸体的"这句名言的意义所在。也许有人会说：海德格尔所说的作为畏的最本己的罪责存在是指对自己的可能性的自由选择承担责任，当然，有时候我们也说要对自己负责，但这种对自己负责是以对他人、对社会负责为前提的。如果说人是孤立的个别化的自己存在，每个人的存在都与他人的存在无关，那么就不存在对包括自己在内的任何人负有责任了。在这里需要指出，萨特也曾把人的自我抉择说成是对他人负责、为他人立法（见第二章第五节），这说明他与海德格尔一样，在关于人的个别化的本己存在和人与他人共同存在的本质区别问题上，也常常陷入不能自圆其说的矛盾和纠结中。其实，无论良知是一种生存论意义上的知还是道德伦理意义上的知，这都不是问题的要害，关键是人为什么会具有这种先天的知。对这个问题海德格尔无法回答。首先，这种本体论的个别化的本己存在已经从根本上否定了人的客观实践。其次，他也否认这是上帝的启示或上帝就在人心中，因为如果他承认了这一点，那就表明他回归到基督教存在主义，他就是在抄袭雅斯贝斯。看来，良知是他留给人们的一个永远无解的迷。

三、海德格尔：决心，向着最本己罪责存在的自身筹划

海德格尔认为每个人都具有良知，而良知就是此在从根本上知道自己的本质所在，同时也知道作为平均状态的杂然共在遮蔽了人的本质，因而它能够将自己从沉沦中唤起，重新选择本真的自己存在。海德格尔说，本真的自己存在作为最本己的能在世，是此在在愿有良知之中的展开状态，这种展开状态"是由畏之现身情态、筹划自身到最本己的罪责存在上去的领会和缄默这种言谈组建而成的"（P353）。何谓愿有良知？海德格尔说："愿有良知，作为在最本己能在中的自我领会，是此在的展开状态的一种方式"（P352）。愿有良知就是自我领会，此在的自我领会包括是它所是的可能性以及在这种可能性的光照下对世界之为世界的领会和对筹划中的自身存在的领会，这种领会属于此在的展开状态的一种方式，就是说它在本质上规定了此在在世的一切烦忙活动。从这个意义上讲，作为自我领会，"愿有良知成为畏之准备"（P352）。在此在最本己的在世的存在中，知是行的前提，知就是对世界之为世界的先行领会和对自身存在的领会，就是愿有良知，所以说愿有良知的意义就是准备去畏。

愿有良知作为自我领会，其展开状态有三个本质环节。第一个本质环节是畏之现身情态。畏之现身情态我们在前面已经讲过，即本真的带有情绪的现身，也就是对作为它的存在方式的世界之为世界的领会。第二个本质环节是将自己筹划到最本己的罪责存在上去。这是此在先行领会了世界之为世界后，对"在之中"的一些本质环节的把握，知道他于何处随他本身一道存在。第三个本质环节是言谈。关于言谈，海德格尔说："言谈是对可领会状态的勾连"（P196）。就是说，言谈是把由言辞所赋予意义的世界中的各个关联环节勾连起来，形成一种因缘联络的整体性——意蕴，从而道出现身在世的可理解状态。但是，在作为最本己的能在的领会中却没有一种言谈来回应呼声这种原始的言谈，这是因为这种原始的言谈就是它本身的意义，此在只需领会，无须再以言谈来做解释。所以，此在对于良知的呼唤，"它未经晦蔽地把呼声的内容据为己有。呼声呈现出常住的罪责存在，这样也就把本身从常人知性的嘈杂闲谈中收回。所以，有所勾连的言

谈这一样式包含在愿有良知中，而这种样式乃是缄默"（P352）。良知是一种内在的自我识认，所以世界作为一种有所勾连的言谈样式——意蕴——就包含在愿有良知中。作为呼唤，良知毫无遮蔽地将呼声的内容呈现给被呼唤者的我，而对被呼唤者的我来说，也就原封不动地将这呼声的内容——一种结构化的本己的罪责存在——据为己有。由于这一过程完全是一种内在的自我领会、自我解释和自我告白，因此这种言谈样式就是缄默。海德格尔认为，此在在愿有良知中的展开状态的这些本质环节体现了此在向最本己的罪责存在所做的准备，于是他就把缄默的、时刻准备畏的、向着最本己的罪责存在的自身筹划称为决心。显然，作为决心，此在最本己的能在已不再处于"无家可归"的状态，而是回到了自家并从自家出发来筹划自己的在世的存在了。

决心作为此在的展开状态的一种方式，是此在本质上的自我领会和自我筹划，海德格尔称这种展开状态的方式是"生存的真理"，意思是说它规定了此在在世的具体行为，此在据此把世内存在者开展出来并展开有所烦忙有所作为的自我造就活动，这从生存论上讲就是实现了真理。在海德格尔看来，在此在的本真的存在中，"世内存在者向来已随着世界的展开状态一道被揭示了。上手事物与现成在手事物的揭示状态奠基在世界的展开状态中，因为要敞开上手事物的当下因缘整体性就要先行领会意蕴。烦忙着的此在以领会着意蕴的方式寻视着把自己指派于照面的上手事物。要领会意蕴、亦即要开展当下的世界，则又基于领会一切揭示开的因缘整体性所回归的'为何之故'。为介入之故，为居持之故，为发展之故，这些都是此在的切近的和常驻的可能性。这一为其存在而存在的存在者一向已经向着这些可能性筹划自身了"（P354）。当此在决定来筹划自己的存在时，他也就展开了一个世界，而随着这个世界的被展开，构成这个世界的世内存在者便被揭示出来。这就是说，与此在的展开状态同时显现的上手事物与现成在手事物的揭示状态已经奠基在世界的展开状态中。反过来说，只要此在进行自我筹划或展开一个世界，同时也就规定了自己的存在状态和世内存在者的被揭示状态。但是，展开一个世界——敞开上手事物和现成在手事物的当下因缘整体性以便让世内存在者来照面，则要先行领会意蕴，因为此在只有在领会意蕴的情况下才能寻视着同上手事物打交道。从这个意义上讲，领会意蕴是让世内存在者前来照面从而把当下的作为存在者整体的世界开展出来的前提。然而，要领会意蕴，则又基于因缘整体性所归向的"为何之故"，即归向作为目的的"何所用"。"为何之故"即此在的存在本身，它不再有缘。展开一个世界基于对意蕴的领会，领会意蕴基于"为何之故"，这表明此在的本真的自己存在是一种合目的合世界性的存在，而世界总是被目的所照亮。这里所谓介入之故、居持之故、发展之故，是指此在在世的三个阶段。介入之故，即按照意蕴的指引联络把作为存在者整体的世界开展出来，让此在介入处境之中。居持之故，是指此在持留于其所寓而存在的世内存在者，展开烦忙的在世活动，这一过程表现为此在的展开状态和世内存在者的揭示状态。发展之故，就是超越世界，来到作为"为何之故"的此在的存在本身，就现在的自我超越了过去的自我而言，这便是发展。从领会意蕴进行自我筹划这个意义上来说，此在就是为了把一个世界开展出来，并寓于世内存在者而存在于其中，从而达到自己所选择的目标。所以，介入之故、居持之故、发展之故，这些都是此在直接面对的常驻的可能性，而此在也一向就向着这些可能性来筹划自身。

决心作为此在本真的展开状态的方式，是对本真的在世活动的规定。所以，"决心恰恰把自身带到当下有所烦忙地寓于上手事物的存在之中，把自身推到有所烦神地共他人存在之中"（P354）。就是说，决心作为本真的在世，一方面是把自己带到有所烦忙地寓于当下上手事物的存在中；另一方面是把原先作为烦神地共他人存在中的他人解放出来，使他人也选择本真的自己存在。在这种情况下，此在的决心就成了他人的良知："出于选择了自身的能在这种'为何之故'，决心的此在解放自己，自由面对其世界。唯有断然朝向其自身的决心才把此在带入这样的可能性：让一道存在着的他人在他们自己最本己的能在中去'存在'，而在率先解放的烦神中把他们的能在一道开展出来"（P355）。所谓选择了自身的能在这种"为何之故"，是说自己所选择的"为何之故"不像常人那样是一种现成的确定的存在形式，而是不确定的由本真的自己存在将要造就的自身的可能性。这样一来，此在就把自己从常人的束缚下解放出来，从而自由地面对其世界，在目的的光照下，让上到手头的东西首先来照面，然后按照上手的东西的指引把现成在手的东西（用具）开展出来。当然，也只有凭着断然朝向其自身的决心，此在才能在率先解放的烦神中让与他一道存在着的他人在他们自己最本己的能在中去存在，从而把他们的能在也一道开展出来，让他们自己建立起向着最本己的罪责存在的决心。

正因为此在所选择的"为何之故"是自身的可能之在，因此，"此在的一切实际被抛的能在都具有不确定性，而这种不确定性必然属于决心状态。决心状态只有作为决定才吃得准它自己"（P355）。海德格尔所说的"实际被抛的能在"，即此在向着他的可能性的自我筹划。一切实际被抛的能在都具有不确定性，是因为向之存在的东西只是一种可能性，而向着这种可能性存在的自我筹划也不过是一种世界设定。但正是这种不确定性才体现了决心状态，因为决心就是计划去做，它还没有把世内存在者开展出来，还没有付诸行动。这种不确定的决心状态只有在作为决定时，它才能把握住它自己的存在。海德格尔指出："决心的这种不确定性，这种生存状态上的每次只有在决定中才得到确定的不确定性，却正具有其生存论上的确定性"（P355）。所谓决心作为生存状态上的不确定性却正具有生存论上的确定性，是说从实际的生存状态上讲，决心虽然具有不确定性（还没有介入到处境中），但它作为对一种存在方式的领会却具有生存论上的确定性，因为它是从它所是的可能性出发来领会自身的存在，并按照这种领会把自己筹划到它所是的可能性上去。

那么在什么情况下决心才能变为决定？海德格尔说："决定恰恰是对当下实际的可能性的有所开展的筹划与确定"（P355）。就是说决定是把决心所筹划的可能之事开展出来（让世内存在者前来照面），从而使所筹划之事成为被确定的实际之事。因此，决定揭示了实际的可能之事，"其情形是：决定把可能之事按照它作为常人中最本己的能在所能是的那样加以掌握"（P356）。意思是说，作为决定，此在就是按照他在常人世界中以最本己的能在所能领悟的他的存在方式来把握可能之事，这意味着决定按照向着可能性的筹划把此在带入他的处境中。从这个意义上讲，决定其实就是动机，是实现筹划、投入实际的在世活动。由此可以看出，在可能的下了决心的此在的生存论规定性中就包含了另一种现象的结构环节——处境。

关于处境，海德格尔作了这样的表述："处境是那向来已在决心中展开了的此，生存着的存在者就作为这个此而在此。处境并非此在被摆在其中的现成框架，或好像此在不过是也可以把自己带到这现成框架里去似的。处境还远异乎前来照面的环境与偶然事件的现成混合，处境只有通过决心，只有在决心中存在。'本身'生存着就不得不作为此在而存在，而唯决心为此，环境的当下实际的因缘性质才对'本身'开展出来"（P356）。从这一段表述中我们可以看出处境有以下几种含义：一、处境是决心作为决定所揭示的实际可能之事。在决心中展开了的此，即我的实际的可能的存在。因此，生存、在世就是把我在决心中已经展开了的此通过寓于世内存在者的存在而开展出来（即作为这个此而在此）。从这个意义上讲，处境是指首先上到手头的事物和由上手事物指向的现成在手事物所组成的存在者整体。二、我作为这个此而在此，但这个此是世界中的此，因此处境是作为我存在于其中的世界，或者说处境是由我所组织的并由用具的指引性质所勾连起来的用具整体。这种用具整体根据于此在向着最本己的罪责存在的自身筹划，也就是根据于决心在愿有良知中的展开状态。因此，处境并非此在被摆放在其中的现成框架，而是境由人生，境随人在，是向着其可能存在的存在者作为这个此而在此。三、处境不是环境，环境是指人与他人共同存在中的周围世界。处境也不是环境与偶然事件的现成混合，所谓偶然事件，是指此在在世中偶然遇到一些有利或不利的外在因素。处境只有通过决心才获得其存在，就是说它是人在实现他的一个筹划（计划）中诞生的。此在在脱离沉沦后为了其"本身"的生存而不得不以此在的方式存在，当此在下定决心向着最本己的能在存在时，一种当下实际的因缘性质（即本真的世界的指引关联）才透过周围环境对此在"本身"开展出来。因此，在处境中存在，就是敞开上手的东西的因缘整体性，让现成在手的东西前来照面，使决心所筹划的实际可能之事成为决定所揭示的当下的实际之事，并且通过寓于上手事物的烦忙活动，向着本身的"为何之故"存在。

　　需要指出的是，海德格尔在对决心和决定的表述上似乎有点颠倒错乱。决心，应该是指准备去做某件事的想法或欲望，比如说此在于尚未脱离沉沦之际通过是自己的某种可能性而把自己向这种可能性存在的方式带到自己面前并向自身展开，这也就是所谓现身状态。决定，则是把向目的存在的想法确定下来并通过谋划将其具体化，或者说把决心化为蓝图以便于操作，它体现为实现决心的具体方案。海德格尔说，决心是缄默的、时刻准备畏的、向着最本己的罪责存在的自身筹划，但他却忽略了此在的这种自身筹划是为了向它所选择的目的存在，而对目的的选择本身就是决定。从这个意义上讲，人无自我选择的决定，决心因何而起？但是，如果仅仅下了决心而没有把自己筹划到可能性上去的决定，那也只是空有一个美好的想法。海德格尔把向着最本己的罪责存在的自身筹划理解为决心，而把按照筹划介入处境的动机理解为决定，这无疑是错误的，因为动机没有决定任何东西，它不过是启动了决定，也就是将决定付诸行动。海德格尔之所以把决定理解为动机，是因为在他看来"决心状态只有作为决定才吃得准它自己"，就是说只有把向着最本己的罪责存在的自身筹划变成行动，才算把决心落到实处，否则决心便始终处于一种不确定的状态。可是，处于不确定状态的决心还叫决心吗？然而海德格尔竟认为决心的这种不确定性才使之具有生存论上的确定性。什么是生存论上的确定性？即此在从它所是的可能性出发来领会自身，也就是把具有一种存在方式的此在带到它自己面前来并在其被抛状态中向它自身展开。这是一种内在的自我领会。但是，相对于不确定性的决心而言，生存论上的这种确定性显然也是决定，它意味着此在已经从本质上决定了自己在世的方式。海德格尔不就是由此出发把人的存在整体化为命运吗？因此人的原始的自我抉择就是命运上的一种自我决定，它规定了人整个的生存的行运。如果这样来理解，岂不是说明在作为决心的向最本己的罪责存在的自身筹划之上还有决定吗？如此叠床架屋，那么人到底是先下决心还是先作决定？其实，决心与决定的内涵都是相同的，它们所表达的都是主体向着它的可能之在存在，正因为是这样，二者之间不能另作别论。所不同的是：决心表达了一种情感状态，体现出一定要实现某种目的的激情；而决定则表达了一种理性和意志，它体现为向目的存在的具体谋划和手段。总之，决心和决定都是由目的照亮的，都贯彻于向目的存在的始终。

四、萨特：焦虑，是自由本身对自由反思的把握

海德格尔把此在的本真的自己存在称为畏，与海德格尔不同，萨特则称人的个别化存在为焦虑，但实质上他们都是接受了克尔凯郭尔对个人情绪的一种分析。前面说过，克尔凯郭尔是从基督教的教义来理解作为孤独的个人的存在状态。他认为焦虑这种情绪是原罪的前提，人在最初的无罪状态中仍有所梦求：寻求虚无。而虚无给出的是人的可能性，人在其可能性面前却不知所措，从而使他处于焦虑之中。

萨特接受了克尔凯郭尔对"焦虑"的理解，但它与海德格尔所说的畏在含义上并无本质的不同，用他自己的话来说，二者都是"对虚无的把握"。这里所说的虚无，不是指意识的虚无，而是指作为一种可能性的此在的将来。所以"对虚无的把握"也就是"以不是的方式是他自己的将来的意识"（P64）。此在对他的将来的意识，一是对他所追求的理想价值的意识，二是对作为他的存在本身的自我的可能的意识，从这个意义上讲，"焦虑是自由本身对自由的反思的把握"（P73），因为无论是追求理想价值还是提出自我的可能性，这纯粹都是我的自由。

那么，人在对虚无进行把握或在对自由进行反思时为什么会呈现出焦虑的状态？萨特说："通过焦虑表现出来的自由的特征表现在它是一种对标明自由存在的'我'进行再造的不断更新的义务。……我的可能是焦虑，是因为只有靠我才能支持它的存在，这并不是说它们来自一个至少能首先被给出、并且在时间之流中从一个意识过渡到另一个意识的'我'。……这个我，及其先验的和历史的内容，就是人的本质。在自我面前作为自由表现的焦虑则意味着虚无总是将人和他的本质分开"（P68）。萨特在这里一共提到了三种我：我、"我"和我。首先，我是通过焦虑表现出来的自由的特征的主体，即自为。其次，标明自由存在的"我"，是由我（自为）所设定的我的价值。对"我"进行再造的不断更新，是说我（自为）所设定的价值（"我"）不过是我的自由的存在，由于我追求一种理想的价值，

因此我也可以自由地推翻我所设定的价值并对其进行再造的不断更新。但这样一来，我的价值追求由于变动不居落不到实处而使我产生了焦虑。作为支持我的可能存在的我，是我（自为）向之存在的自我，我面对它表现出焦虑就因为它只是我的可能性。但它却不同于我的价值设定（"我"）——我可以首先设定它，然后也可以推翻它，在时间的流逝中对它进行再造的不断更新，我作为自我，它是我从本质出发的自我设定，是不可以任意推翻的。我作为自由在我（自我）面前表现出焦虑，这意味着我与我的自我（本质）总是被虚无分开。这里所谓我与我被虚无分开，是说人与他的自我之间还隔着一段距离，这段距离作为人据以谋划的存在整体（世界结构），是人对世界的意识而不是作为存在者整体的世界（处境）。因此，当我以不是的方式是我自己的将来的意识（作为我的可能性的我）时，一种焦虑的情绪便油然升起。

那么，我们如何来理解"这个我，及其先验的和历史的内容，就是人的本质"这句话的含义呢？上面已说过，我作为我的可能性，就是将来的自我，它规定并引导着我向它存在。什么是我的先验的内容？它是指作为自我抉择的原始的在世现象。通过这种原始的自我抉择，我在本质上便"作为我的全部特殊可能的原始整体化的我那最后的、完整的可能性和作为通过我对存在的涌现而来到存在物之中的整体的那个世界"。这种本质上的先验的整体性存在规定了我的具体的在世的存在，而我的具体的在世的存在就是为了实现和完成这种本质上的整体性的存在。所谓我的历史的内容，即已经实现、已经过去的自我，它概括了已经被造就的我。萨特说："我们意识的流动逐渐建立了这种本质，然而它总是停留在我们背后，作为对往昔的理解的永久对象纠缠着我们。正因为这种本质是一种要求而不是依靠，它才被看成是焦虑的"（P68）。我的本质是由自由存在的"我"（意识的流动）所造就的，但随着意识的流动，它便被丢在我的后面，作为一种对往昔理解的永恒对象而成为我历史的内容。我的历史的内容之所以是一种要求，是因为历史是不可重复、不可还原的，它总是在后面推着我前进，也正因为我不能停留在自己过去的历史中而要不断地重新投向自我之外，因此当我面对未来时我便为我没有依恃而感到焦虑。

萨特把人的自由表现为焦虑归结为两个方面的原因：一是价值的理想性和价值追求的不确定性；二是人的本质或自我只是一种要求而不是依靠。那么人所追求的价值与他所设定的自我有什么区别或不同呢？首先，自我作为一种要求它具有以下几个特点：一、时间把我同它分开了；二、我现在所是的自我不是我将来要是的那个自我的基础；三、人是通过寓于世内存在者的存在进行自我造就的，而当下却没有任何一个现实的存在物能严格地规定我将是什么。由于以上的情况，作为要求的我的将来的自我不过是我的一种可能性，这就是产生焦虑的原因。其次，我向之存在的自我虽然只是我的可能性，但我却是从自己的本质出发来提出这种可能性的，人投向自我之外就是向自我存在，这是在自我领会和自我谋划前提下的自我造就，人永远会超越他已实现的自我而趋向他将来的自我，这就是自我的存在。但是，与自我不同，"价值是从其要求中获得其存在的，而不是从其存在中获得其要求的"。就是说价值仅仅是一种要求，它只是因这种要求才作为要求而存在，却不是要通过存在来实现或获得其要求。从这个意义上讲，它"只能向着一种能动的自由而被揭示，这自由只是通过承认价值是价值而使它作为价值来存在"（P72）。所谓能动的自由，即不受任何对象限制的自由，它是在行为之外、意识之内所进行的纯主观的自我设定，只要我承认某种价值是价值，它就可以作为价值来存在。这样，我的自由便是各种价值赖以存在的基础，然而，我的自由本身却没有基础，因此"价值受到无条件地存在与不存在这双重特性的影响，……价值既为价值，它就拥有存在，但这个规范的存在作为实在恰恰没有存在。它的存在是要成为价值，就是说不是存在"（P138）。说价值拥有存在，是说价值作为一种行为规范，它应该是存在的；但这种规范存在的东西并非是人的实在本身，从这个意义上讲，价值之为价值就不是存在。价值的这种特性使推翻价值的可能性补充地显现为我的可能性，就是说一切价值既然是被我自由地揭示出来的，那么我同样也可以自由地推翻它，自由本身就为它所设定的价值的被推翻提供了可能性。推翻价值的可能性补充地显现为我的可能性，这说明追求价值的理想性永远是我的自由的特性，说明"面对价值的焦虑正是承认价值的理想性"（P72）。

价值具有理想性，但从原始的意义上讲，一种理想价值的可比性是什么？就是说它应该具有什么样的前提？显然，这个前提只能是一种已经存在的现成的价值标准，那就是作为人们的共同行为规范的包含着各种要求和期待的客观的价值世界。萨特说，在通常情况下，我们是不由自主地介入了价值世界，我们无须首先考虑自己的道德价值然后去做一个高尚的人，因为在这个世界中高尚已被具体化为无数道德戒律而规范着我们的行为。面对价值世界，"价值就像禁止践踏草坪的告示之类一样，化成成千上万实在的细小要求布满了我面前的道路"（P72），我只有践行的义务。在这种情况下，我对价值的态度是宁静的，而不是焦虑的。由此可见，受价值世界诸要求规范的行为和举动是人的原始的在世的行动，而追求个人理想价值和面对这种价值的焦虑则是一种后发的、重做选择的现象。这种情况说明："在我们所谓对我们的未被反思的意识呈现的直接性的世界里，我们并非首先显现出来继而又被抛进诸多举动中。而是我们的存在直接'在处境中'，即它在这些举动中涌现，并且首先认识了自己，因为它反映在这些举动中，我们于是在一个充满要求的世界中，在一个实现过程的谋划内部发现了自己"（P72—73）。从人的存在先于其本质这个意义上讲，人总是首先直接落入一个未经反思而直接呈现在面前的世界，因此人来到世上总是先行动，每个人在世界中存在都不是首先显现为作为自我的价值，然后在这种自我价值的要求和规范下去行动、去存在，而是一开始就直接在处境中，在那些被规定的在世的举动中涌现出来。于是，人通过他的涌现首先认识了自己：我原来是一个被别人规定的人。这样，人就在一个充满要求的世界中，在实现一个谋划的过程内部（即在他人的世界中）发现自己的存在。这种情况显示："我这趋向于一个原始可能性的谋划虽然使各种价值、要求、期待以及一个一般意义上的世界得以存在，但是对于我，它只是显现为我的举动的意义和抽象的、逻辑的含义而超乎这个世界之外"（P73）。我趋向一个原始可能性的谋划，即作为我首先不得不存在于一个共同的世界中的谋划，这种谋划根据于现成的价值世界的一般要求。当我在趋向这种原始谋划的可能性的存在中，它虽然能够使作为一般规定的各种价值、要求、期待得以存在，因而也可以使一个一般意义上的共同世界存在。但是这一切对我本身来说，只不过显现了我的行为和举动的意义和它的抽象和逻辑的含义，因为这个世界并非我所谋划的世界，我超乎这个世界之外。在萨特看来，价值只有回归自我，人才能真正回到他自己的世界之中："这种举动一旦离开了我，一旦因为我应该在将来等待自己而被归结为我自己，我就忽然发现我自己……是那个为了通过价值的要求而规定自己行动的、最终使各种价值得以存在的人"（P73）。就是说，我一旦摆脱了价值世界各种要求对我的行为的规定而向着将来的自己的可能之在谋划自己的存在，我就会发现我就是那个在用一种自己所确立的价值来规定自己的行动从而使各种价值得以最终实现的人。在萨特看来，人作为本体论的整体性的存在，它所追求的价值不应该在自我之外，就是说价值的理想性不应该超越自我抉择的合理性，从这个意义上讲，"价值，就是自我"（P139），而价值追求就是自我的存在。

那么，我如何才能使价值不仅仅是一种要求，即不是从其要求中获得其存在，而要从其存在中获得其要求？对此萨特提出了一种与能动的自由相对立的"严肃精神"。他说："这种严肃精神从世界出发来把握价值并且处于使价值宁静物化的实体化过程中。在这种严肃精神中，我从对象出发确定自我，我先验地把眼下所有未介入的不可能的事业搁在一边，把我的自由赋予世界的意义理解为是来自世界且构成我的义务与我的存在的"（P74）。这里所谓从世界出发来把握价值，是说价值的提出应该建立在人的具体的存在方式上。这样，就把价值落实到作为人的实在的具体行动上，在人的在世的过程中使价值处于宁静、物化的实体化过程，从而消除了自由本身在对自由（价值设定）进行反思时所产生的焦虑。可见严肃精神与能动的自由的最大区别就在于：能动的自由是为了追求价值的理想性而不断地推翻它所设定的价值，而严肃精神则是从世界中的对象出发来把握价值，它不对价值抱有不切实际的想象。这就是说，人只有从他所领会的存在方式出发，只有存在于他已经开展出来的世界之中，他才能确定他存在的价值。显然，这种严肃精神所把握的价值就是自我，因而从世界出发来把握价值，其实就是把价值设定与自我选择统一起来。可是，萨特不是说世界作为人的存在方式是由人所提出的目的（自我）照亮或规定的吗？如果说价值就是自我，怎么反倒说从世界中的对象（世内特殊存在物）出发来把握价值呢？实际上，萨特在这里讲的从对象出发来确定自我，是从整体、从此在的本质上来把握价值的，就是说他是从建立在原始的在世现象上的世界基质出发来统观我的每一个可能性，并且决定选择或介入其中的一种可能性。在这种情况下，其实我已经原始地把握了世界中的对象，于是，我就把眼下与我没有选择的那些可能性相关联的所有未介入的不可能的事搁置一旁，而从已经开展出来的当下世界中的对象出发来确定价值，并通过自我造就，以实现自己的价值。这表明我的自由所赋予世界的意义——世内存在者之间的指引关联，是根据于我在原始的在世现象中所确立的世界基质，是它先行规定了我的义务和为履行这种义务而进行的在世的存在。这样，"在焦虑中，我既觉得自己是完全自由的，又觉得不能不使世界的意义通过我而到达世界"（P74）。

萨特把价值统一于自我、归结为自我，实际上也就是把价值看作是人的原始的自我抉择，因而他的价值论也可以说是一种自我决定论。萨特的价值论之所以走上自我决定论，就在于他徘徊于价值世界和理想价值之间时，既看到了价值世界对人的自由的限制和束缚，又看到了作为理想价值的基础的自由其本身没有基础，面对这样两种难以依止的情况，最终还是不得不回到自我。那么，价值究竟该不该是自我呢？如果把价值理解为是一个人的存在的意义，它应该体现为我对他人或社会所承担的责任和义务，从这个意义上讲，价值论就是责任论，它是一个"我为人人，人人为我"的共在的概念，而不是一个个别化的本己存在的概念。因此，价值不应被理解为自我。萨特把价值理解为自我，主要是他强调自我包含了责任和义务，他认为我的自由赋予世界的意义是由我在本质上的原始抉择所规定的，并且它也构成了我的存在的义务。这就是我们在第二章中已表述过的他的观点：人在自我抉择时应该重视形象的价值，只能选择对大家来说是最好的形象，而不是更坏的。人就是通过这一行动成为为全人类做出抉择的立法者。可想而知，这种能为全人类作出抉择的立法者，除了上帝还有谁能做得到？其实，这种不对等的单向责任实质上是一种至高无上的权力，而不是规范行为的价值，因为它忽略或取消了价值所应有的平等含义：作为一种行为规范，它是责任也是权利，它表现为对每个人的自由的必要的保障和限制。因此，价值是人的类特性，用马克思的话来说就是一切社会关系的总和。在现实的价值世界中存在，这不仅是人的原始的存在状态，而且也是一般的通常的存在状态。但这并不意味着否定人的价值追求，人可以而且应该有自己的理想价值，不过，任何人的理想价值都不是一种凭空的自我设定，也不是绝对的、至高无上的，它应建立在现实的价值世界的基础之上，是对那些落后于时代潮流的价值观念的修正和提升。当然，人完全可以站在一个历史的制高点上，从各种社会关系的冲突、动荡和变化中来审视现存的价值体系的合理性，并提出自己的理想的价值标准。但是，任何一种价值的理想性都应该具有普遍性，当你所追求的理想价值不能为社会上大多数人所理解、认同时，这表明你的追求可能带有偏狭的主观性。当然，你可以保留自己的价值追求，然而却不要企图去推翻现存的价值体系，否则，你不是在现实中四处碰壁，就是被无情的现实所吞噬。不过，从另一方面讲，价值的理想性也在于它的非现实性，理想的价值如果一旦成为现实的，便是人人皆可践行的，就不再是理想的了。所以，理想价值永远是价值进步的杠杆，而不应成为现实行为的规范。

在讨论了萨特关于"焦虑是自由本身对自由的反思的把握"这种说法后，总觉得它与海德格尔所谓此在最本己的存在的现身状态是畏一样，有些言不由衷，辞不达意。固然他们的这种说法是承袭了克尔凯郭尔的观点：焦虑是一个本质上孤独的人对作为他的可能性的虚无的把握。但是，克尔凯郭尔所说的人的可能性与海德格尔、萨特所说的人的可能性却有着本质上的不同。克尔凯郭尔认为，人在没有得到上帝的启示之前处于无知的状态，他不能意识到自由是一种自我实现的手段，因而面对作为虚无的自由的可能性茫然不知所措，沉陷焦虑之中。不过，只要人确信自身与永恒之间的关系，凭借信仰的力量便可以克服焦虑，把可能性变成现实。可以看出，克尔凯郭尔是站在宗教信仰的立场上，从非理性的个人情绪出发来分析人的现实的存在，因而他所说的人的可能性是理想与现实之间的一种不确定的偶然的可能性。而存在主义的理论则是建立在胡塞尔现象学基础上，它所理解的人的存在是意识与现象的本体论的关系，而人作为本质上的整体存在则是人的原始的自我抉择和自我构建。因此，它所谓的人的可能性其实是由其本质所规定的必然性的可能性。人的整个的在世的存在既然是一种命运所规定的生存的行运，是先定的自我展开和自我造就，那么，焦虑何来？亦何畏之有？

五、萨特：处境，体现为我的没于世界的态度

上一节我们说到，萨特认为人不应凭着能动的自由来任意设定或推翻自己的价值，而应本着严肃的精神，从世界出发来把握价值，从世界中的对象出发来确定自我。唯此，才能处于使价值宁静物化的实体化过程中，从而实现价值与自我的同一。这种处于使价值宁静物化的实体化过程，就是人存在于处境之中。

关于处境，我们在前面说过，就是通过我的认识活动实现我的一个计划。所谓计划，就是向着我的可能存在的自我谋划，是对我存在于其中的一个世界的设定。因此，认识就是自为在面对世界在场的基质上面对一个特殊事物在场。这种从世界基质出发是我所不是的世内特殊事物的认识方式，萨特称之为自为的内在否定。在这里，对世界之为世界的先行领会是自我谋划的前提，而唯有通过谋划才能把世内存在者开展出来，从而构成向着可能之在存在的处境。基于自我领会、自我谋划和自我造就之间的这种关系，萨特说，如果说我的谋划体现了我对世界的意识，那么根据这谋划将被开展出来的处境则体现为我的没于世界的态度，就是说处境体现了我本质上是存在论地存在，即我先验地知道自己应该以怎样的方式并选择什么样的存在者去存在。所谓"没于世界"，即宅身于世界，或者说寓于世内存在者而存在于世界之中。因此，我的没于世界的态度"被包围我的实在事物的工具性或敌对性以及我自己的散朴性的关系定义，也就是说在根据一种自由地提出的目的的观点进行的我本身的彻底虚无化以及在对自在的彻底和内在否定的启示下发现我在世界上所遇到的危险，我在世界上能够碰到的障碍，我能够获得的帮助，这些，就是我们称之为处境的东西"（P698）。我的没于世界的态度被包围我的实在事物的工具性或敌对性以及我自己的散朴性的关系定义，就是说我存在于其中的处境是与我寓而存在的那些世内存在者的称手（工具性）或不称手（敌对性）以及我自己的展开状态（自为的散朴性）的关系来定义的。所谓自由地提出目的的观点，即自为选择了它的某种可能性并从这种可能性出发谋划向这种可能性存在。所谓我本身的彻底虚无化，就是对作为我的全部特殊可能性的原始整体化的我那最后的完整可能性的虚无化；对自在的彻底和内在否定，即以抽象的方式对整个世界的所有特殊存在者进行内在的否定。由此可知，所谓根据一种自由地提出的目的的观点进行我本身的彻底虚无化以及对自在的彻底和内在

否定，是说当我自由地提出了某种目的并谋划向这种目的的存在时，我必须对我的原始的自我抉择进行系统而全面的回顾。这是一种纯主观的意识内的反思，它的意义是使我在具体的在世存在中得到某些启示：我可以从中发现哪些是我在世界上可能遇到的危险，哪些是我在世界上能够碰到的障碍，哪些是我在在世中将获得的帮助，等等。而这一切都是我的处境的构成因素。这种情况说明，在原始的在世现象中，我已经把在世的各种有利因素和不利因素都考虑进去了。

　　但是，我所组建起来的处境并非是独立于我之外的一个恒定的存在，"处境只相关于给定物向着一个目的的超越而存在。它是我所是的给定物和我所不是的给定物用以向着我以不是它的方式所是的那个自为表露的方式。因此，谁说处境，谁就是说'在处境中存在的自为所被领会的立场'。不可能外在地考察一种处境：它是被固定在自在的形式中的"（P698）。处境只相关于给定物向着一个目的的超越而存在，是说处境只是在我通过寓于世内存在者而向着一个目的的存在时它才存在，否则就无所谓什么处境。处境中的这种特殊的给定物，作为隐含着我的目的（"何所用"）的待加工物，是由作为我的本质的世界基质所规定的，因而是我所是的给定物。我所不是的给定物，即工具。处境"是我所是的给定物和我所不是的给定物用以向着我以不是它的方式所是的那个自为表露的方式"，是说处境是我凭借工具作用于世内特殊事物的我的展开状态（即我以不是它的方式所是的那个自为），或者说是世内存在者通过我的在世的展开状态而显露出来的被揭示状态。从这个意义上讲，处境就是在世的自为所被领会的立场，也就是自为的散朴性。因此，不能把处境看成是一种外在于人的东西，就是说不能把它看成是用存在物所构建起来的一种独立于人之外的自在的形式结构。

　　凭着对处境的这种理解，萨特描述了它的一些基本特征，归纳起来主要有以下几点：

　　一、处境既不是主观的，也不是客观的。萨特在这里所说的"主观"，不是指我们通常所理解的人的内在性，而是指他所认为的人的感觉或印象。在萨特看来，印象是由外部事物刺激感官所产生的被封闭在主观性的盒子里的单纯感觉，它只是精神中的印迹而不是表象，当然就更不是事物（现象）本身了。所谓"客观"，也不是指我们通常所理解的外部世界和客观事物，它是指在意识本体中被客观化的作为意识的对象的现象。处境不是主观的，是"因为它既不是事物给我们的印象的总和，也不是这些印象的统一：它是事物本身和事物中的我本身，因为我作为纯粹存在的虚无在世界中的涌现只不过是有事物这一事实的结果而并未在其中加进任何东西"（P699）。就是说处境之所以不是主观的，一方面是因为处境与人的单纯的主观感觉或印象无关，它既不是事物给我们印象的总和，也不是这些印象的统一，它就是事物本身和事物中的我本身，或者说它是我寓于世内事物的存在。另一方面是因为处境是我向着我的可能存在而赋予事物以意义并把它们组织成存在者整体。不过，尽管如此，但作为存在的虚无，我只是通过世界中的事物涌现出来，却并未在其中加进任何东西。处境不是客观的，是因为"在天然存在物之间是不可能有联系的，正是自由在把存在物组织成为工具性复合时建立起它们之间的联系，正是自由谋划了联系的理由，也就是说谋划了它的目的。……于是自由就作为向着目的的自由谋划被束缚在世界之中"（P702）。另外，"处境根据给定物的意义本身（没有这种意义甚至就没有这种给定物）反映了自为的自由"（P699）。就是说处境之所以不是客观的，是因为处境中的给定物的意义——它与我的"为何之故"之间的因缘关联——也是人赋予的，如果给定物不具有这种意义，也就等于没有这种给定物，从而处境也不存在。

二、处境不是一个自由的自由结果，而是在向彼岸存在中并通过向彼岸存在的被解释、被体验的此在的有机整体。萨特说："处境，就和它不是客观的或主观的一样，不能被看成是一个自由的自由结果或者我所遭受的约束的整体；它起源于通过给它以约束的意义的那种自由的约束的启示"（P702）。处境不是一个自由的自由结果，是说任何一种处境都不是简单的自由是它所不是的那个自为（自为的散朴性），也不是自由被束缚于其中的存在者整体。处境对自由的约束，那是因为赋予处境以约束的意义的自由在被约束时所受到的启示，这就是说赋予处境以约束意义的自由受到作为我的可能的目的的约束，是目的规定了处境的约束意义从而使自由受到约束和限制。"由此可得出结论：处境中的存在在同时考虑到它的此在和它的彼岸存在时定义了人的实在。事实上，人的实在是这样一种存在，它总是超出它的此在。而处境就是在彼岸存在中并通过彼岸的存在被解释、被体验的此在的有机整体"（P700）。这表明在处境中存在就是人有所烦忙地向着他的可能存在，因此，作为人的实在，应该同时考虑到它既是当下的存在（此在），又是将来的存在（彼岸存在），这就决定了处境是人在向彼岸存在中、并通过向彼岸存在的被解释状态（在世的展开状态）和被体验状态（世内存在者的揭示状态）所体现出来的有机整体。从这个意义上讲，"处境包含并保持着抽象的和普遍的结构，但是它应当被理解成世界向我们展示的特别面貌和我们唯一的个人的机遇"（P701）。所谓处境包含着并保持着抽象的普遍的结构，指海德格尔所谓的此在的先天存在机制——烦：先行于自身的——已经在一个世界之中的——寓于世内存在者的存在。由于烦这种结构在生存论上先天地处于此在的任何实际行为与状态之前，所以我们应该把处境理解为是世界透过烦这种生存论的先天机制向我们展示的特别面貌和我们个人的偶然机遇。

三、环境因素能够引起处境内部的动乱，但不能导致处境的改变。关于环境，海德格尔说过，处境不同于前来照面的环境与偶然事件的现成混合。我们曾认为他所说的环境是指与他人共同存在中的周围世界或常人的世界。海德格尔把处境看成是由个人的决心（向着最本己的罪责存在的自身筹划）所决定的当下的实际存在，但是此在选择个别化的本真的自己存在却并没有改变或取消他周围的环境，因此在萨特看来，一个人在处境中存在就不能不受到周围环境中的偶然事件的影响，这就是所谓"环遇"。但是他又认为，环遇虽然能够引起处境内部的动乱，却不可能导致处境的改变。环遇不能改变处境，归根结底还是在于环遇不能够改变我的谋划。萨特说："通过周围自主的改变而产生的处境的内部动乱总是要预见的。这些改变永远不能引起我的谋划的改变，而它们能够在我的自由的基础上带来处境的简化或复杂化"（P704）。所谓周围自主的改变，是指他人为了限制或剥夺我的自由而使我周围的环境发生某些出乎我的意料的变化。环境的这种变化能够在我的自由的基础上使处境变得简化或复杂，但却不能引起我的谋划的改变，因为我的谋划是被我所选择的目的规定了的，改变谋划实质上就意味着放弃选择的权利，放弃自由。正因为如此，所以说处境体现为我的没于世界的态度。处境的简化或复杂化，是指实现目的的手段的简单或复杂。但无论我借以实现目的的手段是简化了还是复杂化了，它都改变不了我向着目的的存在的决心，因为改变了谋划就等于背离了自我。然而，一个人的最初的谋划总是以或多或少的简化性向他表现出来，因为人本身既不是简单的，也不是复杂的，正是他的处境才使他是简单的或复杂的。要说处境改变，并不是处境本身在形式结构上发生某些变化，而是我在实现一个目的后又跨进了一个新的处境。"事实上，我只不过是已决定的处境之外的我自己的谋划，而这种谋划从具体的处境出发提前描绘了我，就像它还从我的选择出发照亮了处境一样"（P704）。我只有在一个具体的处境之中提前谋划，我才能永远是我的处境，也才能作为人的实在永远存在于处境之中。

四、处境表现了个人作为实体的恒常性。萨特认为，自为是时间化，这意味着他是虚无而不是实体。真正能够恒常地表现个人作为实体从而为人们所体认的应该是处境，处境就是作为存在着的人的实体化。但是，处境之所以能够表现个人作为实体的恒常性，是因为它具备这样两个条件或前提：自由的恒常性和自在的永恒性。萨特说："在同一个谋划中的自由坚持事实上不包含任何恒常性，完全相反，我们看到，这是我的介入的永恒不断的更新。但是被自己发展和自己证实的谋划所展现和照亮的一切实在相反地代表着自在的恒常性，就它们将我们的形象送还给我们而言，它们用它们的永恒支持着我们，我们甚至经常把它们的恒常性当成我们的"（P702）。在同一个谋划中的自由坚持事实上不包含任何恒常性，是说自由在实现这个谋划或实现这个处境时并不谋求与自在的同一，自由只有坚持事实上不包含任何恒常性，它才能通过介入事物而获得永恒不断的更新，才能保持自身的恒常性（超越性）。所谓被谋划所展现和照亮的实在，是说谋划本身就揭示了人在世界中存在的展开状态，否则人也不可能在介入世界时就呈现出某种烦忙的存在样式。被自己发展和自己证实的谋划所展现和照亮的一切实在，即作为我的历史内容的我的以往的全部历事，也可以说那是我曾经存在于其中的处境，它们是我曾经的散朴性，代表着自在的恒常性。当我们在回顾往事时，就仿佛它们将我们当初的形象又送还给我们，正是它们以它们的永恒在支持着我们的存在，在显示着我们作为实体的恒常性。因而也可以说，处境是在目的的光照下自由与存在物的有机结合，在目的、自由、自在和处境这四者关系中，目的作为自我的可能，它规定着自由的谋划；谋划作为一种世界设定，它规定了自为在存在者中的涌现和处境的实现；而作为人的曾经的散朴性，即作为自在，处境在表现个人作为实体的恒常性中绽露出一种独特的个性。但是，个性作为个人的一种面貌是由他人对我的注视交还给我的，"通过对这种注视的体验，作为被体验到的和自我（的）意识的自由谋划的个性成了一种要担当的不可实现的不变化的东西"（P703）。就是说我从他人对我的注视中所体验到的我的自由谋划的个性是我要担当的东西，然而由于它是流落在他人世界中的我的异在，因此对我而言，它又是一个我所无法实现的永恒不变的东西。

从以上萨特对处境的描述来看，他所谓的处境完全是人主观地构建起来的内在的心中之境。首先，我们看看他对处境是如何定性的。他说处境既不是主观的（不是人对外部事物的感觉或印象的总和），也不是客观的（不是被客观化的事物或现象本身），而是事物本身和事物中的我本身。这就是说，处境本质上是自为的载体，因此，处境就是我在世界中的涌现，是我在世的展开状态，也就是自为。但是我们知道，这里所说的事物是指囊括在意识本体中的现象，而所谓在处境中存在则是指本体论的意识的超现象存在，这样，处境或在处境中存在，说到底就是人的一种内在的意念活动。这意味着处境生于意念：意念存则处境存，意念灭则处境无。其次，他认为人的实在是在处境中的存在，意思是说人的实在是一种依寓存在物的实际存在。照此理解，人对世界的意识（对世界之为世界的领会）、人对他的可能存在的意识（人的自我谋划）以及人对自为的散朴性的意识（作为回到过去的反思的时间化活动）便不能作为人的实在，因为上述那些被意识的东西本质上都属于非存在。这样一来，人的存在岂不被二元化了？人既是实在的存在，又是非实在的存在。然而萨特却强调：人的实在是个有机的整体，而我思（自为）的深刻含义就是重新投向自我之外。那么，如何将这两种形式的存在统一为一个存在整体？于是萨特提出：人在处境中存在和人的自我谋划是一种内部的新陈代谢。就是说"我只不过是已决定的处境之外的我自己的谋划，而这种谋划从具体的处境出发提前描绘了我"。可是，我究竟如何在已决定的处境中来谋划这个处境之外的我的存在？难道在处境中存在可以和自我谋划并行不悖么？其实这就是海德格尔曾经说过的：它发生于同世界烦忙打交道的活动中止之际。另外，在萨特看来，人在处境中的实在作为已经过去的历史内容，是人的超越性的散朴性，因而代表着自在的恒常性。当人回顾过去、反思自身时，它们便再现其形象，所以它们的恒常性也就是人的恒常性，从这个意义上讲，处境也表现了一个人作为实体的恒常性。这样，萨特就把人作为实体与人的实在等同起来了，人在处境中存在作为人的实在，同时就是人的实体。哲学史上一般都把实体理解为一切事物的基础或基质，唯物主义和唯心主义从不同的立场出发，基本上把实体分为物质实体（如德谟克利特的原子）和精神实体（如柏拉图的理念）两类，而亚里士多德则把实体理解为作为个体的个别事物。萨特所谓人的实体，表面上看既不是物质实体，也不是精神实体，而是一种物我合一的人的生存活动。但由于他把人的存在理解为意识与现象的本体论关系，因此他实际上是承袭了笛卡尔的思维实体，即精神实体，这就如我们刚刚所指出的：他所谓的处境不过是一种意念活动。

第六章 主体的空间性

一、海德格尔：在空间中存在基于在世界中存在

海德格尔在谈到作为生存论环节的"在之中"与作为范畴的现成东西的"在里面"的区别时说，这并不意味着此在不具有任何种类的空间性，恰恰相反，"此在本身有一种切身的'在空间之中的存在'，不过这种空间存在唯基于一般的在世界之中才是可能的"（P70）。所谓此在有一种切身的"在空间之中的存在"，是说此在的存在是一种宅身于具有空间性的存在者的存在，这是由此在的寓于世内存在者而存在这种存在方式所决定的。此在"在空间之中的存在"基于"在世界之中的存在"，这意味着：一、不能把此在的空间性理解为一般外在事物的广延性，即不是指作为人的生命肉体的身体的广延性，它应该是指此在具有设置其生存空间、活动空间的本质特性。二、不能把此在"在空间之中的存在"理解为像一般世内存在者那样摆放在空间中，由于此在的存在方式是寓于世内存在者而存在，因此它在空间之中存在实际上是一种宅身于或依寓于具有空间性的世内存在者的存在。三、此在本质上是在世界之中存在，世界是"在之中"的组建环节，因此，此在的存在空间被他存在于其中的世界所规定，是一种世界空间。

基于上述看法，海德格尔认为，此在向着其可能之在存在的自我筹划其实就是在设置空间。他说："对在世起组建作用'让世内存在者来照面'是一种'给予空间'，我们也称之为设置空间。这种活动向空间性开放上手的东西。设置空间的活动揭示出先行提供出由因缘规定的可能的位置整体性，于是我们能够实际上制定当下的方向。如果我们把设置空间领会为生存论环节，那么它就属于此在的在世"（P137）。要让世内存在者前来照面，首先就要提供出由意蕴的因缘联络所规定的作为可能的存在者的位置的整体性，这就是设置空间。所以，设置空间就是向空间性开放上手的东西，以便通过烦忙寻视把它们开展出来。实际上也就是此在向着其可能之在进行自我筹划。从这个意义上讲，所谓设置空间，"并非周围世界摆设在一个事先给定的空间里，而是周围世界特有的世界性质在其意蕴中

勾画着位置的当下整体性的因缘联络"（P129）。周围世界，即主体置身于其中的处境，也就是主体与之烦忙打交道的用具整体。这句话的意思是说：设置空间，并不是事先给定一个空间，然后把一个作为存在者整体的世界摆放在其中。而是此在本着对意蕴的领会事先勾画出他所筹划的这个世界中的诸存在者的位置的整体性的因缘联络。应该说，这是主体对他所筹划的一个世界中诸存在者的空间性及其因缘联络性质的把握，是主体在世的一种存在结构或方式。所谓位置整体性的因缘联络，即在世界设定中按照意蕴的因缘整体性对一个可能的作为存在者整体中的每个存在者所进行的定位。在这里，"位置与位置的多样性不可解释为物的随便什么现成在手存在的'何处'。位置总是用具之各属其所的确定的'那里'与'此'。每一各属其所都同上手东西的用具性质相适应，也就是说，同以因缘方式隶属于用具整体的情况相适应。但用具整体之所以能够依靠定位而具有互相连属的性质，其条件与根据在于一般的'何所往'。用具联络的位置整体性就被指派到这个'何所往'之中去，而烦忙交往的寻视就先行把这个'何所往'收在眼中。我们把这个使用具得以互相连属的'何所往'称为场所"（P127—128）。所谓不能把位置理解为作为现成在手的存在的"何处"，是说作为向上手的东西开放的由因缘规定的位置整体性中的位置不是简单的任何一处的地点或处所，而是组建世界的本质环节，是与用具整体中每个用具的性质相适应的各属其所的那个所在，而用具正是依照这种性质上的定位才被组织成互相连属的整体。但是，此在之所以能够对世内存在者作这种定位，其根据是在于"何所往"。这里所说的"何所往"，即作为用具联络的位置整体性，它也是此在根据对世界之为世界的意蕴的领会而进行的自我设置，此在只有先行领会意蕴的因缘整体性，作为用具联络的位置整体性才得以被构成。这说明用具联络的位置整体性作为一种世界性的空间结构已先于具体的用具整体存在于主体对意蕴的领会中。用具联络的位置整体性被称为"何所往"，是因为它既是向世内存在者开放的因缘联络结构，也是此在向之归的存在结构。而它被称为场所，正是因为在其中展开了此在的一片可能的生存空间。

但是，用具联络的位置整体性还只是主体的设置空间，要把这种设置空间转化为一个存在者整体的世界空间，那只有通过此在的在世才能显现出来。"寻视着在世把空间揭示为用具整体的空间性，而空间作为用具整体的位置向来就属于存在者本身。纯粹空间尚隐绰未彰。空间分裂在诸位置中。但具有空间性的上手者具有合乎世界的因缘整体性，而空间性就通过这种因缘整体性而有自身的统一"（P129）。此在通过寻视着在世，在把世内存在者开展出来的同时也就是把此在所设置的空间——由因缘整体性所规定的用具的位置整体性——揭示为用具整体的空间性。在这种情况下，空间便显现为用具整体的位置，这样，空间就分裂在诸位置中，因为空间作为用具整体的位置向来就属于各个世内存在者本身。因此，那种与存在者毫无关联的纯粹空间实际上是不存在的（隐缜未现）。由于具有空间性的上手事物具有合世界的因缘整体性，因而空间性也就通过这种合世界的因缘整体性获得了自身的统一，这意味着"当下世界向来揭示着属于世界自身的空间的空间性"（P129—130）。空间，本质上是世界空间。

那么，主体是如何通过他所设置的空间让上手者前来照面的呢？海德格尔说，这是此在通过去远和定向这种揭示空间的方式来实现的。何谓"去远"？海德格尔说："去远是说使相去之距消失不见，也就是说，去某物之远而使之近"（P130）。去远是使某物前来与我照面，以构成我的处境，从而消除我与此物的距离。如何去远？海德格尔说："决定着从周围世界首先上到手头的东西之远近的，乃是寻视烦忙。寻视烦忙先已依而逗留的东西就是切近的东西，就是调节着去远活动的东西"（P133）。显然，这个调节着去远活动、寻视烦忙先已依而逗留的最切近的东西不是别的，就是作为此在之目的的"为了作……之用"的东西，它属于此在自身的存在。于是，此在便以此为核心寻视着让向来存在着的东西到近处来照面。在目的的光照下，从周围世界首先上到手头的东西本质上是一种"为了作"的东西，即用于加工成成品（何所用）的东西，它的"为了作"的结构具有指引的作用，从而揭示出它与其他用具的依附关系。这样，便以首先上手的东西为出发点，形成一个用具整体的环围，凡在这个环围中的东西都属于"近"。所以"近"的意思是："处在寻视着首先上手的东西的环围之中"（P133）。于是，此在便按照首先上手的东西的"为了作"的指引，"将周围世界上到手头的东西去远而使它们进入由寻视先行揭示的场所里面去"（P133），即进入到用具联络的位置整体性之中。所以，去远是此在在世的一种方式："此在不断有所去远着，从而对如此这般在空间中来照面的存在者有所作为"（P134）。此在就是以这种寻视烦忙揭示空间的方式使自己在空间中存在。

关于定向，海德格尔说："此在作为有所去远的'在之中'同时具有定向的性质。凡接近总已先行采取了其向着一定场所的方向，被去远的东西就从这一方向而来接近，以便我们能就其位置而发现它们摆在那里。寻视烦忙活动就是制定着方向的去远活动"（P134）。这里所说的定向不是指首先上手的东西的"为了作"的指引规定着其他上手者的定位，而是指通过寻视确定让上手者前来照面的方向以去其远。同样，这里所说的方向也不是指前后左右或东南西北这些地理上的方向，而是指对去远具有一定的导向和引导作用的被去远者的一种空间性特征——
标志，因而在定向活动中必须先行给定所需的标志。海德格尔说："标志明确地使
寻视所用的场所保持开放，使连属过去、走过去、带过去、拿过去的各种'何所
去'保持开放"（P134）。标志使场所保持开放，是说标志公开了上手者的空间特
性，使得符合这一空间特性的上手者即可前来照面并进入场所中所属的位置。标
志使"何所去"保持开放，是说标志公开了上手者的空间性也就等于公开了主体
接近上手者的方向。"何所去"即主体接近上手者以去其远，这里所说的连属过
去、走过去、带过去、拿过去等动作，便是主体定向接近上手者以去其远的种种
状态，也就是主体在开放上手者的空间性的情况下选择称手用具并有所作为。因
此海德格尔说："只因为此在以去远和定向的方式具有空间性，周围世界上到手
头的东西才能在其空间性中来照面"（P136）。

　　此在通过定向和去远活动把世内存在者开展出来，实现了自己的处境，同时
也就为自己赢得了一片生存空间。海德格尔说："此在生存着向来就占得了一活
动空间。此在向来以如下方式规定着它本己的处所，它从已经为自己得了的空
间回到它订好了的'位置'上"（P433）。所谓此在从已经为自己得了的空间回到
它订好了的"位置"上，就是说此在通过定向和去远活动使自己能够在一个世界
的空间中存在并由此趋向它所设定的自己的可能之在（作为"为何之故"的"何
所用"）。海德格尔把此在在处境中有所作为的这种烦忙活动称为空间化，它包括
移置空间、清除空间和"设置空间"。所谓移置空间，即制定着方向的去远活动：
通过标志的指引方式开放上手者的空间性，"将周围世界上到手头的东西去远而
使它进入由寻视先行揭示的场所里面去"（P133），也就是让前来照面的世内存在
者进入先前为其设置的位置整体的位置中。清除空间，即此在在处境中有所作为
的展开状态，通过对首先上手的东西的加工整理，改变着它原有的空间形式。"设
置空间"，这里所说的"设置空间"不是前面所说的作为给予空间的设置空间，它
是指通过清除空间以达到主体为自我所设置或设计的空间，也就是主体所要归向
的它事先为自己订好的"位置"。由此可知，所谓空间化，就是主体通过在空间
中存在，从而使自身存在的空间性也显露出来。

　　从以上海德格尔对主体在空间中存在的描述来看，我们可以把他对空间的理
解归纳为以下几个方面：一、空间是世界的空间，此在只有在世界中存在，才能
在空间中存在。二、空间作为世界的空间被揭示为用具整体的空间性，或者说空
间是用具整体的位置。三、用具整体中每个上手用具都具有合世界性的因缘联络
性质，而用具的空间性或位置则与这种性质相适应，因而上手者的空间性或位置

也有自身的统一，就是说空间作为用具整体的位置也具有因缘整体性。可以看出，海德格尔对空间的这种理解是建立在他的下面一些观点之上的：其一，空间体现为一切存在者的空间性，没有独立于存在者之外的纯粹空间。其二，一切存在者都是世界内的存在者，没有世界之外的处于"自然"状态的存在者。其三，世界是此在的存在方式，是此在在其目的光照下按照其有所领会的自我谋划（世界设定）而开展出来的具有指引关联性质的存在者整体。由此可知，海德格尔所谓的空间，指的是意识本体内现象的性质和形式，而绝非我们通常所理解的作为客观事物存在形式的具有三维性的空间。而世界空间作为本体论的人的"存在空间"，只具有因缘联络的一维性。

二、海德格尔：此在本质上就具有空间性

上面我们说到此在在空间中存在基于其在世界中存在，因此可以认为，此在向着其目的存在的自我筹划就是在设置空间。那么，此在为什么能够设置空间呢？显然，这只能从此在的本质上找原因。海德格尔在谈到此在在空间中存在唯基于在世界中存在时就指出："只有领悟了作为此在本质结构的在世，我们才可能洞见此在的生存论上的空间性"（P70）。所谓作为此在本质结构的在世，即此在本质上就具有在世的方式，正因为如此，此在才能存在论地存在。在世是此在的本质结构，也就是说人本质上具有先验的世界结构，而空间是世界空间，由此我们便不难洞察此在具有生存论上的空间性，也就是说"此在本质上就是具有空间性的"（p134）。正因为此在本质上具有空间性，所以他才能够设置空间。这样，他就可以通过定向和去远活动向存在者开放空间，让世内存在者前来照面（移置空间），并通过有所烦忙的在世活动（清除空间），从而达到本己存在的目的（"设置空间"）。"而因为此在以上述方式具有空间性，所以空间显现为先天的东西"（P138）。这里所谓空间是先天的，是说作为设置空间的用具联络的位置整体性要先于具体的用具整体而存在。因此，"先天这个名称说的不是先行归属于一个首先尚无世界的主体而这个主体又从自身抛射出一种空间这一类情况。先天性在这里等于说：凡上手的东西从周围世界来照面之际，空间（作为场所）就已经照面这种先天性"（P138）。所谓"首先尚无世界的主体"，这是海德格尔的一个假设，就是说假定有一种在本质上不具有先验的世界结构的主体。如果真是这样，空间的先天性就等于是说空间先行归属于一个无世界的主体，然后这个主体又从自身抛射出一种空间来。当然，在他看来这是不可能的，因为世界结构就是此在

的先验的存在方式，所以，空间的先天性根本上还是在于此在本质上具有世界性和空间性。所谓"凡上手的东西从周围世界来照面之际，空间（作为场所）就已经照面这种先天性"，是说此在基于他本质上的世界性和空间性而设置了空间——作为用具联络的位置整体性的场所，这才使得周围世界上手的东西前来照面。所以，空间作为场所，就其先于具体的用具整体而言，便显示了它的先天性。于是，他对空间现象作出了这样的归纳："既非空间在主体之内，亦非世界在空间之内。只要是对此在具有组建作用的在世展开了空间，那空间倒是在世界'之中'"（P138）。空间作为实际的世界空间是主体的生存空间，主体在世界之中存在当然也就是在空间中存在，空间怎么可能在主体之内？所谓空间在主体之内，那是对"此在本质上就是具有空间性的"说法的一种误解，此在本质上具有空间性是因为此在的本质是先验的世界结构，当此在从本质上来领会世界之为世界时，他同时也就从用具联络的位置整体中领会到一种整体性的空间结构。这种对空间结构的领会是此在设置空间的前提，但设置空间也不是把空间摆设出来，它只是揭示出一种世界空间存在的可能性。空间是具体存在者的空间性，而存在者不在世界之外，世界不过是作为具有因缘联络性质的存在者整体的世界。人永远在世界之中，只是当此在根据其谋划把存在者组织成世界时，存在者的空间性才得以显露，所以说世界不在空间之内。但是，世界作为一种整体性的因缘联络，则是由于主体的烦忙在世，是主体的具有组建作用的烦忙活动展开了世界的空间，从这个意义上讲，空间应该在世界"之中"。

把人的空间性理解为人在本质上所具有的一种世界性的空间结构这不免让人不可思议：既然一切存在者的空间性就是它的性质和形式，却为什么不把人的空间性也理解为他的身体的形式或广延性呢？海德格尔似乎也意识到人们对这个问题的质疑，于是他解释道："人们或许会说：在一个世界之中的'在之中'是一种精神特性，而人的'空间性'是其肉体性的一种属性，它同时总是通过身体性'奠定根基'的；这种存在者状态上的标画却也同样不能从存在论上弄清楚'在之中'。因为这样一来，人们见到的又是一个具有如此这般属性的精神物同一个身体物的共同现成存在，而这个如此这般合成的存在者本身的存在却依然讳莫如深"（P70）。海德格尔在这里提出了不能把人的空间性理解为作为人的肉体的身体的广延性（三维性）的两个理由：一，人的存在是本体论的意识的超现象存在，如果认为人的空间性就是其身体的广延性，那么则无法从存在论上来解释人作为一种精神上的"在之中"，就是说无法理解人为什么在本质上具有先验的世界结构。二，如果认为人的空间性就是其身体的广延性，这样人便成了作为精神与肉体的共同物的现成存在，而这种由精神和肉体合成的存在者的存在至今却仍然是一个未解之谜。因此，"此在绝非现成存在在一块由躯体充满的空间中"（P433）。很明显，海德格尔的上述两个理由是建立在这样的前提下：精神与肉体是分离开来的两个完全不同的独立存在，而且人的存在只能被理解为精神性的意识的超现象存在。正是基于这种认识，他才说人作为精神与肉体合成的存在者的存在至今依然讳莫如深。然而，这显然是一种无视科学事实的唯心主义的诡辩和偏见，因为人们早就知道：意识是人脑的机能，精神是肉体的属性。离开人的肉体生命，精神焉附？意识何存？

从精神性的"在之中"来理解人的空间性，海德格尔说："此在之为空间性的，只因为它能作为烦存在，而烦的意义是实际沉沦着的生存活动。从反面看，这等于说此在从不，甚至也从不首先现成存在在空间中"（P433）。从烦的结构来看此在的空间性，这种空间性首先表现为有所领会的自我筹划，即表现为设置空间。它意味着此在的空间性依于此在的世界性，是此在的一种本质规定。其次，这种空间性表现为实际的在世活动——移置空间和清除空间。在这种情况下，此在作为在空间中存在，它的空间性是通过是它所不是的世内存在者的空间性得到体现的。由此看来，如果说设置空间体现了空间性是此在的本质规定，那么作为整个在世活动的移置空间、清除空间和"设置空间"则是对此在本质上所固有的空间性的证实。显然，无论是从设置空间还是从寓而存在的整个生存空间来看，此在从来都不曾也从来都不首先现成地存在于空间中。正因为如此，海德格尔把此在在空间中存在这种介入空间的方式称为"摄入空间"。何谓"摄入空间"？如果像海德格尔所强调的那样——按"摄入"的严格字面意义来理解，就是将空间摄取并融入自身之中。这实际上就是此在通过是他所不是的分裂在诸位置中的世内存在者的空间性而获得的位置意识。当然，摄入空间也属于此在的在世，它是此在于烦忙之际一种顺应于事的环顾寻视，表明此在寓于世内存在者而存在，也就是在空间中存在。关于摄入空间这种现象，海德格尔特别指出这是一种对空间的本质直观，是"我思某某"式的直接经验，不能把它与康德所说的回放表象式的间接经验混为一谈。康德所谓对表象的回放，是把"'在空间中'的现成事物的种种经验表象作为心理上出现的事物'在时间中'进行，于是'物理的东西'间接地出现'在时间中'，这种说法并不是对空间之为直观形式进行生存论存在论上的阐释，而是从存在者状态上确认心理上的现成事物'在时间中'——相续"（P433）。这段话的意思是说，对经验表象的回放，是把"在空间中"（外在的客观空间）存在的现成事物投射在人的心理上的种种经验表象当作一种心理事实放在"在时间中"来进行反观，这是作为间接经验物的"物理的东西"出现"在时间中"。这里把在空间中和在时间中都加上引号，是要说明这是一种流俗的空间观念和时间观念，因而对经验表象的回放只是确认心理事物在流俗所认为的时间中——相续，而不是对空间之为直观形式进行生存论存在论上的阐释。从生存论存在论上来阐释意识与空间的关系，是一种直接经验着空间的直观，即意识面对世内存在者空间性在场。

海德格尔说康德所谓表象回放只是确认心理事物"在时间中"——相续，而不是对空间作为直观形式进行阐述，这是指康德对空间的理解不同于他对时间的理解：康德不是把空间理解为人的内在的直观，而是理解为人对一个外在的包罗万有的无限虚空的直观——可以设想有空间而空无一物，却不可以设想有事物而无空间。可以看出，海德格尔是要借鉴康德对时间的内在直观而反对他对外在空间的这种非经验的主观领会。不过，需要指出的是，康德所谓的内在直观其实并非直观，而是对间接的经验的东西的一种反思领会：通过回到过去（回忆往事），领悟到时间是事物相续不断的流逝。

从上一节中海德格尔关于此在在空间中存在基于在世界中存在的表述可以知道，他所理解的"实际"空间有两个方面的含义：一是指作为用具的世内存在者的空间性，他反对康德把空间理解为包容一切存在物的纯粹空间。二是指用具整体的空间性，即合乎因缘整体性的世界空间。因此，他所谓对空间的直观也应该包括两个方面：一是对世内存在者的空间性的直观。这种直观就是以定向和去远的方式让世内存在者前来照面，这是实现筹划组建一个世界的前提。二是对作为用具整体的空间性——世界空间的直观。这种直观是从世内存在者的合乎世界的因缘整体性中看到分裂在诸位置中的存在者的空间性的统一，这是引导烦忙在世的前提。但是，海德格尔所谓的这种直观实际上是一种不符合事实逻辑的主观臆想。首先，我们来分析对世内存在者的空间性的直观。海德格尔无疑是把直观理解为经验性的，然而经验性的直观只能是对作为对象的事物（现象）的本质性直观，而不可能抛开事物的本质内含只直观它的形式：事物的存在形式和它的质是同一的，没有脱离形式的质，也没有脱离质的形式。其次，再来看对所谓世界空间的直观。我们知道，世界之为世界是此在在世的方式，世内存在者本身是自在的存在，它只有通过此在的存在才能联络成为整体性的世界。因此，即使我们假定有世界空间，这种空间也只能显现在此在烦忙在世的展开状态中。此在既已沉缅在烦忙的空间中，它又如何能跳出空间之外来直观空间？由此看来，人们对空间和时间的理解都不是通过直观获得的，而是在对经验的反思中领悟到的。对时间的领悟就如康德所言是通过对经验表象的回放，而对空间的领悟也是在对经验过的事物的反思中把握它的广延性的。

海德格尔从意识的本体论出发来解释空间无疑是荒谬的，其荒谬就荒谬在否定空间是客观事物的存在形式，是具有三维特征的客观事物的广延性。他把空间建立在人的绝对主观的精神性的"在之中"基础上，空间成了一种由人的本质上的空间性所规定的世界空间，即作为世内存在者的位置的整体性的因缘联络。依这般来理解空间，空间首先是一种人本质上所固有的由世界结构折射出来的形而上的空间结构；其次是在向着目的存在的谋划中对本质上的空间性有所领会的设置空间——作为场所的位置整体的因缘联络；最后就是被开展出来的作为存在者整体的空间性的世界空间——用具位置的整体性联络。世界空间是通过此在寓于世内存在者的存在显露出来的，它一方面体现为主体在空间中存在——此在是它所不是的世内存在者的空间性，另一方面也通过这种具体的在空间中存在证明此在本质上就是具有空间性的。在这里，物的空间性统一（同一）于人的空间性，人的空间性显现于物的空间性，空间实际上成了一种由我出发，物我同一的存在样式，在我的存在之外无物亦无空间。这里必需指出：不能把海德格尔所谓的这种精神世界的空间等同于通常人们的想象空间、梦幻空间或回忆空间，因为这一切都基于人的空间意识，基于人对客观事物广延性的领悟。

空间是客观的，因为空间就是一切客观事物的存在形式，广延性是空间的本质特性。把空间理解为人的内在性、主观性，就等于取消了空间作为事物的广延性，还存在什么空间？因此，既没有独立于存在物之外的纯粹空间，也没有不具有空间性或广延性的存在物。空间作为存在物的存在形式，应该是一种存在物的多形态、多层次的交互包含。现代自然科学已经证明，整个物质世界可分为实物和场两种基本形态，实物之间的相互作用是通过场来实现的，而物质系统内各种因素和成分之间的不同程度的联系又会形成不同的相对独立的物质层次。其实，海德格尔在他的存在哲学中是不应该涉及空间这个问题的，因为你既然接受了胡塞尔的现象学，把一切客观存在的事物都悬搁起来了，这岂不等于把客观事物的存在形式——空间——也一同悬搁起来了吗？你还有什么必要在本体论的意识存在中重谈空间问题？由于这是一个自相矛盾的悖论，因此，他闪烁其词谈得艰难，而别人对他的所谈的东西的理解就更加艰难了。

三、萨特：空间是纯粹的外在性

萨特对空间的理解是从揭示人的存在的空间性入手的。他说："揭示存在的空间性和通过自为本身把自为非正题地理解为非广延的是一回事。自为的非广延性不是肯定隐藏在否定的名称之下的精神性的神秘能力：它根本上是一种出神关系，因为自为正是通过超越的自在的广延并在这种广延中使自己显示出来并实现自己的非广延的。自为不能首先是非广延的而在后来进入一种与广延的存在的关系，因为，按我们考虑它的某种方式，非广延的概念自己不能有意义，它只不过是对广延的否定"（P247）。人的存在作为意识的超现象存在，是在意识是其所不是（我思）又不是其所是（虚无化）后对作为对某物的意识的我思的反思。这一过程其实就是把对某物的意识（正题意识）转化为自我意识（非正题意识）。揭示存在的空间性，就是通过反思的自我意识，在揭示自为所不是的超越的自在的广延的同时领悟到自为本身是非广延的。显然，这里所谓"超越的自在"，就是作为对某物的意识的我思。萨特称之为"超越的自在"，是说它作为对现象的显象的显现，超越了现象本身，是不依赖于现象本身的自在。因此，如果把"超越的自在"（对某物的意识）看作是正题意识，那么对"超越的自在"的意识（即对我思的反思）便是非正题意识。所以说揭示意识的超现象存在的空间性和通过自为本身把自为非正题地理解为非广延是一回事。"自为的非广延性不是肯定隐藏在否定的名称之下的精神性的神秘能力"，是说自为的非广延性不是它在是它所不是的东西（肯定）时就已经隐藏在它此前不是其所是（否定）的虚无化中的一种精神性能力，也就是说非广延性并非自为本身固有的一种能力或属性，而是它在是它所不是的"超越的自在"的广延时领悟到自己是非广延的。这意味着自为不能首先是非广延的然后介入到一种与广延的存在关系中，因为一方面自为作为意识的虚无并不首先存在，另一方面非广延这个概念本身没有任何意义，它仅仅表示对广延的否定。在这里，萨特把空间理解为"超越的自在"的广延，而不是理解为被意识事物的广延，这就为他把空间理解为事物的外在性埋下了伏笔。

从萨特关于空间是"超越的自在"的广延这种说法中，我们不难看到其中包含这样三层意思：一、广延是对存在物（现象）的位置意识或正题意识的一种特性，而不是存在物本身的特性。二、空间是在对我思（对某物的意识）进行反思（显现显现）时对"超越的自在"的广延性的一种领会，因此，"空间其实不可能是一个存在"（P252）。三、空间不是存在物（现象）的自身性，它既不是基质也不是形式，"空间是纯粹的外在性"（P252）。由此，萨特认为："广延是一种自为恰就其否定自身是广延而言不得不理解的超越的规定性"（P247）。就是说，广延作为"超越的自在"的特性，它是人所把握的超越了具体存在物的外在性的一种规定性。"这样，我们看到，规定显现为与我所是的那种内在的、彻底的和出神的否定相关的外在否定。这才是对同时被揭示为综合整体和所有'这个'单纯相加而成的集合的世界的暧昧性的解释。事实上，只要世界被揭示为自为在其中不得不彻底地是其自己的虚无的那样一个整体，世界就作为未分化的混合体来在场"（P251—252）。我们在前面曾讲过，自为对事物的否定分为外在否定和内在否定：外在否定是自为在两个存在之间建立的纯粹的外在联系，即自为通过对两个存在（作为对某物的意识的我思）的反思，从外在形式上确定此事物非彼事物；内在否定是说被另一个存在否定的存在通过它的不在场本身在它的本质内规定了另一个存在，即自为在把握事物本质的前提下通过是它所不是的某个事物的质而是这个事物。说外在否定与内在否定相关，是因为任何一个具体事物作为诸性质的有机总体都是与它的一定的存在形式的统一，但"形式不是在未分化的基质中显现出来的，它完全被基质所渗透，它把基质包容在自身中当作它固有的未分化致密物"（P258）。当然，这里所说的自为对事物的否定，实际上是人对世界内事物的认识和选择，但是自为"面对一个特殊事物的在场只能在面对世界在场的基质上实现"（P248），这就是说人对世内事物的认识和选择是从世界基质出发通过内在否定来实现的，在这种情况下，世界被揭示为综合整体。而如果只从外在否定这个角度来看，世界则显现为所有世内事物单纯相加而成的集合。正是由于自为的内在否定和外在否定的这种差异，才使得世界处在一种模棱两可的暧昧性解释中：既是由基质的指引关联所构建起来的综合整体，又是由所有"这个"单纯相加而成的集合。然而，只要自为面对世界彻底地否定自身是这个整体，也就是彻底地是其自己的虚无，那么它就是面对一个作为未分化的混合体（既是综合整体又是所有"这个"的集合）的世界在场。但是萨特认为，自为的这种彻底的虚无化应是一个具体的、现时的虚无化，就是说"自为之面对世界在场只能通过它的面对一个或几个特殊事物的在场来实现"（P248）。这样一来，世界就像是一口被打开的箱子，里面的一个或几个"这个"便作为一种间断集合成分的对象显现出来。"在世界不是实在的综合，而是乌有对诸多这个之集合的理想限定这个意义下，相关于一个被化整为零的整体的世界显现为一个渐趋消逝的整体。这样，作为基质的形式性质的连续，就使间断显现为这个和整体之间外在的关系类型。所谓空间，恰恰就是整体向着集合、连续向着间断的这种永恒逐渐消逝"（P252）。

就是说，当自为在面对世界在场的基质上实现面对一个特殊事物在场时，世界就不是作为人的在世的存在（实在）的综合，而是作为乌有对诸多"这个"之集合的理想限定，即显现为一种被乌有所限定的诸多"这个"的充实的麇集。在这个意义下，世界的整体性便在这个整体的化整为零中渐趋消失。如果我们把作为整体的世界理解为由基质的形式性质的指引所勾连起来的连续，而把化整为零的诸多"这个"的集合理解为间断，那么间断便显现为在整体内"这个"与整体之间的一种外在关系。而空间作为事物的外在性，则是整体的解构，是整体向着集合、连续向着间断的永恒逐渐的消逝。

从以上萨特对空间的表述可以看出，空间不仅不是像海德格尔所理解的那样具有因缘联络性质的世界空间，相反，空间是世界的解构。于是他得出这样的结论："空间化存在是同时面对整体和这个的在场的自为；空间不是世界，而是被当作整体的世界的不稳定性，因为它总能被分解为外在的多样性。空间既不是基质也不是形式，而是基质的理想性，因为基质总能分解为形式，空间既不是连续也不是间断，而是由连续向间断的永恒过渡"（P252）。所谓空间化存在，是说自为本身是非广延的，但是它却通过寓于世内存在者的存在而被空间化了。由于自为在是它所不是的存在者时总是面对世界在场，因此自为的空间化存在是同时面对作为整体的世界和一个特殊的"这个"在场。空间不是世界，是因为空间是乌有对诸多"这个"的集合的理想限定，而世界则是由基质的形式和性质的指引关联（连续）所体现出来的综合。从某种意义上讲，空间体现了整体世界的不稳定性，就是说世界作为整体总能被分解为诸多这个的集合。空间不是基质，是因为空间是对"这个"的外在否定，而基质则显现为自为的内在否定，是自为从世界基质出发是他所不是的"这个"的某种质。空间不是形式，"因为，形式不是在未分化的基质中显现出来的，它完全被基质所渗透，它把基质包容在自身中当作它固有的未分化致密物"（P258）。所以，空间既然不是基质，它当然也不是形式。所谓空间是基质的理想性，是说空间作为自为对"这个"的外在否定，它同时就是对基质的规定，是乌有对诸多"这个"之集合的理想限定。空间不是连续，因为连续是由基质的形式性质的指引而勾连起来的综合整体，是世界，而空间不是世界。空间不是间断，是因为间断显现为"这个"和整体之间的的外在关系，它并没有与整体断脱开来。"空间是纯粹的外在性"，它不属于"这个"本身，"由于这种外在性不能属于上述诸'这个'中的任一这个，又由于作为纯粹局部的否定性它是对自身的解构，它就既不是自我地存在，又不能是被存在的"（P252）。所谓纯粹局部的否定性，是说在世界被分解为诸多"这个"的集合中，空间只显现为我所不是的某个"这个"的外在性。但是，从空间是乌有对诸多"这个"之集合的理想限定这个意义上来讲，这种局部的否定性则是空间对自身的一种解构。因此，空间作为我所不是的超越自在的广延，它既不是一种自身的主动存在（自我地存在），也不是一种被给予的被动存在（被存在），它不存在。由于空间只是"这个"的外在性，而"这个"总是世界中的"这个"，所以空间体现为连续向间断的永恒过渡，即体现为世界被分解为外在的多样性。

可以看出，在对空间的理解上，萨特与海德格尔有着明显的分歧。首先，他把空间理解为"这个"的外在性：空间既不是基质也不是形式。这表明，他否定了海德格尔关于空间是存在者的空间性以及空间作为用具整体的位置向来就属于存在者本身的说法，在他看来，空间不过是人对他的存在（"这个"）的反思的领会，是纯粹的外在性，不仅与存在者无关，而且也与作为超越的自在的"这个"本身无关。其次，萨特所谓纯粹的外在性，并不是像康德那样把空间理解为包罗万有的纯粹空间，而是理解为乌有对世界内诸多"这个"之集合的理想限定。他和海德格尔一样都不承认有纯粹空间，但与海德格尔不同的是他认为在世界中存在的只是基质与形式统一的"这个"，空间实际上并不存在。此外，从空间不是一个存在出发，萨特必然要否定海德格尔关于空间具有先天性、空间是一种直观形式和人在本质上具有空间性的说法。下面我们就来看看他是如何批判海德格尔的。

他说："设想空间是我们的感性对现象的先天结构提出的形式是徒劳的：空间不可能是形式，因为它什么也不是；相反，它标志着乌有，如果不是否定的话——而且还是作为一类保持其统一的东西的原来状态的外在关系——不能被自为带进自在"（P253）。空间既然不是基质，也就不可能是形式，因为形式不可能脱离基质而单独存在，所以设想空间作为现象的先天结构的纯形式是荒唐的。空间是乌有，空间不存在，那么人为什么会对空间有所领悟？萨特说这是由于否定，即自为否定它自身是广延而不得不把它所不是的超越的自在理解为广延的。这样，人通过对某物的意识的反思，那种不是他自身的广延便作为与保持基质与形式统一的超越的自在的原来状态的一种外在关系，便成为存在物的位置（被自为带进自在）而永远留在人的脑海里。

空间不是一个存在，这就等于否定了人在本质上具有空间性，因而也就等于否定了人能够设置空间。在萨特看来，人是从他的本质出发来谋划他的可能的存在的，而人的本质就是人在原始的自我抉择中所把握的全部的世界基质。所以他对海德格尔把定向看作是向上手事物开放空间性提出了异议。他说："定向是事物的一种构成结构。对象在世界的基础上表现出来并在外在性与刚刚显现的别的‘这个’的关系中表露。于是它的揭示暗含着整个感知域或世界这未分化基础的补充性结构”（P412）。就是说，定向不是此在从他所设置的空间——具有因缘联络性质的位置整体性——出发把世内事物的空间特性标志化地公开出来，以让具有这种空间特性的上手事物从周围世界前来照面。定向就是事物本身的一种构成结构，作为人的对象的世内事物是在世界的基础上表现出来的，这就是我们在前面已提到的：“自为之面对世界在场只能通过它的面对一个或几个特殊事物的在场来实现；反之亦然，它的面对一个特殊事物的在场只能在面对世界在场的基质上实现，知觉只在面对世界在场的本体论基质上展现，而世界被具体地揭示为每种特殊知觉的基质”。不过，就在对象在世界的基础上显现出来的同时它也在外在性上与刚刚显现的别的“这个”的关系中表露，即表露它不是别的“这个”。这种外在的否定正是定向的含义。所以，定向的揭示表明在整个感知域或世界这未分化基础中暗含着这种补充性结构。这里所说的整个感知域或世界这未分化基础，是指人在原始的在世现象中所确立的作为整体存在的本质规定，它是人在整个世界中进行整个的自我选择和自我建构时对作为自在的未分化的基质的把握。因此，“感知归属于一个被这归属客观地定义并位于围绕着它被定向的场域本身上的中心。只是这个中心，作为被考察的感知域的结构，我们并没有看见它：我们是它。于是，世界对象的秩序永远把一个对象的形象送到我们这里，而这对象原则上不可能是为我们的对象，因为它就是我们应该是的。于是，世界的结构意味着，我们只能是在被看见的时候才能看见”（P413）。萨特的这段话十分晦涩，下面我们就逐句来加以解释。“感知域归属于一个被这归属客观地定义并位于围绕着它被定向的场域本身上的中心”这句话可分三层来理解：一、感知域归属于一个位于场域上的中心。是说感知域作为世界这未分化的基础——世界内的特殊事物，它归属于人所谋划的一个存在场域上的中心，这中心就是自我，因为对世内特殊事物的感知是由自我规定的。二、这中心定义了场域。场域，犹海德格尔所谓场所，即作为自我谋划的自为的存在方式。谋划总是从自我出发并向之归，因此作为场域的中心，自我定义并规定了场域。三、这场域围绕着中心被定向。是说场域作为自为向着自我存在的谋划，它是在目的的光照下显现出来的自为所应是的存在结构，因此要按照这种存在结构把世内存在者开展出来（定向）也必须围绕自我这个中心。“这个中心，作为被考察的感知域的结构，我们并没有看见它：我们是它”。所谓被考察的感知域，即通过认识被开展出来的作为存在者整体的世界，也就是处境；被考察的感知域的结构，即作为人的存在方式的先验的世界结构，它是实现一个处境的根据；中心作为被考察的感知域中的结构，是说自我（中心）

包含并规定了作为人的存在方式的世界结构，因而也可以说自我（中心）本质上就作为这种存在的方式或结构。人的这种存在方式或结构就是人的本质构成，它只可意会（内在地自我领会），不可睹而视之，所以说我们并没有看见它。由于我们本身就是世界对象的秩序，所以这秩序永远会让一个需要考察的对象的形象呈现在我们面前。"而这对象原则上不可能是为我们的对象，因为它就是我们应该是的"，就是说呈现在我们脑海中的对象的形象是包含在我的本质中的世界对象的形象，是我在领会了世界之为世界的基础上所展开的定向活动。因此这对象的形象原则上不是为我的对象，即不能作为外在于我的那个对象本身。"世界的结构意味着，我们只能是在被看见的时候才能看见"，就是说世界结构作为人的存在方式，它意味着人只有通过本质上的自我领会和自我意识（看见自身），然后才有可能看见我要看见的世界对象。归纳起来，整个这段话的意思是说：人本质上就具有一种感知世内事物的感知域，这种感知域归属于居于作为自为的可能存在的场域中心的自我。正是从自我的感知域出发，才谋划并客观地定义了围绕着它的场域，揭示了场域中自为所是的世内事物的构成结构（定向）。由于自我所包含和规定的感知域的结构就是我们自身，所以我们在进行自我谋划时并没有意识到它（看见它），然而它作为世界对象的秩序却永远把一个对象的形象送到我们面前，为我们实现在处境中的存在奠定了基础。不过，这对象的形象原则上是不能作为我们的对象的，因为它毕竟只是我所谋划中的事物的形象而不是作为外在于我的那个事物本身。从这个意义上讲，世界作为自我（中心）所包含和规定的被考察的感知域的结构，只有当它在被我看见（自我意识）时，我才能看见世界对象。

海德格尔认为人本质上具有空间性因而能够设置空间并且通过定向向世内存在者开放空间性，显然，他所谓的定向是在把握了事物的外在特征的情况下，利用具有象征意义的标志的指引作用把世内存在者开放出来。萨特说定向是事物的一种构成结构则是从诸种特性的综合统一中来把握事物，他认为事物的存在形式和事物的质是不可分的，作为自为是其所不是的"这个"，基质渗透在形式中，是形式所固有的未分化致密物。因此，空间既不是基质，也不是形式，世界是基质和形式相统一的诸"这个"的理想集合，世界是实心的，空间不存在。

唯物论将空间定义为运动着的物质的存在形式。这里所谓运动着的物质的存在形式，是指处于变化之中的事物的状态或形态，也就是事物的广延性。我们所说的事物的广延性，是作为空间状态的三维性，萨特虽然也提到了广延，但他所谓的广延却是作为人对某物的意识的超越自在的外在特性。这样，他就把广延理解为人加于存在物之外的一种主观性的东西，本质上就是人对存在物的规定。所以说到底，他所谓的广延实际上是人对事物的外在否定，或者说是人在对超越自在进行反思时把事物的外在性领会为空间。于是，从本体论的意识与现象的关系上来谈空间也就合理合法了。然而，这样一来，他所谓的空间也就成了意识活动的空间，在这里，空间的三维性却变成了意识的一维性。

世界是事物的理想集合，世界是充实的，这正说明空间就是物质的存在形式。没有品类繁多的事物的广延性，何以显现广大的空间？没有空间，何以有具有广延性的大千世界的存在？萨特和海德格尔都否定有纯粹的空间，这无疑是对的。但是，他们的这种否定是不彻底的和留有后遗症的。萨特把空间理解为外在于事物的乌有，是对诸多"这个"之集合的理想限定，这一方面固然是否认空间是事物的存在形式，然而，他所谓空间是事物的外在性，实质上则等于承认世界作为诸多"这个"的理想集合永远是有限的，因而从终极的意义上讲，也就等于承认在包罗万有的世界和宇宙之外还有一个不是存在的乌有——纯粹空间——的存在，世界永远被摆放在虚空中。

四、萨特：空间的基础是交互外在性

萨特把空间理解为存在的空间性，即理解为"对某物的意识"的空间性，而不是像康德对时间的理解那样——把在空间中存在的现成事物投射在人的心理上的种种经验表象当作一种心理事实放在时间中来进行反观——应该把空间理解为某物的空间性。萨特为什么要对空间作出这样的理解呢？一方面，他固然是强调空间不是一个存在而只是人的一种主观分别，因而它不具客观的意义；另一方面他是强调，外在否定不同于对事物的认识：对事物的认识是通过内在否定在把握了事物的质的前提下连带地认定了事物本身，而外在否定则是在认识了世内诸事物的前提下发现对此一事物的认识（存在）不是对彼一事物的认识（存在）。这就是说，认识，只能从世界基质出发通过内在否定对单个事物进行认识，人不能同时去认识两个事物；但外在否定则只能在两个认识（存在）之间进行，否则外在性就不是对"这个"的理想限定，而是意味着"这个"被摆放在纯粹的空间。由此可见，空间的基础是建立在诸"这个"的交互外在性上。

萨特说，空间的基础是诸"这个"的交互外在性，这说明："它是相互没有任何关系的各存在之间的一种运动的关系"（P252）。各存在间没有任何关系，是因为存在是"超越的自在"，它是孤立的。那么空间为什么是各存在之间的一种运动的

关系? 萨特说,各存在之间的这种运动的关系出于运动相对性的原理:"运动外在的关系进入它周围的东西,变成了一种关系,这种关系使存在如此外在于它的周围的东西,以致我们说存在在运动中,而它周围的东西是静止的,或反过来说周围的东西是运动的,而上述存在是静止的,这两种说法表达的是同一种意思"(P284)。所谓运动外在的关系,是说运动的东西是相对于外在于它的不运动的静止的东西而言,因而这种关系表现为运动的东西同它周围的东西的外在关系。存在与它周围的东西的关系就属于这种运动外在的关系:或者是存在在运动中,它周围的东西是静止的;或者周围的东西是运动的,而存在是静止的。这种运动相对性的原理表明,运动不显现为一个事物本身的存在或一种存在方式,而是显现为存在与它周围的东西的一种非实体化的关系,即一种时间化的关系。存在在运动中,它周围的东西是静止的。这种情况表现为自为面对一个诸多"这个"的集合而分别是它所不是的每一"这个"。因为意识的本性是超越的,所以存在作为一种超越存在就显现为存在自身的运动和它周围的东西的静止,它从它周围的东西上面滑过。相反,周围的东西在运动中,存在则保持其相对的静止,这种相对的静止体现在:存在与运动的东西的关系表现为运动的东西的位置与运动的东西本身的关系。我们在上一节中说过,自为在是它所不是的"超越的自在"的广延时领悟到自己是非广延的,换句话说,正因为自为是非广延的,它才能领会"超越的自在"的广延。从这个意义上讲,自为对"超越的自在"的广延的领悟,就是对空间的领悟。在萨特看来,空间就是作为"超越的自在"的"这个"的位置,他说:"这个的空间特性并不综合地增添到这个上,空间特性只是这个的'位置',即它与基质的外在关系,因为这种关系能在基质本身分解为大量形式时消解到与别的一些'这个'的大量外在关系中"(P253)。这个的空间特性并不综合地增添到这个上,是因为空间既非基质,亦非形式,它不是这个的固有特性,它外在于这个,因此它不过是这个的位置。这里所谓基质本身分解为大量形式,即作为运动着的东西,这个在不同的地点上的显现。这个的位置与这个的外在关系能够在基质分解为大量形式时消解到与别的一些这个的大量外在关系中,是说运动着的这个每经过一个地点它都作为基质与位置的外在关系,既然位置外在于基质,那么运动着的这个便逝离其位置,位置就成了相对静止的东西。萨特进一步指出:"静止的'这个'的位置说到底是外在关系,因为当基质本身瓦解为无数形式时,这种关系就消溶到无数与别的'这个'的外在关系中"(P286)。正是静止的这个的位置与这个是一种外在的关系,才显示出这个的位移,显示出这个处在运动的状态中。上面说过,空间是自为对"超越的自在"的广延的领悟,这样,自为对空间的领悟也就是对这个的位置的领悟，因此，相对于动体而言，作为领悟着位置的存在也就处于静止的状态。

从运动的相对性这一原理出发，萨特对古希腊埃利亚学派代表人物芝诺的诡辩命题"飞箭不动"重新进行了评判。他认为，以往人们一般都认为这个命题的错误在于把飞箭通过一个地点和在那里停留、即在那里存在等同起来，这种看法实质上起源于运动的某种自然概念：存在在运动中保持其自在的存在。按照这种观点来理解飞箭，设若箭的首尾长度是 AB，那么箭在通过 AB 这段距离时，它只存在于自身中却不存在于 AB 这段距离或这个地点中，因此从保持其自在存在这个意义上讲，飞箭是不动的。因此，"要避开埃利亚学派的悖论，就必须放弃存在在运动中保持其自在的存在这一普遍承认的公设"（P286）。其实，运动"是以质的恒常性为前提"（P283），"运动既不显现为一个存在也不显现为一种存在方式，而是显现为一种完全非实体化的关系"（P284）。因此，飞箭"只要过 AB，就是过渡的存在。什么是过？就是同时在一个地点又不在这个地点"（P286）。那么，怎样才能证明飞箭的这种不行不止的过渡状态呢？这只有通过人的存在，"正是存在向自为表明自己与别的存在没有差别时规定它的地点。而这种无差别只不过是它的同一性本身，它的出神实在的不在场，因为它是被已经对别的诸'这个'在场的自为把握的。因而只是由于这个是其所是，它才占据了一个位置，它才在一个地点存在，就是说它才被自为置入与别的诸这个的关系中，就像它与它们没有关系一样"（P286）。这段话的意思是说，自为在反思对动体的意识时会发现，每一个对动体的意识的意识（存在）都不过是无差别地规定了动体所通过的地点（位置），因此，存在的这种无差别其实就是动体的位置的无差别，它来源于动体的同一性本身。这种同一性是自为通过面对"这个"所分解的诸形式（即运行到每一地点上的动体）而把握到的，这表明动体在运动过程中并没有改变它本身的存在（它是其所是），它只不过在通过一个地点时"占据"了一个位置，因而当自为面对通过这个地点上的动体时，它便作为重新涌现的"这个"被置于与别的诸"这个"的外在关系中。所以，"决定着存在的地点的空间关系的这种连续外在性，只能以所说的这个外在于自我这一事实中找到它的基础。而且，事实上，说这个过一个地点，就意味着，当它还在那里的时候就已经不在那里了，就是说，对它本身而言，它不是在一种存在的出神关系中，而是在一种纯粹外在的关系中"（P287）。所谓这个外在于自我，是说这个外在于它自身，即运动中的这个同时在一个地点又不在这个地点，这种情况表现为刚刚离开此地点的这个外在于曾在此地点上的它本身。这种情况表明，运动中的这个与它的位置的关系完全不同于人的存在那种自我虚无化的出神关系，它是一种纯粹的外在关系。正因为如此，相对于动体本身，作为对位置意识的存在便显示出相对静止的状态。这样一来，所谓"飞箭不动"这种诡辩命题自然就不攻自破了。

在分析了空间是"相互没有任何关系的各存在之间的一种运动的关系"之后，萨特得出这样的结论："空间的基础是交互外在性，这外在性通过自为成为存在，而且它来源于存在是其所是"（P286）。所谓交互外在性，就是自为在各个存在之间建立起来的纯粹外在的联系，它显现了乌有对诸多"这个"的集合的理想限定，所以说它通过自为成为存在。这种交互外在性来源于存在是其所是，是说它是通过自为对我思（对某物的意识）的反思，在肯定自己不是超越自在的广延后，才在不同的存在之间确立了否定性的外在关系。

应该说，萨特用运动相对性的原理来批判"飞箭不动"命题的确不失为一种好的尝试。但是他只是把运动相对性归结为动体外在于它的位置，即归结为通过一个地点，而所谓"过"，就是同时在一个地点又不在这个地点。实际上，这种说法并没有明确揭示物体的运动状态，从某种意义上讲这也是一种诡辩。中国古代的《庄子》书中就有这样的诡辩命题："镞矢之疾而有不行不止之时"。因此，萨特所谓的运动相对性与我们通常所理解的相对运动相去甚远。相对运动是物理学中一个基本的原理，它强调：人要确定一个物体是否在运动，首先必须要确定一定的参照物或参考系。当物体相对于某一参照物（参考系）其位置随时间的推移而发生变化时，就可以说这个物体对参照物（参考系）作相对运动。此外，同一物体还可以相对于不同的参考系表现出不同的运动状态，在某一参考系中如果物体的位置没有随时间推移而发生变化，它对该参考系来说便保持相对静止的状态。如：人坐舟中，舟行水上，舟行而人不行，人对舟而言便是相对静止。因此，相对运动必须具备三个要素：运动物、参照物、见证人。而萨特则把相对运动看成是意识和对象之间的关系，以意识的超越活动所揭示出来的存在与运动的东西的外在性来解释运动现象，这种运动现象归根结底还是存在的运动，即心动。这不禁使我们想起中国唐代慧能和尚的一个故事：二僧论风幡义，一曰"风动"，一曰"幡动"，议论不已。慧能进曰："不是风动，不是幡动，仁者心动"。应该说二者没有本质的区别。萨特自己也道出了交互外在性的实质："空间是被那种就是它自己的关系的自为当作关系的那种关系的虚无"（P286）。就是说，空间作为一个这个（存在）的外在性，它不是一个存在；它作为位置意识的"超越的自在"的广延，不过是自为把自为与"超越的自在"的关系——作为它自己的关系的存在——看成是一种相互外在的关系。这种关系从本质上讲是虚无，因为它不过是我与我对某物的意识（存在）的关系。

把空间归结为自为把自己的关系（存在）当作关系的那种关系的虚无，认为空间不是一个存在，这无疑是荒谬的。存在主义认为存在是一个不可定义的最普遍的概念，就是说存在无处不在，可是空间不存在一切存在还存在吗？但是存在主义从现象一元论出发，把人的存在理解为本体论的意识的超现象存在，这就使得他们在涉及空间问题时必然要处心积虑地曲解空间，抹杀空间的本质性的三维性。海德格尔说人本质上具有空间性，因而人能够设置空间并向世内存在者开放空间性，所以空间显示为具有因缘联络性质的用具整体的空间性，即显示为世界空间。萨特也许觉得海德格尔太把空间主观化了，他从其否定纯粹空间的存在中得到启发，提出空间是纯粹的外在性，不是一个存在。为了证明他的这一观点，萨特可谓煞费苦心。他采取滥设概念、曲解概念和变换概念的手法，把空间作为世界内诸多"这个"之间相互外在的关系变成各存在之间的一种运动的关系，于是空间成了人的一种主观的自我领会。下面我们就来看看他是如何"证明"他的这一观点的。首先，他是从揭示存在的空间性来理解空间的，由此他把空间定义为自为所不是的"超越的自在"的广延。"超越的自在"，这是继我思、正题意识（或位置意识）、现象的显现之后萨特赋予"对某物的意识"的又一含义。这样一来，空间作为"超越的自在"的广延，便成为人的对象意识的特性。萨特把空间与"超越自在"的广延互相定义，这是他把空间理解为纯粹的外在性并称空间不是一个存在的关键。于是他接下来说："广延是一种自为恰就其否定自身是广延而言不得不理解的超越的规定性"。广延是对自我意识（对我思的反思）的一种领会，因此，广延就超越了"超越的自在"本身，变成了自为所把握的一种超越的规定性。自为正是根据其所把握的这种超越的规定性来对作为基质与形式统一的"这个"进规定，这样一来，"规定显现为与我所是的那种内在的、彻底的和出神的否定相关的外在否定"。因此，空间实际上不存在，它不过是自为对"这个"的外在性的一种把握。在这里，萨特通过把广延变成规定，又把规定变成人的外在否定，于是广延作为"超越的自在"的一种特征就变成了人赋予"这个"的外在性的一种意义——空间性。在这里，我们注意到萨特在说到规定显现为外在的否定时指出这种否定与自为的内在否定相关联。为什么？因为空间不是一个存在，自为无法对其直观，就是说自为不可能孤立地是它所不是的"这个"的外在性，自为只有通过内在否定连带地是它所不是的存在物的同时才能对存在进行外在否定。这种对事物和存在的双重否定即所谓自为的空间化，自为通过空间化领悟到"这个"的空间性，也就证明自身的存在具有空间性。自为的这种双重否定还表明，"这个"的外在性或空间性尽管不是它的自身性——既不是基质也不是形式，但它却如影随形与"这个"不可分。于是，萨特就把这种不是存在的"存在"称为"这个"的"位置"。

在分析了被指为空间的广延性、外在性、空间性和"位置"这些概念间的关联和转换之后，萨特在理论上的矛盾、错乱和荒谬便凸显出来。其一，"超越的自在"作为对某物的意识，它如何能具有广延的特征？对存在的空间性的揭示是一种反思的自我领会而不是直观，这就如同康德在谈到表象的回放时所说：把在空间中的现成事物的种种经验表象作为心理上出现的事物在时间中进行，于是物理的东西间接地出现在时间中。对空间的理解亦如是，它应该是通过对作为我思的对象意识的反思，领会到广延是作为意识的对象的某物的特性，而不是对象意识本身的特性。萨特认为对空间的领会必须通过对事物和存在的双重否定，这不正说明对象以对象意识的间接形式显示了它的空间性吗？然而他却不这么理解。为什么？其原因就在于人本质上是在世界之中存在，而现象只相对于一个主体而显现，这也就是海德格尔说的：人存在于世界之中而存在者不在世界之外。因此，只有当此在按照其谋划把世内存在者开展出来（认识）而存在于处境中的时候，只有当世界是整体（实在的综合）向着集合（乌有对诸多这个的理想限定）、连续向着间断过渡的时候，人才能对世界内的"这个"进行外在的否定。其二，萨特把广延理解为"超越的自在"的特性，意在以此作为超越的规定来对事物进行外在的否定。但是，作为现象的显现，"超越的自在"已经显现了被规定的东西，其本身不就是一个否定性的存在吗？难道在规定之外还有规定？如此说来，所谓超越的规定就是人本质上所固有的最原始的规定。 没有这种本质上所固有的规定，人如何能够在整个的世界中进行整个的自我选择？另外，固然一切规定都是否定，但是规定作为否定的一般性，它是通过对大量的具体否定的抽象才获得的，而自为否定自身是广延是具体否定，它怎么可能成为超越的规定性呢？所以，从唯物论的角度来看，规定这种现象的产生只能用人类的实践活动来解释。而萨特所谓的"规定"则必然归结为人的本质上的先天固有。他批判海德格尔关于人在本质上具有空间性的说法，可是在转了一个很大的弯子后，最终还是回到了海德格尔。其三，事物的外在性可以被理解为事物的表面特征或外在状貌，其实这就是事物的存在形式。但萨特却明确表示：事物的外在性既不是基质也不是形式，它外在于事物本身。任何一种外在于自身的东西都应该是与自身并列的同等实在，空间既不是一种存在，如何能成为外在？既为外在，又为什么不能单独地进行外在否定而必须要与"内在的彻底的和出神的否定"联系在一起？当然，他所谓的外在指的是事物之间的"缝隙"，即事物交互外在。但是，只要你承认此事物非它事物，只要你承认事物间有"缝隙"，你就不能从根本上否认纯粹空间的存在，你就不能不承认是包罗万有的事物挤占了空间。其四，萨特说事物的外在性作为空间特性是事物的位置，位置当然不是事物本身，但位置一定是一种存在：事物可以在运动中脱离位置，却不可以令位置消失。在这种意义上，位置标志着一定范围的地点和空间，这与康德把空间理解为囊括着存在物的纯粹空间有什么区别？不过与康德不同的是，在这里空间、广延或事物的外在性都不是指事物的三维性，空间与事物其实都是意识中的幻像。显而易见，如果萨特不把空间理解为纯粹的外在性，他除了承袭海德格尔就别无他途，因为从某种意义上讲，否定空间作为三维性的客观事物的存在形式，是建立现象一元论的存在哲学的前提。

第七章　主体的时间性

一、海德格尔：烦的结构的原始统一在于时间性

海德格尔是从人的生存、在世这个角度来理解时间的，就是说，人应该从他实现一个筹划、达到一个目的来计算时间，因此，时间体现在人向着他的可能性在世界之中寓于世内存在者而存在的整个过程中。这种从人的存在的整体性来把握时间便是人的时间性，所以，时间性体现了烦的意义，也就是说"烦的结构的源始统一在于时间性"（P388）。

我们在前面曾说过，烦的结构是：先行于自身的——已经在一个世界之中的——寓于世内存在者的存在。海德格尔说，烦的结构统一于时间性，首先是"先行于自身"这个环节奠基于将来："将来之为将来才使此在能够（关键是）为其能在而存在。向'为它本身之故'筹划自身根据于将来，而这种自身筹划是生存性的本质特性。生存性的首要意义就是将来"（P388）。生存性的首要意义是将来，是因为人如果没有将来，也就意味着生存活动的终结，人也就不存在了。将来就是作为此在的可能之在的目的，只有在目的的光照下，此在才能"为它本身之故"而进行自我筹划，从而为其能在而存在。自我筹划体现了生存性的本质特性，是因为这种筹划就是一种世界设定，它把人对其本质上具有的一种存在方式的领悟具体化了，从而使人向着他的目的存在成为可能。

烦的结构统一于时间性，其次是"已经在一个世界之中"这个环节奠基在曾在中。"只因为烦奠基在曾在中，此在才能作为它所是的被抛的存在者生存。只消此在实际上生存着，它就从未过去，反倒总在'是我所曾在'的意义上曾在。而只有当它存在着它才能是曾在的。相反，我们用过去来称那不再现成存在的存在者。从而，此在生存着就从来不能把自己确定为现成事实，仿佛随时间生灭并且片断地已经过去。它总只作为被抛的实际而现身（发现自己）。在这种现身情态中，此在被它自己所袭，这个袭击此在的自身即是此在作为现在还是却也已曾是的存在者，亦即此在持驻地是所曾是的存在者。实际性首要的生存论意义即在

于曾在"（P388—389）。所谓曾在，就是已经存在于一个世界中，此在只有存在，它才能谋划其将来的存在，即先行于自身，所以说烦奠基在曾在中。先行于自身，就是此在是它自己的可能性，此在从它所是的可能性出发把自己筹划到可能性上去，这便是被抛的存在。由此可知，正因为烦奠基在曾在中，此在才作为它所是的被抛的存在者而生存。曾在作为此在对世内存在者的认识虽成过去，但此在借此也拥有了它的存在，就是说它向着它的可能性而寓于世内存在者的存在并未成为过去。在这种情况下，曾在显示为此在的实际生存活动，只要此在还没有实现它的目的，它就总是作为寓于它曾经所是的世内存在者（"是我所曾在"）而存在。正因为此在当下正存在着，这才说明它是曾在的，过去只是对那种已不再现成存在的存在者而言。这就是说，在世是一个过程，是一种整体性的存在，在这个过程中，生存着的此在不能把自己确立为现成的事实，它不是随着时间的流逝而流逝的片段，而是在向着自己的可能性的实际存在中发现它就是从自己当初所是的可能性出发的自身筹划。这表明，是此在自己承袭了它当初的现身状态，这个作为承袭者的此在自身就是现在存在的也是曾经存在的存在者，也就是说此在作为存在者一直持续地在是它所曾是的存在。因此，在世的存在作为此在的实际性，其首要的生存论意义就在于其曾在，即把世内存在者开展出来并存在于处境之中。

　　烦的结构统一于时间性，关键还在于"寓于世内存在者而存在"这一环节奠基在时间意义的当前化中。所谓当前化，就是时间化，是此在与世内存在者的烦忙打交道绽露为时间的流逝。海德格尔说，此在作为本真的自己存在，是"从将来回到自身来，决心就有所当前化地把自身带入处境。曾在源自将来，其情况是：曾在的将来从自身放出当前。我们把如此这般作为曾在着的有所当前化的将来而统一起来的现象称作时间性。只有当此在被规定为时间性，它才为它本身使先行决心的已经标明的本真的能整体存在成为可能。时间性绽露为本真的烦的意义"（P387）。此在从将来回到自身来，就是从对自身的可能之在的憧憬和筹划中回到当下的实际存在，即回到曾在的自身。这说明此在提出一个可能性并向着这个可能性自我筹划只能在身处其中的一个世界中进行，即在烦忙中止之际进行。曾在源自将来，是说此在作为"已经在世界之中的"存在（曾在），它置身于其中的处境也是根据此在对其可能之在（将来）的谋划而开展出来的。曾在的将来从自身放出当前，是说所谓当前就是源自将来的曾在的当前化，也就是决心——缄默的、时刻准备畏的、向着最本己的罪责存在的自身筹划——有所当前化地把自身带入处境，使此在朝向展开的处境在此。曾在着的将来的当前化就是此在的时间性，它绽露为本真的烦的意义。

但是海德格尔指出，烦虽然也作为此在的非本真存在的结构，可是此在的时间性绽露为烦的意义却完全不同：在非本真的存在中，此在的时间性绽露为沉沦于所烦忙的上手事物与现成在手事物的当前化活动。"这种当前化作为源始时间性的样式，始终包括在将来与曾在中"（P389）。说非本真的存在的当前化是源始时间性的样式，是因为这种当前化活动是人首先并通常存在于常人世界中的一种在世的样式。说这种在世的样式始终包括在将来与曾在中，是因为"当前"作为瞬间稍纵即逝，当前化实际上就是由曾在一下子跨入将来。因此，它或者是正从曾在起步，或者是立即成为将来。然而，对海德格尔的这种说法人们不禁要提出质疑：虽说非本真的存在是"为他人之故"，但此在作为"他人"中的一员，这种"为他人之故"其实就是"为自己之故"，就是说，作为非本真的存在，此在也是向着自己的可能性存在。那么为什么不能把它的时间性理解为曾在着的将来的当前化，而要理解为当前始终包括在将来和曾在中的简单的当前化呢？对这个问题海德格尔显然是这样考虑的：在非本真的存在中，"为他人之故"虽然就是"为自己之故"，但这种"为自己之故"却不是自我选择，因而由之规定的存在方式也不是我从本质上所领会的存在方式。这样，先行的并不是我自身，而已经置身其中的也不是我的世界，我不过是按照常规常式与世内存在者打交道。所以，在这里当前化只是一种纯粹的时间化，当前被分解在曾在和将来中。这种时间性的样式体现了沉沦的一个基本特性——好奇："不逗留在烦忙所及的周围世界之中和涣散在新的可能性之中"（P210）。正因为如此，非本真的当前化表现为一种丧失去留之所的状态，它或是归入曾在，或是纳入将来。为了把本真的存在的当前化与非本真的存在的当前化区别开来，海德格尔着意把本真的存在的当前化称为"眼下"。

通过对时间性作为此在以整体在时间中存在的剖析，海德格尔总结了时间性具有以下几个方面的特点：

一、"时间性不存在，而是'到时候'"（P389）。说时间性不存在，是说时间性不是一种可以感知的存在的现象，也不是将来、曾在、当前这些时间片断的组合。时间性作为烦的意义，它只表明主体的存在具有整体的性质：将来并不晚于曾在，曾在也不先于当前，而是曾在着的将来当前化的整体到时。到时，即此在的自我实现，"时间性到时，并使它自身的种种可能方式到时。这些方式使此在形形色色的存在样式成为可能，尤其是使本真生存与非本真生存的基本可能性成为可能"（P389）。

二、"时间性是源始的、自在自为的'出离自身'本身"（P390）。时间性是源始的，是因为时间性绽露为烦的意义，而烦就是此在源始的存在结构。时间性是自在自为的"出离自身"本身，所谓自在自为，就是寓于世内存在者而存在，它显现为此在与世内存在者烦忙打交道的展开状态和世内存在者的揭示状态；所谓"出离自身"即通过自在自为超越一个世界而到时。到时就是实现自身，而实现自身同时就是投向自身之外，是"出离自身"。由此可知时间性本质上是自我的存在：此在逃离过去的自我在超越一个世界中走向可能的自我。正因为时间性是自在自为的"出离自身"本身，是自我的存在，因此时间性表现为此在存在的阶段性或有终性，而每一个阶段作为自我实现着的存在的整体，它总是显示为已经存在（曾在）、正在存在（当前）和尚未存在的统一。"因而我们把上面描述的将来、曾在、当前等现象称作时间性的绽出"（P390）。所谓时间性的绽出，就是从存在的整体性出发来看此在已经存在、正在存在和尚未存在的种种自在自为的状态。所以，将来、曾在、当前也被称为时间性的绽出。

三、在时间性的诸绽出中，"将来在源始而本真的时间性的绽出的统一性中拥有优先地位"（P390）。海德格尔说，虽然时间性的本质是在诸种绽出的统一中到时，但是，"到时可以首要地借不同的绽出来规定自身。源始的时间性曾在将来而最先唤醒当前。源始而本真的时间性的首要现象是将来"（P390）。到时可以借不同的绽出来规定自身，是说除曾在外（因为曾在是已经存在），到时可以有两种不同的绽出方式：或在当前到时，或在将来到时。两种不同的到时样式规定了此在是沉沦于世的非本真的存在或本真的自己存在：源始的时间性曾在将来而最先唤醒当前，属于非本真的存在方式——用当前化来规定自身；源始而本真的时间性的首要现象是将来，即选择本真的自己存在的方式——用在将来到时这种绽出方式来规定自身。

海德格尔指出，时间性作为曾在着的将来的当前化的整体到时，它并不意味着此在有一个停止于彼的终结，而是表明此在有终地生存着。因为"烦是向死存在"（P391），排列在死亡前的此在的每一种可能性都是一个有终的存在，"因而本真的将来绽露其本身为有终的将来，正是它首要地使构成先行决心的意义的那一时间性到时"（P391）。时间性到时，就是此在来到自身，即来到先行设定的自己的可能之在。"到自身，亦即作为不之状况的不可逾越的可能性而生存着"（P391）。这句话的意思是说，我在处境中的存在是由我的可能性规定的，因此我的在世的展开状态（不之状况）不能逾越这种可能性的规定，于是我便按照我的可能性所规定的存在方式向着这种可能性去存在。所谓"不之状况"，即此在在处境中的展开状态，因为这种展开状态是此在依寓于它所不是的世内存在者的存在，是与世内存在者烦忙打交道，所以便显示为一种自在自为的否定性的状态——不之状况。萨特则称这种"不之状况"为自为的散朴性。可见"到自身"作为时间性到时，它就是由此在的可能性规定的存在的整体性或有终性。从这个意义上讲，"时间性的源始的有终性这一命题并不非议'时间继续前行'这一命题，只是要坚持源始时间性的现象特性；这一现象特性在此在的源始的生存论筹划所筹划的东西中显现自身"（P391）。所谓"时间继续前行"，即永远的当前化。时间性的源始的有终性，即作为本真的时间性在将来到时。在将来到时，其实就是在当前化中来到自身，因此，无论是本真的存在还是非本真的存在都跳不出源始时间性的现象特性——当前化（沉沦），所不同的只是作为本真的自己存在的当前化是此在通过有所期备、有所居持地在处境中存在而来到自身。

海德格尔秉持"此在的一切行为都应从它的存在亦即从时间性来阐释"（P475）这一观点，对以黑格尔的时间观为代表的所谓的流俗的时间观进行了批判。他认为，黑格尔的时间概念表现为一种最激进的流俗的时间领悟，而这种流俗的时间领悟是建立在空间作为"点之可能成为点"这个命题之上的。黑格尔把空间看作是自然外于自身存在的无中介的漠然无别状态，就是说空间是外在于各种各样自然生成物自身存在的广漠空洞的无差别状态。如果把每一存在物看作是空间中的一个点，那么空间就是点之复合的无区别的相互外在。但是黑格尔指出，点是空间（即点占据了空间），空间却不归结为点，因为空间本身是无差别的，点的相互区别的外在性是空间的否定，不过点并不作为某种异于空间的东西在空间之外，它仍在空间之中，准确地说，空间是"点之可能成为点"（即空间可能成为点的位置而被点占据）。这样，黑格尔就把空间作为时间来思考："这种作为点使自身与空间相联系，并且作为线和面在空间中发展出其种种规定的否定性，也同样在出离自己的存在的范围中是自为的；而且，它的在空间中建立起来的种种规定，却也同时在出离自己的存在的范围中得到建立，因而它就针对寂然不动、彼此并列的情况表现为漠然不相干的。否定性这样被自为地建立起来，就是时间"（转引自《存在与时间》P504，参看薛华译黑格尔《哲学科学全书纲要》P153—154）。所谓空间是"点之可能成为点"，是说空间是不稳定的外在多样性，空间中的任何一个点（存在物）都是自我生成、自我发展、自我转化，即自为。因为每一个点的自为的存在都不是孤立的、漠不相干的，点与点之间（作为线）、点与周围诸点之间（作为面）都互相影响、互相作用，这些影响和作用加速了点（存在物）自身的发展变化，从而使之显示出由肯定到否定、再到否定之否定的变易。这种变易建立起事物本身处于其中的前后相续的现象，即被直观着的"现在"和"现在"出离自己的存在的现象，这变易着的绵延和持续着的变易就是时间。所以黑格尔说，空间与时间是一种"抽象的相互外在"。所谓"抽象的相互外在"，即不是象点（事物）那样是一种并列的外在方式，而是抽象的外在、实质上的同一：空间即是时间，时间是空间的真理。应该说黑格尔对空间和时间关系的这种辩证的理解是合理的，如果说空间是存在物的外在性或广延性，那么时间则是这种广延性的持续性，没有作为时间的延留和持续，作为空间的广延何以显现？反之亦然。那么海德格尔为什么说这是一种对时间的流俗的领悟呢？他认为，黑格尔从"现在"出发来标画时间，把时间规定为被直观的相续不断的"现在"之流，这与最初流传下来的亚里士多德在《物理学》一书中所展示的时间观是一脉相承的。亚里士多德认为，时间是可以计数的运动，没有运动就不可能有时间，显然这是要通过对运动的计数把时间规定为一种"现在"的流逝。但是海德格尔认为，时间如果只是"现在"的不断流逝，那么"现在"便是直观的现成事物，这样，"现在"的总体结构——由"现在"连接着的"曾在"与"将来"——便被遮蔽了、敉平了。

另外，从精神在时间中存在（即所谓精神落入时间）来说，海德格尔认为黑格尔也是从自我伸张着的"现在"方面得以领会时间的。何谓自我伸张着的现在？海德格尔作了如下的解说："精神的本质是概念。黑格尔不是把概念领会为类的被直观的共相这样一种所思的形式，而是思维着自己的思本身的形式；对自己——作为对非我的把握——的概念理解。就对非我的把握表现为一种区别而言，纯概念之为对这种区别的把握就含有对区别的一种区别。从而黑格尔就能够把精神的本质从形式上、语法上规定为否定之否定"（P508）。"精神的本质是概念"包括两个方面的含义：一、概念作为人对事物的本质的把握，它是精神的产物，因而概念也是精神的本质。二、精神的显现是运用概念的思维活动，从这个意义上讲，精神的本质也是概念。但是，黑格尔却不是把概念视为所思的形式，即不是把概念领会为被直观的类的共相，而是把概念理解为思维着自己的思本身的形式。所谓思维着自己的思本身的形式，即作为我对非我的概念的把握的我思。如果把我对非我（概念）的把握看作是一种区别（否定）——我不是概念，那么作为纯概念的我对这种区别（否定）的把握，就包含着对这种区别（否定）的区别（否定之否定）。这样，黑格尔就把精神活动规定为精神本身的否定之否定现象，即规定为精神在把握概念的过程中不断地出离自身。这就是从自我伸张着的"现在"方面得以领会的时间。但是，海德格尔认为，黑格尔所谓精神落入时间，是借回溯到精神与时间所具有的否定之否定的形式结构的自一性来显示精神在时间中实现的可能性，然而这却是一种"精神与时间被委弃于形式存在论的和形式确证的最空洞的抽象"（P510），它遮蔽了时间的来源，使时间作为一种现成的东西与精神相对立。在他看来，精神的本质机制（否定之否定）应根据于源始的时间性，就是说精神只有在揭示使生存成为可能的源始的时间性中才绽露为否定之否定的形式结构。时间源自时间性，时间是人向着其可能之在存在的自我展开，因此，"精神并非才始落入时间，而是它作为时间性的源始到时而生存"（P511）。

海德格尔把由目的所规定的自我筹划并向着目的去实现这个筹划看作是人的整体性的存在，应该说这并不错，因为它体现了人从一个目的出发并归向这个目的的有始有终的过程。但是，他却认为这种存在的整体性是在于人的时间性，是时间性体现了作为人的存在结构的烦的意义。他所谓人的时间性，是说时间体现在人的在世的展开状态中，即作为人与世内存在者烦忙打交道的行为的当前化：在沉沦于世的非本真的存在中，"这种当前化作为源始时间性样式，始终包括在将来与曾在中"；而作为自我选择的本真的存在，"时间性绽露为本真的烦的意义"——曾在着的将来的当前化整体到时。因此，他说时间源于时间性，也就是说时间是人对他的在世的展开状态的一种领悟。

显然，海德格尔是站在他的极端唯心的现象一元论的立场上来理解时间的。他之所以把时间理解为人对他的在世的展开状态的领悟，是因为：一方面，人的存在是出发点，人存在于世界之中，而存在者不在世界之外；另一方面，存在物是与它的本质同一的现象，它是孤立的、不变的、被动的，只有通过人在世界中寓于它而存在的主动性，它才于动态中呈现出连续性。正是由此出发，他才批评黑格尔等关于时间是事物运动变化的持续性的看法是流俗的时间观。由于他认为时间只体现为人的在世的展开状态，而人在世界中存在是一种整体性的存在，因此在他看来时间就始终裂解在曾在和将来中，这就是他为什么把时间性看成是一种整体的样式。然而，这样一来，时间首先便成了一种断续式的阶段性的时间：随着时间性的整体到时和此在重新投向自我之外，在此在的新的整体性存在中又开始了新一轮的曾在着的将来的当前化。其次，时间作为人的生存行运的整个途程，便成了有限的时间：人作为本质上的存在整体，是向死亡存在，人死了，不存在了，时间的意义也就消失了。实际上，时间性作为时间的构成结构只是说明"现在"一直且永远与"过去"和"将来"连属在一起，它意味着时间不仅是连续的，而且是无限的。因此，人对时间的原始领悟不应是人对自身的在世的展开状态的领悟，就是说时间不是源于人的时间性，人对时间的原始领悟是源于客观事物运动变化的持续性和顺序性。如果说人具有时间性并且表现为整体的样式，这只能被理解为人向着其目的存在的计划性。人制定任何一项计划都不仅仅是提出行动的方案，而且必须规定完成计划的时间，没有时间上的规定，计划就不可能落到实处。所谓时间性到时，其实就是把时间性看成是人在规定的时间内按计划完成任务的一个持续过程，这是人在领会时间、熟悉时间的前提下利用时间、计算时间。假如像海德格尔所说的那样：时间性作为存在的整体性就是曾在的将来从自身放出当前，因而将来并不晚于曾在，曾在也不先于当前，——这种存在与非存在的颠倒错乱岂不成了时光倒流？

二、海德格尔：时间是解释着自己的当前化

烦是此在的整体性的存在结构，而烦的存在论意义是时间性，因此，时间性组建着此在的展开状态——此在寓于世内存在者的烦忙在世，由此可见世界的存在论机制也同样奠基在时间性中。海德格尔说：

"世界之所以可能的生存论时间性条件在于时间性作为绽出的统一性具有一种境域这样的东西"。何为境域？顾名思义，主体在处境中存在，时间性作为绽出的统一性就应该体现为主体对处境的超越，因而每种绽出样式都被定格在主体寓而存在的东西上，这种先后显现出来的绽出的格式便是绽出境域。对此海德格尔是这样解释的："绽出不仅仅是向…放浪。毋宁说绽出包含有放浪的'何所向'。绽出的这一何所向我们称之为境域上的格式。绽出的境域在这三种绽出样式中各个不同。此在借以本真或非本真地从将来来到自己的那一格式即是为它自己之故。此在作为在现身中被抛的此在向它自己展开，它借以这样展开的格式我们把捉为被抛状态之被抛到什么面前，亦即委弃之委弃于什么。这标识着曾在状态的境域结构。此在为它本身之故而生存在委弃于它本身之为被抛此在的境况中，而这同时，此在就作为寓于…的存在有所当前化。当前的境域格式由'为了此'得到规定"（P430）。所谓绽出是向…放浪，是说绽出作为此在的自身性它总是要有所依持，并通过它所依持的东西显现出来。所以，毋宁说绽出包含有放浪的"何所向"。境域的格式显示为绽出的何所向，就是说境域显现为将来、曾在、当前所指向、所现身、所依寓的处境中的东西。因此，将来的境域格式是为它自己之故，即此在先行到它自身。曾在的境域格式是它的实际的被抛状态，也就是它被委弃于处境中的世内存在者（是其所不是）。当前的境域格式是"为了此"，就是说此在在是其所不是的同时又不是其所是，从而就作为寓于…的存在而有所当前化。"于是此在根据时间性的绽出境域的机制本质上就存在'在一个世界中'。世界既

非现成在手的也非上手的，而是在时间性中到时。世界随着诸绽出样式的'出离自己'而在此"（P431）。世界既非现成在手的也非上手的，是说世界不是某个或几个世内存在者的组合，世界作为工具性整体是由于主体存在于其中，它显示了主体的存在方式。现成在手的，指的是现成工具；上手的，指的是工件。世界是在时间性中到时，是说世界体现为此在存在的有终性的整个过程，它把此在的存在封闭"在一个世界中"，使此在在曾在着的将来的当前化中超越世界，来到自身。世界随着诸绽出样式的"出离自己"而在此，是说此在在世界之中存在是以时间性的绽出统一性寓于世内存在者而存在，它的寓而存在就是"出离自己"而在此，这种"出离自己"而在此就是在世的展开状态，它使此在显示为绽出境域："这事'而后'就要发生了，那事'先'就要了结，'当时'错失之事，'现在'应被补上"（P477）。绽出境域揭示出"寻视着的知性烦忙活动根据于时间性，而其样式是有所期备有所居持着的当前化"（P477）。所谓寻视着的知性烦忙活动，即作为存在论地存在的本真的或本己的在世活动。有所期备，即此在总是向着它的目的有所期待地展开自己的烦忙活动；有所居持，即此在只能在它已实现的处境中依托于现成在手事物和上手事物来展开烦忙活动。所以，"烦忙活动借'而后'道出自己之为期备，借'当时'道出自己之为居持，借'现在'道出自己之为当前化"（P477）。在这里，当时、现在、而后这种关联结构作为显示在世活动的相续状态，被称为可定期状态。

　　海德格尔说，如果把"现在之时"作为一个时间点，那么毫无疑义，"现在之时"、"而后之时"、"当时之时"也都以某种方式被领会为与时间相关。这"表明'现在'、'而后'与'当时'来自时间性而它们本身就是时间。有所解释地道出'现在'、'而后'与'当时'，这是最源始的时间排定"（P479）。所谓有所解释地道出"现在"、"而后"与"当时"，即通过自我造就着的烦忙在世活动，此在在"出离自己"的过程中，时间便以当时、现在、而后这种方式显示出来。"在这里，时间是借各种有所烦忙的、允许自己有时间的情况来定期的。定期来自当下在周围世界里正为之烦忙着的事情，来自在现身领会中所展开的事情，来自人们成天从事的事情"（P480）。但是"解释着自己的就事而谈根据于某种当前化并且只有作为当前化才是可能的"，因此，"我们把解释着自己的当前化亦即那作为'现在'而谈及的被解释的东西称为时间"（P478）。解释着自己的当前化的绽出境域是"现在"，此在跟随流逝着的"现在"计数着时间而来到自身，这就是时间性到时。由此可知，海德格尔所理解的时间是主体以整体存在的方式——曾在着的将来的当前化——在世界之中烦忙于事，因此，这种解释着自己的当前化的时间奠定于时间性到时。从这个意义上讲，这种时间属于主体自身的生存时间，也就是允许自己有时间。当然，这种允许自己有时间是对本真的生存而言，因为作为本真的生存的解释着自己的当前化保持在曾在的将来中。而非本真的生存者却不断丢失时间而从来没有时间，因为"非本真生存的无决心状态是在无所期备而有所遗忘的当前化样式中到时的"（P481）。说非本真的生存是无所期备，是因为这里的

"为何之故"是由常人规定的而不是自我选择，因而由这种"为何之故"规定的在世方式也是一种拿来的现成方式，所以此在只须任情于烦忙而毋须有所期备。所谓有所遗忘，即此在用不着去计算时间，它只是好奇地等待着结果，即在当前化的样式中到时。

认为时间来自时间性，把时间理解为解释着自己的当前化，这是否意味着时间是一种主观的任意规定的个人时间呢？海德格尔说并非如此。从日常的、非本真的存在来看，"此在作为展开了的此在实际上以共他人存在的方式生存着。它持守在一种公众的、通常的可理解状态中"（P482）。在这里，每个人都处在一种平均状态的世界中，尽管人们对所说的"现在"有不同的定期：现在发生的是这事或那事，但

"每个人都是在杂然共在的世界中，在杂然共在的公众说法中说出这个被道出的'现在'的。所以，根据此在绽出的在世，当下此在的被解释、被道出的时间本身向来也就是公众化了的。只要日常烦忙从所烦忙的'世界'领会自己，所取得的'时间'就不是作为它自己的时间得到识认，而是日常烦忙有所烦忙地利用时间：时间'给定'在那里，人们计算时间"（P482）。这里所说的此在绽出的在世即当前化，因为此在作为混迹于杂然共在中的非本真的存在，它没有将来而丢失曾在。在这种情况下，此在当下的被解释、被道出的时间一律是流逝着的"现在"，时间在这里被公众化了。人们从作为平均状态的他人的世界中来领会自己，以这种方式来在世就不是为自己取得时间，而是为烦忙而烦忙地计算着给定的时间。在非本真的杂然共在中时间被公众化或公共化了，那么本真的存在呢？海德格尔说："此在作为从时间性出场的此在向来已是展开了的，而在生存中就包含有所领会的解释，所以时间在烦忙活动中也已经公共化了。人们依照时间调整自己，以便人人都可以以某种方式现成地去发现时间"（P482）。海德格尔的这种解答不免让人有点费解。从时间性出场的此在，即向着其可能性以整体来存在的此在。所谓以时间性到时的方式存在的此在向来已是展开的，是说在此在的本质中就包含有在世的方式，在世是基于他的有所领会的自我筹划，所以说在其生存中也就包含了有所领会的解释。这意味着此在本质上就包含有时间性。但是，这

如何能说明烦忙活动中的时间就公共化了呢？本真的时间性不是以有终的时间性到时来规定时间的吗？这表明此在是按照个别化的整体性存在来计算时间的，这时间怎么就成了公共时间呢？对此，海德格尔作了这样的解释：传统的天文计时和历法计时总是根据于某种特定的烦忙于事的活动境域，也就是根据此在寓于世内存在者而存在的"出离自己"而在此的存在方式。这显示"真正的"时间公共化是在计时中到时的，就是说它是以某种时间计算的方式有所烦忙地解释时间。因此，"公共时间表明自身为世内上手事物与现成事物'在其中'照面的那一时间。这就要求把这种非此在式的存在者称为时间内的存在者"（P483）。把公共时间看成是世内存在者"在其中"照面的那一时间，这就源始地规定了公共时间的本质：它是以此在烦忙所及的世内存在者来定期的。这样，凡是在世内照面的东西都处于一种时间内状态，因而也就作为时间内的存在者，以此来定期，所获得的时间便是公共时间。由此看来，"定期的东西是周围世界又资利用的东西，然而并不限于当下所烦忙的用具世界。毋宁说在当下所烦忙的用具世界中总已有一个周围自然世界和公共周围世界被一道揭示出来了。人人都借公共的定期排定自己的时间，人人都可以同样地'指望'这种公共的定期；这种公共的定期活动使用着一种公共可用的尺度"（P484 - 485）。这就是说，定期的东西作为时间内的存在者，它不仅是遗托给当下所烦忙的用具世界而来照面的东西，同时，作为原材料，它揭示了一个周围的自然世界的存在；作为用具，它揭示了一个公共的周围世界（即作为杂然共在的共同世界）的存在。在这里，海德格尔进一步说明了本真的存在与非本真的存在的本质区别只在于存在的方式，而不在于可资利用的世内存在者。唯此，不论是本真的存在还是非本真的存在，人人才可以有公共的定期，从而也才可以借公共的定期来安排自己的时间。作为本真的自己存在，"当此在期备其能在世之际，其期备的方式就是：但凡此在为这能在之故与之有因缘（这一因缘归根到底是特具一格的因缘）的东西，它就对之有所'计算'，有所'指望'"（P483）。这就是海德格尔所谓从时间性出场的此在所获得的时间在烦忙活动中已经公共化的原因所在。

公共化的时间显现了此在的当下的被解释状态，也就是此在烦忙在世的展开状态，但是此在本真的自己存在并非为烦忙而烦忙，而是为了自己有终的存在的目标，为了时间性的整体到时。因此，"烦忙活动的有所期备有所居持的当前化是与某种何所用相关联来领会时间的，而这种何所用最终又固定在此在能在的某种为何之故中。借这种为某某之故的关联，公共化的时间公开出那种我们前面曾识之为意蕴的结构。意蕴组建着世界之为世界。公共化的时间作为'是其时'本质上具有世界性质。所以我们把在时间性到时之际公共化的时间称为世界时间"（P486）。所谓公共化的时间公开出世界之为世界的意蕴，就是说作为烦忙活动的有所期备有所居持的当前化揭示出世界之为世界的因缘整体性，它表明出自时间性的时间是由根据意蕴所组建的世界所规定的，因而从根本上讲，意蕴是时间性的源始的到时方式。时间性到时表明此在在超越了一个世界之后回到自身，与其同时，在时间性到时之际的公共化时间也标志着此在超越一个世界所经历的全部时间，这些时间既是有终的时间性所包含的时间，也是此在超越一个世界所用的全部时间。因此，"时间性中包含有世界时间，而世界时间根据于时间性从境域绽出的机制而像世界一样具有超越性。世界时间随着世界的展开而公共化，其结果是每一寓于世内存在者并烦忙于时间的存在都以寻视方式把世内存在者领会为'在时间中'来照面的"（P490—491）。所谓世界时间根据于时间性从境域绽出的机制而像世界一样具有超越性，是说世界时间作为此在烦忙在世所获得的时间，它就是此在与时间内存在者照面的"出离自己"而在此的绽出境域，这种时间性的从境域绽出的机制，体现了此在的存在是一种自我超越的存在，因而他通过这种超越性的存在所获得的世界时间也像此在超越一个世界一样具有超越性。其实，所谓世界时间具有超越性，也就是说世界时间作为有所期备有所居持的当前化，它就是作为绽出境域的"现在"的不断流逝。所以说随着世界的展开和世界时间的公共化，此在在把自己的在世领会为在时间中存在的同时也必然以寻视的方式把世内存在者领会为在时间中来照面。

基于对时间的上述理解，海德格尔认为时间既不是"客观的"也不是"主观的"。他说："如果'客观'一词意指的是世内照面的存在者的自在现成存在，那么，现成事物动止'在其中'的时间就不是'客观的'。如果我们把'主观的'领会为在一个'主体'中现成存在或出现，那么时间也同样不是'主观的'。世界时间比一切可能的客体都'更客观'，因为它作为世内存在者之所以可能的条件向来已随着世界的展开以绽出境域的方式'客观化'了。……但世界时间也比一切可能的主体'更主观'，因为若把烦的意义适当地领会为实际生存着的自身的存在，那就只有时间才一道使这种存在成为可能。时间既不在'主体'中也不在'客体'中现成存在，既不'内在'也不'外在'；时间比一切主观性与客观性'更早存在'，因为它表现为是这个'更早'之所以可能的条件本身"（P491—492）。

在这里，海德格尔先是将"客观"和"主观"进行定义，然后按照定义把时间排除在"客观的"和"主观的"之外。存在主义对"客观"和"主观"的理解，我们已在前面的有关章节中作过说明，它是从意识本体的现象一元论出发的。因此，海德格尔说"客观"一词指的是世内照面的存在者的自在现成存在，其实就是将包含在意识本体中的作为意识的对象的世内存在者（现象）客观化。显然，海德格尔所说的"客观"，并非我们通常所理解的外在的客观世界和客观事物，而是指意识本体中的存在物（现象）独立于意识的自在性、绝对性和永恒性，它与时间无关。它动止在时间中是由于人的超现象存在，是作为人在世界中存在的时间性的绽出境域，就是说是人通过寓于它而存在把它带入时间。因此，世内存在者不是时间，时间也不是世内存在者，时间当然就不是"客观的"。海德格尔把"主观的"定义为在一个"主体"中现成存在或出现的东西，那么主体是什么？按照他的说法，康德不该把主体理解为"我思"，即理解为"我维系…"的纯意识，而应理解为"我思某某"。这样，在一个主体中现成存在或出现的东西就只能是世内存在者而不可能是时间，因而时间也不是"主观的"。

然而，海德格尔为什么说世界时间比一切可能的客体都更客观呢？前面说过，世界时间是在时间性到时之际公共化的时间，这意味着世界时间作为世内存在者之所以可能的条件已随着世界的展开以绽出境域的方式被客观化了，而一切可能的客体不过是谋划中的此在的可能寓而存在的东西，从这个意义上讲，世界时间当然要比一切可能的客体更客观。那么，又如何来理解世界时间也比一切可能的主体"更主观"这个说法呢？这里所谓可能的主体，即处于谋划之中的主体，因为它毕竟还不是"我思某某"，而谋划中的主体是进行内在化的主观性的主体。但是，一切谋划的实现都将使此在置身于烦的结构中，而烦的意义便是时间性的绽出统一，这意味着时间包含在时间性中，并且只有在时间中谋划才有可能实现。这说明世界时间是一切主观性主体成为实在的存在的前提，所以说它比一切可能的主体"更主观"。

海德格尔说世界时间比一切可能的客体"更客观"、比一切可能的主体"更主观"，其实也就是说时间比一切客观性和主观性"更早存在"，正是从这个意义上讲，时间才既不是"客观的"也不是"主观的"、既不"内在"也不"外在"。那么时间表现为这个"更早存在"之所以可能的条件本身是什么呢？那就是作为烦的意义的时间性。"是时间性作为绽出境域的时间性使得那组建着上手事物与在手事物的时间内性质的世界时间这类东西到时的"（P492）。世界时间即时间性到时之际的公共时间，而"公共时间表明自身为世内上手事物与现成事物'在其中'照面的那一时间"，所以说世界时间组建着上手事物与在手事物的时间内性质。但世界时间作为到时的时间则是由绽出境域的时间性规定的，这就是时间之所以"更早存在"的原因。在这里，海德格尔道出了时间性是此在的一种本质规定："此在整体性的生存论存在论机制根据于时间性。因此，必定是绽出的时间性本身的一种源始到时方式使对一般存在的绽出的筹划成为可能"（P513）。所谓绽出的时间性本身的一种源始到时方式，即作为世界之为世界的意蕴的指引联络，是意蕴的因缘整体性勾勒出一种原始的到时方式：由何所因、何所缘、所用、为了作到为何之故。正是意蕴才使得一般存在的绽出的筹划成为可能。可见时间性是人的本质规定，而时间包含在时间性中，因此，时间具有先天性。

在这里我们看到，海德格尔对时间的理解与他对空间的理解基本上如出一辙：都是从人的先天固有的本质出发，以人在世界之中的超现象存在（"出离自己"而在此）为绽出境域，把时间理解为世界时间。因而时间与空间一样，不仅具有先天性，而且也具有因缘联络性质。那么此在的空间性与时间性是一种什么样的关系？而空间与时间又是什么样的关系？关于空间性与时间性的关系，海德格尔是这样理解的："此在的机制和它去存在的方式在存在论上只有根据时间性才是可能的，无论这一存在是否摆'在时空中'。于是，此在特有的空间性也就必定奠基于时间性"（P432—433）。此在的机制和它去存在的方式，即此在在世界之中寓于世内存在者而存在。无论这种存在是在实际进行中还是在筹划中（是否摆"在时空中"），它在存在论上都必须根据于时间性。因为此在的空间性是通过作为自我筹划的设置空间体现出来的，而作为自我筹划的设置空间则根据于时间性本身的一种源始到时方式——意蕴的指引联络，所以此在的空间性奠基于时间性。关于空间与时间的关系，海德格尔说："只有根据绽出境域的时间性，此在才可以闯入空间"（P435）。前面说过，此在通过烦忙于事的方式把自己的在世活动定期为现在之时、而后之时、当时之时，这就是绽出境域；这现在、而后、当时是时间性整体到时，它们本身就是时间。因此，所谓绽出境域的时间性，就是说时间出自时间性，时间性包含了世界时间。而由于定期是要借助于在世内照面的东西，这样，作为绽出境域的时间便是此在同世内上手事物与现成事物照面，也就是此在"出离自己"而在此。此在"出离自己"而在此，实际上就是寓于世内存在者的烦忙在世，也就是所谓闯入空间。按照这种逻辑，时间性当然就成了此在在空间中存在的根据。但是，在这里我们已经看到，虽然时间性是此在闯入空间的根据，却并不意味着时间与空间是两种无关的现象。时间是此在的自身解释，而此在的自身解释则必须通过"空间表象"，即必须在空间中存在。这样，时间与空间就通过此在的在世活动而获得了统一。对于上述这种情况，海德格尔作了如下的一番解释：

"时间性本质上沉沦着，于是失落在当前化之中；而当前化在烦忙所及的上手事物那里总是遇到空间关系在场，所以，时间性不仅寻视着从所烦忙的上手事物来领会自己，而且从诸种空间关系中获取线索来勾连在一般领会中领会了和可以加以解释的东西"（P435）。所谓时间性本质上沉沦着，是说时间性是在当前化中到时的，而当前化正是沉沦于世的生存方式。但是，时间性到时与沉沦不同的是：时间性到时作为本真的自己存在保留时间，而沉沦作为非本真的杂然共在则丢失时间。作为烦的意义，时间性体现了人的生存在世的有终性，时间性到时便是时间性的消失，所以说时间性失落在当前化之中。当前化是人寓于世内存在者而存在的展开状态，而世内存在者是按照其在世界中的"位置"形成一个用具整体的，这用具整体的"位置"就是一种空间关系。所以，在当前化中，时间性一方面从上手事物那里把自己领会为绽出境域的时间性，即把自己领会为时间；另一方面则从用具整体的"位置"这种空间关系中获取相关线索，通过定向和去远活动让世内存在者前来照面。

　　海德格尔说时间性本质上沉沦着、时间性失落在当前化之中，这实际上是在进一步说明时间性并非一种存在的现象。时间性不存在，首先是它作为烦的意义而烦本身就不存在。烦永远只体现为人向着其目的在一个世界中的实际存在这种构成形式，离开了人的实际的在世活动，就不可能总结出烦这种现象结构来。时间性不存在，其次就在于它本质上是有所期备有所居持的当前化。这种当前化作为绽出境域，其实就是体现在时间之流中的人的超现象存在，没有人的这种超越的存在，就不可能有所谓的时间性到时。所以，归根结底，时间性只能作为人的实际在世活动的意义被领会，而不可能超出人的实际存在之外成为一种自身独立的存在。时间性不存在，而海德格尔却又说人在本质上有一种时间性的源始的到时方式，并认为此在的空间性就奠基于这种时间性。我们且不论海德格尔关于人在本质上具有时间性这种说法是否荒谬，但是，即使按照这个说法来考虑此在的空间性和时间性的关系，也不应该认为此在的空间性奠基于他的时间性，难道空间出于时间、时间与空间是两个不同的系列？可是，他不也说过意蕴是作为空间性的一种源始的因缘联络方式吗？为什么非要在时间性和空间性上叠床架屋呢？所以，就从其理论本身的逻辑来思考，也应该说此在的时间性和空间性都奠基于、统一于世界之为世界的意蕴，是此在基于意蕴的自我筹划揭示了此在在空间和时间上的整体存在。此外，既然人本质上包含空间性和时间性，那么作为"向死存在"的整体性的自我抉择就已经为其自身的存在先行给定了全部的生存空间和生存时间，此在的生存在世就是不断地有终地展开这种包含在整个生命途程中的空间和时间。从这个意义上讲，人的空间性和时间性既是一种先验的存在方式，也是人通过自我抉择所锁定的一种命运。由此可见，他对时间所作的那些"结论"
——既不是客观的也不是主观的，既不是内在也不是外在，它比一切主观性和客
观性都更早存在，等等——不过是为了掩盖其存在主义的非理性的极端主观的本
质而玩弄概念、穿凿附会、故弄玄虚而已。其实，除了理论上的荒谬和逻辑上的
混乱之外，既无新意，更无深意。

人是存在于时空之中，而不是时空包含在人的精神性的本质中并显露于人的
精神性的存在。人同万事万物一样，它的空间性就是作为它的肉体的身体的广延
性，它的时间性就是它在与外在事物打交道过程中其身体的延续性。人对空间和
时间的领悟是从对外在于它的事物的广延性和延续性的反映和反思中获得的，这
是人类最原始也是最基本的实践活动，因而时空观念已经根深蒂固地融入人的灵
魂，似乎成了人的不假外求的意识本性。存在主义就是从这里切断了人的时空观
念的源头，把空间和时间作为外在的客观性变成了人的内在的主观性。这样一来，
空间和时间便成了不是存在（精神）的存在，或者是存在的不存在（当前化）。

三、海德格尔：时间性绽露为此在的历史性

海德格尔在分析、阐述了人的时间性到时的整体性存在后又进一步指出："时
间性绽露为此在的历史性。此在是历史性的，这一命题将被证明为生存论存在论
的基础命题"（P394）。那么，什么是此在的历史性呢？海德格尔说，此在从出生
到死亡是一完整的生命途程，这一途程是此在从最本己的能在出发先行组建起来
的，此在就是按照这种先行设定的总体的生存方式投身实际的在世活动，从而不
断地伸展自己。作为烦，此在就是与出生和死亡相关联的"之间"，因而出生不
是过去，死亡也不是还不现成的悬欠，出生与死亡始终包含在整个生命途程中，
而此在以整体存在的方式来伸展自己便是生存的行运。所以，"生存的行运不是
现成事物的运动。生存的行运是从此在伸展着的途程得以规定的。这种伸展开来
的自身伸展所特有的行运我们称之为此在的历事。此在'联系'的问题是其历事
的存在论问题。历事结构及其诸生存论时间性的可能条件的剖析意味着赢获对历
史性的存在论领悟"（P441）。生存的行运作为伸展开来的自身的伸展，即此在通
过在世界中存在并超越这个世界而来到自身。这种生存的行运作为此在的阶段性
的有终的存在是由此在先行组建的整个生命途程规定的，是一种先规划后行动的
有目的的生存活动，所以说不能把它等同于现成事物的运动。伸展开来的自身伸
展是此在在超越一个世界后来到自身，因而它显示了此在的历事——所经历的在

世的活动。此在的"联系"问题，海德格尔说，这是指"出生与死以此在方式'联系着'"（P441）。也就是说只要此在实际生存着，生与死这两个端点以及它们的"之间"也就存在着。可见这"之间"就是烦，就是以烦这种存在形式构建起来的整个途程，而这途程也就是此在的作为自身伸展的历事之所以可能的根据。因此，历事的结构也就是烦：先行于自身的——已经在一个世界中的——寓于世内存在者的存在。时间性的可能条件，即诸绽出的统一：曾在着的将来的当前化。通过对历事的结构和时间性的可能条件的剖析，揭示了主体自身的常驻性："自身常住性是此在的一种存在方式并因而奠定在时间性的一种特有的到时样式中"（P442），它表明，此在循着他先行组建起来的整个途程，永远携带着曾在的自己在当前化中走向将来，这就是此在的时间性绽露为此在的历史性。

从海德格尔对历史性的描述来看，他所谓此在的历史性既不是我们通常所理解的人的传统性或历史继承性，也不是指人生经历的一种积淀——将自己的经验上升为指导自己行动的理性认识，而是指在人的整体性的存在中始终包含着曾在。但曾在总是将来的曾在，或者说曾在总是向着将来存在，因此人作为整体性的存在，他的在世的展开状态便在时间性上表现为曾在着的将来的当前化，这种始终在曾在的将来中释放出当前的存在方式就体现了人的历史性。在海德格尔看来，人的历史性只能体现在人的存在上，它并没有成为过去，因为过去的东西已翻过一页，它不再存在，也就不可能成为此在的特性。这就是他为什么不把人的时间性理解为"过去—现在—将来"而理解成"曾在—当前—将来"。所以他说："对此在的历史性的生存论筹划只是用以揭开已包藏在时间性到时之中的东西"（P443）。就是说，当人在筹划向着它的目的存在时，这一筹划作为人的整体性的存在结构，其中就先验地包含了此在的历史性。

此在的历史性是通过此在在世界中存在的历事体现出来的，海德格尔说："此在历事本质上包含有开展与解释"（P443）。所谓开展，即根据筹划把世内存在者开展出来并组织为处境；所谓解释，即在处境中有所烦忙地进行自我造就。这样，"从这个历史性地生存着的存在者的这一存在方式中，生长出明确地开展历史和把握历史的生存状态可能性"（P443）。历史性地生存着，即以时间性这种整体存在的方式——曾在着的将来的当前化——与世内存在者打交道。开展历史，就是从提出的目的出发向着这种目的寓于世内存在者而存在，这就是此在本真的历事。把握历史，就是从整体上来筹划如何把每一个包藏在时间性到时之中的东西都开展出来，从而实现有终的整体性的存在。当此在在世的展开状态在整体上到时之际，作为此在整个能存在的全部历事便成为过去，这就是此在的历史。所以海德格尔说："历史是生存着的此在所特有的在时间中发生的历事；在格外强调的意义上被当作历史的则是：在相互共在中'过去了的'而却又'流传下来的'和起作用的历事"（P446）。就是说，谈到历史，一般是指此在在时间中所发生过的本真的历事，但是，如果就存在的过去性而言，作为首先和通常存在于常人世界中的此在，它的那些在相互共在中已经过去了的、却又流传下来的、并且对其本真的存在还起作用的有意义的历事也可以被当作历史。在这里我们看到：此在的时间性绽露为此在的历史性，是此在的历史性使它创造出自己的历史。

但是我们在前面已说过，海德格尔认为此在的整体性的生存论存在论机制根据于时间性，就是说时间性是人的本质规定。既然时间性绽露为此在的历史性，当然也可以说此在本质上就具有历史性。可是，我们刚刚才说历史性是通过人的在世的展开状态——曾在着的将来的当前化——体现出来的，这样，又如何来理解此在本质上包含有历史性呢？这个问题就是海德格尔所说的：此在从最本己的能在出发先行组建从出生到死亡这一完整的生命途程。对这种原始的自我抉择和自我组建，萨特称之为在世的原始现象，但他与海德格尔在对这个问题的理解上还是有所不同的。海德格尔说："我们用命运来标识此在在本真决心中的原始历事，此在在这种原始历事中自由地面对死，而且借一种流传下来的、然而又是选择出来的可能性把自己承传给自己"（P451）。用命运来标识此在在本真的决心中的原始历事，就是此在下决心脱离沉沦并选择本真的自己存在后，对自己的生存活动进行一种整体的规划。这种整体规划作为此在的原始历事，本质上就是此在的现身状态：此在在对它所领会的一种存在方式中被带到它自己面前来并在其被抛状态中向它自身展开。不过，此在在这里被抛向的并不是由它所选择的可能性所规定的实际对象，而是由这种可能性所照亮的作为自在的它的过去的存在。显然，此在从它所选择的流传下来的可能性出发并把自身筹划到这种可能性上去（把自己承传给自己），是一种内在的活动，它作为所谓的原始历事，本质上是在重演"在相互共在中'过去了的'而却又'流传下来的'和起作用的历事"，这种内在化的重演活动同样体现了作为烦的意义的时间性，当然它也绽露为此在的历史性。在相互共在中过去了的历事，当然是指此在在非本真的杂然共在中的历事。这些历事在无决心状态的无所期备而有所遗忘的当前化中已成为过去，但其中也包含一些有价值的好东西，"而'好'的性质就在于使本真的生存成为可能，那么在决心中向来就有遗业的承传组建着自身"（P451）。可见这里所说的本真的决心中的历事，便是指后者：在相互共在中"过去了的"而却又"流传下来的"和起作用的历事。此在在这种原始历事中自由地面对死，是说此在借他的原始历事把自己组建为整个途程，使自己在本质上成为从出生到死的存在整体。此在用在相互共在中的自己的原始历事把自己组建为途程，这同时也就是借一种流传下来的然而又是选择出来的可能性在生存的行运中把自己传承给自己。海德格尔把此在的这种自己传承给自己的自我抉择和自我组建称为"承受遗业"，他说："决心作为被抛的决心承受遗业，而此在借以回到自身的这一决心就从这一遗业中开展着本真生存活动的当下实际的种种可能性"（P451）。

海德格尔认为，作为本质上就包含着此在的历史性的全部原始历事，命运具有以下一些本质性的特征：首先，命运作为对在相互共在中过去了的却又流传下来的和起作用的历事的承传，它并不仅仅是某个此在的个人的自我造就，如果"命运使然的此在作为在世的存在本质上在共他人存在中生存，那么他的历事就是一种共同历事并且被规定为天命。我们用天命来标识共同体的历事、民族的历事"（P452）。这里所说的"共他人存在"，不是指与他人在共同的世界中共同此在，而是指烦神的一种残缺样式：把他人的自由为他本身解放出来，使他如我一样自由地存在。所以，如果以承受遗业的方式在世的此在本质上是共他人存在，那么他的历事就是共同历事。共同历事意味着众多的人——一个共同体乃至一个民族——共同承受着同一种遗业，这就是天命。这种"天命"现象说明了什么呢？它是说明人们自由地选择了一种共同的遗业，还是说明了一种遗业历史地落在一个共同体或一个民族的肩上？当然，在海德格尔看来它只是前者而不是后者，但实际上应该是后者而不是前者。那么在什么情况下一个民族或一个社会共同体才不得不承受一种共同的命运呢？这只能从生产力的现状所决定着的社会分工来理解，是落后生产力下的社会分工迫使人们不得不以继承遗业的方式来开展自己的生存活动。所以，"天命"实际上揭示了人类生存活动的一种规律：只要在一定历史时期内一个民族、一个社会共同体的生产力水平不发生明显的改变，那么在此期间人们的生存活动在方式上、程序上就基本相同。一个农耕民族，几百年甚至上千年都重复着同一种生产方式；在一些城镇的手工作坊里，许多产品经历几代甚至十几代人都还通行同一种工艺流程。海德格尔说："此在在他的'同代人'中并与他的'同代人'一道有其具有命运性质的天命，这一天命构成了此在的完整的本真的历事"（P452）。毫无疑义，这里所说的"天命"应该是指一个时代的生存现实，而不是个人所选择的本真的生存方式。现实的生存手段决定了此在的在世本质上是在共他人存在中生存，作为个体，如果不愿委弃于现实，不沉迷于幻想，则只有以顺从现实的命运的方式来生存。

其次，命运作为向着最本己的罪责存在，它表现为此在自由地面对死来筹划自身的一种超强力量。海德格尔说："命运是以缄默着准备去畏的方式向本己的罪责存在筹划自身这一活动的超强力量，是无力的逆来顺受的超强力量。命运作为这样一种超强力量要求烦的存在机制即时间性作它之所以可能的存在论条件。只有当死、罪责、良知、自由与有终性同样源始地共居于一个存在者的存在中，一如共居于烦中，这个存在者才能以命运的方式生存，亦即才能在其生存的根据处是历史性的"（P452）。命运之所以表现为此在向其本己的罪责存在筹划自身的一种超强力量，是因为它是以烦的意义——时间性——作为它之所以可能的存在论条件，就是说命运规定了此在的生存途程，展开了此在整个的生存的行运——原始历事，从而使得死、罪责、良知、自由、和有终性这些本真的生存方式源始地共居于一个存在者的存在中。那么，为什么说只有当死、罪责、良知、自由、和有终性源始地共居于一个存在者之中时，这个存在者才能以命运的方式生存并表现出向本己的罪责存在筹划自身的超强力量？死，或向死存在，意味着此在的整体性，表明此在把自己组建为整个途程；罪责，是说此在所承受的遗业是一个共同体或一个民族的共同历事，此在只有怀着一颗既对自己负责同时又对他人负责的责任心，才能以命运的方式去生存；良知，是使此在始终保持向最本己的罪责存在的自我呼唤，失落了良知，此在就会重新落入沉沦；自由，是此在最本己的能存在，唯有自由，才能时刻准备着去畏，才能把自己本真的可能性开展出来；有终性，即组建起作为整体性的途程的阶段性，它规定着具体的生存的行运，是此在伸展开来的自身伸展，此在的时间性和历史性在这里都得到体现。由此可见，只有当死、罪责、良知、自由和有终性都共居于此在的存在中时，此在才能"自由地面对死而让自己以撞碎在死上的方式反抛回其实际的此之上"（P453），从而按照命运的规定去生存。

第三，命运作为完整而本真的历史性，它表现为一种对流传下来的生存可能性的重演。所谓重演，就是"回到曾在此的此在的种种可能性中去"（P453），也就是把所承受的"遗业"重新演绎出来。如果说此在凭借其原始的历事先把自己组建为途程，那么重演便是生存的行运，是伸展开来的自身伸展的历事。可见历事作为重演是一种明确的具体的承传，它把曾经在此的此在的种种可能性开展出来，以实现他所承受的遗业。因此，海德格尔说："我们把重演标识为承传自身的决心的样式，此在通过这种样式明确地作为命运生存。但若是命运组建着此在的源始的历史性，那么历史的本质重心就既不在过去之事中，也不在今天以及今天与过去之事的'联系'中，而是在生存的本真历事中，而这种本真的历事则源自此在的将来"（P454）。这里说的过去之事，即过去了的但却流传下来的起作用的历事。历史的本质重心不在过去之事中，也不在今天以及今天与过去之事的"联系"中，是说历史的意义不是重温过去或发现今天与过去有什么联系，历史的本质重心在于使继承下来的可能性成为现实，那就是此在在重演遗业中的本真的历事。在这里，海德格尔进一步强调历史是人通过他的存在创造的，那就是他的在世的历事。说此在本真的历事源自此在的将来，这还是从历史性的角度来看的：曾在总是向着将来存在，而本真的历事作为曾在着的将来的当前化也是在将来到时。在这里，海德格尔特别指出：重演，并非是重返（重复）过去，而是"与曾在此的生存的可能性对答"（P453）。何谓"对答"？他解释道："在决定中与可能性对答作为眼下的对答同时却就是对那在今天还作为'过去'起作用的东西的反对，重演既不遗托给过去之事，也不以某种进步为标的"（P453）。可以看出，"对答"在这里有对应、对比的含义。在决定中与可能性对答，就是将此在当下的历事与曾经在此的此在的历事作一种对应比较，这也就是本真的眼下的对答。这种对答实际上表明，重演一方面是对曾经在此的此在的原始历事有所依凭，另一方面也是对曾经在此的此在的原始历事有所反对（修正）。因为"重演是从下了决心的自身筹划发源的"（P453），它是我的本真的生存，我的当下的历事当然不可能就是过去曾在此的我的原始历事。所以说重演既不是完全模脱过去之事，也不是在筹划之初就决意要胜于过去，它只不过是在生存筹划中对在今天还在起作用的过去的东西有所领会、有所借鉴而已。

通过以上的解析，我们对海德格尔所谓此在的时间性绽露为历史性有了一个大概的了解。此在选择了本真的自己存在后，首先就要通过自我抉择和自我筹划构成一个整体性的生存结构，它包含了此在在死亡之前的全部生存可能性。那么，作为对本真的自己存在的整体筹划，此在如何来选择他的这些可能性呢？当然，这些被选择的可能性只能出自此在的经验，即来自此在曾经经历过的东西。而此在在选择本真的自己存在之前则一直存在于他人（常人）的世界中，因此此在的选择只能采取承受遗业的方式，即借在共同存在中流传下来的但却是经过选择的可能性把自己承传给自己。这样一来，也就决定了他必须从已经过去了的与他人相互共在的诸多历事中选择出一些好的能够使本真的存在成为可能的历事，并根据烦的意义（时间性）把它们组建成一条从生到死的完整途程。这条生命途程就是对此在整个实际的生存活动的规定，也就是作为此在的本真的命运。此在循着命运规定的轨迹，通过实际的在世活动，重演纳入到整个生命途程中的流传下来的可能性。而对每一种可能性的重演，都是展开一种有终的整体性的存在，它体现为此在的本真的时间性，同时作为本真的历事也体现为此在的历史性。

但是，在海德格尔把此在本真的命运理解为此在用在相互共在中过去了的却又流传下来的和起作用的历事组建成生命途程时，却不能不使我们联想起他把本真的存在与非本真的杂然共在完全对立起来的那些说法。这当中最具本质性的说法主要有以下几种：

"此在在日常生活中是为常人自己之故而存在，就是这个常人自己把意蕴的指引联络勾连起来的。此在的世界向着常人所熟悉的某种因缘整体把相遇的存在者开放出来，而其限度是由常人平均状态来确定的。实际的此在首先存在在平均地得到揭示的共同世界中"（P159）。

"本真的自己存在并不依栖于主体从常人那里解脱出来的那样一种例外晴况；本真的自己存在是常人的一种生存变式，而常人在本质上是一种生存论上的东西。但本真生存着的自己的自一性，从存在论上看来，却与在形形色色的体验中始终保持着自身的那个我的同一性鸿沟相隔，完全不是一回事"（P160）。

此在本真的存在的现身情态是畏。"畏所为而畏者，就是在世本身。在畏中，周围世界上手的东西，一般世内存在者，都沉陷了。'世界'已不能呈现任何东西，他人的共同此在也不能。所以畏剥夺了此在沉沦着从世界以及从公众讲法方面来领会自身的可能性"（P227）。

海德格尔在这里说得很清楚：非本真的存在与本真的存在的本质区别就在于：前者是依据常人平均状态的意蕴的指引联络来组建世界，而后者则是基于对世界之为世界的意蕴的真实领会来组建属于自己的世界。因此，既然本真的存在不依栖于主体从常人那里解脱出来的一种例外情况（即与平均状态保持着一定差距的特殊的存在状态），那么它就更不可能依栖于一般的常人的平均状态。二者已经鸿沟相隔，完全不是一回事，此在又怎么可以用这种非本真的在相互共在中过去了的历事来组建规定生存的行运的途程呢？海德格尔说，在已经过去的历事中，有一些是好的能够使本真的存在成为可能的东西，因而它们可以流传下来并起作用。这种说法十分牵强，根本经不起推敲。非本真的存在与本真的存在的区别，并不在于其历事的好坏，而是两种存在方式有着本质上的不同。海德格尔自己就对非本真的杂然共在作过这样的评价："常人是一种生存论环节并作为源始现象而属于此在之积极状态"（P158）。"（沉沦）这个名称并不表示任何消极的评价，而是意味着：此在首先与通常寓于它所烦忙的'世界'。…… 非本真绝不意味着'真正不是'，不是指像不再在世这一类情况，倒恰恰是指构成一种别具一格的在世，这种在世的存在完全被'世界'以及被他人在常人中的共同此在所攫获"（P213）。海德格尔始而强调非本真的存在与本真的存在之间鸿沟相隔，最终又调和二者的对立，并把前者作为后者自我构建的依凭，这种自相矛盾的做法凸显出他为了塑造此在以整体存在这个前提和背景而不得不采取的无奈之举。萨特正是看穿了海德格尔的出尔反尔和前后矛盾，所以才提出所谓原始的在世现象：我在整个的世界中进行整个的自我选择。然而，这种原始的在世现象却完全是无依无凭的主观遐想，它比海德格尔的承受遗业还要荒唐。

海德格尔把此在本真的历史性标识为命运或天命，是在于此在的生存的行运是从此在伸展着的途程得以规定的，也就是说此在向着最本己的罪责存在的一切可能性都具有必然的意义。当然，命运是一种必然性。不过，传统的命运观念认为，命运是一种不可抗拒和无法摆脱的必然性，在这种必然性面前你只能逆来顺受而别无选择。由于这种必然性不同于人们通过一些偶然事件之间的联系而发现的客观的潜在的必然性，因此人们也称之为外在的必然性。就是说这种必然性外在于人的存在，人对之不可认识，不可把握，只能听天由命，任其摆布。在这个意义上，命运被等同于上帝或天道：上帝的意志或神圣的天道是不受任何约束的自由，上帝以他的自由剥夺了人的一切自由。然而，海德格尔的命运观与这种传统的命运观完全是对立的两极。他所理解的命运或必然性是建立在一种纯粹主观的自我抉择和自我构建之上，是此在根据烦的意义通过承受遗业把自己组建为从出生到死这样一个完整的生存途程，所以他说："本真的向死存在，亦即时间性的有终性，是此在历史性的隐藏根据"（P454）。由此可见他所谓的命运或天命是一种主观的必然性，或者说是体现为人的自由选择的意志的必然性。由于这种必然性完全是人的自我抉择.自我筹划和自我造就，一切都在自己把握中，因此从严格的意义上讲，它不能被称为命运。

命运之为命运，本质上应该是一种客观的必然性，因为命运作为一个个人问题同时也是社会问题它是由一个社会的基础和个人自身的基本素质所决定的。在这里，由社会的经济基础决定的社会发展走向是一个国家和一个民族都必须面对的共同命运，这是一个大背景。在这个大背景下，每个人由于各自的生存环境不同、受教育程度不同，因而生存的起点和追求也不同。不过，这并不完全是每个人人生走向的决定因素，决定一个人的人生基本走向的，除此之外还有他的能力、爱好和品格。然而，个人的这种人生走向也不等于个人的命运，个人的命运总是同国家和民族的命运联系在一起，一个人的命运如何，还要看这个人的人生走向在多大程度上融入到一定的时代潮流中，能不能与现实社会的价值要求产生某种共鸣。而融合或偏离则体现在反映人生遭际的一些偶然事件中，把一个人一生的偶然遭际联系起来便是一种命运的轨迹。当然，一个人能把自己一生的遭际联系起来并进行反思，这只有在他经历了这一切之后才有可能。所以，当一个人只是站在人生旅途中的某个节点上孑然自顾时，他就会被命运所困扰，认为总是有一种莫明的无形的推手在冥冥中推着自己前行。实际上，人世间根本就没有不可认识的外在必然性，更不存在像海德格尔所谓的作为人的历史性的内在必然性。他所谓命运，实际上是一种纯粹的主观意志——自我设定，这种自我设定无论是承传前人的经验还是开展自己的经验——把自己承传给自己，它都是一种可能性而不是必然性，只有将自己的可能的存在与客观事物发展的规律性结合起来，它才有可能成为现实。在人的实践过程中，一切经验只具有借鉴的意义，因为人的目的不是重复过去而是在发展历史的东西中发展自身。所以，历史不应该重演，也不可能重演。

四、萨特：时间性是自为虚无化之内部结构

萨特在谈到主体的时间性时特别强调："研究时间性的唯一可能的方法就是把时间性当作一个整体去加以剖析。这个整体制约着它的次级结构并赋予它们以意义，这是我们永远不应忘记的"（P154）。萨特在这里说的把时间性当作一个整体，是否就是海德格尔所说的时间性作为烦的意义意味着人是一种有终的整体性的存在？并非如此。他说："时间性并不是包含一切存在、特别是诸种人的实在的普遍性的时间，时间性也不是从外部强加于存在的一种发展规律。它不是存在，而是构成其自身虚无化的存在之内部结构，即自为的存在所固有的方式。自为是要以时间性分散的方式成为其存在的存在"（P201）。所谓时间性不是包含一切存在、特别是诸种人的实在的普遍时间，是说时间性不是人们在在世的存在中所利用、所计算的时间，而且人也不可能通过在世的存在来领会和把握时间，因此时间性也不是从外部强加于人的存在之上的规律性的东西。时间性不是存在，这就等于否定了海德格尔把时间性理解为人的存在的整体性。所谓时间性是构成自为虚无化的存在之内部结构，是说时间性是自为的反思的内在化活动，即自为以是其所不是、又不是其所是这种时间性的分散方式——过去、现在和将来——成为其已经存在的存在，也就是说是它所不是的过去的存在。

基于上述的看法，萨特认为时间性作为整体，就是"现在、过去和将来同时把自为的存在分散于三维之中，仅就其自我虚无化而言，自为就是时间性的"（P201）。现在、过去和将来同时把自为的存在分散于三维之中，这等于说现在同时被分解在过去和将来之中。也可以将其理解为：自为的存在把现在、过去和将来这三维

同时集于一身。我们注意到萨特在这里强调"同时"这个词，三维同时，就是三维一体，这不仅意味着自为作为时间性是个整体，而且也表明时间性就是自为的自我虚无化：当自为不是其所是时，随即又是其所不是。正是自为的这种自我虚无化才使它同时分散在过去、现在、将来这时间性的三维之中。

从萨特对时间性的这种解释可以看出，他所谓过去、现在、将来同时把自为分散于三维之中，固然不同于海德格尔所说的时间性的绽出统一：曾在着的将来的当前化，但也不同于海德格尔所说的原始的时间性：当前化始终包含在曾在与将来之中。因为萨特所说的时间性是自为的反思的内在化活动，是在意识的内部再现它的过去的存在并从中体会时间的流逝。而海德格尔所说的时间性则是人的实在，是指此在以有终的整体存在的方式来在世。由于二者对时间性作为整体的理解不同，在萨特看来，时间性出于时间是指时间本身所具有的那种前后相续的连续性，因而时间性作为整体便体现为现在的自为总是连接着它已是的过去和它将是的未来。但海德格尔则认为时间出于时间性，因为在他看来时间性绽露为烦的意义，时间就在此在向着其可能的整体性存在中绽出。

由于对时间性的理解与海德格尔不同，萨特对时间性三维中的优先性问题也表达了与之不同的看法。他认为，在现在、过去、将来这三维中，任何一维对于其它维都没有本体论的优先性，因为没有其它二维，单独一维就不能存在。但是，如果就发生论而言，则应当突出一下现在，因为自为只有披露了自身——是其所不是，它才是它的过去；同样，它也只有在披露了自身的情况下，才能在虚无化的超越之中有着要自为地成为的东西——将来。所以他在这里特别指出："这不同于海德格尔强调未来的出神状态"（P201）。当然，海德格尔之所以强调将来在时间性诸绽出中的优先性，根本问题还是在于他把时间性看成是存在的整体性，而人的存在作为整体性的存在，就是从将来出发向将来归。这样，将来就成了一种必然的可能性而具有先行于自身的意义。

下面，我们就来说一说时间性作为整体是如何制约它的次级结构并赋予其意义的。

第一，时间性是个系列，是时间的复合。萨特说："时间性首先是个系列。系列反过来又可以作为一种次序而自我确定下来，这次序的排列原则就是前－后的关系。按前－后排列的一个复合，这就是时间的复合"（P185）。时间性首先是个系列，是说时间性作为自为的虚无化是"在一种永恒的反射的统一之中，是其所不是，又不是其所是"（P195），也就是说是自为分别面对它的过去的存在（自在）在场。自为的自我虚无化显示了自为自我显现的次序，所以说系列反过来又可以作为一种前后相续的次序而自我确定下来。所谓按前 - 后排列的一个复合，即过去、现在和将来这三维统一于一身（自为）的一个时间性的组合。这个复合揭示了时间的分离性和连续性，因此它就是时间的复合。所以萨特说："对于一个已定的复合而言，时间不仅仅是固定的次序：若对时间性进行更深入的观察，我们就看到系列之事实，就是说，这样一个后在变成一个前，现在正变成过去，而将来则变成先将来"（P185）。后变成前，现在变成过去，将来变成先将来，这正揭示在自为的自我虚无化中时间在不停地流逝，因而过去、现在、将来这种前 - 后排列的复合是相对的、变化的。随着自为不停顿地从它的过去的存在的表面掠过，这种前 - 后排列的一个复合也在变更：先前的后变成了前，当时的现在变成了过去，而本是将来的东西却变成先于将来的东西。这样，时间性也就成了时间的前后相续的系列。

萨特指出，把时间性定义为前 - 后次序是取决于它作为系列的不可逆转性和连续性，但是人们从之前和之后的形式里却看到了一种分离性。他们在现实中发现，时间把我与我自身分开，与我曾是的东西分开，与我要成为的东西和我要做的事情分开……。由此便容易产生这样一种看法："世界和人们的一种时间的观念必将消散成为之前和之后的一种碎屑。这一碎屑的聚合，时间的原子，就是瞬间；瞬间的位置是居于某些已定瞬间之前和某些瞬间之后的中间，而在其自身形式的内部并不包含着前与后。瞬间是不可分的，是非时间的，因为时间性是连续性；然而世界却分崩离析为无穷瞬间的尘埃"（P186）。时间撞碎在世界中，散落为之前和之后各个瞬间，瞬间是不可分割的时间原子，它分割着时间但本身并非时间，因为时间本质上体现为流逝着的连续性。但是，作为自为的自我虚无化，"时间性并不仅仅是甚至也不首先是分离。……如果时间是个分离，那它至少是一种特殊类型的分离：一种统一着的分割"（P187）。就是说是一种连续性的分离。因此，"在确认时间的连续性的时候，我们绝不能把时间看作是由瞬间组成的。而且，如果不再有瞬间的话，那么各瞬间之间的先后关系也就不复存在了。时间是一种广漠的流逝的连续性，人们决不能在用可能自在存在着的原始因素来规定这种连续性"（P191）。时间不是瞬间的组合，是因为瞬间稍纵即逝，它永远闪烁在前一个瞬间和后一个瞬间之间。但是，如果不再有瞬间，那也就没有瞬间之间的先后关系，就没有瞬间的消失和流逝，从而也就没有时间。由此可知，时间并非一种实存，不能用某种可能自在存在着的原始因素来规定它，时间仅仅是一种广漠的只可意会、不可把捉的流逝的连续性。

第二，时间性是在同一个存在之中的一种存在关系。说时间性是一种统一着的分割，或者说时间性是连续性中的分离，这都意味着时间性"是一种在多样化着的统一性，就是说，时间性只是在同一个存在之中的一种存在关系。……时间性并不存在。只有具有某种存在结构的一种存在在其自己的存在统一之中才可能是时间性的。如同我们已经指出的那样，先与后只能作为一种内在关系才是可以理解的（心智性的）"（P193）。时间性是在同一个存在之中的一种存在关系，这同一个存在就是作为内在化的自为的自我虚无化，自为的这种内在化的存在即自为与它的过去（自在）的存在关系，它体现为自为是其所不是、又不是其所是这样一种否定与否定之否定的存在方式或结构。所以，实质上时间性并不是一种存在，它不过是具有自我否定这种存在结构的自为在自我虚无化中——即在出离自身中——被现在、过去和将来同时分散于三维之中。就是说，时间性不过是自为的自我虚无化，而过去、现在和将来的先与后也只是一种内在的关系。因此，"时间性之存在只能是作为一个要成为其自己存在的存在之内部结构，就是说作为自为的内部结构"（P193）。

第三，时间性是在自为和自在这双重基础上的显现。萨特说："自在的存在仅有一个存在维度，但是虚无的显现，作为存在内心的曾经存在过的东西就使得存在性的结构复杂化，同时使自我之本体论的幻影显现。……因此虚无就把准多样性引入了存在"（P194）。自在只有一个维度，是说作为自为的过去，自在只具过去性，并且也不是在时间中的存在，只是在时间中被保存而已。所谓虚无的显现，就是自为面对自在在场。由于虚无的显现，那些储存在记忆中的曾经存在过的东西便陆续被带到面前来，从而使得存在性的结构变得复杂起来：原本只有一个存在维度的自在，在自为的显现中构成了时间性三维，这样就把准多样性引入存在。由此可以看出：时间性是在自为和自在这双重基础上的显现，如果自为不回到它的过去、不被自在捕捉，或者说如果自在永远只是潜在而不被自为显现，那么时间性也就无从谈起。因此，时间性的显现作为自为的自我虚无化，本质上就是意识的内在化。萨特说："对于一种经常性的自在而言，一种自为的绝对空无的显现是作为这一自为的单纯意识，意识的存在本身就意味着时间性，因为意识要不经任何变化，以'曾经是'的方式成为它所是的"（P203）。经常性的自在，是说自在作为自为对某物的意识，它静止不变，是恒常的非时间的存在。自为在是它所不是的自在时，它便作为一种绝对空无的单纯意识被显现出来。所以，时间性本质上就是意识不经任何变化——始终以绝对空无的单纯意识的形式——去是它曾经是的东西，即是它的过去。萨特认为，自为作为单纯意识，是一种纯粹的绝对的变化，这种绝对的变化是指始终处在一种绝对的动态中，而其本身在本质上却没有任何的变化。在这里，萨特指出时间性是在自为和自在双重基础上显现，揭示了时间性具有一种矛盾的二元性：作为绝对变化的单纯意识的自为与作为绝对不变的恒久性的自在的统一。这种矛盾着的内在统一就是自我认识，也就是知觉：自为面对自在（它过去的存在）在场。萨特说："通过过去和现在的出神统一表现出来的东西是一个同一的存在。它不是被认为在过去和现在是一个样，而是被认为就是它"（P278－279）。这就是说自为在时间化中是其所不是，并非意味着过去的存在与现在的存在是同一个样式，而是表明现在所是的就是过去的存在。在这种意义上，"时间性只是一种视觉器官"（P279），就是说时间性不过是自为在"看"、在浏览它的过去的存在。

　　时间性是自为的内部结构，是自为通过回到其过去的反思的内在化把自为的存在分散于现在、过去和将来这三维之中。但是，人不能只停留在内在的对时间的领会中，人实际上是在时间中生存着，那么人在世界之中存在的时间性是否如康德所理解的那样，是把时间这种内感觉的形式——内在现象的直接条件——看作是外部现象之所以可能的间接条件呢？应该说，萨特受到康德的启发，但他并不认为时间是外部现象之所可能的间接条件，而就是外部现象本身的存在形式。他说，普遍时间是通过自为来到世界上的，这就是世界时间。因为自在是非时间的，它不拥有时间，而自为是时间性，"它按被反思的方式发现关于存在的时间性，就是说外在的时间性。普遍时间性是客观的"（P277）。自在不拥有时间性，是因为作为自为的过去自在是绝对孤立的恒在，它只有一个存在维度——过去性。自为是时间性，是因为自为在超越自在的存在中体现了一种连续性和分离性的统一，而这正是时间性的特点。自为按被反思的方式发现关于存在的时间性，是说作为时间性，自为通过被反思（"反思-被反思"），那种外在的作为在世的存在的时间性就被揭示出来，这种外在的时间性就是客观的普遍时间性。这里所谓"客观的"，是针对被客观化的意识本体中的世内存在者（现象）而言。下面我们就来说一说自为按被反思的方式发现存在的时间性是怎么一回事。

　　萨特说："存在的非时间性是在它的揭示本身中被表象的：既然它通过时间化着的时间性并在这时间性中被把握，这个一开始就显现为时间的；但是既然它是其所是，它就否认了是自己的时间性，它只反映了时间；而且它把内在的出神关系——它是源于时间性的——反射为一种纯粹外在的客观关系。恒常性，作为非时间的同一性和时间化的出神统一之间的调和，便因此将显现为自在的瞬间——这些彼此分离而又被单纯外在的关系汇集在一起的小小虚无——在一个保持着无时间的不变性的存在表面的纯粹滑动。因此，说存在的非时间性逃离了我们是不对的，它相反是在时间中被给出的，它是普遍时间的存在方式的基础"（P278）。存在的揭示，就是我们在前面曾说过的显现显现，即作为对我思的反思。存在的非时间性是在它的揭示本身中被表象的，是说作为已经过去了的此在寓于世内存在者的存在，它是在自为的时间化（即自我虚无化）中才被显现出来的，这表明它本身是一种非时间性的恒常的自在，只是由于自为在是其所不是又不是其所是的自我虚无化中才将它带入时间，使得原先只有一个存在维度的它显示出过去、现在和将来这时间性的三维。既然作为已经过去的此在的寓而存在在自为的反思的自我虚无化中被把握为时间性，那么当初自为的寓而存在（这个）也就应该显现为时间的。当然，存在作为是其所是的自在，它不可能是时间性，但它在与自为的关系中，即在自为对它的显现中却表现为连续性的分离或多样化的统一，也就是说它反映了时间。所以，正是通过对反思的自为的自我虚无化的反思，我们才从已经过去的存在那里发现它把时间性这种内在的出神的关系反射为一种纯粹外在的自为超现象存在的"客观"关系。由此可见，作为恒常的非时间的同一性（自在）与时间化的出神统一（自为）之间的调和，将显现为流逝着的无数自在的瞬间从一个保持着无时间的恒常的存在表面滑过。因此，说存在由于它的非时间性而逃离了我们是不对的，恰恰相反，它是在自为时间化中，即在时间中被给出的。从"反思 - 被反思"这个意义上讲，它是"客观的"普遍时间的存在方式的基础。

从以上的分析可以看出，在对时间性和时间的理解上萨特与海德格尔有着明显的分歧。海德格尔把时间性理解为烦的意义，即理解为此在的整体性的有终的存在，它体现为过去．现在和将来诸绽出的统一。因此，他认为此在的生存时间包含在这种时间性中，它既是作为人的实在的解释着自己的当前化，也是作为以整体来存在的曾在着的将来的当前化。这种当前化就是此在与世内存在者照面的那一时间，它是此在在是其所不是．又不是其所是的超现象存在中"出离自己"。与海德格尔不同，萨特则把时间性理解为自为的内部结构，就是说时间性不是作为人的实在的整体性的在世的存在，而是作为反思的自我意识所具有的那种整体的结构：现在、过去、将来同时把自为的存在分散于三维之中。因此，萨特所谓的时间性就是时间本身所具有的那种前后相续的特性，前 - 后排列的一个复合便是作为整体的时间性。在这里，时间作为主体的"出离自己"，是自为的自我虚无化，即自为以自我超越的方式从他的过去的存在的表面滑过，"在一种永恒的反射的统一之中，是其所不是，又不是其所是"。

萨特对时间性和时间的这种理解，其实就是认为海德格尔所说的时间性的绽出统一——曾在着的将来的当前化——实质上是此在的烦忙在世，而不是对时间的体验和领会，因为处于烦忙之中的此在根本无暇去考虑时间的流逝。在他看来，人只有通过反映 - 反映者这种内在的存在方式进行自我反思时，才有可能获得对时间的领会和把握。应该说萨特的这种看法具有一定的合理性。但是，与海德格尔一样，他也把时间看成是超越性的自为与无时间恒常性的自在的关系，就是说时间本质上是自为"出离自己"。这实际上就等于说时间是由我而起，没有我的存在，就无所谓时间。因此，他所谓时间是存在把内在的出神关系反射为纯粹外在的客观关系，只是从"反思 - 被反思"这个角度来领会本体论的此在在时间中存在，而绝非我们通常所理解的时间的客观性：时间是物质运动的持续性和顺序性。

五、萨特：反思，自为把自己把握为未完成的整体

上面我们从自为的自我虚无化方面、即从自为的内在结构上分析了自为的时间性，认为时间性是在自为和自在这双重基础上的显现，是自为在"看"它的过去的存在，因而时间性是视觉器官。但是，自为要把握它的过去存在的意义就不应仅仅是"看"，而应该在"看"的同时对这种"看"和"看"的方式进行反思，否则就不可能对时间性及其意义有深入的领悟。

关于反思，萨特说："反思始终是作为重新把握存在的自为的永恒可能性。通过反思，投身于自身之外的自为欲求在自己的存在中内在化，这是为了自我奠定的第二次努力。对它来讲，关键在于为了自身是它所是的。如果反映 - 反映者的准二元性为一个就是它自身的见证集合为一个整体，那么它在自己的眼中就是它所是的"（P215）。对存在的自为的反思，就是对自身的存在的自我确证，也就是笛卡尔所说的"我思故我在"。因此，反思是向着自己的可能性（自我）存在的自为（即投身于自身之外的自为）在中止这种在世的活动之际转而进行的内在化活动。这种作为反映 - 反映者的自为的自我意识，是对已经存在并正在存在的自为的重新把握，即所谓自我奠定的第二次努力（第一次自我奠定是自为是它所不是的世内存在者）。如果这种反映 – 反映者的准二元性就是自为见证自身集合为一个存在的整体，那么它就会确认它就是它所是的存在。

如果反思的自为把被反思的存在的自为把握为存在的整体，这"实质上把它的权利与确定性扩展至我所是的可能性和我曾是的过去"（P219），就是说，在这种情况下反思的自为不仅是面对它过去的存在，而且还面对它所是的将来的可能性。但是，将来的可能性本来就不在场，作为反思，自为如何能面对？对此，萨

特展开了对反思－存在的分析："反思的动机在于一种对象化的和内在化的同时性的双重企图。在内在化的绝对统一中成为对自身来说的自在的对象，这就是反思－存在应该是的"（P215）。萨特认为，作为反思，自为重新把握存在的自为其实就是自为的虚无化，即自为从自为的存在表面滑过——是它所不是的自为在世界中的展开状态或世内存在者的揭示状态。这样，自为的存在在内在化的绝对统一中便成为自为的自在对象，因而作为反思－存在，便是自为与他的过去——自在的存在——的关系。在这种关系中，"自为以对绵延的非正题意识的形式绵延着。但是我能够'感知到流驶着的时间'，能够把自己把握为连续的统一。在这种情况下，我有对绵延的意识。这种意识是正题的，酷似一种认识，就好似在我的注视下自我时间化着的绵延相当接近于一个认识对象"（P211）。自为以对绵延的非正题意识的形式绵延着，即上面刚刚说过的：自为从自在的存在的表面滑过。但是，就在自为从自在的存在表面滑过时，它同时也感知到时间在流逝，由此它把自己把握为一种连续中的统一。于是，便产生一种对绵延的正题意识，就是说在我的注视下自我时间化着的绵延好像成了我的一个认识对象。萨特在这里提到了正题意识和非正题意识，有必要对之略作解释。正题意识，往往与位置意识互指，主要是指对某物的意识这种作为原始否定的对象意识。但二者又有区别：正题意识还包括一种原始的对不是实体的某种纯现象的意识，就像这里所说的对绵延的意识。不过这绵延着的自为只是"相当接近于一个认识对象"，因为它本质上是作为虚无的绵延着的单纯意识而不具有对象性，正是由于这个缘故，才不称其为位置意识而称之为正题意识。非正题意识与非位置意识一样，都属反思的自我意识，非位置意识是对位置意识的意识，而非正题意识则是对正题意识的意识。

在对反思的对象化和内在化进行分析之后，我们可以看到，这种反思的对象化和内在化同时性的双重企图是要揭示：作为反思的内在化，自为将它的权利与确定性扩展到它已经存在的过去，以对自在的存在的非正题意识在自我虚无化或时间化着的绵延中感知着时间的流逝，于是便领会到了作为整体的时间性：过去现在和将来同时把自为分散在三维之中；而作为反思的对象化，自为对自身绵延的正题意识，则意味着自为将通过它的存在而走向其未来——向着它的可能性存在。但是，自为虽然能够把它的权利和确定性扩展到它所是的可能，然而这种可能性毕竟只能在将来出现，因而它既不可能是自在，也不可能以自为的存在方式去存在。这样，作为时间性，自为与它的将来断脱了，于是自为成了欠缺的存在。萨特说："人的实在是一种欠缺，而且它作为自为欠缺的是与自身的重合。具体地说，每个特殊的自为（存在）都欠缺某种特殊具体的实在，这种实在的同化综合使自为转化为自我。……因此，欠缺者在超越性的进程中涌现，并且从所欠缺者出发通过回归向着存在者规定自己"（P141—142）。人的实在，即人的在世的存在，说人的实在是欠缺，是因为它是以一种整体性的存在为背景的特殊存在，而这整体就是它所欠缺的与之重合的自身的可能之在。所以，每个向其可能之在存在的特殊的自为当下都欠缺某种它寓于其中的特殊具体的实在，因为它只有通过这种具体实在的同化综合（即有所解释的自我造就）才能转化为自我，即实现与自身的重合。从这个意义上讲，自为向着它的可能之在存在，就是作为欠缺者的自为从作为所欠缺者的未完成的整体性的自我出发并向之归，在超越性的进程中通过寓于世内存在者的存在（涌现）使自己得到规定。针对上述情况，萨特说："自为想把自身与其可能相环结，那是徒劳的，这就如同想把自身与在它自身之外或至少肯定是在它自身之外的存在联系起来的企图一样，都是徒劳的：自为永远只能够不定地成为它的将来，因为它是被它所是的一个虚无同其将来所分离"（P184）。所谓环结，就像自为面对它的过去的存在那样，在自我虚无化中过去、现在和将来环环相扣，没有断脱，连为整体。但作为在世的人的实在，自为之所以不可能将自身与其可能相环结，是因为它被它所是的一个虚无把它和它的将来分离开。那么，我们如何来理解它所是的这个虚无呢？萨特说："使自为与它欠缺的并且就是其固有的可能的'对自我的在场'分离开的东西，从一种意义上讲是乌有，而从另一种意义上讲是世界上的存在者的整体，因为欠缺的或可能的自为是作为对世界的某种状态的在场而成其为自为的。在这个意义上讲，自为在其之外谋划与自我的重合的存在，就是人在其外与自己的可能汇合的世界和距离"（P149）。在这里，萨特把自为与它所欠缺的东西的关系称为"对自我的在场"而不称为与自身的重合，是因为自为实际上并不能与自我重合，重合即意味着自为的终止、存在的终结。因此，作为超越性，自为永远只能"对自我在场"。把自为与它的固有可能的"对自我的在场"分离开的东西，从一种意义上讲是乌有，这乌有就是作为自我性的自为本身，萨特把自为与自为所是的可能之间的关系称为"自我性的圈子"。从另一种意义上讲是世界上的存在者整体，因为没有这作为存在者整体的世界，也不可能有自为，欠缺的或可能的自为只是就其作为对世界的某种状态在场而言才成其为自为。由此看来，把自为与它的固有可能分离开的应该是人的自我谋划，这种自我谋划就是欠缺的或可能的自为对世界的某种状态在场，它本质上是虚无。所以，无论是作为乌有的"自我性的圈子"，还是被这"自我性的圈子"所穿越的作为存在的整体的世界，都显示自为与它存在之外的自己的可能之间隔着一段距离，正是这段距离断开了自为与它的可能之间的环结。由此可见，

"反思，就是要把自己作为不断未完成的整体来把握的自为"（P219）。

作为未完成的整体，自为与其将来的关系就不是一种出离自身的前后相续的次序，而是存在与虚无的关系。在这种情况下，我们又如何来理解自为的过去、现在和将来呢？关于过去，萨特有这样一段解说："从定义上说，自为是在必须担当其存在的情况下得以存在的，……但是，自为恰恰只有恢复其存在，才能承担这个存在，然而这个存在却使自为与存在相离。由于确定我是以自在的方式存在，我就背离着这一确定，因为这个确定就其本质而言包含有一种否定。因此，自为总是在其所是之外，唯一的原因就是因为它是自为，而且它必须是自为。但同时，正是自为的存在而不是某种别的存在，居于自为之后。这样，我们就理解了"曾是"的意义之所在，"曾是"仅仅是自为的存在类型的特征，即自为与其存在之间关系的特征。过去，就是我作为被超越物所是的自在"（P169）。这段话所表达的意思是：所谓自为，只有当它在世界之中寓于世内存在者而有所行动、有所作为时它才成为存在。但是，自为只有通过虚无化而回到自身（恢复其存在），它才能凭借世内存在者而有所行动、有所作为。这种情况显示：正是它的这种在世的存在使它与它的存在相离，就是说使它始终处于一种是其所不是又不是其所是的超越状态。由于我的在世的存在总是被确定在揭示世内存在者这样一种自在的方式中，而这种确定本质上就包含有是其所不是的否定，因此我必须背离这一确定。这表明自为总是在它所是的东西之外，因为它必须是自为才能将存在进行到底。但这同时也显示：自为的存在必须在自为之后，因为自为永远是一种主动性。自为先于自为的存在，正是自为出于它的原始否定，自为只有通过是它所不是的世内存在者，把处境开展出来，它才能展开在世的存在。通过上面的分析，我们便理解了什么是"曾是"（即海德格尔所说的"曾在"）：那就是自为的原始否定——是它所不是的世内存在者，它确立了自为的存在类型和自为与存在之间的关系。基于这种关系，才确立自为以自在的方式存在，而过去就是自为所是的作为被超越物的自在。也就是说自为的存在是超越存在，那被它超越的它的实在便作为自在而成为过去。不过，"被超越的自在依然存在着，并且作为原始的偶然性出没于自为。它永远也达不到自为，而且也永远不能被把握为这个或那个，然而它同样也不能阻止自己相距于它所是的自我。自在永远成不了这种偶然性，这种远离自为的累赘然而它却应该成为被超越了的并且保存在超越之中的累赘，这就是散朴性，然而也就是过去。散朴性和过去这两个词表明的是同一件事"（P169）。被超越的自在依然存在着，是因为它属于我"曾是"的存在类型，并且作为出没于自为的原始偶然性将一直延伸到将来，因为在这里自为作为时间性是一个未完成的整体。但由于它总是居于自为之后，所以它永远达不到自为；而由于它只是自为与世内存在者打交道的展开状态，当然也不能把它把握为作为自为原始否定的这个或那个；同样，它作为自为的过去将始终与在将来实现的自我之间保持着距离。作为自在，它是被自为超越的自为的偶然性，所以它也永远成不了这种偶然性。它自在存在，如此而已。从这个意义上讲，它似乎成了一种远离自为却又被保存在超越中的"累赘"，这就是被超越的自为的散朴性，也就是过去。因此，"过去就是一个受自在捕捉又被自在淹没的自为"（P172）。

　　关于现在，萨特说："与自在的过去不同，现在是自为。现在的存在是什么呢？这里有一个属于现在的二律背反：一方面，人们乐于用存在给它下定义，这是相对于尚未存在的将来、相对于已不复存在的过去而言的。但是另一方面，也有一种严格的分析，企图把现在从非现在的一切中分离出来，就是说从过去，从最近的将来中分离出来。这样的分析将可能仅仅得到一个极其短暂的时刻，……一种被推至无限分裂的理想极限就是虚无"（P172）。这就是说，现在存在，是因为现在作为自为是相对于已不复存在的过去和尚未存在的将来而言，因此，现在不可能不存在。说现在不存在，那是因为现在在对过去和将来进行无限分离的双重挤压下会达及一种理想的极限——虚无。那么，我们究竟如何来理解现在的意义？萨特说："现在的意义，就是面对……在场"（P172），具体地说，就是面对自在的存在在场。他接着指出：首先，"面对……在场是存在的一种内在关系，这存在是与它对之在场的诸种存在同在的"（P173），这意味着"在其存在之中有一种存在与其它诸种存在的关系"（P173），就是说，"这在场不是一偶然事件或一件随事件的结果；相反它是以一切伴随事件为前提的，而且应是自为的一种本体论的结构"（P173）。这里的意思很清楚：在场之所以不能是一偶然事件，是因为时间只能体现为时间性整体，如果是一单独的偶然事件，时间岂不成了既无过去亦无将来的孤立的点？所以，对现在的领悟只能从自为与诸存在的内在关系中获得。但是，这里所说的内在关系并不同于前面提到的反思的内在化——自为与它的过去的存在的关系，它是自为的本体论结构：对自为的原始否定的否定，也就是面对存在在场。我们知道，萨特在谈空间时曾说："在世界不是实在的综合，而是乌有对诸多这个之集合的理想限定这个意义下，相关于一个被化整为零的整体的世界显现为一个渐趋消逝的整体。这样，作为基质的形式性质的连续，就使间断显现为这个和整体之间外在的关系类型"（P252）。这段话就为这里所谓自为"在其存在之中有一种存在与其它诸种存在的关系"作了注释。

　　其次，面对……在场的存在不是静止的自在，"自在不能是现在的，也不能是业已过去的；它存在，如此而已"（P173）。这里所谓自在，即自为的散朴性，也就是自为寓于世内存在者在世界之中的展开状态。自在不能是现在的，是说自在不能被质定为一个永恒的瞬间；自在不能是业已过去的，是因为已经过去的就不再存在了，而自在却存在着。自在的存在，就是自为寓于世内存在者而有所行动、有所作为，它体现为自为的散朴性。正是从这个意义上讲，面对……在场才不是静止的。萨特在谈到空间的基础是交互外在性时说过，空间是相互间没有任何关系的各存在之间的一种运动的关系，这种关系出于运动相对性的原理：存在在运动中，它周围的东西是静止的；周围的东西是运动的，而存在是静止的。但无论是在哪一种情况下，作为自为的散朴性，自在都不是静止的，因为"人们不会设想有那么一种存在，它首先是自为以便继而面对存在在场。然而自为在使自己成为自为的过程之中就使自己面对存在在场了，而且当它停止成为自为的时候也就停止了它的在场"（P173）。这就是说，自为之为自为是因为它正处于存在的过程中，否则就无从体现为自为。因此自为面对存在在场就在于它使自己处于自为的过程中使自己面对存在在场，而当它一旦停止了自为，其面对存在在场也就停止了。由此可见，"自为是面对整个的自在存在在场的。或者毋宁说，正是自为的在场使得自在的存在作为总体存在"（P173—174）。自为面对整个的自在存在在场，是说在自为向着它的可能存在的整个过程中它始终都面对它的在世的展开状态或世内存在者的揭示状态在场，也就是面对它的整个的自在存在——自为的散朴性——在场。所以，现在本质上就是"在一个自为向诸存在显现时自为与诸存在的共同在场"（P174）。

关于将来，萨特说："将来，就是自为应该在存在之外所成为的有决定意义的存在"（P179），或者说就是"自为超乎存在之外而是的一切"（P180）。"这样，作为面对超乎存在之外的存在的在场，自为所要成为的，就是它自己的可能性"（P182）。所谓在存在之外要成为的存在、超乎存在之外所是的一切，是说自为超出它已经存在的存在而投向它的将来的可能的存在。自为的这种在存在之外的可能的存在，就是自我，它体现了自为走向自身的决心，自为作为自我造就就是要成为它自己的可能性，所以它对自为而言具有决定的意义。"将来之所以存在是因为自为要成为其存在，而不仅仅是简单的存在。自为要成为的这一存在不能够以共同在场的自在之方式存在，否则它就无须被存在过；因此，人们不能将它设想为一种完全被确定的状态，而这种状态缺少的是在场"（P179）。所谓自为要成为其存在，是说这存在之外的自为的可能的存在就是自为欲求达到的它本身的存在，是自为的生存所需，也就是海德格尔所说的是作为"为何之故"的此在的存在本身。所谓简单的存在，即作为寓于世内存在者的在世的存在，这是此在为它的存在本身而存在。正因为自为要成为的这种存在既然是尚未存在的自己的可能性，所以它就不能够以与自为共同在场的方式存在，它是通过自为的自我造就被存在的。因此，这种超乎存在之外的存在的可能性作为自为的存在本身，它具有不确定性，而它的这种不能被确定的状态，恰恰就是缺少在场。

萨特通过对时间性的反思，意识到自为是一种存在的绵延；由此领会到人的实在是一种欠缺，而人则是一种未完成的整体。因此作为人的存在本身的将来是超乎存在之外的存在。这样一来，他就否定了海德格尔把时间性理解为人的存在的整体性，同时也否定了时间性是将来、曾在和当前诸绽出的统一。在他看来，人的存在的整体性首先只是一个谋划或计划，在这个谋划没有开展出来之前，它是非时间的虚无，只有当它被开展出来，即只有当世内存在者前来照面时，人才存在于时间之中。这也就是海德格尔所说的：公共时间或世界时间就是此在与世内存在者照面的那一时间。在世固然就是在时间中存在，但同时也是面对超乎存在之外的存在在场，就是说此在当下的存在是为了成为其将来的存在本身，即成为它的自我。然而自为要成为它自己本身的这一存在却不在场，不在场就是不来照面，也就是不在时间中，这就意味着自为所要成为它的存在本身的将来断脱了与当下存在的环结，因而自为所要成为的这个将来实际上并不能与自为的过去和现在构成一个统一的时间性的整体。正因为如此，萨特才不把时间性看成是烦的意义——有终的整体性的在世的存在，而认为时间性就是由自为的自我虚无化所构成的一个前-后排列的时间的复合。可以看出，萨特这是采取以子之矛攻子之盾的方式来批判海德格尔的时间观。但是，萨特把人看成是未完成的整体，同样也不符合事实，而且还违背了存在的逻辑。凡是作为整体来存在的东西，都是原始地存在着的事物本身，只是后来受到了损坏，才成为欠缺的，如果没有实在存在着的整体，欠缺从何谈起？因此，既然作为整体存在，就不应是未完成的，所谓未完成的整体，实际上是一个不成立的矛盾的概念。我们已说过，把人的存在理解为有终的整体性存在这并不错，但存在的整体性只是就一种计划或蓝图而言，它是对存在的规范或限定，而不是存在本身。因此，不能把有终的整体性的存在理解为以整体来存在。但是，无论是海德格尔还是萨特，他们所谓的存在整体，其实都是把存在的计划（筹划、谋划）与实际的存在混为一谈，从而蓝图或计划便成了实有的整体。萨特把人作为未完成的整体比作是新月与满月的关系就说明了这种情况。他说："新月为了成为满月，所欠缺的恰恰是月亮的一角"（P142）。这是一个忽视起码的科学常识的比喻，其荒谬性是显而易见的：所谓月亮的欠缺，这完全是一种假象，那是因为地球遮住了太阳射向月球的部分光芒。但这正好说明月亮作为整体就是原始的它自身，而不能说新月对满月而言是未完成的整体或新月作为欠缺是向着满月去存在。

把谋划着的有终的存在视为未完成的整体固然有悖于存在的逻辑，而以所谓在世的原始现象把人确立为本质上的整体存在就更为荒唐。人凭什么来确立他的全部的生存可能性以及与此相关的整个的在世活动？即使人可以自由地进行抉择，其终点在哪里？海德格尔把终点定在死亡上，可萨特对此却持否定的看法，他说死亡是一个不能发现、不能预测、不能等待的偶然事实，它不属于主体的可能性，因而人不可能先行到其中。然而萨特显然没有考虑到：死亡既不可能预测，你把人生的终点定在哪里？你的在世的原始现象岂不成了空中楼阁？实际上，人不仅因为无法把握他的生命的终点，才无法把自己确定为一种存在的整体。更主要的是：人的欲望和意识的本性决定了人不可能让自己的追求停留在某个不变的价值标准上。人只要不死，他就有所追求。这样，他的生命的价值就只能由死亡的偶然性来裁定，以致人的任何一种价值追求都有可能在死的突然降临中嘎然而止，无果而终。由此可见，说人是自我构建的存在整体，或说人的实在是未完成的整体，这完全是一个伪命题。

六、萨特：历史性是过去的延期状态

在本章第三节中，我们分析了海德格尔所谓时间性绽露为此在的历史性。海德格尔的这种说法可以从三个方面来理解：首先，他所谓时间性绽露为历史性，是说时间性作为烦的意义，表明人的在世的存在始终保持为一种承先启后的整体性的存在样式：曾在着的将来的当前化。其含义是：曾在是从先行于自身的将来出发的，因而曾在并未过去，它仍存在着，而当前化则是承接着曾在并归向将来。可见他所说的历史性并非我们通常所理解的实践意义上的人的历史继承性或人自身经历的一种积淀。其次，他认为时间性是人的本质属性，而人的本质作为一种存在整体则是人的自我抉择和自我构建，这说明时间性绽露为历史性这种存在样式已经体现在人的本质性的现身状态中：此在是它的死亡之前的种种可能性，它从这些可能性出发来领会自己的存在方式，并在这种存在方式中被带到它自己面前来，在其被抛的状态中向它自身展开，从而把自己筹划到这些可能性上去。这一过程便是此在把自己组建为整个存在的途程。第三，海德格尔认为，此在是借一种流传下来的、然而又是选择出来的可能性把自己承传给自己，而他在本真的决心中的原始历事则是借在相互共在中过去了的、而却又流传下来的和起作用的历事。这样，此在把自己组建为整个途程本质上就是承受遗业，而他的本真的在世存在就是对流传下来的生存可能性进行重演。从这个意义上讲，他最终还是把此在的历史性与他的最原始的经历联系在一起。

萨特也认为时间性体现为人的历史性，但是他对时间性的理解却与海德格尔有所不同，那么他所说的历史性是否也有着另一种不同的含义呢？下面我们就来看看他是怎么说的。他说："纯粹反思只有在原始的非实体性中，在对自在的存在的否定之中才可发现时间性，它发现被自为的自由冲淡的作为可能的可能，它揭示了作为超越物的现在，并且即使过去对它显现为自在，它还是立于在场的基础上的。总之，它在其分解的整体之中发现自为就是以应是的方式自己存在的不可类比的个体性，发现被反思者尤其是这样一种存在：它永远只作为自我而存在，并且在将来、过去和世界中永远是与自身有距离的。反思因而揭示了时间性，因为它被揭示为一种唯我性唯一的不可类比的存在方式，也就是被揭示为历史性"（P220）。所谓所谓原始的非实体性，指的是自为与自在（作为对某物的认识的存在）的内在关系——自为依托于自在而展开的自我超越活动，也就是自在的存在。纯粹反思，就是对自在的存在的反思，即对自为的超越存在或自我虚无化——是其所不是、又不是其所是——的反思，自为正是在对这种自我超越活动的反思中，即对自在的存在的否定中，发现了时间性——现在、过去和将来同时把自为的存在分散于三维之中。但是，自为从对自在的存在的这种非正题意识中，同时也领悟到自我虚无化着的自为是一种存在的绵延，而自为的这种绵延不仅意味着它趋向自身的可能，而且也指向被自为的自由冲淡了的、在可能的自为之外的可能——将来的自我。因此，自为的这种绵延也揭示了作为超越物（超越性的散朴性）的现在：虽然超越物作为被超越的超越性的散朴性而旋即成为过去，但自为还是立于面对整个自在的存在在场的基础之上，即面对它的整个过去而在此。从自为的这种被分解的整体中可以看出它具有一种不可类比的个体性——以是它所应是的方式自己存在着：被反思者的自为永远只作为它自身（自我）而存在——无论在过去、现在或将来，总是我在存在，并且，作为纯粹的超越性，无论是在将来、过去或当下的世界中，自为与他自身永远是有距离的。由反思所揭示的自为的这种唯我性唯一的、不可类比的存在方式，显示了它的时间性，而这种时间性则被揭示为历史性：自为永远在面对它的过去（整个自在存在）的在场中走向其将来。

纯粹反思是相对于不纯反思而言，在讲述了纯粹反思后，有必要交待一下什么是不纯反思。萨特说："不纯反思是最初的自发的（但不是原始的）反思者，它为了存在而是作为自在的被反思者。它的动机自身是在一种双重的运动中——内在化的和对象化的：把自在作为被反思者来把握以使人们把握的自在存在。不纯反思因此只有在一种它在其中与它应该是的自为保持直接关系的自我性圈子里才能被被反思者把握。但是，另一方面，它应该成为的这个自在就是被反思者，反思者企图把它领会为自在的存在物。这意味着在不纯反思中有三种形式：反思者、被反思者和反思者应该成为的自在，而这个自在可能是被反思者而且不过是反思现象的肯定方面"（P223）。所谓不纯反思是最初的自发的反思者，首先，不能把它混同于原始的反思——面对存在在场，即不是对作为原始否定的存在的意识；其次，也不是为了领会自为的时间性而对自在的存在的反思。不纯反思仅仅是为了自为本身的存在而是它所不是的作为反映物的自在，这也就是我们在第一章第三节中所讲的"显现存在的尺度，事实上就是显现显现"（P7）。这种反思现象的动机是在双重的运动中：一是内在化：把自在作为被反思者来把握，从而使其所把握的自在显现出来（存在）。这种内在化只有在自为面对世界是它所不是的世内特殊事物的情况下才有可能发生，因为世界是被自我性的圈子穿越的存在整体，只有在这种自我性的圈子里作为不纯反思的自为才能与它所是的自为保持直接关系，以至作为被反思者的自在才能因此而显现（被被反思者把握）。二是对象化：作为被反思的自在就是自为应该成为的自在，但是作为反思者的自为却企图把它领会为自在的存在物，于是它以为自己被对象化了。这样一来，在不纯反思中便有三种形式：反思者的自为、被反思者的自在、反思者所要成为的自在——即被领会为自在存在物的自在。其实，这个被领会为自在存在物的自在不过是反思现象的肯定方面。

从以上的解说可以看出，不纯反思与纯粹反思虽然都属于一种内在化和对象化的双重运动，但二者的内在化和对象化的内容和形式却完全不同。不纯反思的内在化是自为通过显现自在而使自己存在，其对象化是把自在领会为自在的存在物从而成为这这个自在；纯粹反思的内在化是在对自在的存在——自为的散朴性——的否定中发现时间性，其对象化是对自为的绵延的正题意识，从而发现作为时间性的自为是一种未完成的整体。自为正是作为这种未完成的整体，才体现出它的历史性：在面对其过去在场中走向其将来。由此可见，历史性不是过去性，不是回到过去，更不是立足于过去的经验来重组未来，而是体现在我的偶然性的必然性之中的自身的同一性。因此，从实际的在世的存在来理解作为人的历史性的这种始终同一的自身性，那就是：人作为未完成的整体，它总会"拥有"一个过去——寓于某个世内存在者的存在，也必然要从这个过去出发向着其将来可能的自我存在。这就是说"所有注定要从我的过去之中挣脱的行动都首先应该从在此之过去出发被设想，也就是说应该首先承认行动是从它想要摧毁的这个特殊的过去出发诞生的"（P633）。这里所说的"我的过去"、"在此之过去"和"想要摧毁的这个特殊的过去"，实际上就是此在已经在一个世界之中的寓于世内存在者的存在。所谓要摧毁这个特殊的过去，即通过加工制作改变这个上手的存在者的存在形态，以达到我所期待的将来的我的存在本身，也就是达到海德格尔所谓的"为何之故"的我的目的。因此，从过去出发并不意味着过去会影响未来、决定未来。过去对我来说，本质上是我曾经是的已经存在的东西，"存在的东西不可能照亮还不存在的东西：因为欠缺着存在的东西只能从它所欠缺的东西出发才能被设想为欠缺的。正是目的照亮了存在的东西"（P633）。所以，正是作为所欠缺者的目的才能照亮这个特殊的"在此之过去"，这就是他所说的："存在的东西只有当它向着将来被超越时才能获得其意义"（P634）。那么，作为已经存在的东西，过去的意义究竟体现在哪里呢？对此，萨特作了如下的一番解说："只成其为'过去'的'过去'将跌入一种名义上的存在，在这种名义上的存在中，它会失去和现实的一切联系。为使我们'拥有'一个过去，我们就应该通过我们对将来的谋划本身将它保持为存在：我们不是接受我们的过去，而是我们的偶然性的必然性意味着我们不可能不选择它。这就意味着'应该是他自己的过去'——人们看到，这种必然性，在这里是从纯粹时间性的观点考虑的，说到底与自由的原始结构没有区别，而自由应当是它所是的存在的虚无化，并通过这个虚无化本身使得世界上有它所是的存在"（P634）。所谓只成其为"过去"的"过去"，即自为只沉浸在对过去的反思中，即沉浸在自为的时间化或自我虚无化中。这种反思的内在化活动虽说也是自为的存在，但它却脱离了实际的寓于世内存在者的存在，只是一种名义上的超越自身的内在化的存在，如果滞留在这种名义上的存在中，人就要失去与现实世界的一切联系。因此我们必须返身而回，在"拥有"一个过去中向着将来的自我存在。所谓"拥有"一个过去，就是始终面对自在的存在在场，那么怎样才能使我们"拥有"一个过去呢？这只有通过向着将来存在的谋划，把世内存在者开展出来，然后寓于世内存在者而有所烦忙、有所作为地展开在世的活动。这种寓于世内存在者的存在并非意味着我们接受了我们的过去，而是以其为出发点在向着将来存在中通过有所烦忙和有所作为来超越它。这一过程表明："如果我存在，我便不可能没有一个过去，这就是'我的偶然性的必然性'在这里采取的形式"（P634）。如果我存在我就不可能没有一个过去，是因为我是通过是我所不是的某物而使我存在的，从时间性的意义上讲，这就是"在此之过去"。我的偶然性，我们在前面谈到萨特对作为自为的身体的理解时已经说过，我的偶然性，即我在世界中的展开状态或世内存在者的揭示状态，也就是自为的散朴性。我的偶然性的必然性，即向着我所选择的目的在世界之中存在是必然的。整个这句话的意思实际上就是对海德格尔所谓烦的结构的表述：我向着我将来的自我，在一个世界中寓于世内存在者而存在。从这里可以看出，人只有"是他自己的过去"，才具有在世界之中向着他的可能之在存在的必然性，这种必然性归根到底体现了自为作为时间性的是其所不是、又不是其所是的自由的原始结构。自为就是通过它所是的存在的虚无化才使它得以在一个世界中存在，从而走向自己的将来。

由此可见，无论是自为把它的权利和确定性扩展到它曾是的过去还是扩展到它所是的将来的可能性，它都必须从作为其存在的"在此之过去"出发，这表明自为对自在的存在的反思——面对其曾是的过去在场——肇始于烦忙在世中止之际，而作为未完成的整体，自为又从自我虚无化返回到原点，即返回到它想要摧毁的这个特殊的过去，并继续向着其可能之在存在。在这种情况下，我的存在作为过去，只能从时间性上来理解，我并未离开它，而是表现为如海德格尔所说的有所期备有所居持的当前化。因此，"过去的意义紧密地依赖我现在的谋划。这丝毫不意味着我能随心所欲地改变我以前活动的意义，而是相反，这意味着我所是的基本谋划绝对地决定我应该是过去对于我和别人来说所能拥有的意义。事实上，只有单独的我才能每时每刻决定过去的意义：不是在任何情况下讨论、磋商和评价以前这样或那样的事件的重要性时，而是在我谋划我的目的时，我拯救了过去和我，并且通过行动决定它的意义"（P635）。过去的意义，即作为"何所用"的我的将来的存在本身。过去的意义依赖我现在的谋划，是说我的现在的谋划决定了我将来的存在本身。这里所谓"现在的谋划"，即把世内存在者组织成存在者整体的世界，它是相对于当初的自由谋划而言。过去的意义之所以紧密地依赖我现在的谋划，是因为我现在的具体的谋划是依据我当初由目的所规定的自由谋划。因此，过去的意义依赖我现在的谋划这并不意味着我可以随心所欲地改变我以前活动的意义，恰恰相反，它意味着我向着将来存在的基本谋划决定了我应该是的过去对我和别人来说所拥有的意义（对别人的意义，即把别人作为目的）。这表明，只有作为个别化的我的存在才能在时间的推移中决定我已经是的过去的意义，当然，这完全不同于坐下来与别人一道来讨论、磋商和评价已经过去了的那些事情的重要性，实际上当我在目的的光照下进行自我谋划时，我就赋予了我的存在以意义，并且我通过我的行动决定着我已经寓而存在（过去）的意义，因为"无论我以怎样的方式生活或评价我的过去，我都只能在我对将来的谋划的启示下去生活，去评价"(P637)。

　　显而易见，过去的意义紧密依赖于我现在的谋划，从根本上讲，是"我对未来的选择的秩序将规定我的过去的秩序，而这种秩序没有任何编年性"(P637)。也就是说我计划中的向着目的存在的秩序规定了我在处境中存在的秩序，而我在谋划这种秩序时却并不受任何时间顺序的限制。萨特说："这种涉及我们的过去的价值、秩序和本性的决定总的来说仅仅是一种一般的历史性选择。如果人类诸社会是历史性的，这也并不仅仅是由于人类社会有一个过去，而是由于它们将过去看作是纪念性的"(P637)。涉及过去的价值、秩序和本性的决定，即我的现在的谋划，也就是介入处境的动机。说这种决定是一般的历史性选择，是因为这种决定都是把过去的意义确定为在将来实现的人的存在本身。与这种一般的历史性选择不同，人类社会虽然也有一个过去，但它作为一种已经存在的事实，既不可能被重演，更不可能从中孕育出一种新的东西来，如果说它还具有历史性，那就是人们把它看作是纪念性的。但是，这却要靠历史学家通过对社会过去的事实进行研究和揭示才能让人们理解它的意义。因此，社会的过去之所以是历史性的，是在于研究历史的"历史学家本身是历史的，也就是说，他在他的谋划和他的社会谋划的光照下阐明'历史'时使自己历史化了。于是应该说社会的过去的意义永远是处于'延期的'状态"(P639)。所谓历史学家本身是历史（性）的，是说历史学家出自一种研究历史的学术追求选择某个社会的过去作为自己的研究课题（他的谋划），于是他立足于这一社会的过去的基本史实，运用其独特的研究方法和手段来阐明这段历史，以求最大限度地揭示其本身的意义，从而获得广泛的社会共识（他的社会谋划）。这当中，历史学家在有所期待地阐明历史时使自己历史化了，而社会的过去的意义则在历史学家的历史化中显现为一种"延期的"状态。这就是说，社会的过去意义的延期状态不是在社会本身的变化过程中显现出来的，而是通过人对历史的阐明才得以实现。由此，萨特指出："恰恰与社会一样，一个个人也有一个纪念碑似的和处在延期状态的过去"(P639)。一个个人的过去的延期状态，就是这个人在向着其目的存在中的过去化，也就是说过去的意义紧密地依赖我现在的谋划并被我向着将来存在的行动所决定。萨特说：这意味着"自为的永恒历史化是对其自由的永恒肯定"(P639)。自为的历史化，即过去的意义依赖于我现在的谋化并通过我的行动被实现，也就是过去的意义被过去化。所以，自为的永恒历史化，就是自为不断地从一个目的走向另一个目的，这种永恒的自我超越，是自为对其自由——自我选择、自我谋划和自我造就——的永恒肯定。

　　萨特在把人的历史性理解为过去的延期状态后指出："过去的延期性事实上丝毫不是一种奇迹，而只是在过去化和自在的水平上表现了人的实在在转向过去之前所具有的谋划的和'期待中'的面貌。正是因为这种人的实在曾经是一种被不可预见的自由折磨着的自由谋划，他才会'在过去中'依靠起自为后来的谋划。他期望从将来的自由那里得到的那种认可在过去化的过程中迫使自己永远期待这将来的自由。于是，过去是无限期地延期的。因为人的实在永远'曾经是'并永远是'将在'期待中的。而期待和延期一样，只不过是更加明确地肯定自由是它们的原始构成部分。说自为的过去是延期的，说他的现在是期待，说他的将来是一种自由谋划，说若没有将要是的东西他就什么也不可能是或者说他是一种被瓦解的整体，这些都说的是同一回事"（P639—640）。在这段话中，萨特对人的历史性作了进一步的解释。他认为：过去的延期性之所以不是什么奇迹，是因为过去作为自为已经在一个世界中的寓于存在者的存在，它只是通过自己的展开状态和世内存在者的被揭示状态（在过去化和自在的水平上）表现了人在达到他的存在本身（人的实在在转向过去之前）所具有的那种向着其目的有计划地存在的状况。当人在进行自由谋划时，他被一种不可预见的自由所困扰，就是说他的自由不过是一种欠缺的自为，只有当他按照其谋划把世内存在者开展出来并置身于当下的处境中时，他才作为人的实在"在过去中"（即已经在一个世界中寓而存在）。实际上，这就是把先前的自由谋划变成现在的向目的存在的具体谋划。因此，自为对作为其目的的存在本身的期盼——从将来的自由那里得到的那种认可——使他在过去化的过程中不能不永远期待这将来的自由。这样，对于面对原始的自我抉择而永远作为未完成整体的自为来说，过去的延期便成为无限期的，因为人的实在作为有终的在世的存在，它永远都是"曾经是"并且永远都是"将在"期待中的。而无论是期待或延期，都表明自由是过去的意义的原始构成部分，没有自由，就没有自我选择、自我谋划和自我造就，从而也就无所谓过去的意义的延期性和对这种延期的过去的意义的期待。从这个意义上讲，把自为的过去理解为延期的，把自为的现在理解为期待，把自为的将来理解为自由谋划，把自为理解为永远即将是它所要是的东西，乃至把自为本身理解为被解体的整体，这些都表达了这样一个意思：作为未完成的整体，自为是历史性的。

　　从以上萨特对人的历史性的表述可以看出，他与海德格尔对历史性的理解是有所不同的。首先，海德格尔从烦的意义出发，站在意蕴的因缘整体性的角度，把此在的时间性理解为曾在着的将来的当前化，而作为时间性的整体到时，便绽露为此在的历史性。显然，这意味着历史性也就是存在的整体性。与海德格尔不同，萨特认为将来是过去的意义，它应在存在之外，把将来包含在存在中是不妥的。但存在是趋向将来的在世活动，因此，即使从烦的意义上来看，时间性或历史性实际上也是一个分解的整体，它体现为人向着他的将来在世界之中存在。基于此，他把历史性理解为过去的延期状态。

其次，海德格尔把时间性理解为人的本质属性，按照他的时间性绽露为人的历史性的说法，历史性当然也就包含在人的本质中。正因为时间性和历史性属于人的本质属性，所以人毋须反思便可直接领悟到二者体现为人的自我谋划和在世的存在，这就是海德格尔为什么始终是从人的整体性存在上来谈人的时间性和历史性。但是萨特却不认为时间性和历史性是人的本质属性，在他看来，时间既然是人在世界中接触世内事物的那个时间，那么时间性也就体现为人寓于世内事物而超越存在的不断"出离自身"。不过，他认为人对时间和时间性的领悟并不能通过在世的存在本身，而只能通过对自在的存在进行反思这种内在化和对象化的双重运动来实现。这意味着时间性和历史性都是一种原始的存在的现象，它只是揭示出人在世界中存在的延续性和自身同一性。

第三，由于海德格尔把时间性和历史性都看成是人的本质属性，那么他就要从本质上对此作出解释。于是便提出人在脱离沉沦之际以"承受遗业"的方式把自己组建为整个生存的途程：借一种流传下来的、然而又是选择出来的可能性把自己承传给自己。这样，历史性最终便被归结为对流传下来的、与他人共同存在中的生存可能性的重演。但是，他的这一说法却与他在强调本真的存在与非本真的存在有着本质区别时所说的话针锋相对：本真的自己存在与常人的非本真存在鸿沟相隔，完全不是一回事。对海德格尔的这种自相矛盾的说法，萨特当然不能苟同，因此提出了与之不同的在世的原始现象：在作为自在整体的整个的世界中进行整个的自我选择。这样就避开了把人的历史性最终归结为对流传下来的可能性的重演，确定了历史性就是过去的延期状态。

萨特与海德格尔在对人的时间性和历史性的理解上虽然有所不同，但他们都把历史性看作是人的个体性或本己性，就是说都把历史性看作是人的个别化的自我造就的历事或行运。因此，他们所谓人的历史性完全不是人的社会性，即不是我们从实践的意义上所理解的人的历史性——一个人对其民族和国家乃至整个人类社会的传统经验的学习和传承。当然，就个人而言，只要他存在，他就应该具有其独特的经历，如果从继往开来这个意义上讲，这也可以被理解为人的历史性。然而，存在主义所标榜的个别化的本真的自己存在，却以命运的形式把握了自己的生存必然性。所以，历史性在这里只具有一种时间性的存在自一性的意义，它并不意味着已经过去的历事还作为一种动力在后面推着人前行。另外，就其作为一种原始的最本己的能存在而言，它也不可能有一个真正属于自己的已经存在过的过去。我们在第五章中说过，海德格尔谈到此在脱离沉沦，选择本真的自己存在时强调：这种存在的基本现身状态就是畏。而"畏所为而畏者，就是在世本身。在畏中，周围世界上手的东西，一般世内存在者，都沉陷了。'世界'已不能呈现任何东西，他人的共同此在也不能。所以畏剥夺了此在沉沦着从'世界'以及公众讲法方面来领会自身的可能性"（P225）。这表明，过去那种沉沦于世的杂然共在已不能为眼下的本真的自己存在提供任何现成的范式了。同样，萨特所谓历史性是过去的延期状态也揭示了存在的自一性。过去的延期状态，是说作为自在的存在的过去始终围绕着过去的意义（将来）而并未成为过去。因此，是过去的意义规定了过去的延期状态，规定了人的历史性。而过去的意义实际上就是自为所追求的一种自我价值，所以归根结底还是在于人的价值取向规定了人的历史性。但是，价值作为行为的规范，它应该是一种人人遵循的客观要求，而不是某个个人随机的自我设定，将价值个别化实际上是在取消价值。因此，人的历史性，本质上就是人的社会性，是人对迄今为止的各种社会价值的认知和认同。人只有融入社会，融入他人之中，他才能是历史性的，从而也才可能拥有自己的历史。如果像存在主义那样否定人的客观的社会存在，把人封闭在纯粹的精神性的主观境界中，人的存在还有什么价值上的可比性？而人的历史性又体现在哪里？一方面把人看作是一种无关联无前提的孤独的自己存在——作为意识本体的自我抉择、自我谋划和自我造就，另一方面却又要从这种封闭的个别化的存在中揭示出人的历史性，显然这是对历史性的一种非理性的理解：把历史性错误地理解为人的某一项生存活动在时间中的持续性。在这里，萨特除了故弄玄虚，玩弄概念（把时间性三维中的"过去"与时间一维性的过去混为一谈），自欺欺人外，不能给人以任何有益的启示。

第八章　主体与自由

一、海德格尔：自由，就是向着最本己的能在存在

关于自由，我们在第五章谈个别化的本己存在时已作过阐述，这里之所以要另立一章，是因为这个问题是存在主义的理论实质和核心，需要对其进行全面的理解和把握。

海德格尔说过，存在是一个最普遍的不可定义的概念，但我们实际上是生活在一种存在的领悟中，这就是存在的意义。因此，人是解答一切存在的意义的出发点。于是，他认为应该把个别化的人的存在作为哲学的基本问题，这意味着人的本质特征是自由，而存在哲学就是一门研究人的存在或自由的学问。但是，他认为自由并不是人的最初的本然状态，因为从本体论的人与现象的关系（现象一元论）来说，人一开始是在共同世界中与他人共同存在，因此人"首先是常人而且通常一直是常人"（P159）。所谓常人，就是被常规常式所限定和制约着的人，其行为表现为一种杂然共在的平均状态，显得"中性"而随俗。这说明"他人从它身上把存在拿去了"（P155），它被异化为他人。所以常人的存在并不是自由的。不过，常人虽然是不自由的，但常人距离自由仅一步之遥，因为人是具有良知的，良知不仅使人对本真的自己存在有所领会，而且在反对平均领会的被解释状态中呼唤此在选择以最本己的能在去存在。所以，人只要能够激发良知将自己从沉沦中唤回，选择向着最本己的能在存在，他立即就成为自由的。

可是他又认为，当此在决心选择以最本己的能在去存在时，作为自由，此在的现身情态却显示为畏："畏在此在中公开出向最本己的能在存在，也就是说，公开出为了选择与掌握自己本身的自由而需的自由的存在"（P227）。为什么说自由的基本现身情态是畏？这个问题我们在第五章第一节中谈到此在脱离沉沦、选择本真的自己存在时已作过阐述，那就是因为当主体被良知唤回而决心向着最本己的能在存在时，他突然发现本来存在于其中的那个由常人的平均状态所勾连起来的"世界"顿时便沉降到无所意蕴之中，即世界之为世界的因缘整体性一下子消

失了。随之，由这个"世界"所开放出来的世内存在者也就成了无因无缘、相互间毫无关联的存在者了。这种丧失了因缘联络的世界之无，让刚刚选择了自己存在的此在不禁产生一种无家可归不知所之的感觉。可见，畏之所畏正在于世界之无。这种世界之无并非是说云散水流去、寂然天地空——世内事物荡然无存，而是由于失落了意蕴的指引联络，世内事物便不来照面。在这种情况下，我周围的存在者只不过作为无因无缘的存在者在一种无人掌驭的境界中显现。从这个意义上讲，自由的现身情态为畏，是此在对世界之畏，而此在对世界之畏也就是对在世本身之畏。

海德格尔称自由的现身情态是畏，其实是沿袭了克尔凯郭尔关于自由表现为焦虑的说法。克尔凯郭尔认为，存在本质上永远是个人的存在，这种存在总是体现为走向未来，而正是由于将来的不确定性才导致了人的焦虑。不过，海德格尔在这里所说的畏，还不是因将来的不确定性而畏，它刚刚才选择自己存在，只是由于脱离沉沦同时也脱离了世界自由没有归属而畏。正是这种为世界之无而畏，才使得此在"公开出为了选择与掌握自己本身的自由而需的自由的存在"。"为了选择与掌握自己本身的自由而需的自由的存在"这句话应从三个层次来理解：首先，是选择自己本身的自由，这就是在良知的呼唤下此在决心脱离沉沦、选择本真的自己存在。这是此在的原始选择。其次，是掌握自己本身的自由，即"借一种流传下来的、然而又是选择出来的可能性把自己承传给自己"这种方式把自己组建为整个生存途程，这是一种命运上的自我抉择，因此，掌握自己本身的自由就是掌握自己的命运。第三，是实现自己本身的自由，即把上述两项自由落实到行动上，这就是作为自我筹划和自我造就的自由的存在，也就是实际地存在于世界之中。

从以上海德格尔对自由的描述中，可以看出他的自由观具有以下几个特点：

一、自由是一种孤独的个人意志。海德格尔为什么要把此在在共同世界中的与他人共同存在称为非本真的存在？因为这种存在是"为他人之故"而存在——存在的目的是由他人设定的，于是此在也就只能按照他人平均领会的被解释状态去存在。在他看来，这就等于"他人从它身上把存在拿去了"，它是作为他人在存在，而不是本真的自己存在。海德格尔认为，自由就是建立在最本己的能在之上的个人意志和行为，一个人是自由的，就不应该是受制于他人的。他把他人或社会看成是自由的对立面，看成是对自由的规范和限制，一个人如果只按照社会的规范和他人的规定去行事，个人的意志便丧失了，自由还从何谈起？因此，人要获得自由就必须在良知的呼唤下决心脱离沉沦，选择本真的自己存在，人只有在不受他人的规定和限制下凭着本己的能在去存在，才是自由的。从这个意义上讲，人是自由的，就注定是孤独的。

二、自由体现为一种行为方式。自由是人的最本己的能在，人要把这种最本己的能在体现出来，就必须去存在。海德格尔说："畏如此把此在个别化并开展出来成为'唯我'。但这种生存论的'唯我主义'并不是把一个绝缘的主体物放到一种无世界地摆在那里的无关痛痒的空洞之中，这种唯我主义恰恰是在极端的意义上把此在带到它的世界之为世界之前，因而就是把它本身带到在世的它本身之前"（P228）。所谓生存论的唯我主义，即个别化的最本己的存在。但是，这种唯我主义并不是此在在脱离沉沦后处于一种无世界的漠然无别的空洞中，只要此在存在，它就必然显示为一定的存在方式的存在，即必然在世界之中存在。因此，作为个别化的最本己的存在，实际上就是在一种无家可归的极端的意义上"畏把此在带回到纯粹的'它存在且不得不存在'，带回到最本己的、个别化的被抛状态"（P407）。也就是说把从其可能性出发来领会自身的此在带到它自己的世界面前，在其被抛状态中向它自身展开。这就是说，自由只能是在世界之中的自由，自由体现为寓于世内存在者而存在的行为方式。

三、自由是永远保留选择的权利。在海德格尔看来，选择自由是自由的最本质的特征，正是原始的选择使此在归向本真的自己存在，从而成为自由的。接下来，为了掌握自己本身的自由便对自己的全部生存可能性进行选择——命运式的自我抉择。在把自己组建为整个途程后，便是展开生存的行运，即选择具体的存在目标和存在方式（自我筹划）并选择寓而存在的世内存在者，展开有所烦忙、有所作为的在世活动（自我造就）。这样就把主体"从种种具有'不性'的可能性中解放出来，让他为种种本真的可能性成为自由的"（P408）。所谓具有"不性"的可能性，即我们在第五章第二节中说过的作为"不"之状态的根据的罪责的存在。海德格尔说："在畏中展开了世界的无所意蕴，这一无所意蕴绽露出可烦忙之事的不之状态，亦即绽露出向着生存的一种原本植根在所烦忙之事中的能在筹划自己的不可能性，绽露出这一不可能性却意味着让一种本真能在的可能性亮相"（P407）。由此可知，所谓"不"之状态，就是说脱离沉沦后的此在由于处于一种"世界之无"（无所意蕴）的无家可归的状态，因而它就失落了那种烦忙于事的在世的状态，而这也就意味着原本植根于烦忙于事的此在的能在此时已不可能按照某种既定的方式来筹划当下的存在了。在这种情况下，"畏把此在带回到纯粹的'它存在且不得不存在'，带回到最本己的、个别化的被抛状态"（P407）。就是说，"不"之状态的绽出，必然催生出一种本真的可能性，因为此在必须存在且不得不存在。于是它就被带到最本己的、个别化被抛状态，也就是"带回到作为可能重温之事的被抛状态"（P407）。使此在能够直接选择一种在相互共在中已经过去了的却又流传下来的可能性把自己承传给自己。这样，此在就从种种具有"不性"的可能性中被解放出来，从而成为自由的。

从海德格尔对自由的理解和表述中，不难看出他的自由观具有浓厚的空想色彩。首先，他认为自由是一种个别化的、孤独的、最本己的能存在，把一切约定俗成的社会法则和行为规范都看成是对自由的束缚，这是十分荒谬的。人的自由，从表面上看似乎体现为个人的意志和行为，但实质上这种个人的意志和行为是建立在人的共同的社会实践基础上的。人本质上是一种社会化的个体，一个人如果离开他人、离开社会，不借助于现有的人类实践活动的成果，他就不可能成为自由的。海德格尔不是强调"无世界的单纯主体并不首先'存在'，也从不曾给定"吗？他所谓的世界是工具性整体，可工具是从哪里来的？不言而喻：工具是由人设计并制造出来的。实际上，世界上的任何一种工具都是人类在长期的生存活动中通过反复试验、反复实践才产生出来的，其中蕴含着丰富而复杂的人与他人、人与社会的关系。由此可见，人的自由被作为工具整体的世界所规定，说到底还是被他人，被社会所规定。离开人的社会实践，离开人类共同的创造活动，哪里会有供你自由选择的工具？你又怎么可能拥有在世的自由？因此，海德格尔把自由理解为个别化的最本己的能在，实际上是一种见物不见人的自我迷失，是完全脱离实际的空想。马克思主义哲学有句名言：自由是对必然的认识和对客观世界的改造。这是从思存同一和知行合一的意义上来理解人的自由，但是这里所讲的思存同一和知行合一指的是人的实践活动，它包含着丰富的历史和现实的内容。所谓自由是对必然的认识，这必然不仅是指客观的物质世界的规律性，同时也是指人类社会自身发展的规律性。而所谓自由是对客观世界的改造，这当中当然包括对自然和社会的双重改造。人只有在实践中认识了自然与社会的规律性并让自己的思想和行为符合这种规律性，其改造客观世界的活动才谈得上是自由的。因此，我们所理解的自由并不是一种个别化的最本己的存在样式，而是在实践中对人类的历史和现实经验的认知、认同和践行。所以，马克思总是把自由与自觉联系在一起，称人的改造客观世界的活动是一种自由自觉的活动。

其次，如果把自由理解为存在的自由，理解为在世的行为方式，那么自由就不可能是不受限制的任意的自由。上面刚刚说过，人的自由要受到自然和社会的双重限制，因此存在的自由永远是一种有限的自由。但是海德格尔认为，人只要脱离沉沦，摆脱了他人的限制，它在世界中的存在就绝对是自由的。当然，他这是从本体论的意识超现象存在来谈人的行为自由的，从现象学存在论的角度来谈人与事物的关系，那就是人在世界之中，而存在物不在世界之外。可见这里所谓的行为方式其实就是人的一种意念活动，就如同康德所谓"范导原理"所指出的那样，不过是借用感性经验领域中的知性范畴去虚构一种想象中的人自身存在的场域。因此，海德格尔所谈论的行为自由，本质上就是人的思维或思想自由，只有这种自由才真正体现人的孤独的个别化的特征：它是无限的不受制约的。其实，人除了追求其行为和行动的自由外，在更多的情况下他则是在享有着他的思想和精神的自由。因此，从现实性上来谈人的自由，则应该把自由分成两个不同的领域：一个是纯粹的思想或精神领域的自由，另一个是行为或行动的自由。思想或精神的自由，可以神驰六合，思纵八荒；可以超越现实，穿越古今。各种无动机的回想、联想和遐想，一切形象和抽象的设想、幻想和狂想，这些都是人的天然权利，任何人都无权干预，无法干预，也不应干预。就像鲁迅小说《阿Q正传》中的阿Q，他在自诩为革命党后把自己关在土谷寺的一间小屋里漫无边际地胡思乱想，乐不可支，尽管荒诞无稽，但这是他的思想自由，谁能让他不想？所以，康德的明哲就在于他不仅肯定人的理性或知性的思维，而且也不否定人借助感性经验领域中的知性范畴和原理去思考一种非感性直观的对象。他认为，人们可以把上帝当作一种理念的化身来信仰，并以其为世界的最高原因展示出万事万物的目的性，以达到经验最大系统的统一、完整和秩序。海德格尔虽然没有借助感性经验中的知性范畴和原理去塑造上帝的存在，但却借此编造了一种脱离和超越了感性经验的人本身的存在。这样，一个被个别化的、孤独的、自由自在的人，实际上就成了他自己的上帝。尽管如此，如果他仅仅把这看作是他个人的思想自由，倒也无可厚非，然而他却认为这就是人的最本真的在世的存在，是每个人都须面对和应该回归的真理，这样一来就未免失之谬误了。

最后，我们来谈谈人作为选择的自由。说选择是一种自由，这是不错的，但自由选择与永远保留选择的自由并不是一回事：自由选择，是说选择体现了自由，选择是自由的一种表现形式，而自由则是进行选择的前提或原因。从这个意义上讲，人作为纯粹的超越性，其本身就是自由的，否则就谈不上自由地进行选择，也谈不上永远保留选择的权利。人本身是自由的，这意味着意识的本性是自由，是超越，这样来看，就不能认为常人世界中的人是不自由的，而只能说在常人世界中共他人存在与本真的自己存在是两种截然不同的存在样式。也正因为有了这两种完全不同的存在样式，才为此在提供了自由选择的前提。另外，说选择是自由的，这并不等于说选择是无条件的、随心所欲的，因为随心所欲地选择会使选择被重新选择所推翻，到头来只能是无所选择。所以，一切真正的选择都应该有一个合理的规范：或者在可能与不可能之间进行选择（因为毕竟有人知其不可而为之），或者在若干可能之间进行选择。这都说明选择须有可供选择的东西。然而海德格尔所谓选择最本己的能存在却是一个空泛的"不"之状态，即便他把这种最本己的能存在归结为此在的诸多可能性，然而这些可能性却是一种无根据、非经验的自我设想，而不是选择一种可以期待的具有现实性的目标。也许海德格尔看到了问题所在，所以他才不得不重新炰平他曾经强调的本真的存在与非本真的存在之间那种"鸿沟相隔"的差异，最终还是选择了在相互共在中流传下来的可能性把自己承传给自己。但这样一来，本真的自己存在与非本真的其他人存在还有什么本质的区别？自由岂不又回归到了不自由？

二、萨特：自由是人的实在分泌的使之独立出来的虚无

萨特对自由的理解是从批判笛卡尔把自由看成是独立的精神实体开始的，他说："人的实在分泌出一种使自己独立出来的虚无，对于这种可能性，笛卡尔继斯多葛派之后，把它称作自由。但是自由在这里只是一个名。……如果虚无是由于人的自由而出现在世界上的，人的自由应该是什么"（P55）？从这里可以看出，萨特与笛卡尔对自由的理解不同，根本上是在于他们对"人的实在"的理解不同。

什么是人的实在？海德格尔说过，人的实在就是作为主体的此在。但他又说："实在的东西本质上只有作为世内存在者才是可通达的。通向世内存在者的一切途径在存在论上都植根于此在的基本机制，都植根于在世的存在"（P244）。显然，海德格尔是把人的实在理解为寓于世内存在者的在世的存在，是"我思某某"。这里需要注意的是"我思某某"不同于我是某某，如果是我是某某，那么我就同一于世内存在者而不能实现超越性的存在了。因此，人的实在作为寓于世内存在者的存在，是一种当前化活动，是此在不断地出离其自身的在世的展开状态。萨特基本上接受了海德格尔的这种看法。他说："世界是诸工具性实在的综合复合体，因为这些工具性实在是按越来越大的范围互相指示的，并且因为人是从这个复合体出发显示他是什么的。这就同时意味着'人的实在'作为被存在包围的而涌现出来，他'处在'存在中，而且正是人的实在使包围着他的这个存在以世界这一形式安置在他的周围。但是人的实在只能在超越存在时使存在显现成被组织为世界的那种整体。……这种对世界的超越，正是世界作为世界出现的条件，此在使这种超越向着他本身"（P47）。世界是诸工具性实在的综合复合体，即海德格尔

所谓世界是具有指引关联性质的工具整体，这个存在者整体可以按照工具的指引性质扩展到很大的范围。萨特这段话的意思是说：人由于是从作为诸工具性实在的综合复合体的世界出发向着其可能之在（目的）存在，才使得自身显示为实在的存在。这意味着人作为实在，是由于他寓于诸工具性实在而展开的自我造就活动。这样，人的实在就只有在它的寓于诸工具性实在的存在的包围中才能涌现出来，或者说人的实在始终"处在"它的寓于诸工具性实在的存在中。不过，只有当人的实在作为超越的存在，即作为向着它的可能之在而超越世界时，这世界之为世界才显现出来。萨特在这里绕着弯子说了一堆话，归结起来其实就是一句：人的实在是寓于世内存在者的超越世界的存在，或者说人的实在是在世界之中的超越存在。

所谓人的实在分泌出一种使自己独立出来的虚无，是说人的实在是一种寓于物而又不同一于物的自身的不断虚无化，正是由于这种不断的虚无化，才使得人的实在成为独立于物的存在。因此，我们不能把这句话理解为人的实在真的会生出一种本质为虚无的纯意识。海德格尔和萨特都否定康德的纯意识，萨特认为，意识只能是对某物的意识，意识先于虚无且出于存在。可见他所谓的虚无是指"意识的虚无"，即在存在过程中显示自为的展开状态的不断虚无化。我们在第一章中就说过，萨特为了说明意识先于虚无这一论点，提出一种自为的过去性的原始关系：自为与纯自在的关系。他说这种纯自在与胚胎有着冲突性联合的本体论意义，自为与纯自在的关系存在于同一性的浑噩之中，而自为却在它之外，在它的后面。并且存在或意识的诞生是过去性的先验结构，是自为的存在规律。这样，"意识的虚无"只不过体现为人的存在的一种超越的结构：是其所不是，又不是其所是。正是由于这种作为人的存在的虚无化的超越结构，才使得人的实在从他所是的东西中独立出来而成为自由的。"因此，我们称为自由的东西是不可能区别于'人的实在'之存在的"（P56）。这就是说，自由是意识的超现象存在，而不是像笛卡尔那样把作为"人的实在"之存在的虚无化看作是在人的行为背后有一种主导着人的行为的纯意识，并认为这种本质为虚无的纯意识才是自由。

笛卡尔的自由观在一定程度上是受到了古希腊的斯多葛派的影响。斯多葛派认为，人的实在是符合理性，符合逻各斯的自由意志，这种自由意志就是人的德行。德行的树立既然在于人的自由意志，那么人生中的一切好的、善的东西和坏的、恶的东西的形成都取决于每个人自己。人只要能把自己从世俗的欲望中解脱出来，他就是自由的，任何外界的力量都不能剥夺他的自由。不难看出，斯多葛主义所谓的这种自由意志完全超越了人的肉体生命的欲求，成为独立于肉体生命之外或凌驾于肉体生命之上的精神实体。笛卡尔正是继承和发展了斯多葛主义的这种自由观，他认为人的精神和肉体是两种完全对立的实体，而精神和思想属于人的本性，它表现为理解力和自由意志。他用"我思故我在"这一命题来说明"我"的存在是由"我思"推知的，因此，当我思时而且只有当我思时，我才存在，否则"我"的存在便没有证据。所以我思的"我"是这样一种实体：它的全部本性或本质就在于思维，而且它的存在无需场所或事物，也不受场所和事物的限制，它是判然清晰的。因而，精神不仅比物更为确实，而且物的存在也取决于精神的所知。

对于笛卡尔用我思来证明"我"的存在，即证明一种本质是思维的精神或自由的独立存在，萨特则持否定的态度，他给予我思以一种完全不同的解释。他说："既然 Cogito（我思）在被正确地实行时是一种对纯粹意识的领悟，而这种领悟不会构造任何状态或行为，那么人们就会要问，为什么我（I）显露在 Cogito（我思）的时刻。说真话，我（I）在这里是不必要的，因为它从来不是意识的直接统一"（《萨特哲学论文集》P53）。萨特这段话的意思是说，笛卡尔所谓的我思（Cogito）既然是对作为纯粹意识的我（I）的领悟，那么这种领悟就不可能构成任何的状态或行为——那是一种空对空的荡荡虚无。这样，我（I）如何能在我思（Cogito）的时候显露出来呢？因为我思（Cogito）的我就是所思的我（I），我（I）从来就不是我的对象——意识的直接统一。既然如此，那么笛卡尔的"我思故我在"却为什么能成为一个被人们普遍肯定的著名命题呢？对于这个问题，萨特是这样解释的："当笛卡尔表演他的 Cogito（我思）时，他把 Cogito（我思）与方法论上的怀疑相联系，与'推进科学'的抱负等相联系，如此等等，这些都是行为和状态。因而笛卡尔的方法、怀疑等等就其性质来说是当作我（I）的任务给出的。这个在这些任务结束时显露的 Cogito，这个被当作在逻辑上与方法论上的怀疑相联而给出的 Cogito，看到我（I）显露在它的地平线上，这一点是非常自然的"（同上）。这就是说，笛卡尔演绎我思（Cogito），是出于对我（I）的存在的怀疑，因此，证明我（I）的存在的我思（Cogito）是一个方法论的问题，它与推进科学的抱负相关联，而这些实际上都属于我（I）的行为和状态。因此，从怀疑出发来证明我（I）存在的我思（Cogito），就等于首先赋予我（I）有所行动的任务，而当我（I）完成了任务显露在我思（Cogito）中的时候，这个在逻辑上与方法论上的怀疑相联系的我思（Cogito）自然就会发现我（I）显露在它的地平线上。

在萨特看来，我（I）只能通过存在被揭示，而不可能成为一种独立的存在者，如果像笛卡尔那样把自由理解为本质为虚无的纯粹意识或精神性的纯思维，那么这自由就不可能落到实处而只是名义上的自由。但是他又认为，把自由理解为人的实在的存在这并不意味着自由与虚无无关，相反，"我们应该联系虚无问题来讨论自由"（P56）。为什么呢？因为"存在只能产生存在，如果人也属于这个生产过程，他只有超出存在才能超出这个过程"（P55），而人要超出存在，那就只有通过存在的虚无化。人的存在是一种否定，即意识的虚无通过是其所不是否定性地实现自身的存在。但"在进一步考察否定本身时，它使我们回到了作为它的起源和基础的虚无：为了世界上有否定，为了使我们得以对存在提出问题，就应该以某种方式来给出虚无"（P52）。这就是说，为了使人的存在成为存在，为了使否定不停留在否定上，以便能够对存在提出问题，就必须对否定进行否定，使虚无在实现否定之后又回到它自身，回到作为它的起源和基础的虚无。因此，"使虚无来到世界上的存在应该是它自己的虚无"（P53）。就是说作为人的实在的存在是意识的虚无寓于世内存在者的存在，而这个虚无就是通过存在的虚无化回到它自身的虚无。所以，萨特说人的实在的存在就是虚无不断地虚无化，即不断地对否定（是其所不是）进行否定，只有通过这种对否定的否定，才能使存在始终保持着一种超越的状态，人的存在的这种超越的状态就是自由。

　　按照萨特对自由的这种理解，自由显然就是人在存在中不断超出自身的超越性，他称这种超出自身的超越性为自我的自发性或自我性。萨特称自由为自我性，这并不意味着自由是自我或本质的属性，这里所谓自我性，实质上是自由对自由的规定和限制：人自由地选择了他的可能性（目的），而这种自由选择出来的目的却规定了作为他的自由的存在。这样，自由便成为人的意志（意志属于自由的次级表现形式，这将在下一节阐述）。所以萨特指出："自由，作为虚无的虚无化所需的条件，不是突出地属于人的存在本质的一种属性。此外，我们已经指出，在人那里存在与本质的关系不同于在世间事物那里的存在与本质的关系。人的自由先于人的本质并且使人的本质成为可能，人的存在的本质悬置在人的自由之中"（P56）。自由能够作为虚无的虚无化所需的条件，就因为自由是超越性，它能够在否定自身（存在）中又回到自身（存在）。这里所谓"人的存在本质"，是指人在在世的存在中所形成的实在的本质，即"人的实在在自身中作为已经是的东西来把握的一切"。说自由不是突出地属于人的存在本质的一种属性，是因为自由即人的存在，而人的存在先于其本质。萨特所谓存在先于本质，不单单是说人的本质是"人的实在在自身中作为已经是的东西来把握的一切"，他主要还是从本体论的意义上来说明人对他的全部的本质的领会和把握，这也就是他所说的：人的本质悬置在人的自由之中。从意识的本体论存在来看，人只有在意识诞生之后才能谈得上领会和把握自己的本质，而意识一经诞生便落入世界之中——此即海德格尔所谓人首先并通常存在于平均地得到揭示的共同世界中。因此，人只有首先存在于他人的世界中，然后才能于中断烦忙之际提出本己的个别化的存在问题。也只有在这种情况下，人才可能通过自我抉择——在整个的世界中进行整个的自我选择——来确立自己的整个本质，从而使人的个别化的最本己的存在成为本质上不假外求的存在。

人的存在和他是自由的这二者之间没有区别，而人的存在先于其本质，从这个意义上讲，"自由没有本质，它不隶属任何逻辑必然性"。但是，自由作为存在，实际上就是付诸行动，也就是成为在世的活动。而"自由变成活动，在一般情况下，我们通过自由，用动机、动力以及活动所包含的目的组成的活动来取得自由。但是恰恰因为这种活动有某种本质，它对我们显现为被构成的东西；如果我们想追溯到构成能力，就必须放弃为它找到某种本质的希望。事实上，这种本质会要求得到一种新的构成能力，如此以至无穷"（P560）。这段话的意思是说，在一般情况下，人是通过他的一定的活动来获得自由的，这种活动就是把动机（从处境出发）、动力（激情）和目的结合起来的在世的存在。可是，这样的活动却显现为由某种本质所构成的东西。这表明，自由一经成为存在，它就包含着某种本质，或者说它被某种本质所规定。因此，自由之为自由不是在它成为存在的时候，即不是显现为被构成的东西；而是在于它能够去存在，即具有某种构成能力，也就是海德格尔所说的最本己的能存在。显然，要回复到人的这种构成能力，那就只有放弃为它找到某种本质的希望。这里所谓放弃找到某种本质的希望，即存在的虚无化，以形成一种新的构成能力。所以萨特说："事实上，我是一个通过活动而知晓自身自由的存在者，而我同样是一个以其个别及单独的存在作为自由时间化的存在者。这样，我就必然是（对）自由（的）意识，因为意识中什么也没有，除非是对存在的一种非正题意识。于是，我的自由在我的存在中便永远是在问题中；它不是一种外加品质或者我的本性的一种属性，它完完全全地是构成我的存在的材料；由于我的存在在我的存在中是在问题中，我就应当必然拥有对自由的某一种领会"（P561）。这里所谓我是一个通过活动而知晓自身自由的存在者，我是一个以其个别及单独的存在作为自由时间化的存在者，因而我就必然是（对）自由（的）意识，意思是说只有在我觉知到我的整个的存在活动是自由的，我才意识到自己是自由的。因此，自由就是我对我的行为自由（个别化的单独存在）的非正题意识。如此看来，我的自由在我的存在中便永远是在问题中：它既不是外在的东西赋予我的一种品质，也不是我的本质所固有的一种属性，它不过是构成我的存在的一种"材料"——作为意识的虚无是它所不是的东西。正因为我的存在（自由）在我的存在中是在问题中——我与我的存在不是同一的，所以我在反思我的存在时才可以对自由有一种领会。

那么，我是如何从对存在的反思中来领会自由的呢？萨特说："如果否定是通过人的实在来到世界上的，人的实在就应该是一个能实现与世界以及它自身的虚无化脱离的存在。我们也已确定，这种脱离的永恒可能性和自由是一回事"（P561）。否定，即意识是其所不是，也就是人寓于世内存在者的存在。否定是通过人的实在来到世界上的，是说人在世界之中的寓而存在是通过作为人的实在的自为来实现的。既然作为否定的存在是通过作为人的实在的自为来到世界上的，那么这种作为人的实在的自为也就一定能够通过虚无化实现与世界以及它自身（存在）的脱离，也就是实现对否定的否定。至此，我们算是看到了萨特关于自由的一种"辩证"的观点：自由作为人的实在的自为，是一种构成能力，但这种构成能力只有通过被构成的东西，即通过由本质所规定的存在才能够显现出来。因此，自由作为人的实在是自为从否定到否定之否定的一种循环往复的过程。

存在是自由的显现，没有存在，我就意识不到我是自由的。但是，存在组建着生存活动，这又使它显现为由本质所规定和被构成的东西，而自由应该是脱离某种本质的构成能力，这构成能力即自为。这样一来，萨特最终就把自由归结为自为。作为人的构成能力，自为主要有两个明显的特性：意向性和超越性。其为意向性，因而能存在；其为超越性，因而能把存在虚无化。所以萨特说："存在对于自为来说，就是把他所是的自在虚无化。在这些情况下，自由和这种虚无化只能完全是一回事。正是由于虚无化，自为才像脱离其本质一样脱离了他的存在，正是由于虚无化，自为才总是异于人们论及它时所说的东西，因为至少它是脱离了这个名称本身的存在，是已经在人们给它取名字和人们所承认的它的属性之外的存在。说自为应是其所是，说它在不是其所是时是其所不是，说存在先于本质并是本质的条件，或反过来按黑格尔的公式说'本质是过去的存在'，其实说的都是同样的一件事，即人是自由的"（P562）。所谓自为脱离其本质，即自为在实现其目标后并不同一于它的自我，而是重新投向自我之外；自为脱离其本质同时也就是脱离其存在，因为其寓于世内存在者的存在就是其自我造就，它在完成自我造就的任务后，只有脱离了此前的在世的存在，才能展开投向自我之外的新一轮的在世的存在。正是由于自为脱离它的本质同时也脱离它的存在，所以当人们在论及自为时便不能以它的本质或它的存在来为它冠名，因为它毕竟已经脱离了这个名称本身的存在而在人们给它起名字时所承认它的属性之外存在了。萨特的上面这段话是要说明：自为之为自为，只有无为——虚无化，才能无不为：或者进行自我反思（是其所是），或者从反思转向存在（在不是其所是时是其所不是），或者在脱离存在（虚无化）后有所领会地进行自我选择和自我谋划（存在先于本质并是本质的条件），或者在脱离自我（虚无化）后又重新投向自我之外（如黑格尔所言："本质是过去的存在"）。自为的所有这些表现只证明一点：人是自由的。

萨特把自由归结为自为，这意味着人天生就是自由的："我命定是为着永远超出我的本质超出我的动作的动力和动机而存在：我命定是自由的，这意味着，除了自由本身以外，人们不可能在我的自由中找到别的限制，或者可以说，我们没有停止我们自由的自由"（P562）。自由是绝对的，不可剥夺的。

萨特把自由看成是人的一种构成能力，是自为，应该说这与海德格尔把自由看成是个别化的本己的能在并无什么区别。但是，他认为人命定是自由的，这与海德格尔认为自由是人在脱离沉沦后选择本真的自己存在似乎又有所不同。其实，这并不表明二者之间有着原则性的分歧，如果说海德格尔是在指出人一来到世上其自由就受到他人的遮蔽，那么萨特则是强调人本质上就是自由的。

首先，我们来分析一下海德格尔的所谓重作选择。他认为，人首先和通常是存在于常人的世界中，其在世的方式是由闲谈、好奇和两可来引导的，这就是所谓混迹于杂然共在之中的沉沦。因此，在沉沦中作为人的本己的存在的自由被他人拿去了。在这种情况下，人要获得自由，就只有回应良知的呼唤，重新选择本真的自己存在，即向着最本己的能在存在。从思维的逻辑来分析，我们不难发现隐在选择背后的自由：如果此在不是自由的，他如何能够摆脱沉沦，又如何能够选择本真的自己存在？实际上当海德格尔在谈到良知呼唤人的最本己的能在时，他就是在说明人本质上是自由的。

下面我们再来看看萨特对自由的现身状态的描述。我们在第五章中曾谈到，萨特把自由的现身情态理解为焦虑。自由为什么会呈现出焦虑的状态呢？他说，通常人们是不由自主地介入到一种共同的价值世界中，他们的行为受到无数道德戒律的规范，虽说这不是自由的，但对价值的态度却是宁静的。可是，当我一旦摆脱了价值世界的种种要求和束缚，决心向着自己自由选择的目标谋划自己的存在时，我就会发现我的自由虽是我所设定的价值的基础而它本身却没有基础，因此我会陷入焦虑之中。由此可以看出，萨特的自由观与海德格尔基本上是一致的，只是在说法上略有不同而已。

当然，萨特对自由的阐述要比海德格尔详尽，但是，他越是企图全面地论述什么是人的自由，就越是使自己陷入一种矛盾和背反的状态中。首先，关于自由究竟是本质为虚无的纯意识还是人的实在，他的前后说法差异就很大，显得模棱两可，莫衷一是。我们在前面说过，他批判笛卡尔把自由理解为本质为虚无的纯意识或纯思维，认为我（I）只可能显现在我的行为或状态的地平线上，因此，自由只能作为人的超越存在的实际活动。从这个意义上讲，自由既是意向性——去存在，也是超越性——脱离存在的虚无化，是意向性与超越性的统一。唯此，我（I）才能够依寓于物而又不滞留于物，从而成为可以通达的人的实在。但是，我（I）在脱离存在或脱离自我（虚无化）后，我（I）并不一定去存在，我可以以反思的方式去是作为自在存在的我的过去（时间化），也可以有所领会地进行自我选择和自我谋划，而这一切则是在虚无中进行的，它并不能构成人的实在的存在。再从存在本身来看，我们知道，萨特是把存在理解为过去的延期状态的，就是说存在作为自我造就的行为，是一种有所期备有所居持的当前化活动（海德格尔语），而且这种当前化活动是向着人本身（自我）对一个世界的超越。萨特认为，在这种情况下，"自由显然就是在人的内心中被存在的、强迫人的实在自我造就而不是去存在的虚无"（P563）。我们在前面说过，自由作为人的自我造就，它是由动机、动力和目的所组成的具体活动。而人要有效地开展这种在世的活动，则必须同时进行环顾寻视（海德格尔语），这样，自由作为环顾寻视便超脱了人的实在而成为在人的内心中被存在的虚无，同时这种虚无作为居持在存在中的自由，它只是强迫人的实在进行自我造就而不是去存在。关于自由是自我造就，萨特有这样一段表述：人"从世界的另一面对其自身表明他自己，并且他又从这地平线向自身望去以恢复他内在的存在：人是'一个遥远的存在'。正是在渗透了整个存在的内化运动中，存在涌现出来并构成世界，既不是运动先于世界，也不是世界先于运动。而是自我这超乎世界之外的显现，即超乎实在物的整体的显现，就是人的实在在虚无中的显露。只有在虚无中，存在才能够被超越。同时，正是根据这种世界的彼岸的观点，存在才组织成世界。这一方面是指'人的实在'是作为存在在非存在中的显露而涌现的，另一方面则是指世界是'悬搁'于虚无中的"（P47）。这段话的意思是说：人从世界的另一面（作为人的存在整体）对自身表明人是他自己的自由谋划，并且他站在他所谋划的世界的地平线上展望这个世界之外的自身（自我的可能性），以期把他恢复为内在的存在，就是说把他实现为自我本身。从人总是向着在他之外的他的可能存在这个意义上讲，人是"一个遥远的存在"。人把在他之外的自我进行内化的运动贯穿于整个存在过程中，正是由于这种内化运动，人的存在才以寓于世内存在者的存在方式涌现出来并构成了作为存在者整体的世界。不过，在内化运动和构成世界之间并无先与后、因与果的关系，二者的发生皆归结为超乎这个作为实在物整体的世界之外的自我的显现，也就是说是在自我的光照下自由作为内化运动才以在世界之中存在的方式显示出来。由此可知，之所以说自由是在人的内心中被存在的强迫人的实在自我造就而不是去存在的虚无，是基于这样两个方面的原因：一、只有根据一种世界的彼岸的观点——自由谋划，人通过其存在的涌现才组织成世界，它表明世界作为人的存在整体是"悬搁"于虚无中的。二、只有在虚无中，即只有人是自由的，他才能超越存在（即超越一个世界）而走向其本身，这就是说人的实在是作为存在在非存在中的显露而涌现的。

自由不是虚无，但虚无是构成自由的"材料"，没有虚无就没有自由，所以自由又不能不是虚无。自由到底是不是虚无，这要归结到虚无是存在还不是存在。在萨特看来，既然是虚无，就不可能存在。然而他又认为，人的自我谋划作为一种世界的彼岸的观点，则表明世界"悬搁"在虚无之中，这意味着自由是本质为虚无的纯思维。尤其是他所谓"人的实在是作为存在在非存在中的显露而涌现的"，这样就叠床架屋地在人的实在之上又添加了作为寻视指引的自由。上述这些情况都说明虚无并非不存在。自由与虚无、虚无与存在的这种剪不断、理还乱的关系，其根源还是在于存在主义在悬搁外在的客观世界的同时也把人的生命肉体一同悬搁起来了，它不是把意识这种现象看作是人的生命肉体的一种功能或属性，而是把它看作是超出生命肉体之外的一种独立的现象。于是，不是存在的虚无却必须去存在。然而，失去了基础和根据的自由，既没有逻辑起点，也没有终极归属，它还能作为一种欲望、一种动力、一种构成能力而真实地存在吗？

自由是人的实在分泌的使之独立出来的虚无，这意味着人的存在不仅先于自由而且自由没有本质。但人的存在也先于其本质，这意味着自由作为人的构成能力，是它构成了人的本质，因而也可以说自由就是人的本质。由此可以看出，萨特说自由是人的实在分泌的使之独立出来的虚无，是从原始的意义上把自由理解为具有意向性和超越性的纯意识，因此自由的最本质的特征就是思维或思想的自由，这就是海德格尔所谓的良知。否则，人如何能够选择本真的自己存在，又如何能够从本质上把握自己的自由？海德格尔在强调人的存在的自由时却忽略了人的思维或思想的自由，然而他所谓畏是自由的现身形态、所谓人向来就是他的种种可能性并从这些可能性出发来领会自身，这其实不就是人的思维或思想的自由吗？他实际上是在存在的意义下把思维的自由同一于行动或行为自由了。

　　人的实在分泌出了自由，自由构成了人的本质，那么作为个别化的本己的存在无疑要后于人的本质。这样，当人在选择和把握了自己本身的自由的时候，它似乎也就颠覆了人的存在先于其本质这个命题，因为在这种情况下人的本质规定了人的存在，而人的存在必然是对人的本质的展开和塑造。不过，萨特并非只从原始的自我抉择来看人的本质，而且更从这种自我抉择的实现来看人的本质，因此他把人的本质理解为"位于处境中"的我及其先验的和历史的内容。所谓"位于处境中"的我，即自为面对其在场并向之存在的自我，它从本质上规定了自为在世的存在。先验的内容，即那些在原始的自我抉择中已经确定的但还没有去实现的我的可能性，而历史的内容则是在我的全部可能性中已经实现的部分。不难看出，在这里人的本质作为"位于处境中"的我并随着我被实现而成为历史的内容，这是由人的实在所造就的。因此，从人的本质的实体化这个角度来看，一方面人的本质先于其存在，另一方面人的存在又先于其本质。

　　从人的存在先于其本质，到人的本质先于其存在，再到人的存在先于其本质，存在与本质之间的这种颠倒反复的先后关系，实际上是因为自由不仅介入到原始的存在与本质之间以及本质与个别化的本己的存在之间，而且自由作为自为它还必定有一个开端，即有一个存在诞生前与它的过去性的原始关系。萨特说自由是由人的实在分泌的虚无，其实就是说自由是存在的虚无化、自由出于存在。但反过来说，如果没有自由，人就不能是其所不是，也就没有存在。所以自由就是自为：是其所不是、又不是其所是。那么，自由与存在之间的这种循环往复互为因果的关系究竟还有没有一个逻辑起点呢？我们知道，存在主义否认意识这种现象是人脑的机能，他们认为自为具有自生性，即它永远作为一种意向性和超越性相统一的纯意识而存在。然而，虚无不存在，就是说在存在之前不可能有一个作为逻辑起点的自为。于是萨特提出了自为与它的过去性的原始关系，这过去性便是自为与纯自在的关系，它与胚胎有着冲突性联合的本体论意义，并且"这种关系存在于同一性的浑噩之中，而自为却必须是在它之外，在它的后面"（P197）。萨特没有说明这"纯自在"究竟是什么，只说处于浑噩乃至黑暗中的自为与"纯自在"的同一性"依然是我们自身"，就是说它与胚胎没有任何直接的关系。而在自为与"纯自在"之间，自为却必须在"纯自在"之外，在它的后面，这意味着随着胚胎的成熟而诞生，自为过去性与之冲突性联合也随之终结，而自为也必然会有一个绝对的开始，这便是存在的诞生。所以，人首先必须存在，而不是首先具有本质，人只有从存在虚无化而成为自由时，"人的自由先于人的本质并且使人的本质成为可能，人的存在的本质悬置在人的自由之中"（P56）。这样，当人从它的本质出发去存在时，存在的自由便成了被构成的本质性的自由，即成为一种自我意识或世界意识。这就是萨特为什么一方面强调自由没有本质，另一方面又强调自由作为自我造就的活动而具有某种本质。因此，从原始的意义上讲，人的存在先于其本质，并不意味着人的存在直接构成了它的本质，而是说由存在所分泌的自由构成了人的本质。在这里，存在与本质之间是一种间接的关系，而不是因果关系，只有存在与自由、自由与本质之间才是直接的因果关系。但是，人一旦形成了自己的本质，这本质便规定了人的个别化的本己的存在，这样，本质不仅先于存在，而且在本质、自由和存在这三者间也分别构成了一种因果关系。不过，存在在这里作为自我造就，它不仅先于"位于处境中"的我，而且与这种实体化的本质是一种直接的因果关系。

　　然而，尽管自为有一个绝对的开始，但是萨特认为自为不仅在纯自在之外、之后，而且与胚胎也没有直接的关系（所谓冲突性的联合），这表明本质为虚无的自由就是一种自生性，它没有根基，没有本质。可在他看来，就是这种没有基础没有本质的自由却主导着人的实际行为并建立起人的所有本质。他说："我不能描述别人和我本身所共有的自由；所以我亦不能考察自由的本质。恰恰相反，自由才是所有本质的基础，因为人是在超越了世界走向他固有的可能性时揭示出世界内部的本质的"（P560）。萨特认为自由之所以没有本质是因为我无法描述我与别人共有的自由，在这里他先是把自由看作是人所共有的东西，却又以无法描述这种共有的自由为由，表示不能考察自由的本质。我们根据他对自由的理解和表述，实际上他以上的说法是把作为构成能力的自由与作为被构成的存在的自由混为一谈了。作为构成能力的自由，它本来就没有本质，这是人所共有的自由，它不可描述，也毋须考察。但是，作为被构成的存在的自由则是具有本质的自由，它是人的内在性，因人而异，何论共有？自由没有本质只在自为决心脱离原始的共同存在而又未能建立起自己的所有本质之时，萨特认为正是这种没有本质的自由才建立起自己的所有本质。然而人们不禁要问：建立在没有本质的虚无之上的人的本质能是真实的吗？萨特说过无不能生有，难道这不是无中生有么？不过，这恰恰暴露了存在主义极端主观而又极其荒谬的唯心主义本质。

　　没有基础、没有本质的自由不可想象，由这种空灵的自由主观地构建起来的人的本质同样是虚无飘渺、难以把握。存在主义的这种非理性的人格设定，归根结底还是在于它的以人的存在（意识与现象的关系）为本体的理论本身的荒诞不经：它把人的生命机体连同外在的客观事物一起悬搁起来，把本属于人脑的机能的意识离析出来，企图以意识的超现象存在来演绎一幕天马行空、独来独往的命运大剧。可是，离开了灵肉有机统一的人，这人的欲望和追求从何而生，又何所归属？难道空灵的自由会生出凡俗的欲望，会提出现实的目的？此外，如果说人的本质是由空灵的自由构造出来的，那么这种个别化的主观性的东西还能作为具有共同性的人的本质吗？上面说过，萨特认为他之所以不能考察自由的本质，是因为他不可能描述我和他人共同的自由，这说明他也承认人的本质应该是一种共性的东西。我们在前面已说过，人的本质不是单个人所固有的抽象物，而是建立在一定水平的生产力之上的各种社会关系的总和。这意味着人的本质作为一种共性的东西，它不是个人自由地构建起来的，而是通过人类的生产实践和社会实践自然而历史地形成的，它外在于每个人，同时又规范着每个人的实际行为。从这个意义上讲，作为人的意识活动自由具有两种表现方式：一种是思想自由，它是凭借感性经验领域中的知性范畴去构建各种各样想象的世界。另一种是行为自由，它必须从周围的客观实际出发，表现为对一种现实的社会价值体系的认知和认同，因此它实质上体现为一种公民的权利。在这里，自由作为一种动机，一定要认清必然，选准目标，做好规划，把握机遇。而作为实际行动，则体现为对自然和社会的双重改造。所以，归根结底，自由是人的继往开来的实践活动，随着社会和人自身的发展，其内涵也不断地得到丰富。

三、萨特：意志和激情是目的光照下的自由的表露

从斯多葛派到笛卡尔，他们都强调自由是人的意志，是人对自己的要求、欲望进行规定和控制。于是便有人提出：应该把人设想为是自由的，同时也是被规定的。就是说自由作为意志能够规定、控制要求和欲望，它是规定者、控制者，因而其本身是不被规定、不受限制的；而人的要求或欲望作为由本性爆发出来的激情，具有非理性的倾向，它应该受到意志的合理规定和控制，因而人作为欲望或激情的存在，又是被规定的。对于这种看法，萨特表明了反对的态度。他说："我们的反对意见是不言自明的，我们不准备花很多时间去展开它：因为这样一种被切断的二元性在心理统一内部是不可想象的"（P564）。所谓"被切断的二元性"，在萨特看来意志和激情同属于自由的表露，如果用意志来规定、控制激情，就等于把一种同质的东西切断并且使后者成为前者的对象。这样，被规定的激情必然被意志作为一种纯粹的超越物来把握，即必然被当作外在的、不是它的东西来把握。意志与激情既然作为意识与对象的关系，那么二者就应该同属一个心理事实或心理整体，而对于作为意识的自由意志来说，必然会通过是其所不是、又

不是其所是的虚无化的方式保持其自身的存在，而不可能与作为心理事实的（对）激情（的）意识同化。反过来说，如果意志与激情同一为一个心理整体，那它也就被外化为心理事实而不再是自由意志了。这种情况表明，意志不可能与激情保持着一种内部的心理统一，它不属于心理学上所谓的"意识状态"这个范畴。所以，说意志是对激情的规定和控制是讲不通的。

萨特认为，意志和激情同属于自由的表露，同样是一种否定性和虚无化的能力，而不是规定与被规定的关系。但是，意志和激情不同于作为构成能力的原始自由，原始自由构建了人的本质，当假设为原始自由的自为从人的本质出发提出某种目的时，在目的的光照下，作为构成能力的原始自由便成为被构成的本质性自由——意志和激情。因此，意志和激情都是据以到达原始自由提出的目的的主观态度。所以萨特说，意志"作为自为的完全事件假设了原始自由为基础以便能将自己构成意志。意志事实上是作为相对某些目的而言的反思决定被确立的。但是意志并未创造这些目的。它毋宁是一种对意志而言的存在方式：它宣告这些目的的追求将是反思的和有意识的。激情可以提出同样的目的。比如说，在某种威胁面前，由于对死亡的恐惧我能够撒腿逃跑。这种激情的事实还是暗含地把生命的价值作为最高的目的提出来"（P566）。所谓意志作为自为的完全事件，是说意志是自为向着一种目的的整体谋划，它规定了自为有终的整体性存在。这种整体谋划是假设原始自由从其所构建的本质出发提出一个目的，在对目的进行反思后作为反思的决定被确立下来。由此可见，意志并未创造目的——目的是由作为构成能力的原始自由创造的，它不过是到达目的的一种存在方式。因此，意志就是自为对目的的意识并在反思中进行自我谋划。这表明自为不可能越出或绕过内化活动而让一个自我（目的）在世界之外显现，它只有通过内在化活动构建一个世界，才能使它所提出一个目的成为可能。另外，从自由的自生性来说，意志并不是与提出目的的原始自由完全不同的另一种自由，实际上当原始自由在选择了某种目的并在目的的光照下进行自我谋划，成为向目的的存在的决心时，它也就成了被构成的本质性的自由，即成为意志。所以说目的并非意志所创造，目的只是意志所要达到的一种自身存在。

不过，意志不是目的光照下的自由的唯一表露，同意志一样，激情也是假设原始自由提出目的后作为向目的的存在的自由的表露，"在这里，差别表现在手段的选择及对反思和解释的程度上，而不是表现在目的上"（P567）。就是说，意志和激情都是为达到一定的目的而持的主观态度，即都是在原始自由提出目的后作为向着目的存在的自由的表露。其差别只在于：意志表现为对向目的的存在的手段的选择，即表现为自我谋划；而激情则表现为对目的的一种向往或趋向性以及造就自身的某种迫切程度。因此，意志和激情是从本质上对被构成的自由的现身状态的总体把握，它相当于海德格尔所说的此在的现身情态，我们不能误认为意志和激情是目的光照下的自由的两种不同存在样式。同样，"我们不应该把原始自由理解成一种先于意志或激情的活动的自由，而应该理解成与意志或激情完全同时的，而且意志和情感各自以其方式显露出的一个基础"（P567）。

萨特指出，承认意志和激情是向目的存在的主观态度，那就必须纠正以下的看法：一、认为自由表露为意志或是表露为激情是由境况决定的；环境危险性小的时候可以采取意志的方式，若环境危险性增加、变大则必然陷入激情之中。二、把意志和激情等同于人的能力，需要发挥哪一种就表露出来，不需要发挥则隐而不露，因而是一种"自在"的存在。为了说明上述看法是错误的，萨特分别分析了情感和意志的表露方式。他指出："情感不是一种生理性的爆发，而是适应处境的一种反应；正是这种其意义和形式都是意识的意向对象的行为用一些特殊的方法以求达到一种特殊的目的"（P568）。情感不是生理性的爆发，是说情感或激情不同于人因生理上的某种变化而引发的情绪上的冲动——喜、怒、哀、乐、惧；情感是面对处境所产生的一种去适应处境的反应，是说情感表现为在世的一种行为状态，即上面所说的表现为对谋划反思前提下趋向目的的迫切性。所谓"意识的意向对象"，即动机。意向是向目的存在的决心，意向作为意识的对象，是在决心变为决定的时候，也就是成为把握了处境的动机的时候。当自为是对动机的意识时，便以情感的方式现身于处境之中。由此可知，萨特所说的情感，就是自为在世界之中的现身状态。萨特认为，正因为情感是适应处境的一种反应，只要有可能再现相同的处境，便会引发相同的情感。这种情况被广泛运用于心理学上，心理学家往往采用一些特殊的方法来达到一种特殊的目的，其中就包括采用象征性的手段（虚拟一种处境）来激发人的欲望。萨特称用这种方法引发人的情感并获得某种象征性的满足，"揭示了世界的不可思议的底层的不可思议的行为"（P569）。就是说，这种情感虽然也属于世界性的，但却是以一种不可思议的极其低级的手段所引发的不可思议（非理性）的行为，因为真实的理性的情感应该是对真实的合理的处境的反应。这种情况表明，情感往往具有非理性的色彩。与此相反，"意志和理智的行为将用技术的眼光看待处境，它将否认不可思议的东西，将致力于把握住能解决问题的被规定的系列和那些能够解决诸多问题的工具复合性。它将在工具的决定论基础上建立一个方法系统。同时，它将发现一个技术世界，也就是说，一个在其中任何工具性复合都会归结于另一个更广泛的复合的世界，如此连续不断"（P569）。这就是说，意志和情感不同，它着眼于处境的技术含量而摒弃不可思议的行为，因而它致力于对能够解决实际问题的工具整体的把握，在坚持工具决定论的基础上建立一个规范行为的方法系统，由此展开一个广泛的技术性世界：在其中任何一个工具性复合（工具整体）都会归结于另一个更广泛的工具性复合，它体现了人在世的存在就是从工具到工具的无休止推移。萨特认为，人的在世的存在是采取理性的态度还是采取非理性的态度，完全取决于他的自由选择。"自为就应该在他的谋划中选择使世界被揭示为不可思议的或是理性的人，也就是说，他作为自我的自由谋划，应该表现为不可思议的存在，或表现为理性的存在"（P569）。

人作为自我的自由谋划表现为理性的存在，就是表现为意志，但是人以意志的方式向目的存在并不排除人也以激情的方式向目的存在，意志和激情是存在的自由的不同的表露，二者都是在原始自由所提出的目的的框架内被规定的。如果我们把意志看作是向目的存在的整体谋划，是向目的存在的决心，那么当自为把这种决心变成向目的存在的决定时，实际上也就是自为通过对处境的把握把意志变为动机。另外，如果我们排除了情感的非理性倾向，只是把情感看作是适应处境的一种反应，看作是向目的存在的动机的行为，激情实际上就是向目的存在的一种动力。这样一来，意志、激情与目的之间的关系就转换为动机、动力与目的之间的关系。那么动机、动力与目的之间是一种什么样的关系呢？关于动机，萨特说，人们通常把动机理解为活动的理由，这说明动机是活动的正确的理性思考的总体，因此动机的特征表现为对处境的客观领会。但是，处境是由目的规定的，对处境的客观领会只有在目的的光照下、在自为向着目的谋划的限制下才是可能的。这样，便可以将动机定义为：对被目的规定的处境的客观把握。关于动力，萨特说："动力通常被看作一种主观的事实。它是欲望、情感和激情的总体，促使我去完成某个活动"（P570—571）。说动力是一种主观的事实，是欲望、情感和激情的总体，就是说动力是目的、情感和激情融合后的释放，或者说动力是围绕着一种目的而爆发出来的情感和激情。正是这种带有目的性的情感和激情的释放，它才能作为动力展开某种向目的存在的活动。可是，既然情感是适应处境的反应，怎么可以笼统地讲动力是一种主观的事实？对此，萨特作了如下的分析解释：他说，处境作为向意识揭示的东西，与动机是同时性的事物状态。就是说，动机作为一种决定行动的意识，它是对处境的领会和把握；同时，处境作为向意识揭示的东西，它已经是被（自为）揭示并开展出来的东西，是一种主客结合、主客统一的东西。所以，处境"这种事物状态只能对自为表现出来，因为一般说来，自为是使得'有'一个世界的存在。甚至可以说，这种状态只能对以这样或那样的方式自我选择的自为——自我造就其个体性的自为——表现出来。它应该按这样或那样的方式自我谋划以便发现工具性事物的工具内涵"(P572)。自为使得有一个世界的存在，这自为当然是指作为自我谋划的意志，是意志自我造就了它的个体性。而动机作为对被目的规定的处境的客观把握，它正体现了意志所要实现的东西，所以，动机这种客观的事物状态只能对作为意志的自为表现出来，以便它按照它所谋划的方式发现工具性事物的工具内涵。不过，自为虽然组织了一个世界，可是"只有当人们向世界考问时世界才提出建议，而人们只能是为了一个已被规定的目的向世界进行考问"(P573)。所谓"向世界考问时世界才提出建议"，是说因为自为提出了一个如何在世界之中存在的问题，所以世界才回答要按照世界之为世界的意蕴来组建一个世界。而自为之所以提出如何在世界之中存在的问题，则是为了那个已被规定的目的，即显露在世界之外的自我。这样，动机和目的之间的一种逻辑关联就被揭示出来了：人因为提出了一个目的，才为达到这目的组织起一个世界；因为有了一个世界，才开展出一个存在于其中的处境；因为处境开展出来了，通过对处境的领会和把握才产生行动的动机。"因此，远不是动机决定行动，动机只是在行动的谋划中并通过这个谋划显现出来的"(P573)。这就是说，自为在组织世界、开展处境时就已经在谋划如何行动，而动机正是通过这种行动的谋划才显现出来，所以行动远不是由动机决定的，它有其更深层的原因，那就是显露在世界之外、已被规定的目的，目的才是行动的根本原因。因此，不能简单地把情感看作是动机的行为。萨特说："把动机整个地从世界中分离出来的意识已经拥有他固有的结构，他为自己制定了目标，他向着自己的可能而自我谋划，他还有其固有的推迟其可能性的方式：这种保持自己的可能的固有方式在这里就是情感性"(P573)。把动机整个地从世界中分离出来的意识，即对动机的意识。动机是对处境的领会和把握，我们从处境中领会到、把握到了什么？那就是由作为处境的工具性事物的工具内涵所勾连起来的世界性的关联结构，也就是海德格尔所说的用具整体的指引结构。这种客观性的世界的关联结构就建立在那个在目的光照下所组织起来的作为工具性实在复合体的主观的世界结构之上，所以说对动机的意识是把动机（客观的世界结构）整个地从已经拥有他固有的结构（主观的世界结构）中分离出来。这种客观的世界关联结构是自为实现自己所制定的目标的手段、方式和必由之径。除此之外，自为还有影响实现其目标进程的固有方式，那就是作为动力的情感性。情感虽然表现为动机的行为，是适应处境的一种反应，但实质上却是由目的所牵动并指向目的的内在动力。所以，归根结底，情感还是一种主观的事实。

归纳以上的分析，萨特对动机、动力和目的这三者关系作了如下的表述："同正是自为的涌现使得有了一个世界一样，在这里，也正是他的存在本身——因为这存在是纯粹对一个目的的谋划——使得在这目的的指引下有了某种无愧于动机这个名称的世界的客观结构。因此，自为是对动机的意识。但是对动机的这种位置的意识原则上是对作为指向一种目的谋划的自我的非正题意识。在这个意义上讲意识是动力，就是说他在确立自己是把世界组织为动机的揭示性意识那一刻，非正题地体验到自己是向着一个目的的或多或少激烈的，或多或少激情的谋划"（P573—574）。关于位置意识和非位置意识以及正题意识与非正题意识，我们在前面已作过解释。位置意识是自为对世内事物的意识，但动机是人对处境的领会，人对动机的意识应该说是一种反思的自我领会，属于非位置意识，怎么却说它是位置意识呢？萨特说，这是因为动机显现为一种世界的客观结构。在他看来，世界作为一种客观的结构并不是现成的被给定的东西，世界的客观性是由于人在世界之中存在，是人的在世的活动把世内存在者勾连起来，从而形成一个关联整体。所以只有当人在反思其在世的活动（对处境的意识）时，这种世界的客观结构才被揭示出来。可见这里把对动机的意识称为位置意识其中应包含这样一层意思：对连绵的自为的正题意识。但萨特又说，这种对动机的位置的意识原则上是对作为谋划的自我的非正题意识。他的意思显然是：自我谋划是对世界的主观结构的正题意识，而作为动机的世界的客观结构是建立在这种作为自我谋划的世界的主观结构之上的，所以，对动机的位置的意识实际上就是对作为谋划的自我的非正题意识。因此，当自为作为对动机的意识把动机揭示出来的时候，他自然会体验到自己在向着一个目的谋划时所流露出来的那种或多或少、或浓或淡的激情。这种流露出来的激情，正是它向着自己的目的存在的动力。所以他说："动机、动力和目的，是向着自己的可能性自我谋划，并通过这些可能性使自己得到规定的活生生的自由的意识爆发时不可分割的三项"（P574）。

在这里我们看到，萨特为了把意志和激情统一于目的，他从意志和情感的表露方式上把意志变为动机，把情感变成动力。把意志变为动机，是说自为在实现了自己的谋划后通过对处境的把握，把向目的存在的决心变成向目的存在的决定。把情感变成动力，就是把情感看作是向目的存在的动机的行为。通过这样的改头换面，意志和情感便被整合，二者以动机和动力的形式结合为一种向着目的存在的行动方式，从而组成动机、动力和目的三者合一的不可分割的统一体。但是，在这里我们看到的是这样一种逻辑关联：意志是作为对一个目的的自我谋划，处境是一种自我谋划的实现，动机是对处境的领会和把握，情感作为适应处境的反应是动机的行为。从这种相互间的逻辑关联中我们不难看出：目的规定了作为自我谋划的意志，作为意志的自我谋划规定了处境，处境决定了动机，动机引发了情感（动机的行为）。这种情况表明：一、无论怎样改头换面，终究还是没有改变意志规定和控制情感这一事实，虽然这种规定和限制是以间接的方式。二、情感不是与意志在一个同等层次上的独立的现象，而是作为意志自我实现的一种继发现象，或者说是自为按照意志去行动而产生的现象。然而萨特却并不这么看。在他看来，由于情感是适应作为自我谋划的意志在实现为处境时的一种反应，因此他既不把它归结为意志，也不把它归结为动机，而是把它看作是一个单独项——动力。这动力作为从动机出发的行为，便是作为在世的人的实在。他说："所有人的实在都是一种激情，因为他谋划自失以便建立存在并同时确立在成为自己固有基础时逃避偶然性的自在，宗教称为上帝的自因的存在。因此人的激情与基督教的激情是相反的，因为人作为人自失以便上帝诞生。但是上帝的观念是矛盾的而我们徒然自失，人是一种无用的激情"（P782）。所谓谋划自失以便建立存在，是说人并不谋求与他的自我的重合——实现一个目的并不被质定于这个目的，他总是要逃离已实现的自我而走向将来的自我——谋划自失以便建立存在。因此，所有人的实在都是一种激情。但是，从另一方面来看，人谋划自失以建立存在其实就是超越过去的存在（逃避偶然性的自在）而回到作为自由的自为本身（成为自己固有的基础），人的这种原始的自由就是被基督教存在主义（雅斯贝斯）称为上帝的人的自因的存在，即潜在于人自身的上帝——绝对的超越存在。然而，人的激情与基督教的激情是相反的，因为基督教的激情是出于信仰：它总是认为上帝就在自己的心中；而人对此却持一种矛盾的心态：总是觉得自己并非上帝。因此，人谋划自失是徒然自失，它回到自身不过是重返虚无。所以，人追求自由，燃起激情，到头来却发现这激情原来是一种无用的激情。

现在，我们可以把以上萨特关于自由作为意志和激情的表述归纳为下面两点：

第一，自由就是永远保留对某种目的和向这种目的的存在的方式进行选择的权利。他认为，自由是原始的，原始的自由是自我选择、自我谋划和自我造就的基础，因此，"我们不应该把原始自由理解成一种先于意志或激情的活动的自由，而应该理解成与意志或激情完全同时的，而且意志和情感各自以其方式显露出的一个基础"（P567）。这就是说，意志并不是对激情的规定，意志和激情都基于原始自由，它们分别是到达原始自由所提出的目的的主观态度。但是，这里还表达了另一层意思：人永远是自由的，自由永远是原始的，原始的自由与它所是的东西永远是同时的。这意味着：一方面，自由始终保持着它自身的同一性，即它不同一于它所是的东西；另一方面，自由也不是独立于存在之外的纯意识，它只有通过寓于它所不是的东西，只有处于一种存在方式中，它才"存在"。从这个意义上讲，自由本质上是选择的自由，是人永远保留对某种存在的目标和存在的方式进行选择的权利。但是，上述的情况也表明：自由并非是乌有，自由与它所现身于其中的东西始终是平行的。这也就是萨特所谓自由是构成人的存在的"材料"，它说明人的存在实际上具有二元性：它是意识（自由）与现象（事物）的有条件的统一，而不是无条件的绝对的同一。既然如此，海德格尔和萨特都把存在主义称为现象一元论又是什么意思？看来这只能从意识的本体论存在的意义上来理解：人永远在世界之中，而事物（现象）不在世界之外。也就是说人与事物（现象）永远统一于人以一定的存在方式的存在中。

第二，自由作为人的实在是一种知行合一的行动。萨特说动机、动力和目的是活生生的自由的意识爆发时不可分割的三项，这就意味着知是知其所行，行是行其所知。所谓"活生生的自由的意识的爆发"，就是把动机和动力化为向目的存在的行动，不过，这种作为人的实在的自为，从本体论的意义上讲仍然是一种意念活动。可见存在主义的这种知行合一观正体现了它的现象一元论的本质，它既不同于哲学史上中国明代王守仁的知行合一说，更是与马克思主义从实践的意义上所理解的知行合一相去甚远。王守仁也把心（精神或意识）看作是万物的本体，把心的自省活动称为致良知，但他却不是从意识本体上来理解人的存在，而是把行看成是个人按照主观的知来接触和研判外在的客观事物——"致知格物"。所以他说："知是行的主意，行是知的功夫；知是行之始，行是知之成"。然而在马克思主义看来，知与行都统一于人类的实践活动，它既是对历史经验的传承，同时也是对现实活动的认知，因此，绝不能把知行合一理解为个别化的人的行为。

四、萨特：只有通过自由的处境，也只有处境中的自由

"我不能自由地逃避我的阶级、民族和我的家庭的命运，甚至也不能确立我的权力或我的命运，也不能自由地克服我的最无意义的欲念和习惯。……事物的敌对系数是如此之大以致需要耐心地等待好多年来得到一个最微不足道的结果。还需要'服从自然以便支配自然'，也就是说将我的行动插入决定论的网络之中。尽管人看起来是'自己造就'的，然而他似乎仍是通过气候和土地、种族和阶级、语言、他所属的集团的历史、遗传、孩提时代的个人境况、后天养成的习惯、生

活中的大小事件而'被造成的'"（P615）。上述的看法，萨特将之称为"常识用来反对自由的决定论"。但他认为，决定论者所列举的事实中有很多与人的自由意志无关，"特别是，事物的敌对系数不可能是反对我们的自由的论据，因为是由于我们，也就是说由于目的先决地位，这种敌对系数才涌现出来"（P615）。在萨特看来，事物永远是我的世界中的事物（即海德格尔所谓事物不在世界之外），事物的敌对系数是被我所提出的目的照亮的，就是说是由于我的目的的先决地位它才显现出来，在我自由地提出的目的之外，事物对于我也就无所谓什么敌对系数了。他举例子说："这有如一块岩石，如果我想搬动它，它便表现为一种深深的抵抗，然而当我想爬到它上面去观赏风景时，它就反过来成为一种宝贵的援助。从它本身来看——如果甚至有可能观察它本身能是什么的话——它是中性的，也就是说它等待着被一个目的照亮，以便表露自己是一个对手还是一个助手"（P615）。此外，萨特认为事物的敌对系数只能在一种已经确定了的工具性复合内部，即只有使事物处在一定的世界结构中，它才能以某种方式显露出来。从这个意义上讲，"尽管天然的东西一开始就能够限制我们行动的自由，然而正是我们的自由本身应当事先构成它们对之表露为限制的框架、技术和目的"（P615）。就是说，从表面上看，好像天然物一开始就对我们的行动自由能够表现出某种限制，但实际上我们在行动之先就已经在目的的指引下谋划好了如何克服它的限制的一系列行动计划和技术方案。这种情况其实就是"自为通过内在的否定在存在物的相互关系中通过他提出的目的照亮了存在物，并且他是从他的存在物中把握的决定出发来谋划这个目的的"（P616—617）。也就是说，在自由地提出的目的的光照下，自为通过本质性的抽象的内在否定把世内存在者开展出来（即对世内事物的认识或让世内事物前来照面），并且从他所选择的这种存在物与工具性事物的世界关联中把握了向目的的存在的动机。这样一来，如何克服存在物对我们的行动自由的限制也都包含在整个动机中了。"因此，自由在存在物中发现的抵抗对自由来说远非一种危险，而只是使自由作为自由涌现。只能有介入到抵抗的世界之中去的自由的自为。在这种介入之外，自由、决定论、必然性这些概念都会失去它们的一切意义"（P617）。自由只有从存在物中发现对自由的抵抗，才能使自由在向目的的存在中选择相应的措施来抵抗这种抵抗，可见实际的在世只能是一种介入到抵抗的世界中的自由的自为，在此之外，自由、决定论、必然性这些概念对自为而言都毫无意义。

　　萨特把介入到抵抗世界之中去的自由的自为称为"同一于作为的选择"，这里所谓"作为"，就是按照工具整体的指引关联而展开的烦忙在世活动，"同一于作为的选择"，就是将选择的抵抗措施直接运用到在世的行动中，使"作为"成为能够抵抗存在物对自由的抵抗的"作为"。这种"同一于作为的选择"，是自由的自为在目的指引下，"通过他所是的存在和他没于其中的存在的双重虚无化而形成的"（P620）。他所是的存在，即自为在目的的光照下是他所不是的世内存在者，这使得他能够拥有一个过去；他没于其中的存在，即寓于世内存在者的烦忙在世活动，这既是自为的展开状态，也是世内存在者的被揭示状态，从时间性上来说，又是过去的延期状态。前者的虚无化，使自为不同一于他的存在，从而才能够展开没于世界之中的存在；后者的虚无化，也就是海德格尔所谓的有所期备有所居持的当前化，这是他进行自我造就的条件。自由的自为这种双重虚无化，说明自为原则上只能通过他所选择的存在物在他所谋划的世界中显露出来，因此萨特也称这种在目的指引下的"同一于作为的选择"是原则谋划。原则谋划虽然考虑到了存在物的抵抗，却没有把影响行动的周围环境的一些偶然因素考虑进去，可是在自由行动中周围的一些有利或不利的因素却往往显露出来。不过，"周围是在我的原则谋划中并通过这个谋划显露的；正是由于我的原则谋划，风才可能显现为顶风或者顺风；正是通过它，太阳的光热才表现为有利或令人讨厌。这些永恒的'偶性'的综合构成，形成了我的被德国人称为我的'环遇'的东西，而这个'环遇'只能在一个自由的谋划，也就是说在我所是的那些目的的选择的范围内才能发现"（P643—644）。所谓"环遇"，就是我根据原则谋划在自由行动中与周围的偶发事件的遇合，这种偶然的遇合会对我的自由行动产生或多或少、有利不利的影响。不过，它不可能成为对我的自由的限制，因为它只能在目的指引下的我没于其中的在世活动中才能被发现，而这正是自由为其存在本身所需要的。

"环遇"既然不可能限制我的自由，那么它也就不可能导致我会改变我的原则谋划。这可以从以下两种情况来分析："第一种情况，那些改变不能导致我放弃原则谋划，而正是这原则谋划反过来衡量了这些变化的重要性"（P644）。就是说，周围的那些变化（"环遇"）之所以不能导致我放弃我的原则谋划，是因为我在进行自由谋划时就已经考虑到在世中有可能会出现种种环境的变化并给我的自由行动带来一定的影响，因而它们已被纳入到自由的抵抗措施中，在这里我只需根据我的谋划启动相应的抵抗措施就可以了。"第二种情况，显现的和消失的对象在任何情况下都不能引起对一个计划的放弃，即使是部分地放弃。事实上，这个对象应该被理解为原始处境中的一种欠缺；因此，属于它的显现或者消失的给定物必须被虚无化，我就应该相对它采取一种后退行动，因而我又应该面对它来自我决定"（P645）。这里说的对象，不是指世界内的事物，而是指在环境中偶然遇上的天然事物，所以说它是原始处境中的一种欠缺。作为不是处境中的天然给定物，它的显现或消失是不可预测的，当然它也不是我寓而存在的东西，因而必须被虚无化。但是，由于它毕竟对我的自由具有敌对性，当它显现时我就应该相对于它采取一种后退的行动，即不能贸然迎之，而是面对它作出一种合理的自我决定：自由地构成继续向某一个方向前进的不可能性。这样，我便"通过我们的放弃自由这种不可能性来到事物之中，而并非要坚持的行为的不可能性导致我们的放弃"（P645）。就是说，与其知其不可而为之（坚持的行为的不可能性）导致我们最终放弃自己的自由谋划，倒不如理性地分析我们所面临的天然事物的敌对性（自由地构成继续向某一个方向前进的不可能性）而放弃与它的直接冲突（放弃自由这种不可能性来到事物之中）。

　　从以上分析可以看出，萨特完全否认"环遇"的敌对性有可能让我们改变自己的基本谋划。但是，如果我在执行一个计划的过程中突然而临的周围的敌对性致使在手的工具意外地损坏或失去作用了，这会不会引起我的谋划的改变？对此萨特是这样说的："一种一般的自由的谋划本身是一种含有预测和接受任何别的抵抗的选择。这不仅仅因为是自由构成了使别的漠然的自在表现为一些抗拒的那种范围，还是因为其计划本身，一般来说，就是在一个抗拒的世界中通过战胜其抵抗而有所作为的谋划。整个自由的谋划在自我设计时由于事物的独立性而预见不可预测性的空白，这正是因为这种独立性就是自由由之出发构成自己的东西"（P646）。既然谋划本身就是在一个抗拒的世界中通过战胜其抵抗而有所作为的谋划，既然由于世界内的事物具有外在于我的独立性而使得一般的自由谋划包含有预测不可预测性的空白和接受任何别的抵抗的选择，那么任何意外事故的发生都不足以改变这谋划本身。事故不足以让我改变谋划，这意味着必须采取积极的手段和措施来消除事故所造成的对自由的抵抗：或是尽快修复工具，或是寻求可以替代的工具。这样一来，我就不是局限于"这样或那样特殊的、存在于世界的限制中的事物，而毋宁说有一种一般的世界，也就是说我应被抛到一种和我根本不相干的存在者的整体中间。这是因为在选择一个目的时，我就选择了要拥有和这些存在者的关系，而这些存在者相互之间又有关系；我为了显示我所是的而选择要它们组合起来"（P647）。就是说，当我投入到受损工具的修复中以抵抗事物敌对性对自由的抵抗时，我发现我被抛到一种和我不相干的存在者整体中，即作为一般的世界的"外境"中。其实这并不值得惊讶，因为在我选择一个目的时，它就照亮了事物的敌对性和潜在性，也就是说这个目的指引下的我的自我谋划已经考虑到了我应选择的事物的敌对性和如何抵抗这种敌对性的相应手段。是我为了显示我是我所是——坚持我的基本谋划——而选择要拥有和这些存在者的关系以及要它们组合起来使它们相互之间又具有某种关系。这种情况表明，自由选择实际上还具有这样一个特点："一切自由的谋划都是开放的谋划，而不是封闭的谋划"（P647）。

从原则谋划到介入抵抗的世界，自由是"同一于作为的选择"，这表明："我绝对是自由的并对我的处境负有责任。但是，同时，我永远只在处境中才是自由的"（P649）。处境是通过我的自我选择和自我谋划而自由地开展出来的，当然我也只有在处境中行动我才感到我实际上是自由的。但是，"这个世界的工具性复合能够拥有一种并非我的自由谋划所首先给予它们的意义。这也就是在没于已经具有意义的这个世界中和属于我的然而又不是我给我自己的意义有了关联，我才发现我已经是'所有者'"（P649—650）。这就是说，虽然在处境中的我是自由的，但是作为我的处境的世界的工具性复合却拥有一种并非我的自由谋划所赋予它们的意义。因为组成我的世界的工具是由别人设计和制造的，其意义当然也是别人首先给予的。这样，我作为没于这个已经具有意义的世界中的存在，这世界的意义虽然属于我，然而它却不是我给予我自己的，我只不过是这些意义的"所有者"而已。那么，这是否意味着他人的自由浸入了我的处境，或者说我的在处境中的自由会受到他人的限制？萨特说，对此需要从组成我的具体处境的三个层次的实在来进行分析。

第一个层次的实在，是已经有意义的工具。萨特说，我虽然是用不是我赋予其意义的工具组成我的具体的处境，但这绝不是他人已经赋予其意义的任何一些工具的任意组合，我的处境是根据我的自我谋划而开展出来的，"不来自自为的意义的存在不能构成对其自由的内在限制"（P662）。自为的意义是由目的规定的，正是在目的的指引下自为才构成一个世界。这就原始地说明一个人的处境归根到底是由他所选择的目的规定的，而组成处境的已经有意义的工具则是被目的照亮的，而非任意的。由此可知："自为并非首先是人然后成为自我，他不是从先验地给定的人的本质出发把自己确立为自我本身，而是完全相反，正是在他要自我选择为个别自我的努力中，自为才保持某些使他成为一个人的社会的和抽象的特点的存在；而追随人的本质的因素而来的必然联系只能在一个自由选择的基础上出现；在这个意义上讲，每一个自为在其实存的存在中都是对人类负责的"（P662）。自为并非首先是人然后成为自我，是说自为并非原始地就作为本质上的一般人而出现，然后才从这种先验地给定的本质出发把自己造就为个别化的自我。恰恰相反，自为是通过自我抉择并在自我选择为个别自我的谋划和在世中，才使自己显露出某些社会的、抽象的特点。由于人本质上是自我抉择和自我构建，因此人与世界、人与他人的必然联系就只能在人的自由选择的基础上出现，这也就是说每一个人的自我实现的生存活动原则上都是对他人、对社会负责的。在这里，萨特重提这种所谓的存在主义的人道主义（我们在第二章中已经说过），是要以此来映照组成处境的已经有意义的工具，从而说明人自由地组织自己的处境、进行自我造就，与对他人负责、对人类负责是一致的。

在萨特看来，我虽然是用他人赋予意义的工具来组成我的处境，但这并不表明我的自由就一定会受到他人的限制，因为：首先，我的自由可以自我选择为个别化的自我，这意味着"自为只能在他不是其起源的某些意义之外自我选择"（P662），就是说他不能自我选择为别人已经赋予意义的东西。其次，自为能够用不是他赋予其意义的工具组成处境，这说明"他对他超越过的结构而言的完全自立性"，他"把自己确定为这一些结构之外的东西"（P662）。另外，"自为在一个对其他自为而言的世界中涌现。这样的东西就是给定物。因此，我们看到了，世界的意义对他来说是被异化了"（P662）。所谓自为在一个对其他自为而言的世界中涌现，是说我是在我所组建的世界中存在，我的世界对其他自为而言是外在的，因而我的世界中的由他人赋予意义的工具对他人而言也是外在的。这样一来，这个世界的意义对他人而言也就被异化了，而自为正是通过在这个意义被异化的世界中的涌现，才能够达到在这些意义之外的经过自我选择并赋予其意义的东西。

萨特强调指出，自为虽然在一个由他人赋予意义的世界中涌现，但他"并不承受他人的存在"，即不担当或重演他人的存在。"因为他正是通过一个选择才会把他人当作主体 - 他人或客体 - 他人"（P662—663），就是说他或是选择超越他人的超越性，或是选择被他人的超越性所超越。"但是，自为从向着其目的超越他人并把他人变为一种被超越的超越性的时候起，这种向着目的自由超越给定物的东西就对他显现为在世界中（被固定于自在中）的有意义的既定行为。对象 - 他人成为目的的指示者，而自为通过其自由谋划投身到一个世界里，在这个世界中，对象 - 行为指示了诸多目的。于是，作为被超越的超越性的他人的在场把手段的既定的复合向目的揭示出来。而由于目的决定了手段和目的的手段，自为通过其面对对象 - 他人的涌现为自己指明在世的目的；他来到一个充满目的的世界中。但是如果这样，技术及其目的在自为的注视中涌现，就应当看到正是通过自由面对另一个自为所采取的自由的立场，这些目的才成为技术。单独的别人只能使他的谋划作为技术向自为显示出来；而由此，对于别人来说，由于他超越自己走向其可能；所以不存在技术，而是存在着一种从其个人目的出发自我定义的具体作为。……从自为采取针对他人的立场时起，他使技术在世界上作为别人这被超越的超越性的行为涌现出来"（P663）。自为把他人变成被超越的超越性，就是以我超越给定物向目的存在的行为来取代他人的这一超越行为，使他人能够直接走向其可能。萨特所说的这种情况实际上就是简单商品生产中的人与人之间的关系：我生产的产品不只是满足我自己的需求，更主要的是面向他人、满足他人的需求。我与工具打交道的行为（向着目的自由超越给定物的东西），对我显现为一种附着于工具之上的向目的存在的程序化的既定行为，它就是体现了我的超越性的技术。由于我加工、生产的目的主要是针对他人，对象-他人则成了我的目的的指示者，因此我必须通过谋划投身到一个对象-行为指示了诸多目的的世界里。所谓对象-行为，即作为对象-他人的被超越的超越性；对象-行为指示了诸多目的，是说它所指示的不是某一个别的对象-他人，而是许多个对象-他人。这样，凝结着一定的技术、体现着被超越的超越性的工具，便作为手段的复合向目的揭示出来。而由于我的目的既决定了我向目的存在的手段，同时也决定了作为我的目的指示者的他人向目的存在的手段，于是自为面对对象-行为便明确了自己在世的目的是为对象-他人向目的存在提供必要的手段。因此，自为来到一个充满目的的世界中。正是通过自为面对另一个自为所采取的自由的立场，反映了我的超越性的技术及其目的才在自为的注视中涌现，就是说只有在我自由地面对另一个自为的自由行动时，作为我的目的的东西才显现为技术，而对于超越自己走向其可能的别人来说，他手中的工具不过是他的处境而不是技术，他只存在从其目的出发自我定义的具体作为。所以，自为针对他人的立场选择他人为客体他人，就是使反映他的超越性的技术在世界上作为别人这被超越的超越性的行为涌现出来。从这个意义上讲，他人是目的，他人作为被超越的超越性照亮了我的处境。他人是我的目的，我实际上则成了他人的工具，这样，人既是目的也是工具。显然，这是针对康德的"人是目的"这个伦理学命题而发。康德认为，人是客观的目的，这个目的就是人作为理性的存在本身，它具有绝对的价值。因此，作为目的，人是一律平等的，实现人的平等和在价值上的同一是每个人的道德义务。在萨特看来，康德的这种道德目的论是空洞的、脱离实际的，人只有首先是工具，然后才是目的。人的目的是自我造就，是追求自己的理想价值，而不是实现同一的价值标准。

第二个层次的实在，是我已经发现的属于我的意义的东西。它是别人的存在给我的自由所带来的一种事实上的限制，比如说我的籍贯、种族、阶级、家族历史这些东西，对我来说都是为他的，我并没有觉得要去领会它的意义或是提出改变它的理由。但是，他人的涌现却把一种意义赋予我，使我成为高贵的或是卑贱的，友好的或是敌对的，可信赖的或是被排斥的。"于是，我在这里就突然碰到了我个人的完全异化：我是我并未选择去是的某种东西"（P668）。那么，这是否会对我的自由构成障碍并导致我的处境的变化？对此，萨特作了如下的分析：先从我与他人共在的角度来看，"对我的自由的真正限制单纯在于一个别人把我当成对象 - 别人这个事实中的，在于我的处境对于别人来说不再是处境，而成为我在其中作为对象结构存在的对象形式这另一个推理事实中"（P668）。这就是说，无论别人赋予我一种什么样的意义，那只是他从他的自由出发把我当成对象 - 别人这样一个事实，在这种情况下，我的处境在他看来已不再是处境，而是他的主观推理的另一个事实：我在其中作为对象结构存在的对象形式。我的处境的这种被异化的对象化，说明别人赋予我的意义与我的自由毫无关系，它只包含在我的异在中，那是他人的自由的存在，我既不能取消他，也不能直接作用于它。但是，如果使他人的存在回到我的考虑之中，即成为我所把握的对象，那么我的自由一定会在他人的自由存在中发现他对我的自由的限制。这种情况说明，"作为面对别的自由来到世界上的自由，就是作为可异化的东西来到世界上，如果自己要成为自由的，那就是选择在这一个世界中面对别的一些世界存在，愿意成为这样的人的人也将要求他的自由的激情"（P670）。选择在这一个世界中面对别的世界存在，就是面对别人的自由的限制坚持在自己所开展的处境中存在，也就是说作为一个面对别人限制的人，他应该不为各种各样的限制所困扰，自由选择自己的目的并谋划向着这目的存在。

再从自我选择的角度来看，我不是消极地接受别人赋予我的意义，相反，我只有在我所选择的目的的启示下才能领会别人赋予我的意义的特点。因此，"种族、虚弱、丑，只有在我自己对自卑或者骄傲的选择的界限中才能显现。换句话说，它们只能和我的自由赋予它们的意义一起显现"（P673）。种族、阶级、美丑这些别人赋予我的意义，是别人对我的观点、看法，是我的为他的存在。对于我来说，只有当我在一个目的的启示下对它们选择是自卑的或是骄傲的时候，它们才显现为我的自由所赋予的意义，才是为我的存在。情况之所以如此，首先是我的自由法则决定了我不通过自我选择便不能存在。我不是为了显现给他人一个样子才去选择我所是的东西，而是在我选择成为我向目的存在而是我为他人所是的东西时才向他人显现出那个样子。其次，我必须担当我的为他的存在，我不应该对我所是的东西采取克制或消极忍受的做法，"在愤怒、仇恨、自豪、羞耻、厌恶的拒绝或者愉快的要求中，我必须选择我所是的东西"（P673）。这就是说，对他人赋予我的意义，我是选择为愤怒的、仇恨的、厌恶的拒绝，还是选择为愉快的要求，必须是在我所选择的目的的启示下是我所是，否则，就是自我扭曲，就不能担当为他的存在。

从以上的分析我们看到，别人赋予我的意义是为他的，原则上不能构成对我的自由的限制，也不能改变我的处境，它们只是为我提供了一个自我选择的空间，当我有所选择地是他人所是的东西时，说明它就是我的固有的存在，就是我的自由所组成的处境本身。因此可以这么说："别人的自由把限制赋予我的处境，但是，只有在恢复我所是的为他的存在时并在我选择的目的的光辉照耀下给予它意义的时候我才能体验到这些限制"（P671）。这里说的体验到的限制，实际上是说体验到我的外在的存在（即作为我的异化的一维的处境），它是我的为他的存在成为他人所是的自在。

第三个层次，是以上两个层次所包含的意义归结到作为参照中心的他人。这里说的他人，并非指我之外的个别的自由意志，他人作为上面所说的那些意义归结到的中心，应该是指一种集体的或社会的意志。这样，那些外在的限制作为我不可实现的东西就有可能向自为表露为"需要实现的不可实现的东西"。所谓不可实现的东西，就是外在于我的、不是我能够自由选择的东西，我不能拥有它，它也不属于我的可能性。需要实现的不可实现的东西，"是作为客观的和外界的限制而向自为表现为要内在化"（P673），就是说要求自为通过自己的谋划去实现别人希望拥有的东西。换句话说，就是去执行他人的命令。但是，"要使一个命令成为命令，……我就应当和我的自由一起获得它，就应当把它变成我的自由计划的一种结构。但是，为了使它成为命令而不是向着我自己的目的的一种自由运动，它就应当在我的自由选择内部保持其外在的特性。……这意味着我的自由在自由选择时选择了对自己的限制"（P674）。所谓"在我的自由选择内部保持其外在的特性"，是说作为我的内在化的自由谋划不是被我所选择的一个目的照亮的，而是被一个外在于它的他人的指令所规定的。当然，我对我的这种选择是有保留的。既然自由就是无条件的自我选择，既然我的自由能在自由选择时选择了对自己的限制，那么当我感到这种选择是一种自损和屈辱时，我完全可以选择收回对自己的限制。不过，"收回的最强烈的企图必须建立在自由恢复作为人们想内在化的限制的限制中。于是，当自由选择成为被别人的自由所限制的自由时，根据他的利益恢复不可实现的限制并使之回到处境中去。因此，处境的诸外在限制变成了作为限制的处境，也就是说，它们和作为'要实现的不可实现的东西'，和作为被选择的逃离了我的选择的背面的'不可实现'性一起被吸收到内在性的处境中去了，它们成为我为了存在而做的绝望努力的一种意义"（P675）。收回对自己的限制，就是放弃将不可实现的东西内在化，也就是拒绝为实现他人的命令而进行自由谋划。选择对他人的限制进行限制，就是"恢复不可实现的限制"使之仅仅作为一种限制（不被内在化）回到处境中去。因此这种处境是极其特别的：他人对我的限制和我对这种限制的限制使之变成作为限制的处境，即一种以限制外在限制为目的的处境。这样的处境实际上就是他人的限制、我的限制、"要实现的不可实现的东西"和我的不可实现性（因无具体的目的，欲有所选择却无可选择）在一起构成一种内在性的处境——无法开展出来的没有结果的主观处境。这个仅仅由我的自由维持起来的作为限制的处境，其实不过是我为了我的存在而作的绝望的努力的一种意义，它除了显示我是自由的，别的什么也不是，甚至指向生命的结局——死亡：不自由，毋宁死。因此，"对自由的外在限制，恰恰因为是外在的，因为它们只有作为不可实现的东西才能自我内在化，所以永远不会是自由的一种实在的障碍，也不是一种被承受的限制"（P676）。就是说，对自由的外在限制，由于它不属自由的本体论的存在，是自由不可实现的东西（即不是它自己的可能性），所以它才可以对它持一种完全主观的态度（自我内在化）：或者选择成为被别人的自由所限制的自由，或者收回对自己的限制，或者选择对他人的限制进行限制。正是因为对自由的外在限制不属自由的本体论存在，所以它永远不会成为自由的一种实在的障碍，就是说它不在自为的本体论存在的范围，自由永远也碰不上。但是，实在的东西虽是自由的存在所需要的，是自由强加给自己的唯一限制，可自由是其所不是又不是其所是的超越性又使它构不成对自由的障碍。从这个意义上讲，"自由是完全的和无限的"（P676）。

只有通过自由的处境，也只有在处境中的自由。这是萨特对一人一世界·一人一乾坤的本体论个别化存在的总结性表述。从意识本体来理解个别化的人的存在，这意味着人的自由被封闭在孤独的精神世界中。但是，从人出发的存在主义却绕不开他人的存在，因而常常又不得不把这种孤独的个人放到他人和社会之中来进行考察。然而，这样一来，则又使其陷入主观与客观、内在与外在、精神与现实的矛盾与纠结中。而为了维护其本体论的现象一元论的"合理性"，往往不顾逻辑规则，进行诡辩和谬证，充分暴露了其理论上的荒唐性。

我们在前面已说过，虽然存在主义自称是从生存论存在论上来阐述人的在世的自由，但是这种本体论的处境中的自由本质上却是人的思想自由或精神自由，而不是客观现实中的行为自由。可当萨特把个别化的自为放到他人和社会中来考察时，他便把这种本体论的处境中的自由与客观现实中的行为自由混为一谈了，于是他煞有介事地批判起"常识用来反对自由的决定论",批判抵抗自由的事物的敌对系数。常识的决定论所反对的自由,当然是指客观现实中的行为自由。现实中的人,无一例外地都是属于一定的种族、阶级、家庭中的人,这是人的客观的社会存在,也是人的本质规定。因此,人的现实的行为就不可能不受到这些客观的社会因素的制约,人在自我选择和自我谋划时则必须正视这些客观的限制,寻找一种适合自己的合理的生存空间,从而赢得一份真实的自由。萨特并不否认历史和现实投在人身上的阴影或光环,但他认为一个人隶属于什么民族、阶级、家庭,这完全不能构成对一个人的自由的限制,因为这些东西对他来说都是为他的,而不是为我的,就是说是他人给予我的对象性而我并未选择去是这些东西。何谓为他?按照萨特的说法,是"人的实在在其存在中应该以同一个涌现成为'为他的自为'"(P295),就是说为他是自为在其涌现(在世的展开状态)的同时通过身体把对象性传达给别人。如此说来,难道一个人的种族、阶级、家庭、籍贯等等本来就是一种自为?它怎么又成了外在于自为的一种限制?显然,萨特这是拽着自由意识游走在意识本体和客观现实之间。

再来说一说事物的敌对系数。首先,从意识本体出发来谈事物的敌对系数,无论如何也会给人一种故弄玄虚的感觉。这里需要指出的是,萨特所谓"天然的东西"并不是指外在于人的客观事物,而是指包含在意识本体中的不同于现成给定物(工具)的世界内事物(现象)。人的存在既然是一种意识本体内的自我领会、自我选择、自我谋划和自我造就,那么所谓反对自由的事物的敌对系数除了是主观臆想外还能来自哪里?其次,萨特说事物的敌对系数是由于自为所提出的目的的先决地位才显露出来。然而人们不禁要问:目的是根据什么提出来的?难道人可以不根据周围事物的实际情况任意地提出自己的目的?应该说提出的目的与事物的敌对系数不是一种孰先孰后的关系,二者实际上是统一和融合在人对在世界中存在的认知中。我们认为人的这种认知来源于实践,而存在主义则认为它是人的本质先天固有的。

从海德格尔到萨特,他们都把自由看成是个别化的能在或构成能力,因而自由在本质上是本己的不被他人规定的。但是,我们在前面已经指出,此在的在世无论如何也绕不开工具这一环节或手段,而作为现成给定物的工具恰恰是他人对此在的在世行为的一种限制和规定,这表明人的自由在现实性上不可能是孤独和封闭的,它必须建立在与他人共同存在的基础上。萨特承认作为工具性复合的世界拥有一种并非我的自由谋划所首先给予它们的意义,但是他又认为已经具有意义的工具并不能构成对我的自由的内在限制。其理由是:一,我的自由是由我所选择的目的规定的，只要我不自我选择为别人已赋予其意义的东西，我的自由就不可能被他人规定。二，我虽然是用别人赋予意义的工具来组成我的处境，但这种组建活动本身就说明我的自由凌驾或超越于这种工具性复合的结构之外而不是同一于它。三，我的自由是在一个对其他自为而言的世界中涌现，尽管他人赋予这世界以某种意义，但这种意义对他人而言是被异化了。不难看出，萨特所说出的这三种理由均不成立。前两个理由明显是在玩偷换概念的故伎：在自由这个大概念的掩蔽下，萨特用原始自由偷换了原始自由的次生形态——行为自由或存在的自由。我们在本节的前面刚说过，萨特把提出目的和由目的照亮的意志与激情都看作是纯粹的原始自由，据此可知，这里所说的选择目的和组成处境都属于原始自由，而原始自由只是一种构成能力，它是不被规定的。但是，处境中的自由是一种行为或行动的自由，是原始自由的次生形态。它作为动机、动力和目的统一于自由的意识的爆发，则是一种由本质规定的被构成的东西，因而与作为构成能力的原始自由完全不是一回事。然而萨特却在自由这个大概念下把二者等同起来，然后通过否定原始自由是被规定的也连带地否定了行为自由是被规定的。第三个理由看起来很简单：尽管我用他人赋予意义的工具组建了我的世界，但他人在我的世界之外，他不可能规定我的自由。其实，这个问题在萨特谈到人既是目的也是工具时就已经将它否定了：虽然我是在我所组建的世界中向着我所选择的目的存在，但是由于我使用了他人赋予意义的工具，于是我便成了他人的目的，成了被他人超越的超越性，也就是说他人把他的技术物化在工具中从而规定了使用他的工具的我的超越性（自由）。

人的自由是个别化的、本己的，因为人总是从自己的欲望出发去行动，而每个人又总是在追求自己人生目标的最大化和理想化。但自由又是共同的和被规定的，因为追求自由是每个人的平等权利，只要你承认你与他人是相同的利益主体，你就不能否认人的自由实际上是处在一种相互制约的状态中。而在这种互相制约的背面则是互相借鉴、互相利用、互相推动。因此，作为人的本性，自由是以个别化的行为来表现类的本质。然而萨特却只强调自由是个别化的本己的行为，不承认这种个别化的行为表现了人的类本质。他说人永远不能参照一个已知的或特定的人性来解释自己的行为，人是自己的立法者。但是他又说我的自由必须面对我所承担的责任，我不仅为自己抉择，而且同时也在为全人类抉择。所以人也为他人立法，为全人类立法。不过，他所谓为全人类抉择、为全人类立法，并不是要包容每个个人的价值而达到一种人类的共同价值，而是要以个人的抉择来代替别人的抉择，以个人自由所确立的自我价值来取代他人的价值。这样一来，岂不是以我的自由规定和限制了别人的自由，别人还有自己的自由吗？由此可见，萨特所谓的自由本质上就是叔本华和尼采所鼓吹的意志自由，它旨在排斥一切外在的、他人的价值，从而把自己确立为规范人类一切行为的超越世俗的上帝。

第九章　主体与真理

一、海德格尔：真理是主体在世的展开状态

关于真理问题，海德格尔从他的本体论的现象一元论出发，首先对哲学史上传统的符合论进行了批判。他说符合论的始作俑者是亚里士多德，正是这位逻辑之父把判断认作是真理的源始处所，并率先把真理定义为"符合"：灵魂的体验即表象，是物的肖似。就是说，真理是对物的体验与物本身的符合。这种符合论后来被康德所继承和发展，他在《纯粹理性批判》一书中说，真理在于认识同它的对象相符合，因此，真理或假象并不在被直观的对象里面，而是在对被思维的对象的判断里面。也就是说，真理是与对象相符合的对对象的认识。

海德格尔认为，尽管人们都普遍地把真理标画为"符合"，但这种说法却是空洞的。他指出："一切符合都是关系，因而真理也是一种关系。但并非一切关系都是符合"（P260）。"符合"具有"如…那样"的关系性质，这种性质以什么一种方式体现为知和物的关系呢？按照一般的看法，真是知的真，而知即是判断。就判断而言，必须把判断活动（实在的心理过程）和说出判断（观念上的内容）区分开来。实际上我们所说的符合的关系是指观念上的判断内容与判断所及的实在的东西之间的关系。但这样一来，符合这种存在的方式便处于问题中：它究竟是实在的还是观念上的？或者既非实在的亦非观念上的？显然，认识和对象是不能构成同一的符合关系的。

海德格尔指出："真理现象被标画为认识的特征，而在认识活动中，真理什么时候从现象上突出出来？当认识证明自己为真的认识时，自我证明保证了认识的真理性。从而，符合关系就一定得在现象上同证明活动联系起来才能映入眼帘"（P262）。那么我们如何来证明我们的认识是真的认识从而与我们所认识的对象是符合的呢？海德格尔说，证明认识是与所认识的对象相符合的真的认识，须通过说出陈述这种方式表达出来。"说出陈述就是向着以存在者方式存在着的物本身的一种存在。而什么东西由知觉得到证明？那就是：陈述中曾指的东西，即是存

在者本身。如此而已。……所以，在进行证明的时候，认识始终同存在者本身相关。证实仿佛就在这个存在者本身上面发生。意指的存在者如它于其自身所是的那样显示出来。这就是说，它在它的自我同一性中存在着，一如它在陈述中所展示、所揭示的那样存在着"（P262-263）。这段话的意思是说，当我们以言谈的方式把认识与对象的符合表达出来的时候，实质上我们就是在向着我们所认识的对象（作为存在者的事物本身）存在。为什么说说出陈述是一种向着存在者本身的存在呢？因为这种有所判断的证明过程其实就是此在在是其所不是、又不是其所是的情况下重新回到他所不是的事物本身，以他的当下所指的东西就是他曾经所是的东西来证明其认识是真实的。这表明，在证明认识与认识的对象相符合的过程中，认识始终同认识对象相关联，也就是说此在必须面对认识（观念上的东西）和对象（实在的东西）共同在场。所以，证明认识与认识的对象的符合，本质上就是此在存在于他的自我同一性中，这就如同它在陈述中所展示、所揭示的那样存在着。

因此，"陈述的'真在'（真理）必须被理解为揭示着的存在。所以，如果符合的意义是一个存在者（主体）对另一个存在者（客体）的肖似，那么，真理就根本没有认识和对象之间相符合那样一种结构"（P263）。所谓揭示着的存在，即此在通过在世的展开状态从而把他所寓而存在的世内存在者的存在特征揭示出来。把真理理解为揭示性的存在，符合的意义就从认识与对象的这种间接关系变成了主体与对象的直接关系。当然，说主体与客体符合或肖似这未免不可思议，但在存在主义看来，认识就是主体的"真在"，因为包含在意识本体中的事物（现象）与它的本质是统一的，此在是他所不是的事物，就是对事物的本质直观，也就是真理。从这个意义上讲，真理当然也就不存在认识与对象相符合这种结构了。

显而易见，在真理问题上，海德格尔之所以否定传统的符合论，从根本上讲还是在于二者有着完全不同的理论前提。传统的符合论是从经验论出发，它所谓认识与对象的符合，是说对事物的真理性的认识是一个从感性认识到知性（理性）认识的不断深化的过程。感性认识是对事物某个侧面或某种性质的认识，这便是事物的表象，将诸多表象综合起来，便构成对整个事物的本质性的认识。人把握了事物的本质，表明他对事物的认识符合事物本身，因而也就获得了一种真理。海德格尔则是从意识本体来谈意识与现象的关系，他所谓的对象事物是包含在意识本体中的与其本质相统一的现象，因此，他的真理观是建立在先验的现象一元论的基础上。这样，认识在这里就不存在从感性到知性（理性）这一深化和发展的过程。认识是对事物的本质直观，但要证明认识是真理则必须通过此在对作为对象的存在者有所展示、有所揭示的存在，即把存在者的本质揭示出来，并"在存在者的被揭示状态中说出存在者、展示存在者、'让人看见'存在者"（P263）。

不过海德格尔认为，世内存在者的被揭示状态还不是最源始意义上的真理现象，因为"世内存在者的揭示状态奠基于世界的展开状态，而展开状态是此在的基本方式，此在以这种方式是它的此"（P265）。世界的展开状态是此在的基本方式，是说世界的展开状态就是主体"在世界之中存在"的存在方式。此在以这种方式是它的此，是说此在在世界中的展开状态也就是它所寓而存在的世内存在者的被揭示状态。正是主体的在世界之中存在这一基本机制，才使得世内存在者能够被揭示，所以，从源始的意义上讲，真理应该是主体在世的展开状态，而世内存在者的揭示状态就包含在这种展开状态中。基于对真理的这种理解，海德格尔强调："真理原本不具有'判断'的性质，它根本不具有某种特定行为的性质，真理是在世之为在世的本质组建要素。必须把真理理解为基本生存论环节。我们从存在论上澄清'此在在真理中'这一命题的时候，曾提示这一存在者的源始展开状态即是生存的真理，并为界说这一真理而指引向此在本真状态的分析"（P353）。在这里，海德格尔终于亮出了他的底牌：真理原本就不具有"判断"的性质。从本体论的意识与现象的关系来看，真理并不关乎人的某一具体的认识活动的真假，就是说它不具有人的某种特定行为的性质，因为人对事物（现象）的认识是一种本质的直观。所谓真理是在世之为在世的本质组建要素，即把真理理解为主体在世界之中的展开状态和世内存在者的被揭示状态，因为在世之为在世的本质就是此在在世界之中寓于世内存在者而有所烦忙地存在。正是因为真理是此在在世的展开状态和世内存在者的被揭示状态，所以真理也就成了基本的生存论环节。由此可知，要从存在论上来说明"此在在真理中"，则必须从生存论上说明此在"存在于世界之中"，说明此在的展开状态中包含有世内存在者的揭示状态。

海德格尔认为，"此在在真理中"的生存论意义应从以下四个方面来理解：第一，此在的生存论机制从本质上包含有一般的展开状态，而这种一般的展开状态则体现为此在的整体性的存在结构——烦。烦的意义就是此在在一个世界中寓于世内存在者向着他所提出的目的存在。烦这种生存论存在论的结构是先验的，这表明，世内存在者的揭示状态与此在的展开状态都是源始的。

第二，此在的存在机制包含有被抛状态，被抛状态是此在的展开状态的构成环节。所谓被抛状态，就是此在向来是它自己的种种可能性，并从这些可能性出发把自己筹划到这些可能性上去。由此，在被抛状态中便显露出这样的情况：此在一向已在某一世界中，一向已寓于某些世内存在者的某一范围。因此，展开状态本质上乃是实际的展开状态。这种实际的展开状态说明此在的展开状态必然包含世内存在者的揭示状态。

第三，此在的存在机制中包含有筹划，即向此在的能在开展的存在。凡筹划，必须先行领会，此在既可以从"世界"（常人世界）和他人方面来领会自己，也可以从自己的最本己的能在方面来领会自己。就后者而言，此在由于脱离了沉沦，拒绝了闲谈，由这种领会的筹划所开展的存在就既是本真的自己的展开状态，也是本真的世界的展开状态，因而它所包含的世内存在者的揭示状态也才是真的。这一本真的展开状态指出了本真存在状态模式中的最源始的真理现象。从这个意义上讲，只有同此在的本真的状态联系起来，存在的真理才能获得生存论存在论的规定性。

第四，此在的存在机制包含有沉沦。闲谈、好奇、两可这些杂然共在的形式使被揭示的东西和展开的东西处于伪装状态和封闭状态的样式中。但是，存在者并非完全晦蔽着，而是在揭示的同时又被伪装，以假象的模式呈现出来。因此，就完整的生存论存在论意义来说，"此在在真理中"和"此在在不真中"同样都是源始的。二者是两种不同的完整的生存方式，并不互相关联、互相过渡。

综上所述，可以把海德格尔的真理观归纳为这样两个命题：一、真理乃是此在的展开状态，这种展开状态中包含有世内存在者的揭示状态。二、此在同样源始地在真理中和不真中。海德格尔认为："在真理现象的传统阐释的地平线之内，若要充分洞见上述命题，就必须先行指明：一、被理解符合的真理，通过某种特定变异来自于展开状态；二、展开状态的存在方式本身使展开状态的衍生变式首先映入眼帘并指导着对真理结构的理论解释"（P268）。什么是来自展开状态的特定变异？我们已经知道，展开状态包含世内存在者的揭示状态，显然，这个来自展开状态的特定变异就是世内存在者的揭示状态的变异。海德格尔对"说出陈述"的解释是：就存在者本身来揭示存在者，即通过存在者的被揭示状态来说出存在者、展示存在者、"让人看见"存在者。可是，当你把某个在手的东西变成陈述的对象时，这个东西先行具有的含义就发生了变化：由有所作为的、在手的"用作什么"变成了有所展示的"关于什么"，即由手头的处于被揭示状态的东西变成了一种具有特定样式的现成的物。"而只要在这一被揭示状态（作为某某东西的揭示状态）中贯彻着一种同现成东西的联系，那么被揭示状态（真理）本身也就成为现成东西（知和物）之间的一种现成关系"（P270）。在被揭示状态中贯彻着一种同现成的东西的联系，是指被揭示状态与现成东西的某种现成性（如锤子之重、刀之锋利）的关系，只要被揭示状态就是这个存在者的某种现成性的展开状态，或者说就是这个存在者的存在方式，就说明作为被揭示状态的真理是此在对这个存在者的现成性的知与这种现成性相符合的一种现成关系。于是，"展开状态和对被揭示的存在者的揭示着的存在这一意义上的真理变成了世内现成存在者之间的符合这一意义上的真理"（P270）。那么，为什么说展开状态的存在方式使符合意义上的真理的衍生变式首先映入眼帘并指导着对真理结构的理论解释？所谓展开状态的存在方式，即作为与上手用具打交道的烦忙寻视。与上手用具打交道的一个重要现象就是用具的称手或不称手，用具称手，说明此在的展开状态与用具的揭示状态相契合，而这种契合则进一步说明了此在通过说出陈述从世内存在者的揭示状态中看到了他对存在者的现成属性的认识与这种属性本身是相符合的。正是"符合"这种展开状态的衍生变式，才使得此在总是要通过定向和去远的方式来选择称手的合适用具，从而使自身的展开和对世内存在者的揭示都达到一种最本真的状态。海德格尔认为，符合论之所以在对真理的理解中占据着统治地位，是因为此在的存在之领悟本身遮蔽了真理的原始现象。此在的存在之领悟总是首先把一切存在者都领会为现成的东西，并且把现成东西的现成性等同于一般的存在的意义，殊不知现成的东西已经是对存在者存在的陈述的道出。

其实，我们应该从海德格尔关于真理的两个命题中发现这样的问题：人为什么会有这样的展开状态？或者说人的这种展开状态是由什么规定的？实际上这个问题海德格尔早就说过：它是由人的本质所规定的，人本质上就包含有在世的方式。既然在世的展开状态是由人的本质所规定，那么真理的含义就应该是此在通过他的展开状态把他的固有本质展示出来。这样，最源始的真理就不是此在的展开状态，而应该是人在本质上对他的某种存在方式的先天领悟。所谓展开状态就是此在有所烦忙的在世活动，就是在处境中有所作为。而处境作为一种客观的世界结构则是根据意蕴的因缘整体性开展出来的，这本身就是一种"符合"。试想，如果没有这种"符合"，此在何以展开？世内存在者又何以揭示？再者，海德格尔把此在对世内存在者的现成属性的知与这种现成属性的符合看作是此在的展开状态的衍生变式，这就意味着先有此在的展开状态，然后才有知与物的符合。但是反过来说，如果没有先行领会、没有自我筹划和对处境的开展，即没有对知与物相符合的先行把握，此在如何能展开？而且海德格尔也认为对存在者的现成属性的知与这种属性本身的符合是通过存在者的被揭示状态来证明的，然而从道理上讲，证明本身恰恰不是真理，证明不过是在践行真理的过程中检验真理。由此看来，把真理归结为人的展开状态，归结为在世的行为，不仅有悖于思维的逻辑规则，而且也遮蔽了真理的真正的源始含义。海德格尔在存在论意义上把真理看作是此在"向着实在的存在者本身的揭示着的存在",实际上他是把作为此在本质的生存的存在论结构以及包含在其本质中的一切非此在式的存在者的存在方式看作是真理的先天形式,而此在在世的展开状态和世内存在者的被揭示状态不过是对这种先天性真理的揭示或证明。正是在这个意义上,他把此在对自己的本质有所领会的造就自身的活动称为解释。显而易见,这就是海德格尔宣称真理原本不具有"判断"性质,也就是与"符合论"无关的根本原因。

但是,无论是把真理理解为人的展开状态还是把真理理解为人本质上所固有的先验的世界结构,都不能改变这种真理观所具有的两个显著特点:主观性和个别性。而这恰恰又是与真理相悖的。海德格尔说:"此在在最本己的能在中并作为最本己的能在把它自己对它自己开展出来。这一本真的展开状态指出了本真存在状态模式中的最原始的真理现象"(P267)。他又说:"当认识证明自己为真的认识时,自我证明保证了认识的真理性"(P262)。在真理问题上,海德格尔坚持"揭示论"而诘难"符合论"的一个主要理由就是:对事物的认识与事物本身是否符合这需要认识者的证明。但是,认识是我的认识,我又如何能够证明我的认识与被认识的事物符合呢?他的这种诘难至少是片面的、简单的。试问:世界上有这种自我证明的真理吗?如果每个人都能证明自己的认识是真理,真理被个别化了,实际上也就没有真理了。首先,"符合论"并不是那种镜面式的反映 - 被反映,认识之所以能与被认识事物相符,其本身就是一种对事物的揭示活动,你不把事物的诸种性质和存在方式揭示出来,怎么谈得上是对事物的本质性的认识?其次,对事物的本质性认识以及对认识与事物相符合的证明都不是一种个人的行为,而是人的共同的社会实践。在这里,证明既是对认识的检验,同时也是对事物的进一步揭示。马克思主义的真理观是迄今为止最科学的真理观,它继承并发展了传统的符合论,认为真理是人对客观事物及其规律的正确认识。真理是客观的、普遍的,因而是绝对的。但真理又是相对的,它会随着人类实践活动的不断深化而有所变化和发展。因此,实践才是检验真理的唯一标准。从这个意义上讲,马克思主义的真理观是一种全新的辩证发展的符合论:从符合到不符合再到新的符合,实现了人对事物由肯定到否定再到否定之否定的变化发展的认识过程,这个认识过程体现为人类的永无止境的实践活动,体现为真理是主观与客观具体的历史的统一。

二、海德格尔：唯当主体在，真理才在

上一节中说到，海德格尔把真理归结为此在的本真的存在、归结为此在在世的展开状态，这实际上就是把真理个别化、主观化了。也许海德格尔估计到会有人对这个问题提出质疑，于是他自己便直接将这个问题提了出来，继而采取惯用的混淆概念的手法进行辩解。关于把真理主观化的问题。他说，虽然一切真理都同此在的存在相关联，但这并不意味着真理是主观的。因为"主观的"应阐释为"任主体之意的"，而主体的揭示活动则是"把陈述这回事从主观的任意那里取走，而把揭示着的此在带到存在者本身面前来"（P273）。所谓主体的揭示活动是把陈述这回事从主观的任意那里取走，是说陈述并非是任意道出主体的揭示活动，陈述所要展示的就是此在在自己的展开状态中被揭示的存在者，即前来照面的世界内的存在者。因此，陈述是把揭示着的此在带到被揭示的存在者本身面前来，让揭示者中止手头的烦忙活动，把上手的用具看作是现成的存在物，并且从这个现成存在物本身来看那个以规定的方式展示出来的东西——这个现成存在物的现成属性。这说明此在是在一个世界中就被揭示的存在者本身来展示这个存在者，因而真理作为此在的展开状态是客观的而不是主观的。显而易见，海德格尔的这种辩解是辞不达意，完全没有点到问题的实质。应该说把"主观的"理解为"任意的"是不准确的。任意，具有原始自由那种非理性的特征，它可以随心所欲地提出或推翻一个目的，对价值的追求表现出变化无常的态度。因此，任意固然具有主观性，但这种主观性是纯粹的内在性，它属于人的思想意识上的自由，而不属于人的行为自由，是人忽略或无视与外在客观事物的关系而导致的。按照存在主义的观点，人只存在于世界（用具整体）之中，人与世内存在者的关系是一种是其所不是、又不是其所是的寓而存在的关系，因此，这是一种被规定的行为自由，它不存在任意的问题。既然主体在世的存在、主体的揭示活动本来就不是任意的，而陈述不过是把揭示活动说出来、展示出来、传达出来，那么所谓"把陈述这回事从主观的任意那里取走"从何谈起？既然真理就是主体的展开状态和世内存在者的被揭示状态，难道它是可以被陈述任意改变的么？退一步说，不是任意的在世的行为是否就一定是客观的呢？按照海德格尔关于人首先和通常存在于常人的世界中的说法，作为不是任意的行为的在世活动应该体现为混迹于杂然共在的沉沦。且不说沉沦使此在失落了自身的自由，而就组建着它的"闲谈"而言，这种除了根的平均可领会的存在样式他会认为是客观的吗？我们说海德格尔把真理主

观化，首先是因为海德格尔所说的人的展开状态是本体论的意识的超现象存在，这就从根本上否定了他所谓的真理与外部客观世界的关系。其次是他所说的作为真理的人的展开状态是由人的先验本质所规定的，这样，尽管他把包含在意识本体中的存在物（现象）客观化了，但人在世的出发点却仍然是人自我构建的本质，是人的主观的自我。

下面再说说海德格尔把真理个别化的问题。凡真理，都应该是普遍的，然而被海德格尔界定为真理的此在的展开状态却恰恰是此在的个别化的最本己的存在。可是海德格尔却认为，人的个别化的本己的存在并不意味着作为他的展开状态的真理不具有普遍性。因为"真理的'普遍有效性'也仅仅植根于此在能够揭示和开放自在的存在者这一情况。只有这样，这个自在的存在者才能把关于它的一切可能陈述亦即关于它的一切可能展示系于一处"（P273）。所谓真理的"普遍有效性"植根于此在能够揭示和开放自在的存在者的情况，是说世内存在者的性质、特点是多层面的，此在能在多大程度上把存在者的这些本质特征揭示出来，也就说明对这个存在者的开放的程度有多大。只有把一个存在者的所有特性充分地揭示出来，并通过说出陈述将它们集中展示于一处，从而也才能彰显真理的普遍性。当然，对存在者的开放程度关键还是取决于此在所选择的目的，因为目的决定着主体的展开状态，同时也限制了世内存在者的被揭示状态。海德格尔对真理的普遍性的这种解释，真可谓是富有"创意"，闻所未闻。真理的普遍性不仅是对事物的性质的充分揭示并从而把握事物的本质，更重要的是对事物的这种真理性的认识能在多大程度上获得别人的认同。因此，真理不是个别人的某种见解，而是人类在实践中形成的一种共识，它对所有的人都是适用的，是放之四海而皆准的。从这个意义上讲，真理的普遍性，体现了在真理面前人人平等。

海德格尔对真理的理解以及对真理的客观性和普遍性的解释都十分离谱，令人不可思议。不过，他如此解释真理的客观性和普遍性是另有目的：透过真理的客观性和普遍性使我们能够设置着前提来存在。他说，从存在者状态上来说，真理只可能在主体中，并随着主体的存在一道浮沉。但是，从生存论上来理解真理的存在方式，则必须把真理设为前提。把真理设为前提，并不是把真理当作某种在我们之外或之上的东西，而是"唯有真理才从存在论上使我们能够把某种东西设为前提，使我们能够设置着前提来存在。只有真理才使设置前提这类事情成为可能"（P273）。海德格尔这一番含糊不清的话不免让人一头雾水：把真理设为前提，真理却不在我们之外、之上；把真理设为前提，只是意味着真理从存在论上使我们把某种东西设为前提。那么，从生存论上讲，我们必须把真理设为什么东

西的前提？而从存在论上讲，真理又使我们能够把什么东西设为前提？这个被设
为前提的东西与真理又有着什么样的关系？下面，我们且看他的进一步解释：设
定前提，"说的是把某种东西领会为另一存在者的存在之根据。这就是在存在者
的存在之联系中领会存在者。这种领会只有在展开状态的基础上才是可能的，也
就是说，只有根据此在的揭示着的存在才是可能的。于是，把真理设为前提指的
就是把真理领会为此在为其故而存在的东西。但烦这一存在机制包含有这样的情
况：此在一向已先行于自身。此在是为最本己的能在而在的存在者。展开状态和
揭示活动本质上属于此在的存在和能在。而此在是在世的存在。事关此在的是它
的能在世，其中也就有寻视着揭示世内存在者的烦忙活动。最原始的设为前提在
于烦这一此在的存在机制，在于先于自身的存在。因为这种设自身为前提属于此
在的存在，所以，我们必须把由展开状态规定的'我们'也设为前提"（P274）。
这里说的设定前提，就是把某种东西领会为另一存在者的存在的根据。显然，这
设为前提的东西就是通过存在者的存在之联系被领会到的此在本身。但是，通过
存在者的存在之联系把此在领会为世内存在者存在的根据，则必须建立在此在的
展开状态的基础上，即建立在真理的基础上，这就是所谓唯有真理才从存在论上
使我们能够把某种东西设为前提。而如果我们要把真理设为前提，那就意味着把
真理领会为此在向着其目的存在的东西，也就是说可以把真理设为目的的前提。
然而，从烦这种存在机制中我们又可以看到这样的情况：此在一向已先行于自身
（烦的结构是：先行于自身的——已经在一个世界之中的——寓于世内存在者的
存在）。这表明同样也能够把目的设为真理的前提，因为只有在目的的光照下此
在才能够进行自我谋划并实现这种谋划，从而也才能够有在世的展开状态和揭示
活动。把由烦这种存在机制所昭示出来的（先行于自身的）目的设为前提应该说
是最原始的设为前提，而这种将自身的存在设为前提的设定者就是此在自己，这
说明此在是为最本己的能在而在的超越的存在者，我们必须把这个由展开状态所
规定的超越的存在者（"我们"）也设为前提。在这里我们又一次看到，尽管海德
格尔批判了康德的先验主体纯意识，说"无世界的单纯主体并不首先存在，也从
不曾给定"（P143），说主体应该是具有实体性的"我思某某"，但是当他在理论
上陷入尴尬境地时，还是不得不借助这个先验的纯意识来为自己解围。

目的是我所选泽的目的，而我是自我选择的前提；是我在一个世界中寓于世
内存在者而存在，我是自我展开的前提。这说明真理使我们能够设为前提的只是
我们自身。而我的显现则是由我的展开状态所规定的，从这个意义上讲，此在之
在与真理之在是同一的，因而把真理设为前提或是把主体自身设为前提不过是关

于人的自我造就之所以可能的两种表述方式。基于这种情况，海德格尔做出了这样的结论："此在根本不存在之前，任何真理都不曾在；此在根本不存在之后，任何真理都将不在，因为那时真理就不能作为展开状态或揭示活动或被揭示状态来在"（P272）。海德格尔在这里所说的"此在"应该是泛指人类而不是指个人，他在上面就说过这样的话："把由展开状态规定的'我们'也设为前提"，这"我们"就是指古往今来乃至将来的一切在世的人。只要有人在，就有真理在，个别此在的在与不在并不影响其他此在的在世的活动，当然也不会终止作为真理的人的展开状态。他认为，他的这种人与真理同在的观点是对"永恒真理"说的彻底批判："除非成功地证明了此在曾永生永世地存在并将永生永世地存在，否则就不能证明有永恒真理"（P273）。如果我们把真理这种"符合"现象看作是人与世界事物的关系，说真理与人类同在、亦与人类偕亡这并无不可。但是，如果像海德格尔那样把真理看作是此在个别化的具体的展开状态，那么真理只能是个人的真理，人在真理在，人不在了，属于他的真理当然也就被送进坟墓了。退一步说，我们假定海德格尔关于真理的客观性和普遍有效性的说法是成立的，就是说个人的真理也是大众的真理、人类的真理，是放之四海而皆准的真理，那么这种真理能与人类同在而偕亡还不算永恒？难道还会有一种人类不在而它却"健在"的"永恒真理"么？

当然，说真理现象与人类共始终，其前提是把意识这种现象仅看作是唯一存在于地球上的一种宇宙现象。但是，假如意识这种现象并非地球所独有，或者说在浩瀚的宇宙中并不止一个具有如地球这样的生存条件的星球，那么，真理与人类共始终的说法便不能成立。不过，这种情况只是假想，到目前为止人类对宇宙天体的研究尚未真正解开这个谜。关于意识这种现象是否会在宇宙中消失的问题，恩格斯在他的《自然辩证法》一书中倒是有一段颇为精辟而又精彩的表述："物质在它的一切变化中永远是同一的，它的任何一个属性都永远不会消失，因此，它虽然在某个时候一定以铁的必然性毁灭自己在地球上的最美丽的花朵——思维着的精神，而在另外的某个地方和某个时候一定又以同样的铁的必然性把它重新产生出来"（《马克思恩格斯选集》第三卷 P462）。从恩格斯以上的表述中我们可以看出，他的这种看法并不是非理性的幻想或遐想，它是建立在物质不灭定律、能量守恒定律、质量守恒定律等一系列现代自然科学所取得的成就的基础上的。物质只有形态的变化，其本身既不能被创造也不能被消灭，它在它的一切形态的变化和转化中永远保持同一。物质不灭，意味着物质的一切属性也不会消失，只不过这些属性必须在一定的条件下随着它所属的物质形态的诞生而显示出来。人的意识和精神现象是人脑这种特殊物质的功能或属性，而不是与物质并存的另一种本原的东西，因此它当然会随着人类的存在而存在，也会随着人类的消灭而消失。将来地球毁灭了，人类消灭了，但是宇宙不会消灭，物质不会消灭，物质的属性也不会消灭。只要在宇宙的其他星球上有可能出现地球上曾经出现过的生命存在的条件（我们现在既不能肯定也不能否定在浩瀚的宇宙中存在着类似于地球的天体），那么类似于地球上人类的生物就一定会出现，美丽的思维之花就一定会重新绽放。当然，恩格斯的这段关于精神与物质的关系的论述虽然是一种理性的推论，但它毕竟还未获得事实上的证明。不过，应该说这是一种天才的推论，用列宁评价黑格尔逻辑学的话来说：这是"最唯心的"，然而，其中"唯心主义最少，唯物主义最多"。

上面征引恩格斯的这段论述并非是要循着海德格尔的逻辑来说明存在着永恒真理，实际上，按照海德格尔对真理的理解——真理是此在作为个别化的本真的存在的展开状态，即使能够证明作为主体的人类曾经永生永世地存在并将永生永世地存在，那也只能说明永远有真理这种现象，即永远存在着主体的展开状态，而不能说明有永恒真理。永恒真理与永远有真理完全不是一个概念，永恒真理是指真理本身的永恒性。如果真的有这种真理，人类的在与不在都无损它的生命力和光辉。当然，这种真理只能被归结为黑格尔的绝对理念和由它实体化而产生的无限宇宙本身。所以，真理作为人与客观事物及世界的关系，它既不是绝对的（永恒的），也不是一种个别或本己的自我领悟、自我筹划和自我造就。它作为一种客观的、普遍的东西，并不局限在个人的知行之间，它永远只反映人类认识客观事物及其规律的现状。个人的知与行只不过是在特定的范围内以特殊的行为实践来对现行的真理进行证明和检验，从而获得一定程度、一定意义上的认知和认同。只有把真理看成是人类实践活动的产物，真理才具有客观性和普遍性；也只有把真理放到人类实践活动中进行检验，真理才能不断地得到丰富和发展。

三、萨特：真理，就是把世界的一种面貌揭示出来

在对真理的理解上，萨特与海德格尔有所不同，他不赞成把真理理解为主体的展开状态，因为展开状态所体现出来的是主体的实际烦忙活动，是一种随时间流逝着的不可还原的"作为"，它不具有独立的具体样式，是不可把握的。于是他提出自己的观点：关于真理，"我们的出发点是个人的主观性。……作为出发点来说，更没有什么真理能比得上我思故我在了，因为它是意识本身找到的绝对真

理。任何从人出发的理论，只要一脱离这个找到自我的状态，就是压制这种真理，原因是脱离了笛卡尔的我思，一切东西至多只具有可能性或概率性，而任何关于概率性的理论，不附在一个真理上，就会垮得无影无踪。为了说明可能性，人必须掌握真理。在能找到任何真理之前，人必须有一个绝对真理，而这种简单的、容易找到的、人人都能抓住的真理是有的，它就是人能够直接感到自己"（《萨特哲学论文集》P125）。萨特把真理看作是人对自身的直接感知，即通过对我思的反思，确证自己的存在。这种自我确证的真理绝对是实在的，也绝对是主观的，并且超越了传统的符合论。

真理是我思故我在，也就是说真理是一种自我意识——我意识到我在意识（认识）。但是萨特认为，这种认识并不是简单地接触一般的事物，简单地与任何一种事物的接触都属于纯粹的认识，"纯粹认识就是没有观点的认识。但是这是毫无意义的：进行认识的存在只是认识，因为他被他的对象定义，而且他的对象消失在完全无差异的相互关系中"（P402）。所谓纯粹的认识，就是单纯地对某物的意识，这是一种是其所不是的对孤立事物的肯定，由于他被他的对象所定义（即他是同一于他的对象的显现），因而他的对象也就消失在这种完全无差异的作为显现的相互关系中。说纯粹认识是一种没有观点的认识，是因为它不是从世界出发对世界内事物的关联性的认识。因此，这种认识是毫无意义的。实际上，人的认识是一种介入的认识，即介入一个世界的认识。世界是人"在世界之中存在"的组建环节，因此这种介入的认识就是对处在一种既定关系中的世内事物的揭示性认识。所以，从"我思故我在"这个意义上来理解真理，真理就是介入到一种世界关联中的认识，也就是对海德格尔所谓人的展开状态和世内存在者的揭示状态的认识，因而也可以说真理是一种把世界的面貌揭示出来的人的思想。由此我们可以看出，萨特与海德格尔的不同就在于：海德格尔把此在的展开状态看作是源始意义上的真理，而把对展开状态的陈述看作是真理的衍生变式；与此相反，萨特则认为人在世界中的展开状态是变动不居的人的行为，将其视为真理是不可思议的，真理应该是对这种在世的展开状态和世内存在者的揭示状态的陈述，也就是说真理应该传递出一种思想。

真理是人的思想而不是人的行为或活动。萨特认为，这种作为真理的思想类似于一件人所创作的艺术作品，它具有艺术作品的一些本质特征。他说，人们制作一件艺术品是为了通过拥有它来还原自己的欲望："作为的欲望不是不可还原的。人们造成一个对象以便保持与它的某种关系，这种新关系能直接还原到拥有"（P733）。所谓"作为的欲望"，就是通过与某种制作出来的对象的接触而产生某种精神上的慰藉与愉悦，比如说欣赏字画、把玩艺术品等。作为的欲望不是不可还原的，是说主体想要满足自己某种作为的欲望并经常保持着这种满足也不是不可能的，但是要想还原这种作为的欲望，那就只有通过自己有所作为的烦忙创造出这种欲望的载体并据而有之。这种将作品归属于自己的占有关系会将欲望直接还原到拥有。比如说我把我的作为的欲望凝结在自己所绘制的画作上，并把这幅画保存起来作为己有，这样，每当我打开画卷时，我所欲望的那种意境、那种美感就会涌现出来，使我重新获得美的享受。然而，由于我的作为的欲望凝结在我的作品中，它只是我的理想而不是我自身，因此它保持着它的客观性和独立性。"于是它同样应该自在地存在，就是说它应该永远更新它本身的存在。从那时起，我的作品对我显现为连续的但凝固在自在中的创造，它无限定地带着我的'标记'，就是说，它无限定地是'我的'思想"（P734）。任何一件艺术作品，其中都凝结着一种思想、一种观念，由于这个艺术品本身的客观性和独立性，使得凝结于其中的思想、观念虽然还打着创作者的标记，但实际上却已经从创作者的意识中独立出来而成了自在的存在，就是说它已经客观化为一种客观精神。我的作品对我来说，我的作为的欲望的每一次还原都是它的一次更新，都是它的一种连续的创造，因此它无限定地带着我的标记，无限定地是我的思想。这样，我便与我的作品"共存于包含着它的意识和与它的意识相遇的双重关系中"（P734）。所谓"包含着它的意识"，即我的意识、我的思想，因为我的作品体现了我的思想，它是我意识中的自在的存在。"它的意识"，指凝结在作品中的我的理想。与它的意识相遇，即还原了我的欲望。它在我之中，我亦在它之中，这就是我与我的作品的双重关系。"正是为了把这双重关系保持在化归己有的综合中，我才创造我的作品，事实上我追求的正是我和非我的这种综合（思想的内在性、半透明性；自在的不透明性、冷漠性），并且这综合显然使作品成为我所有"（P734）。我创造我的作品的初衷就是为了把我的理想凝结在这作品中，并通过将作品化归己有，从而永久地保持着我的欲望的可还原性。

那么，作为真理的思想与艺术作品的可比性究竟在哪里？萨特认为：第一，"像艺术作品一样，发现真理是我的认识，只有在我形成思想时，思想的作为对象的意识才显示出来，而且因此，思想按某种方式显现为是通过我而保持存在的。正是通过我把世界的一种面貌揭示出来，这面貌正是向我揭示的。在这个意义下我是创造者和占有者"（P735）。这就是说，像创造一件艺术作品一样，真理也是我通过反思的认识活动而形成的思想，这种思想是我通过对我的在世的活动的意识把世界的一种面貌揭示出来，因而它也作为对象意识向我显示出来。从这个意义上讲，我就是真理的创造者和占有者，真理是我的真理。这里所说的世界的一种面貌，就是海德格尔所说的由我的在世的展开状态所显露的世内存在者的被揭示状态，它呈现为各个世内存在者之间互相关联的一种整体性的存在结构。第二，像艺术作品一样，真理在我的主观性中具有相对的独立性。"我在我的思想的真理中，就是说，在它的主观性中重新发现了一种类似于艺术作品的独立性的独立性。这种思想是我造成的并且从我这里获得其存在。同时，就它是对一切的思想而言，它通过自身单独地追求着它的存在"（P735）。就是说，我从我的思想的真理性中，或者说我从真理的主观性中看到了一种类似于艺术作品的独立性的独立性。尽管这种作为真理的思想是我对一种世界面貌的揭示，而它也由于我才获得其存在，但当它一旦被说出陈述而成为为他的存在后，它便作为对一切人而言的思想，作为他人的对象。因此，它虽然不像艺术作品那样凝结在物中，但却具有与艺术作品相同的独立性，它同样可以通过自身的独立性去获得相对独立的存在。第三，由于上述原因，同艺术作品一样，我与真理也共存于一种双重的关系之中：它双重地是我，同时又双重地向我关闭。"它双重地是我，因为它是向我揭示的世界，一个在别人中间的我，一个构成我的思想以及别人精神的我，而且这种思想是双重地向我关闭的东西，因为它是我所不是的存在（当它向我揭示出来的时候）并且因为它是对一切的思想，是从它显现时起就注定不知其名的思想"（P735）。所谓双重地是我，一方面，真理作为向我揭示的世界，它构成我的思想，它就是我；另一方面，就它是对一切的思想而言，它也构成别人的精神，它是一个在别人中间的我，是我的异在。所谓是双重地向我关闭的东西，首先，因为它是向我揭示的世界，是我所不是的自在的存在，它具有自己的独立性。其次，因为它是对一切的思想，它在别人中间，是我的自由所鞭长莫及的存在。也正是因为它在别人中间，所以它一经传世，便只作为一种思想存在，而不再作为谁的名下的思想来存在了。

萨特认为，真理与艺术作品也有不同之点：对真理这种我和非我的综合，虽然我可以把非我视为"我的"，但是我与"我的"思想的关系是一种内在的关系，这样就不存在像"作为的欲望"那样可以还原的问题。在这里，化归己有的享用的观念包含在发现、揭示这种观念本身中，或者说发现、揭示就是化归己有的享用。看就是享用，认识就是狩猎，就是吃，为了吃而狩猎。所以，认识就是用眼睛吃。但是，这种"吃"不是消费、消化，不是吸收、同化，它仅仅是揭示——从对象那里"揭去了自然的帷幕"，使之成为为我的世界性的存在。因此，从原则性上讲，真理是我的周围的世界内在化为我的思想。与其相反，艺术作品则是我的思想的对象化，我与我的作品的关系是与一种被凝固的精神的流出的关系。这样，"在认识中，意识给我带来它的对象，并渗入其中；认识是同化；……于是，有一种从对象走向认识主体的分解运动。被认识的东西转化成了我，它变成了我的思想，并因此同意只是从我这里获得它的存在。但是，这种分解运动被凝固只是由于被认识的东西仍然在同一个地方，不限定地被吸收、被吃并且无限定地未被触动的，它完全地被消化，然而又是完全外在地像石头一样难以消化的"（P737）。对艺术作品的认识，是对被凝固的我的思想的认识，这种认识是意识与被凝固的我的思想的同化，它仿佛是我的被凝固的思想又从我的作品中流出来并归向我，又成为我的活生生的思想。在这个意义上，认识也是用眼睛"吃"，但不是狩猎式的"吃"，而是还原欲望；不是揭示对象，而是消化、吸收。因此，这一过程仿佛是对象流向主体的一种无限定的分解，我也无限定地重享我的欲望，无限定地重温我的思想。这样，一种被凝固的精神通过我对我的作品的看、认识，在我这里获得了它的存在。但是，这种分解其实不过是虚无的虚无化，它丝毫无损于被认识的东西。被认识的东西作为被凝固在作品中的我的思想，它永远外在于我，就像石头一样永远被我消化而又永远难以消化。

其实，真理与艺术作品之所以不同，根本问题还在于二者是不可类比的两种不同性质的东西。真理作为对世界的一种面貌的揭示，是自为认识自己在世的展开状态并将其陈述出来，从而形成一种关于世界的思想、观点。因此，这是主体对自身的意识，是自为的内在化的存在。而艺术作品的创作本质上是主体的在世，是主体通过寓于世内存在者的存在来实现自己的理想的寄托。前者是将客观的东西（在世的烦忙活动）内在化、主观化，而后者则是将主观的东西对象化、客观化；前者是对自己在世的展开状态和世内存在者的揭示状态的展示，后者则是在一个目的的光照下向着这个目的的谋划和存在。但是，由此也可以进一步推定，真理与"作为的欲望"之间也有着不可分割的联系：前者是后者存在的根据，后者则凝结着前者的存在。所以，"从根本上说，我们决心在一个对象中化归己有的东西，就是它的存在，就是世界。……占有，就是想通过一个特殊的对象占有世界。因为占有被定义为要把自己当作一个存在的基础的努力，而这存在既然从观念上讲是我们本身，一切对占有的谋划都旨在把自为构成为世界的基础或自在的具体整体，因为这个整体作为整体就是按自在的方式存在着的自为本身"（P759—760）。这里所说的特殊对象就是潜在地包含着"作为的欲望"的世内存在者。所谓在对象中化归己有的东西是它的存在，这指的是世内存在者的揭示状态，之所以说世内存在者的揭示状态是主体化归己有的东西，是因为它同时就是主体的展开状态，而它作为主体"在世界之中存在"的组建环节，也就是世界。所以，当我通过这个特殊对象将独立于我之外的我的思想直接还原到"拥有"时，我也就通过这个特殊对象占有了世界。在这里，占有是指主体有所烦忙地对这个特殊对象的使用、作为，即寓而存在的自为，自为是这个特殊对象存在的基础。而由于这个特殊对象的存在就是我的展开状态，就是我对一个世界的实际占有，这样，凡是对占有所进行的谋划都是为了把自为构成为世界的基础或自在的具体整体。这里所谓把自为构成为自在的具体整体，是因为自为在这里是作为寓于世内存在者而存在的实在，这个整体就是以自在的方式存在着的自为本身。萨特这段话所表达的意思非常明显：作为我的思想的真理，只有转化为我的"作为的欲望"从而把世界化归己有才有意义。说到这里我们应该看出，萨特所谓凝结着我的思想或包含着"作为的欲望"的特殊对象，其实就是一种被制作出来的工具。当我拥有这种工具时，我便可以还原"作为的欲望"——组织起一个世界并在其中存在，因此拥有我所制作的工具也就等于拥有一个世界。显然，真理与"作为的欲望"之间的关系就是我通过对我的在世的展开状态的认识，使之形成我的思想（真理），然后再通过有所作为的在世活动把我的这种思想或观点凝结在我的作品（产品）中。这样，我拥有了我的作品（产品）就等于占有了一个世界，因为我可以凭借这个特殊的对象随时都可以把一个世界开展出来并还原我的"作为的欲望"。

人不是为了认识真理而去认识真理，认识真理的目的是为了在世，为了自身的存在。"在世的存在，就是谋划占有世界，就是说把整个世界当作自为要变成自在自为所缺少的东西。这就是介入到一个整体之中，这整体恰恰是理想，或者是价值，或者是被整体化的整体，并且是通过自为与世界的熔合理想地构成为应该是其所是的被瓦解的整体，构成为总是其所是的自在的整体"（P760）。从揭示世界的一个面貌到在一个世界中存在，就是从认识真理到践行真理。而践行真理就是谋划实现我的可能之在，也就是谋划占有世界。但是，人的存在并不仅仅在于占有一个已经认识的世界，人的欲望是追求完满，成为一个自在自为、自满自足的存在。因此，人总是想占有整个世界，想把整个世界当作自为要变成自在自为所欠缺的东西。这样，人的关于世界的思想或观点实际上是介入到一个作为自在整体的整个世界中，就是说人是从作为整个世界的绝对真理出发来揭示一个具体的真理。然而作为整体的整个世界毕竟是尚未实现的，所以对占有整体的欲望只不过是一种理想、一种价值追求。如果从可能性上来考虑，它只能是将已经拥有的世界和将要拥有的世界进行整体化的整体，就是说只能通过自为与世界的熔合理想地构成一个自为是其所是的被瓦解的整体、一个自为总是其所是的自在的整体。这里所谓自为是其所是的被解体的整体，即作为我的全部特殊可能性的原始整体化的我那最后的完整的可能性。所谓自为总是其所是的自在的整体，即通过我对存在的涌现而来到存在物之中的整体的那个世界。进行整体化的这种整体，就是自为原始的自我抉择，也就是萨特所谓原始的在世现象。自为介入到一个被整体化的整体中只是占有整个世界的前提，它要真正占有整个实在的世界则必须立足于自在自为，一步一步地去实现"作为的欲望"。这一过程体现为：在对自己在世的展开状态进行反思的认识中形成一种关于世界的观点或思想（真理），再通过在世的存在把自己的思想或观点凝结在作为自己的目的的产品中，然后凭借所拥有的产品还原"作为的欲望"——重新介入一个世界之中。如此往复不断，使自己在从工具到工具的无休止的推移中逐步实现对整个世界的占有。因此萨特说，作为在世的存在，自为不是作为建立一个理性的存在的谋划——首先设想一个合理的形式或框架，然后向里面充实实在的内容（质料）；也不是为首先思维普遍的东西和根据概念自我规定而存在，即不是自我选择为某种现成存在的东西和别人已经赋予意义的东西。在世是在无可比较的个别性中对具体处境的选择，"这意味着，自为作为个体的事业，是对作为个别存在的整体的这个世界的选择；他并不向着逻辑的普遍性超越这个世界，而是向着同一世界的新的具体'状态'，在这状态中存在是被自为奠定的自在，就是说他向着'在具体存在着的存在之外的具体存在'超越它"（P761）。所谓"作为个别存在的整体的这个世界"，就是在目的的光照下按照用具的指引联络而构成的一个具体的用具整体——处境。所谓"逻辑的普遍性"，即将已经拥有的世界和将要拥有的世界进行整体化的整个世界。不向着逻辑的普遍性超越这个世界，是说主体并不是向着被他整体化的那个作为逻辑整体的整个世界，而是向着这同一世界的新的具体"状态"超越这个世界。这里所谓同一世界的新的具体"状态"，即由这个世界即将产生的包含着我的思想的特殊对象（作为产品的工具）所昭示的一个新的世界。这种新的具体"状态"就是自为把它所奠定的自在——凝结着我的思想（真理）的特殊对象——带进一个世界，组织起一个新的工具性综合复合体。因此，这种超越是主体向着"在具体存在着的存在之外的具体存在"的超越，它体现了主体认识真理并按照真理来自我谋划和自我造就，从而达到占有世界的目的。

萨特从笛卡尔的"我思故我在"出发，把我对我的存在的反思和领会看作是最基本的真理，他的这种真理观虽然否定了海德格尔所谓最源始的真理，但却肯定了这种最源始的真理的衍生变式。不过，就真理的内涵而言，二者并无本质上

的不同。在真理问题上，萨特坚持

"我思故我在"这一原则，实际上也是认同海德格尔把"我"或"我们"设为真理的前提：唯主体在，真理才在。

我们知道，海德格尔之所以把人的在世的展开状态看作是源始意义上的真理，他是要以此来强调真理的客观性：真理不是"任主体之意的"，而是"把揭示着的此在带到存在者本身面前来"，就是说此在是在一个被规定的世界中就被揭示的存在者本身来展示这个存在者。但萨特却公开表示：他坚持"我思故我在"这一真理原则，就是从主观性出发把世界的一种面貌揭示出来。那么，这是否意味着他从根本上否定了真理的客观性呢？并非如此。我们注意到萨特在谈到真理双重地是我同时又双重地向我关闭时说："它是我所不是的存在（当它向我揭示出来的时候）并且因为它是对一切的思想，是从它显现时起就注定不知其名的思想"。可以看出，这句话中包含两层意思：一、真理作为我对我的展开状态的认知（是我所不是的存在），当它向我揭示出来的时候——成为我的一种思想或观点——便被对象化而成为外在于我的独立的存在。二、当我通过说出陈述把我的这种关于世界的思想或观点表达来的时候，它便成为对一切的思想——面对一切的他人而存在。所以，我的真理自从他显现的那一刻起，就注定了它不再是我的名下的思想，它实际上已被客观化为普遍的真理。那么，作为我的思想，真理对他人是否还具有意义？在萨特看来这是不言而喻的，因为他始终把个人的原始的自我抉择看成是为他人立法、为人类立法。所以，尽管从原则上讲我的思想是我创造的真理而非他人的真理，但是从我的自我抉择是为他人立法、为人类立法这个意义上讲，我创造的真理当然也可以成为他人的真理。

把我的原始的自我抉择看作是为他人立法，从这个意义上来理解真理的普遍性，在逻辑上则必然使真理从相对性走向绝对性。因为我总是要从我对世界的某种思想或观点出发去进行谋划和自我造就，以便我通过拥有我的产品（工具）而占有世界，从而还原我的"作为的欲望"。这样，真理就在我演绎"作为的欲望"中不断地向前推进着、发展着，这一过程体现为人的在世的存在是一个从工具到工具的无休止推移的过程，人就在这一过程中实现对整个世界的占有，也意味着真理从相对走向了绝对。不过，必须要指出的是：如果一个人的真理真的成了普遍的真理、绝对的真理，那么这个人岂不成了普世的真主或超越众生的上帝？萨特说过，人不应参照一个已知的特定的人性来解释自己的行为，但是当一个人的自我抉择真的可以为他人立法，这难道不就是让所有的人都按照这种特定的人性来解释自己的行为吗？那还谈什么个别化的人的存在和个人的真理？反过来说，如果我们每个人都自命不凡，都不参照一个已知的特定的人性来规范和解释自己的行为，都认为自己关于世界的思想是可以为他人立法的普遍真理，那么，这个世界上还有真理吗？

四、萨特：真理来源于贸易

海德格尔把真理理解为此在的展开状态，而真理作为一种符合的关系则需要证明，但他说的证明是自我证明："在进行证明的时候，认识始终同存在者本身相关"，即我必须同时面对认识与认识的对象共同在场。所以，海德格尔所谓的真理本质上是一种个别化的个人的真理。与海德格尔不同的是：萨特认为真理应该是揭示了世界的一种面貌，虽然它是我的一种思想或观点，但当它向我揭示出来的时候便成为并不在我名下的对一切的思想，就是说当我的思想通过说出陈述被客观化后，它就不仅是我的对象而且也成为一切其他人的对象。不过，这真理毕竟是我的主观产物，对于他人它虽具有对象性，可人家究竟会不会认同呢？要证明我的真理是否具有普遍的意义，那就只有把我的思想（真理）凝结我的产品（工具）中并让其进入市场，在贸易中通过被他人认可来间接地证明我的思想（真理）被他人认同。于是，他从真理的普遍性的意义上提出了这样一个观点：真理来源于贸易。他指出，"世上原来并无真理。好战的游牧民族不需要真理，他们需要的是高尚的信仰。谁能说，在一场厮杀中会有什么真理的存在！随后，农夫们缓慢的劳作也只需要总体的可能性，对于这一片茫茫大地的恒常因素以及季节的可靠信仰……。真理来源于贸易，它伴随着第一批制成品而来到市场。它曾等待着这些制成品的产生以便从人的头脑中完全成熟地诞生出来"（《萨特哲学论文集》P1—2）。这里所谓"世上原来并无真理"，不仅是说在远古的游牧民族和落后的农耕社会中一切真理都被宗教和信仰掩盖起来了，而且从生存论存在论的意义上讲，由于那个时候的生产力水平十分低下，人们把自己的生存期盼在很大程度上都寄托于上天的赐予，人对宇宙和自然的无知和敬畏不仅使人丧失了自己的人格尊严和意志自由，而且那种自给自足的生产和生活方式也使真理被封闭在人的内心中而得不到彰显，以致人也不觉得自己掌握了某种真理。后来，只是由于生产力的发展，生产出来的东西渐渐有了剩余，才发生了交换的现象。交换，从表面上看是交换者相互间认可对方的产品，但实质上却是认同一种关于世界的思想，认同一种真理。因此，正是由于市场上的交换和贸易，才使得真理显现出来。

下面就来说一说萨特把真理的显现与贸易联系起来的逻辑思路。

萨特认为，人的欲望，从根本上讲就是两种：存在的欲望和拥有的欲望。所谓存在的欲望，就是对自己所向往的可能之在的欲望，也就是对一种目的的追求。所谓拥有的欲望，就是通过对一个特殊对象（工具）的占有从而占有一个世界，这是实现"作为的欲望"（在世的展开状态）的关键，也是实现存在的欲望的必由之路。然而，一个人总不能把自己的生存所需全都包揽下来从而做到完全的自给自足，人与人之间必须有所分工。这样一来，对象他人便成了目的的指示者，而在世也就是超越他人的超越性或者被他人的超越性所超越。这种以他人为目的的简单的商品生产不仅体现了社会分工，而且第一次从形式上把拥有的欲望与存在的欲望分离开来，"当存在的欲望完全依赖自为并且谋划没有中介地提供给他一种自在自为的尊严时，拥有的欲望在世界中并通过世界而追求着自为。正是通过把世界化归己有，拥有的谋划旨在实现与存在的欲望同样的价值"（P761）。这就是说，当有的人只是想通过自为提出自己的目的（存在的欲望）并且无须去超越一个世界（无中介）便能达到这个目的的时候，那么就会有另一些人针对这种目的通过占有一个世界把拥有的欲望变为"作为的欲望"（烦忙在世）。因此，拥有的谋划就是通过把世界化归己有，在超越他人的超越性中实现一种与他人的存在的欲望同样的价值。简单地说，就是我通过我的谋划和在世的烦忙为他人制造出他希望得到的东西，从而免却他人为此而去超越一个世界。但是，我以他人为目的而制造出来的东西究竟能不能令他人满意、被他人接受，最终还是要通过市场上的贸易来检验，在贸易中如果我的制成品成了他人的抢手货，那就不仅说明我超越了他人的超越性，而且在更深的层次上也说明我所创造的真理——对世界的一种面貌的揭示——能够被他人所认同。从这个意义上讲，作为我的思想的真理是不是具有独立性和普遍性，不仅要通过贸易来检验，而且也只有在贸易中才能被确立。

在贸易中，他人拥有了我的制成品，同时我也拥有了他人的制成品，我和他人都在没有通过把世界划归己有的拥有的谋划的情况下实现了自己的存在的欲望。不过，这并不说明我和他人都失落了自己的拥有的欲望，而是分工把对这种欲望的谋划给异化了，以致使我的拥有的谋划以他人为目的，反之亦然。这样，我们虽然只是针对他人来进行某种拥有的谋划，可是当我们的制成品进入市场后，在贸易中我们就有可能实现一种或多种存在的欲望。那么，这种现象是否说明存在的欲望与拥有的欲望之间已经没有任何关系？是否说明人可以无需一个世界作中介便可一步到达存在的欲望？萨特指出，这只是表面现象，是人们为方便分析问题起见才把存在的欲望与拥有的欲望区别并分离开来。事实上，在人的实在的存在中它们是不可分的，就是说就自为的本体论的存在而言，它们是不能分开的。"人们没有发现不夹杂着拥有欲望的存在欲望，反之亦然。说到底这涉及对于同一目的的关注的两个方向，或者可以说涉及同一基本处境的两种估价，前者企图照直地把存在提供给自为，后者则建立了自我性的圈子，就是说把世界插在自为和他的存在之间"（P761）。从人的实在的存在方面来看，存在的欲望与拥有的欲望都是建立在同一个基本处境之上的，即建立在同一个世界的客观结构之上。就存在的欲望而言，它是把一个目的直接提供给自为，以使自为的拥有的谋划得到目的的指引。就拥有的欲望而言，则是使自为在一个目的的指引下建立起自我超越的圈子——通过超越一个世界到达它的可能之在。总而言之，人既没有不带着拥有欲望的存在欲望，也没有不带着存在欲望的拥有欲望，只有纯粹的存在欲望或只有纯粹的拥有欲望都是非实在的、不可思议的。以这样的视角来看市场贸易，凡是在商品交易中满足了存在欲望的人，其实在他的脑海里已经形成了拥有的欲望，即已经明确了只有在一个世界中并通过这个世界才能实现自己的存在的欲望。这就等于说他认同了别人所揭示的一个世界，认同了作为别人的思想的真理。由此可知，真理来源于贸易这个命题所揭示的是：真理是主体在互相超越中（超越他人的超越性或被他人的超越性所超越）对他人的世界的认同。

真理来源于贸易这种现象表明："真理来源于人对其产品，而不是对自然存在物的沉思"（《萨特哲学论文集》P3）。真理之所以来源于人对其产品的沉思，是因为产品就是人的思想凝结于其中的东西。那么，人在对其产品的沉思中除了领悟到别人会认同他所揭示的一个世界因而也必然会认同作为他的思想的真理外还应该领悟到什么？首先，他应该领悟到的是：真理从此不再封闭在我的主观性中，别人对它的认同使它不仅作为我的真理，而且也作为别人的真理。这样，作为我的思想的真理就有了普遍的意义，从而成为普遍的真理。而作为普遍的真理，它也就获得了统一的客观的标准。由于真理具有普遍的意义，这就意味着："真理在那里，它使一切都平起平坐"（《萨特哲学论文集》P10）。所以，其次他应该悟到的是：在真理面前，人人平等。在真理面前人人平等，这体现在贸易中就是必须严格遵守等价交换的原则。两种互相交换的商品的价值相等，实质上是凝结在这两种商品中的社会必要劳动时间相等。等价原则是客观的、不可抗拒的，它是其他一切社会公平的基础。在这一原则下，人向他人、向社会开放自己的在世的活动，只以自己的创造性劳动实现自己的存在的欲望而不必使自己始终困扰于种种拥有的谋划中。于是，由物与物的等价交换实现了人与人在拥有的谋划和"作为的欲望"上的换位，从而使社会分工走向细密。最后应该悟到的是：在贸易中存在的欲望实现的程度体现了人的自身存在的价值。萨特把对真理的认识定位在发生贸易这个历史阶段上，其主旨是突出人对自身的价值的认识和发掘。因为在贸易中，等价原则使物的优胜劣汰逼及人对自身价值的重新审视，从而逼及人不断剥开真理的层面，深化对真理的认识，去更新现存的观念。可以这样说，贸易是人类的一项划时代的活动，它使人类把认识世界和认识自身同步起来。随着贸易范围的不断扩大，展现在人们面前的世界更加复杂、更加广大、更加精彩，人们对真理的认识也更加深入、更加广泛，从而使人在认识世界、改造世界的活动中获得的自由也越来越多。

当然，萨特所谓真理来源于贸易并不是说贸易是源始意义上的真理，而是说作为人的思想的真理在拥有的谋划中被对象化后，人们通过贸易对凝结着真理的产品的认知和认同，使真理在普遍化中得以显现。在这里，真理的普遍性并不意味着人是从经验出发对某个特殊事物的本质性认识，而是人的拥有的欲望在遇到这个特殊事物时产生了与别人的共鸣。这种人同此心、心同此理的现象说明人具有共同的世界意识，即具有共同的先验的本质。显然，与传统的真理观相比，萨特的存在主义的真理观凸显了从人出发，以人为中心，把人的自由、人的存在的欲望（自我价值）、人的拥有的欲望（占有世界）的实现作为评判真理的标准，对他的这种领异标新，人们似乎欣赏多于非议。然而，正是在这里却暴露了他的真理观的绝对唯心主义的实质。首先，他虽然把真理作为个别化的内在的思想外在化为普遍性的对世界的观点，但它却并没有改变真理产生的前提：真理是我对世界的一种面貌的揭示，真理是我的思想并且从我这里获得其存在。而我之所以能够把世界的一种面貌揭示出来，其根本原因是在于我从本质上就具有一种世界意识。因此，这里不是主观的逻辑符合客观的逻辑，而是客观的逻辑必须符合主观的逻辑。其次，由这种主观的思维逻辑所揭示出来的真理的普遍性是建立在目的论之上的普遍性，而不是建立在不以人的意志为转移的客观事物及其存在规律之上的普遍性。在分工的状态下，一切拥有的谋划主要是以他人为目的，而谋划者本身则主要通过市场上的贸易来寻求实现存在的欲望。因此，从表面上看贸易是商品交换，而实质上却是各种各样存在的欲望（目的）的交汇与选择，只要符合了目的，也就是认同了一个真理，这等于说符合目的的东西就是真理。显然，这完全是实用主义"有用即真理"这种真理观的翻版。

这里特别需要指出的是，贸易是真理的来源这一命题无疑从根本上否定了存在主义所主张的本体论的意识超现象存在，因为它的的确确又把人拉回到客观的现实中来了。我们在前面已经讲过，游走在意识本体和现实世界之间是存在主义无法克服的矛盾，这一点在涉及共同存在和为他的存在时都难免会显露出来。与相互共在和为他的存在不同，贸易是以物为中介的人与人之间的关系，这种产品交换关系只能发生在客观的现实世界中。在这里萨特并未试图对此做出本体论的解释，但无论他如何辩解，都无法将贸易说成是一种意识本体中的现象。由此可以看到，存在主义企图通过现象一元论的本体论存在把人封闭在孤独的主观世界中不仅是绝对唯心的，而且也严重违背存在的逻辑：一个人既然不可能走进他人的内心世界，不可能同化他人的自由，那么他又如何能把他人作为目的，超越他人的超越性，从而相互之间实现产品的交易？

　　我们曾说过，任何真理都不是个人原始的主观创造。现在还要加上一句：任何真理都不是由目的所规定的。真理是人类长期实践活动的产物，是人类在共同的实践活动中对客观事物及其存在规律所形成的一种共识，并且这种共识也在人类世代相续的实践活动中受到检验、得到修正、获得发展，它体现了真理的客观性、普遍性和相对性。作为个人，揭示、拥有和超越一个世界，实际上是在认识真理的基础上运用真理、实践真理，而不是创造真理。真理就是在这种普遍的个人的实践活动中得到展开，同时又在这种普遍的展开活动中得到检验，并通过修正而获得进一步的充实和发展。这个过程永远不会终止，人类将在这一过程中逐步走向客观事物和世界的深处，逐步揭开宇宙存在的奥秘。

结语：潜入佛国的"超越者"

写完本书，我便陷入对这样一个问题的思考中：究竟如何来界定存在主义的哲学立场和所属流派？虽然海德格尔和萨特认为他们所创立的现象学存在论的高明之处就在于超越了哲学上的一切流派（海德格尔就是这样评价他的老师胡塞尔的现象学），但是，就其以人的存在为本体的哲学本质而言，它是远离现实在谈人的精神存在，就是说是在借用经验领域的事物概念主观地组织起一种意念性的精神性活动。这种所谓本体论的现象一元论显然只能归于唯心主义阵营中的主观唯心主义。因此，它不仅与一般的唯物论和马克思主义的辩证唯物主义不搭界，而且由于它也否定上帝的存在、否定各种理念，与柏拉图、黑格尔式的客观唯心主义也不沾边。然而，作为一种主观唯心主义，可它在这一派别中又是一个另类。首先，它不同于中国宋明时期的陆王心学：陆九渊、王阳明都否认心外有事、心外有人、心外有理，但存在主义却认为主体和它的对象是一种外在关系：主体不是现象，现象是外在于主体的"客观"存在。其次，它不同于贝克莱的感觉论，贝克莱说，存在就是被感知，而存在主义则把存在看成是对事物的本质直观。此外，它也不同于康德的先验唯心主义，康德认为主体是先验的纯意识，可存在主义认为意识只能是对某物的意识，主体是人的实在，是我思某某。它之所以在主观唯心主义这一流派中显得很另类，是因为它一方面要把整个外在世界连同人的作为肉体的身体悬搁起来，另一方面在分析人的存在时又企图遵循客观的逻辑。这样一来，就使得其本身包含着一种背反的情况：主体与现象统一于存在，二者是一种被揭示 - 揭示的关系：现象只相对于一个主体而显现，意识在是其所不是中领会到它是它自己的虚无；同时，二者又是一种外在的关系：主体不是现象，现象是外在于主体的"客观"存在。这种情况表明：主体与现象虽然是一种互相外在的关系，但二者又不是一种平行的各自独立的存在，它们只能在目的的光照下在一个世界中照面，这就是萨特所谓的作为人的自为的身体的"我的偶然性的必然性所获得的偶然形式"。

我们在第一章中就讲过，海德格尔吸纳了亚里士多德、克尔凯郭尔、雅斯贝斯等人关于存在的一些观点和见解，结合胡塞尔的现象学创立了以人的存在为本体的现象学存在论，并强调这种本体论只有作为现象学才是可能的。为了表示对胡塞尔及其学说的尊崇，海德格尔提出要把胡塞尔的"走向事情本身"这一原理作为自己的座佑铭。胡塞尔所谓"走向事情本身"就是现象还原（本质还原）和先验还原，可是当他读过《存在与时间》一书后，却发现海德格尔完全否定了自己的还原理论。于是，他指责海德格尔背离了他的现象学而走向了哲学人类学。不过，胡塞尔说他走向哲学人类学这并不准确。哲学人类学也称哲学人本学，它通过对人的某一内在特征的研究提出人与外在世界的关联。所以德国哲学家哈贝马斯说，哲学人类学栖息于经验和理论之间，它研究科学视野中的人和哲学沉思中的人。显然，这与存在主义的研究方向几乎是南辕北辙，海德格尔从胡塞尔现象学立场出发，否定经验和科学，认为科学研究"简单粗糙"不能揭示事物的本质。因此，他所研究的人并不是科学视野中的人，而是以人的存在（意识的超现象存在）为出发点的本体论的人；而它的哲学沉思中的人，则是一种没有丝毫现实感的抽象的人。

存在主义用这种近乎诡异的思维方式来描述本体论的人的存在，确实让人难识它的庐山真面目，我曾一度把它与中世纪的经院哲学联系起来，认为它是一种现代版的经院哲学，因为二者都把超验的世界作为自己的对象，它们所关注的不是现实世界中的客观事物，而是人的不可视见的精神领域。因此，如果说中世纪的经院哲学用经验领域里的现成概念造出了天堂、天使，那么存在主义则是用经验领域里的概念构建了一个独来独往、无拘无束的空灵的人。但是，我很快就发现它们之间有着本质的区别：中世纪的经院哲学是以基督教信仰来解释哲学，或者说以哲学来解释基督教信仰。特别是早期的经院哲学还信奉柏拉图的理念论，当时的代表性人物安瑟伦就认为，理念或一般概念是事物的真实本质，并先于事物而存在。他汲取了柏拉图关于最高理念（善的理念）的思想，把宇宙看作是由最高理念所统辖的理念的逻辑体系，是一个有理性的精神整体。安瑟伦曾据此对上帝存在进行本体论证明：上帝的完善性本身就隐含着上帝的存在。然而存在主义则完全否定有一个超乎人之上的上帝，也完全否认有一种先于万物、统率万物的最高理念。它认为人的存在没有任何外在的前提和先决条件，其唯一的前提就是人本身的存在——先行提出自己的某种目的。因此，把存在主义说成是现代版的经院哲学也是不妥的。

难道存在主义真的是创造了哲学史上的奇迹——超越了一切哲学流派？对于这种说法应该不会有人相信，因为人类任何一种思想成果都只能在继承和发展的基础上产生，存在主义也绝不能例外。实际上，存在主义对人的存在的这种解释早在一千多年前的中国佛教法相宗那里就出现了。法相宗是由唐玄奘和他的弟子窥基创立的，它源自古印度佛教大乘有宗瑜伽行派的学说。这个学说的核心是万法唯识："外境随情而施设，故非有如识；内识必依因缘生，故非无如境"（《成唯实论》卷一）。就是说，外部世界的一切事物都是随人的情欲而设置的，它非如人的心识那样属于真有；而人的内在心识是依因缘而生，因此它并非如同外境那样是真无。因缘所起之境是由心识显现，所以诸法皆不离心。在佛教唯识宗看来，整个外部世界都是为人的情欲所需而设置的，它是变化无端、生灭无常的，因而是不真实的。只有在人的内心中依因缘而起之境，才是真实的。不过，人的内识生成时也似外境显现，这是因为人的心识先天地具有能见的"见分"和作为所见的"相分"两种功能，认识的发生就是"见分"取"相分"为对象。法相宗以外境非有、内境非无之主张建立起"唯识无境"的基本理论。用遍计所执性、依他起性、圆成实性这三自性构成其全部学说。依他起性是以阿赖耶种子识为因缘引起心识，由此派生出万事万物的现象界，使种种意念活动得以展开；遍计所执性是对现象界妄加分别，认为属于客观实有；圆成实性，就是排除客观实有的观念，体认一切唯有识性，便契合真如。

不难看出，海德格尔和萨特对人的存在的理解以及关于生存论存在论的种种表述，都可以从上述的法相唯识学里找到根据。

首先，二者都否认先验理念和上帝的存在。认为人的存在没有任何先决条件，人本质上是自我抉择、自我构建和自我造就。

其次，二者都否认外部世界和客观事物的真实性。法相宗认为，人的存在是由内识所变现，是作为能见的"见分"与所见的"相分"之间的关系，"见分"取"相分"为对象。存在主义认为，人本质上是一种精神性的存在，是意识与现象的本体论关系，现象只相对于一个主体而显现。

第三，二者都认为人存在于一种因缘关系中。法相宗认为认识依因缘而生，心识之外没有独立存在的客体。存在主义认为人本质上存在于世界之中，而世界作为存在结构，就是人赋予世内事物间相互关联以意义的因缘整体性——意蕴。人存在于世界之中，而存在者不在世界之外。

第四，二者都认为人的存在本质上是一种自我构建。法相宗认为，作为人的内识的种子识——阿赖耶识，具有一种构成性功能，它能够引起心识（提出念想），并由此派生出与之相关的种种事物，展开活动。存在主义认为，作为原始自由的人的意识是一种构成能力，它能通过现身状态把人构成一种本质性的存在整体。人的实际存在就是从其本质出发的自我展开：先行提出一个目的，在目的的光照下，通过对世界之为世界的先行领会，进行自我谋划并让世内存在者前来照面，从而实现在处境中的存在。

从以上四个方面的比较中完全可以看出，存在主义基本上是根据法相唯识学的理论框架来构建自己的本体论的现象一元论的。因此，应该说存在主义只有作为法相唯识学才是可能的。

我们把法相宗揭示为存在主义的最本质的理论根源是有事实根据的。据俞宣孟所撰《海德格尔评传》：海德格尔晚年爱读东方哲学，曾延请日本学者共研佛学。中国的法相宗在日本的传播和影响是广泛而深远的，这使我们毫不怀疑他与法相唯识学接触和熟悉的真实性。据史料记载，唐高宗永徽四年（公元 653 年），日僧道昭来唐师从玄奘。唐玄宗开元五年（公元 717 年），日僧玄昉又入唐从智周习唯识学。他们回国后都建寺弘法，规模甚宏。法相宗在中国三传至智周后便渐式微，而在日本却日渐兴盛，奈良、平安时期（公元 710—1192 年）成为最强势的流派。另外，如果我们在阅读海德格尔的《存在与时间》时稍加留心，就会发现他经常会用一些佛教的名词概念来阐述问题。比如他在该书导论第一章第三节中谈到如何解释存在者时就这样说："创造基本概念的先行研究无非就意味着：按存在者的基本存在法相来解释存在者"（P14）。法相，在佛教中泛指事物的性质、相状、概念及其含义，也指事物的本质：真如、实相。海德格尔在这里所谓"按存在者的基本存在法相来解释存在者"，就是要求应从法相唯识的意义上来理解存在者的存在方式和意义，把存在者的存在形式和性质看作是本体论的东西，而不是外在的客观的东西。

是法相唯识学成就了存在主义呢，还是存在主义复活了法相唯识学？从本质上讲应该是一样的。但是，存在主义自诩超越了一切哲学流派却讳言它悄然走进了佛国。曾经盛极一时的法相宗在中国只延续了三世便沉寂不闻，有人说它的衰微是因为其义理幽深而繁琐，不易为人领悟和接受。然而我以为，这固然是一个重要的原因，但根本问题是在于它既否定了人们可以托庇的上帝，同时又远离现实把人锁闭在一个由心识所营造的幻想世界中，除了让人感到幻灭，还能带给人什么有益的启示？不过，法相宗虽然否定了外境的真实性，但却并不否认众生也能成佛作祖的智慧和本性。在这一点上，存在主义就缺了佛家那份众生平等的慈悲情怀，他们认为常人的世界是非本真的，而要以个人的自我抉择来为他人立规立范立法。可是他们的最本己的追求或者说最高的理想又是什么呢？海德格尔梦想过上远古时代那种"鸡犬之声相闻，老死不相往来"的自给自足的生活，据说在他的书房里就挂着写有中国老子语录的条幅："大道废，有仁义；智慧出，有大伪"。萨特的想法比海德格尔略高一筹：他希望回到手工业社会那种既把人作为目的也把人作为手段的简单商品交易时代。可以想见，当人们一旦看清了存在主义的本质，其追捧者恐怕就寥若晨星了。

存在主义能够与佛教的法相唯识学产生共鸣，这与它的创立者所处的社会背景和个人遭际有很大的关系。海德格尔早年家境贫寒，性格内向，很少与人交流。他曾发表过一篇《我们为什么要待在乡村》的文章，说黑森林对他具有深刻的吸引力，他不能也不愿意离开它。他称这种感受是"乡愁"。然而，人们却无法理解他在 1933 年纳粹上台后曾多次发表支持希特勒的言论，并在此期间出任弗莱堡大学的校长。这种情况是说明一个知识分子政治上的懵懂和意志上的脆弱呢，还是说明海德格尔本身就具有多重人格？纳粹倒台后，他隐居在托瑙堡深山的一幢小屋里，评传作者对他的隐居生活做了这样的描述："屋子坐落在山顶上，那里山峭谷深，空气清寒，四周宁静，人迹罕至。偶尔去拜访海德格尔的人驱车到附近的一个小镇，然后须弃车步行，沿着山间小路蜿蜒而上，渐渐地不见人家。到了那里，隔世之感油然而生。……由于山高气寒，虽夏天也穿着靴子。他的书很少，案头只放着荷尔德林的几本诗集。他同整个世界的联系似乎只在一堆纸上，除了需要在宁静中以他的笔来填满这些纸以外更无他求了。"可以肯定地说，一个骨子里迷恋红尘的人，是无论如何也耐不得这种非同寻常的寂寞和冷清的。

萨特 1905 年 6 月出生于巴黎，他周岁失怙，随母亲生活在外祖父家。3 岁时右眼失明，一种孤独感从此笼罩着他。12 岁时，其母改嫁，但他与继父却格格不入，由此更加深了内心的孤独感。在这种情况下，书成了他唯一可以交流的朋友。读书使他从文学介入哲学，造就了他超脱凡俗、追求自由、突出自我的精神境界。二战期间，萨特从军抗德，1940 年 6 月被俘，在集中营里度过近十个月的光阴，1941 年 3 月获释。战后，他投身社会，支持民众激进的民主活动。他对现实社会持坚决的批判态度，认为世界是丑恶的、没有希望的。1964 年，他获得了诺贝尔文学奖竟然拒绝领取，可见他与整个社会格格不入的程度。

当我们在了解了海德格尔、萨特的身世、遭际和对现实社会的态度后，我们才理解他们为什么会同一千多年前的佛教唯识学派产生共鸣。由此，我不禁联想到我国民国时期的"怪人"辜鸿铭。辜鸿铭之"怪"就怪在他生于国外、长在英伦、自小受西学熏陶，却对西方的现代化持坚决的否定态度；就怪在他二十多岁回国后才开始接触中国文化，却从孔孟之道中找到了自己的精神归宿，极力反对由西学东渐所形成的新潮流，成了坚定不移的国粹派。其实，辜鸿铭之"怪"的主要原因是他面对欧洲工业革命后社会上出现的种种非理性倾向，始而困惑，继而反感、对立，在失落了精神家园后最终把回归古老的儒家文化作为自己的最佳选择。不难看出，海德格尔、萨特患的都是与辜鸿铭相同的"病"：面对资本主义制度下的种种罪恶和异化现象，从压抑、彷徨到对立、排斥，陷入一种无家可归的精神状态。但与辜鸿铭不同的是，他们最终投入了佛的怀抱。

存在主义所宣扬的思想和观点无疑是消极的、荒谬的。并非凡是反对现存社会的东西都是进步的东西，反对现存社会的东西只有当它揭露了现存社会的弊端并成为推动社会发展的切实可行的东西时才是进步的。人类社会永远是一个从低级走向高级的自然历史过程，而不是重演历史，回到过去。我们不可能企图通过诅咒和逃避现实来求得解脱，也不可能在漠视现实、沉湎于幻想中遂行自己的自由。自由的绝对性只在于人的思维和思想的独立性和无限性，而不在于把自由想象的东西变成独往独来的行为。就行为自由而言，人永远是现实社会中的人，是一个历史时代的人，人的自由必须受到客观的历史条件的限制。因此，无论哪个社会、哪个时代，人们永远只能遵循这样的法则：自由是对必然的认识并对客观世界进行合规律的改造。除此之外，人不可能获得任何意义上的真正的自由。

本书主要参考文献

（德）海德格尔：《存在与时间》，陈嘉映、王庆节合译，熊伟校，三联书店1987年版。

（法）萨特：《存在与虚无》，陈宣良等译，安徽文艺出版社1998年版。

（法）萨特：《萨特哲学论文集》，潘培庆、汤永宽、魏金声等译，安徽文艺出版社1998年版。

（德）胡塞尔：《纯粹现象学通论》，（荷）舒曼编，李幼蒸译，商务印书馆1992年版。

（德）黑格尔：《逻辑学》（上、下），杨一之译，商务印书馆2004年版。

（德）黑格尔：《小逻辑》，贺麟译，商务印书馆1980年第二版。

（德）黑格尔：《精神现象学》（上、下），贺麟、王玖兴译，商务印书馆1979年版。

（德）黑格尔：《哲学科学全书纲要》，薛华译，上海人民出版社2002年版。

（德）康德：《纯粹理性批判》，蓝公武译，商务印书馆1960年版。

（德）康德：《康德文集》，刘克苏等译，改革出版社1997年版。

（加拿大）查尔斯·泰勒：《黑格尔》，张国清、朱进东译，译林出版社2002年版。

李泽厚：《李泽厚哲学文存》，安徽文艺出版社1999年版。

（德）尼采：《尼采生存哲学》，杨恒达等译，九州出版社2003年版。

（德）海德格尔：《尼采》（上、下），孙周兴译，商务印书馆2002年版。

（德）叔本华：《作为意志和表象的世界》，石冲白译，杨一之校，商务印书馆1982年版

（美）梯利、伍德：《西方哲学史》，葛力译，商务印书馆1995年版。

常健、李国山：《欧美哲学通史》，南开大学出版社2003年版。

汝信、王树人、余丽嫦等主编：《西方著名哲学家评传》，山东人民出版社1987年版。

任继愈主编：《中国哲学史》，人民出版社1963年版。